SCIENCE TEACHING

The Role of History and Philosophy of Science

과학교육

과학사와 과학철학의 역할

Michael R. Matthews

권성기 | 송진웅 | 박종원

북스힐

SCIENCE TEACHING: The Role of History and Philosophy of Science

역자 서문

이 책은《과학교육: 과학사와 과학철학의 역할*Science Teaching: The Role of History and Philosophy of Science*》이라는 제목에서 알 수 있듯이, 과학교육과 과학사 및 과학철학의 관계를 다룬다. 사실 과학교육이나 과학사 및 과학철학 모두 매우 특화된 영역으로서 일반인의 관심 영역에서 상당히 벗어나 있는 전문 영역에 해당한다. 더구나, 이 책은 그 영역들이 교차되는 지점에 있기에, 더욱 전문적이며 소수의 독자에게 초점이 맞추어져 있는 것이 사실이다. 이러한 점에서, 이 책은 이러한 전문적 주제에 관심이 있는 대학원 이상의 연구자들에게 특히 도움이 될 것으로 예상된다. 물론, 학교 및 대학 현장의 과학교육 활동에 종사하는 과학교사나 과학교사 교육자의 지적 갈증을 해소하거나 새로운 지향과 방향성을 습득하는 데에도 매우 훌륭한 지침서가 될 것이다.

우리들이 처음 이 책을 번역해야겠다고 생각한 것은 벌써 10여 년 전의 일이다. 과학사 및 과학철학적 문제에 관심이 많았던 과학교육 연구자들에게, 이 책은 당시 (그리고 아마 지금까지도) 기존의 그 어느 책보다도 과학교육과 과학사 및 과학철학의 문제를 가장 뛰어나게 융합한 학술서임을 공감하였으며, 그 내용을 널리 공유하고자 하는 욕심에 번역을 결심했었다. 첨단과학의 정보와 새로운 교육공학적 접근이 홍수를 이루는 오늘날의 상황에서도, 이 책이 "과학교육 활동의 근본적인 목표가 무엇인가?", "왜, 어떻게, 어떤 맥락 속에서 과학을 가르치고 배워야 하는가?" 와 같은 근원적인 질문들에 관심을 갖는 독자들의 지적 호기심을 채워줄 수 있을 것으로 확신한다.

저자 마이클 매튜스 교수는 이 분야에서 자타가 공인하는 최고의 학자이다. 저자는 학부에서 지질학과 철학을 각각 전공하였으며 부전공으로 심리학도 공부한 바 있다. 그리고 과학교사를 거쳐, 교육철학 전공으로 석사 및 박사 학위를 마쳤다. 이후 과학사 및 과학철학 분야의 석사과정을 다시 공부하기도 하였다. 그리고 현재까지도 저자는 관련 국제학술연구자 네트워크인 IHPST International Group on History, Philosophy and Science Teaching을 이끌고 있으며, 이곳에서 발간하는 SSCI 학술지인 《과학과 교육*Science & Education*》의 편집장으로 매우 활발하게 활약하고 있다.

이 책의 번역에 참여한 사람은 모두 세 명으로, 처음 책의 번역을 제안했던 사람은 송진웅 교수였지만 오랜 시간 동안 번역 작업의 지리한 과정에서도 번역 작업을 끝까지 갈 수 있도록 한 권성기 교수가 원동력의 핵심이었다.

어떤 일에 있어서 시간이 오래 걸렸다고 하여 반드시 완벽한 것은 아니기에, 이 번역서 또한 적지 않은 오류와 어색함이 있으리라 생각한다. 이는 당연히 전적으로 번역자들의 책임이며, 번역자 공동의 책임이다. 너무나 오래 끌었던 작업이면서도 더 이상 미룰 수 없어 서둘러 번역본을 출간하게 된 사실이 못내 아쉽고 마음이 무겁다. 빠른 시일 내에 개정판을 낼 수 있기를 희망하며, 모쪼록 과학교육의 과학철학사와 관련된 분야를 공부하는 사람들에게 이번 번역 작업이 조금이나마 도움이 되었으면 한다.

2014년 1월 역자 일동

한국어판 서문

《과학교육: 과학사와 과학철학의 역할*Science Teaching: The Role of History and Philosophy of Science*》의 한국어판을 출판에 감사의 마음을 전한다. 이 책은 제목에서 보듯이 과학사, 과학철학 및 과학교육을 결합시킨 최초의 책이다. 한국어 독자들이 이 책을 읽고 분석한다면 과학 수업과 과학교육 연구에 도움을 받을 것이다.

처음 이 책을 출판할 때 두 개의 조직으로부터 과학철학사와 과학교육HPS & ST에 관한 도움을 받았다. 첫째, 《과학과 교육*Science & Education*》이라는 학술지의 도움이 매우 컸다. 그 당시에 창간하였고 지금까지도 계속 발행되고 있는데 현재는 《과학과 교육》이라는 제목에 과학사, 과학철학, 과학사회학 및 과학교육의 공헌이라는 부제를 달고 있다. 스프링거 출판사www.springerlink.com에서 20년 동안 발행되었고 현재는 매년 10호씩 발행되고 있다. 뛰어난 논문을 선별하여 특별호를 발행하였는데, 1998년에는 《과학교육에서 구성주의: 철학적 고찰*Constructivism in Science Education: A Philsophical Examination*》이, 2001년에는 《과학교육과 문화*Science Education and Culture*》, 2005년에는 《과학적, 역사적, 철학적, 교육학적 관점에서 진자*The Pendulum: Scientific, Historical, Philosophical and Educational Perspectives*》가, 2009년에는 《과학, 세계관 및 교육*Science, Worldviews and Education*》이 출판되었다.

이런 부류의 연구들이 얼마나 유용했는지는 2010년 과학과 교육 학술지의 누리집에서 88,250개의 논문이 다운로드를 기록했다(그 중의 23 %는 미국에서, 21 %는 중국에서)는 사실에서 찾을 수 있다. 2011년에는 매달 8,000개 또는 매주 2,000개의 논문이 다운로드 될 것이다. 이런 수치들은 과학철학사와 과학교육 연구에 대하여 국제적인 관심이 증대됨을 보여 준다.

둘째, 과학철학사와 과학교육에 대한 국제모임IHPST이 이 책에 많은 도움을 주었다. 1992년 미국 플로리다 탤러해시Tallahassee에서 처음 모임을 가진 후에 2년에 한 번씩 열리는 국제회의에서 매번 모임을 성공적으로 가졌다(Minneapolis 1995, Calgary 1997, Pavia 1999, Denver 2001, Winnipeg 2003, Leeds 2005, Calgary 2007, Notre Dame 2009, Thessaloniki 2011). 이 국제회의에서 발표된 논문들은 과학과 교육 학술지의 특별호로 발행되기도 했다. 이 모임은 라틴 아메리카의 지역 회의를 개최하였다. 아시아 지역 IHPST 회의는 2012년 10월에 서울에서 개최될 예정이다. 이런 학회는 과학철학사와 과학교육 연구 분야에 학문간 맥락과 사회적 분위기를 이끌고 있다.

과학철학사와 과학교육 연구는 세 가지 분야를 포괄한다.

1) 과학교육에 대한 이론적 논쟁: 과학에 대한 구성주의, 페미니스트의 비판, 세계관과 과학교육, 지역 과학의 지위, 과학과 종교, 과학에서 모델의 지위, 과학적 가치와 문화적 가치의 연관성, 과학의 본성 등에 대한 문제를 다룬다.
2) 학교 과학프로그램의 내용과 구조에 대한 교육과정 차원의 논쟁
3) 과학 수업에 과학사와 과학철학의 자료를 활용하면 학생의 동기에 어떤 영향을 끼치며 교과 내용과 과학의 과정에 대한 학습이나 사회와 문화의 상호작용에 대한 폭넓은 이해에 어떤 영향을 미치는지 탐구하고 평가한다.

과학철학사와 과학교육의 분야 중에서 이론적 논쟁이라는 처음 문제들은 구성주의, 과학의 본성과 세계관에 대하여 관심을 두는 것이다.

1) 1994년에 시작된 구성주의에 대한 논쟁은 20년 이상 진행되어 최고점에 이르고 있다. 이 책은 7장에서 구성주의에 대한 철학적 주장에 대한 비판적 논증을 제시하고 있다. 간단하게 말하면 주관적 인식론과 상대주의적 인식론과 그와 관련된 이상주의적 존재론은 과학적 실제와 일관되지 않으며 오히려 실재론과 합리적 인식론이 실제 과학에 일관된다는 것을 말하고자 했다. 이런 주장은 1998년에 출판한 《과학교육에서 구성주의에 대한 철학적 고찰》이라는 책에서 더욱 자세하게 다루었다. 그리고 2000년 NSSE에서 발행한 연례 보고서에 구성주의에 대한 부분에서도 다시 지적되었다. 주목할 점은 이런 철학적 논쟁이 과학교육 분야에서는 별로 이루어지지 않는다는 것이다. 구성주의에 대해 관심이 줄어

드는 일waning은 구성주의의 선봉에 서있는 학자의 논문 〈과학교육의 구성주의의 이사Constructivism in Science Education: Moving On〉(Tobin 2000)에서 찾을 수 있다.

이제 구성주의에 대한 논쟁은 성급하고 중독된 철학에서 수업 실제 쪽으로 옮겨 가고 있으며 구성주의의 정신을 이어받은 수업의 효율성에 대한 논쟁을 벌이고 있다(Tobias & Duffy 2009). 이 책을 처음 출판하여 구성주의적 주관주의, 상대주의 및 존재론적 이상주의에 대한 논쟁이 귀에 거슬렸던 것과 무관하게 지금은 구성주의의 가치를 '학생들이 주어진 상황에서 어떻게 학습하는가 그리고 학습 과정에 어떻게 개입할 것인가에 대한 사고 틀'로서 유용한지를 평가하는 쪽(Tobin 2000, p. 233)으로 옮겨 간 것이다. 구성주의적 수업의 효과는 그다지 고무적인 증거가 없다. 많은 연구가 구성주의적인 수업 모델로서 안내를 최소화한 수업이 구성주의적으로 안내하지 않은 수업만큼 효과적이지 않았다고 보고한다(Mayer 2004, Kirschner, Sweller & Clark 2006, Sweller 2009).

2) 1994년에 출판된 이 책에서 과학의 본성이라는 표현은 주제 색인에 들어있지 않았다. 나는 과학에 관한 학습에 대하여, 과학사와 과학철학에 대한 학습에 대하여 그리고 교사 교육 프로그램에 과학철학사를 포함하는 것에 대하여 글을 썼을 뿐, '과학의 본성NOS: Nature Of Science'이라는 표현은 거의 사용하지 않았다. 지난 20년 동안 과학의 본성에 대한 연구는 과학교육에서 매우 중요한 주제로 성장했고 NOS라는 제목의 책이나 논문 및 학술회의가 수천 번 있었다. 과학교육학자나 그들의 모임에서 과학의 본성을 이루고 있는 것이 무엇인가를 논의하고 과학의 본성을 가르치고 학습하는 일에 영향을 끼치는 요인을 연구하였다. 거기에서는 무엇을 가르칠 것인가, 어떻게 가르칠 것인가, 또한 무엇을 배우고, 어떻게 학습을 잘하게 하였으며, 수업에서 얻어진 결과는 무엇인가를 논의하였다. 이런 연구는 놀라운 성취를 얻었지만, 그럼에도 중요한 철학적 쟁점이 대두되는 결정적인 지점에서는 모호하고 '연약한 초점'으로 글을 쓰고 있는 문제를 가지고 있다. 과학교육에서 과학의 본성의 분야는 과학교육자와 과학사 및 과학철학자가 더 긴밀하게 협조하여 그런 연구들의 유용성과 질을 향상시키는 데 공헌할 수 있음을 보여주는 대표적인 사례라고 할 수 있다.

레더만Lederman과 그의 동료들이 이런 분야를 주도하고 있는데, 그들은 과학의 본성을 다음과 같이 정의했다.

> 전형적으로 과학의 본성은 과학의 인식론과 과학사회학을 말하는 것으로, 과학이 앎의 방식 중의 하나이며 과학적 지식과 그 발달에 내재된 가치 및 신념을 말한다(Lederman et al. 2002, p. 498).

이처럼 과학의 인식론적 측면과 사회학적 측면을 과학의 본성에 포괄하도록 정의한 것은 주목할 만한 가치가 있다. 이런 정의에는 두 가지가 정의된 것이다. 하나는 과학의 지적 결과로서 과학적 지식을 정의한 것과 다른 하나는 사회적 역사적 실제로서 과학을 정의한 것이다. 이런 융합은 철학적으로 경적을 울리는 것이어야 한다. 왜냐하면 이런 융합적 정의는 '과학의 본성'을 '과학의 특성FOS: Features Of Science'으로 변화할 것을 제안하기 때문이다. 과학적 지식이 어떤 한계를 가지며 그로 인하여 인식론이나 방법론의 정의 가능성이 남아있기는 하지만, 그럼에도 과학의 역사적 사회적 실행 혹은 사회학적 측면은 그런 한계를 가지지 않기 때문이다. 후자의 측면은 정치학, 상업, 교육학, 직업 구조, 재정, 광고 등 모든 분야가 과학을 공부하려면 역사적 과정을 알기 위하여 관심을 기울여야 한다.

최근에 쓴 글(Matthews 2011)에서 나는 레더만 그룹이 통상적으로 구별하는 과학의 일곱 가지 요소 또는 과학의 본성의 요소를 지적한 바 있다. 그것은 바로 경험적 기초, 과학 이론과 법칙, 창의성, 이론 의존성, 문화적 연결, 과학적 방법, 잠정성인 일곱 가지 요소인데 이런 것들은 모두 철학적으로 또는 역사적으로 다듬어져 교사와 학생용으로 개발된 것들이다. 나의 요점은 이런 문제들이 철학적으로 민감하다거나 그런 문제는 오랜 논쟁을 겪은 전통이 있다거나 짧은 지면에서 취급했기에 더 정교하게 될 필요가 있다는 걸 말하려는 게 아니다. 오히려 레더만의 일곱 가지 목록이 결정적인 면에서 교육과정 목표, 평가 준거 또는 과학교사 교육과목으로 유용성을 갖추기에는 모호하다는 점을 지적하고 싶다.

나는 그 일곱 가지 요소를 학생들이 배우고 평가할 과학의 본성의 항목이라고 생각하는 것보다는 과학의 특성으로 생각하는 것이 논의하고 탐구하고 정교화하는 데에도 좋다고 본다. 이런 요소는 각각 철학자, 역사학자들이 다양하게 논의한 것들이다. 그것들이 과학의 특성이라면, 그런 일곱 가지 특성을 과학적 활동의 특성이라고 볼 수 있는 다른 수많은 특징, 가령 인식론적, 역사적, 심리점, 사회적, 기술적, 경제적 특성에서 따로 선정할 근거가 없으며 그런 수많은 특성은 레더만 그룹이 과학의 본성에 대한 문제를 교실에 축소시키는 데 필요한 세 가지 준거(접근성, 합의, 유용성)를 모두 만족할 것이다.

3) 과학교육에서 과학철학사와 관련된 다른 중요한 영역으로 1994년 이후에 등장한 분야가 과학과 문화적 세계관의 상호작용에 관한 연구이다. 여기에서는 두 가지 질문이 근본적으로 제기된다.

첫째로 과학이 특정한 세계관을 갖고 있는가에 대한 학문적 질문이다. 또 그런 과학의 세계관이 그 배경이 되는 사회적 문화적 세계관에 어떻게 연결되는가? 이런 질문들은 과학사, 과학철학 및 과학사회학 분야에서 제기된 질문이다. 이런 사실적 질문에 대한 탐구는 자연스럽게 규정적 질문으로 이어진다. 어떻게 과학적 세계관과 문화적 세계관이 연관될까? 18세기 계몽주의 철학에서는 종교적 세계관을 포함하여 문화적 세계관은 과학이 발견한 것들과 세계관에 의하여 지식을 갖추면서 스스로에게 조절되었다.

둘째로 과학의 세계관을 어떻게 교실 수업에서 다루어야 하는지에 대한 교육적 질문이 제기될 수 있다. 또다시 사실적인 질문과 규정적 질문이 이어지게 된다. 사실적인 교육적 질문은 학생의 능력과 과학을 배우려는 의도에 문화적 세계관이 어떤 영향을 끼치는가를 연구하는 경우가 많다. 이런 연구들은 특히 다문화 교실이나 비서구 문화의 과학교사에게는 중요한 교수 전략에 영향을 준다. 규정적인 질문은 학생들이 과학을 배울 뿐만 아니라 과학을 확언하도록 해야 하는가에 대한 질문이 제기될 수 있다. 즉, AAAS가 진술한 과학적인 '정신적 습관'을 갖추도록 학생들을 가르쳐야 한다거나 또는 네루Nehru 수상과 현대 추종자들이 인도의 독립을 위해서 말했던 과학적 기질을 갖추도록 하는 것에 대해 왜 그래야 하는가의 문제가 제기될 수 있다(Prasad 1982).

이들 규정적인 질문들은 대개 교육철학 분야에서 다루는 문제들이지만, 불행하게도 교사 교육 프로그램에서 점차 없어지고 있다. 교사들은 더 이상 교육의 목적에 대하여 심도 있게 고민하지 않으며, 교육이 개인적 복지나 사회적 복지와 어떻게 관련되어 있는지도 묻지 않고 과학교육의 내용과 목표에 대한 질문이 대개 주어지거나 교육적 유행을 통과하는 참고자료 정도로 넘어간다. 그러나 필자는 이런 문제들이 중요하기 때문에 '과학의 철학적 세계관의 수업'이라는 논문(Matthews 2009a)을 발표했고, 이런 문제를 더 포괄적으로 다룬 책인 《과학, 세계관 및 교육》을 출판하였다.

과학철학사와 과학교육의 두 번째 분야인 교육과정에 대한 논의를 해보자. 지난 20년 동안 과학교육과정은 과학의 철학적 차원, 문화적 및 역사적 차원의 중요성을 분명하게 인식하고 그런 차원을 가르치기 위해 개발되었다. 이런 교육과정 개발은 과학교육자 집단에서 생겨나기도 했으며 연구의 동기가 되기도 했다.

미국에서 1996년 국립 연구위원회NRC가 과학교육 표준을 처음 발표한 것은 이 책이 출판된 후 2년이 지나서였다. 과학교육 표준에서는 과학교육에서 철학적 지식과 역사적 지식이 중심이라는 걸 인식하였기 때문에, 학생들이 학습할 것으로 다음과 같은 내용을 설정했다.

> 과학이 문화에 어떻게 기여하는가(NRC 1996, p. 21)?
> 과학과 기술이 어떻게 밀접하게 연관되어 있는가? 어떤 문제는 과학적인 측면과 기술적인 측면을 모두 가진다(NRC 1996, p. 24).
> 과학사는 과학자들이 당연하게 받아들이던 생각을 끊어 버리고 현재 우리가 당연하게 생각하는 결론으로 도달하게 되는 과정이 얼마나 어려웠는지를 보여준다(NRC 1996, p. 171).
> 과학과 기술의 진보가 사회적 문제와 도전에 의해 어떻게 영향을 받는가?

그리고 국립 연구위원회는 다음 사항을 권고한다.

> 교육과정은 학교 교과 중에서 과학과 수학, 과학과 언어, 과학과 역사에서 여러 가지 교과 내용의 주제를 통합해야 한다(NRC 1996, p. 23).
> 과학적 소양은 과학의 본성과 과학적 기업을 이해하는 것뿐만 아니라 과학의 사회적 또는 개인적 삶에서 가진 역할을 이해하는 것이다(NRC 1996, p. 21).

> 효율적인 과학교사는 모든 학문 분야의 지식을 넓게 갖추면서도 자신이 가르치는 과목에 대한 이해가 깊어야 한다(NRC 1996, p. 60).
> 수학 교사도 과학적 사례와 과학적 방법을 활용한다면 과학과 수학 분야에 대한 이해가 더 증진될 것이다(NRC 1996, p. 218).

영국에서는 과학교육자들이 영국의 국가교육과정에 반영하고 《새로운 밀레니엄을 위한 과학교육》의 형식을 제안하기 위해서 보고서를 발간했는데, 그 안에 열 가지 권고 사항이 있고 그 중의 여섯 번째 권고 사항은 다음과 같다.

> 과학교육과정은 어린 학생들로 하여금 과학에 관한 주요 아이디어를 이해하도록 해야 한다. 즉, 자연 세계에 대한 신뢰할 수 있는 지식을 얻고 지금도 활용되는 방법에 대한 아이디어를 갖추게 해야 한다(Millar & Osborne 1998, p. 20).

이런 권고를 자세하게 다루면서 학생들은 과학의 중요한 아이디어가 어떻게 발달했는지에 대한 이야기에 익숙해지도록 했다. 이런 권고는 다음과 같은 일반적인 생각을 보여준다.

> 과학적 설명은 얻은 자료를 넘어서는 것으로 그 자료로부터 단순하게 나온 것이 아니며 창의적 통찰력이 필요하다(예를 들어 라부아지에와 프리스틀리의 연소에 대한 연구).
> 과학적 설명은 많은 경우에 우리가 일어날 것이라고 생각하는 모델의 형태를 갖고 있으며 직접 관찰 가능한 수준은 아니다.
> 새로운 생각은 다른 사람 또는 다른 집단의 반대를 경험하게 되는데, 그런 반대는 사회적, 정치적 또는 종교적 입장 때문에 생겨난다(예를 들어 코페르니쿠스와 갈릴레오 및 태양계).
> 지금까지 보고된 과학적 발견이나 제안되었던 설명이 과학적 지식으로 수용되기 위해서는 같은 분야를 연구하는 다른 과학자들에 의한 비판적 검토를 견뎌내야 한다(예를 들어 파스퇴르의 면역)(Millar & Osborne 1998, pp. 21-22).

미국의 과학교육 표준과 영국의 보고서의 목적은 과학교사가 자신이 가르치는 과목의 역사와 철학에 대하여 친숙하고 열정을 보이며 능력을 갖춰야 실현될 수 있는 것이다. 미국의 과학교사 교육위원회의 보고서에서는 과학교사를 길러내기 위하여 전문적인 조직이 다음을 인식하고 있어야 한다고 지적하고 있다.

> **표준 1d**: 과학교사 교육자는 과학철학, 사회학 및 역사에 대한 이해를 미국의 개혁 보고서에서 규정한 수준을 넘어서 이해해야 한다(Lederman et al. 1997, p. 236).

앞에서 말한 교육과정 개발자들이 주장한 것은 이 책에서 주장된 것과 기본적으로 동일하다.

과학철학사와 과학교육의 세 번째 영역으로 교육 실제에 관해서는 과학과 교육 학술지에 수십 편이 발표되었고 과학철학사를 갖춘HPS-informed 물리, 화학, 생물, 지구과학, 천문학 분야의 수업을 다루고 있다. 과학철학사를 갖춘 수업의 예시가 이 책의 6장 진자 운동이다. 그 이후에 국제적인 진자 프로젝트로 확장되었고 《진자: 과학적, 역사적, 철학적, 교육적 측면》이라는 책이 출판되었다(Matthews, Gauld & Stinner 2005). 그 뒤에는 광합성 수업에 대한 사례 연구를 개발하였다(Matthews 2009c).

이 책을 1994년에 출판할 때 가졌던 가장 중요한 확신은 서문에 있다.

> 모든 단점에도 불구하고 과학적 전통은 합리성, 비판적 사고, 객관성을 촉진시켜 왔다. 증거에 대한 관심을 퍼뜨렸고, 아이디어를 개인적 혹은 사회적 이해에 의하여 판단하기보다는, 러셀Russell이 말한, '보편적 질서Cosmic Piety'라는 면에서 세계가 어떠한지로 판단하도록 하였다. 이런 가치는 학문의 안과 밖에서 공격을 받고 있다. 포스트모더니즘과 구성주의에 대한 교육적 영향을 받은 사람 중에는 합리성과 객관성을 비현실적인 돈키호테 같다고 말하면서 합리성과 객관성에 대하여 등을 돌리고 있다. 이것은 실로 과학교육의 전문성에 대한 심각한 도전이다.
>
> 과학적 전통과 현대 사회에 미친 긍정적인 영향은 교사들이 과학을 이해하고 가치 있게 생각하면서 아동에게 과학의 성취, 과학의 방법 및 사고 과정을 성공적으로 소개하는 것에 달려 있다. 과학사와 과학철학은 이런 과학에 대한 이해와 가치에 기여한다.

이 책의 한국어판이 과학의 철학적, 문화적, 역사적 차원에 대한 대화와 그와 관련된 교육에 대한 논의가 이루어지는 데 도움이 되기를 바란다. 또한 이 책을 번역해 준 대구교육대학교 과학교육과의 권성기 교수에게 깊은 감사를 전한다.

호주 시드니에서 마이클 매튜스

감사의 글

지난 5년 동안 이 책을 집필하면서 우리 가족의 시간을 많이 빼앗게 되었으나 그러한 상황에서도 아내 줄리 하우스Julie House와 두 딸 클레어Clare와 앨리스Allice는 관용과 인내를 보여 주었다. 특히 아내 줄리 하우스는 초고를 정리하여 여러 번 확인하는 수고도 마다하지 않았다. 문장의 표현을 다듬어 주었고 철자 오류뿐만 아니라 문법적 오류까지도 매우 엄격하게 고쳐주었다. 그뿐만 아니라 중요한 쟁점에 대하여 함께 논증하면서 문장이 초점을 잃지 않도록 중심을 잡아 주었다. 그녀의 작업으로 이 책이 한결 쉬워졌다는 것을 독자들도 공감하리라 생각한다.

이 책을 집필하도록 초청한 이스라엘 쉐플러Israel Scheffler 교수, 버넌 하워드Vernon Howard 교수의 교육 철학 연구소에도 감사드린다. 특히 루트리지Routledge 출판사의 편집자 제인 파그놀리Jayne Fargnoli의 노력에도 감사를 표한다.

지난 5년 동안 국제 과학철학사 과학교육 모임은 여러 가지 아이디어, 환대, 열정을 보여 주었다. 켄 토빈Ken Tobin과 데이비드 그루엔더David Gruender가 조직한 1989년의 플로리다 텔러해시의 학회, 스킵 힐Skip Hills과 브라이언 맥앤드류스Brian McAndrews가 조직한 1992년 킹스턴 학회가 이 책에 활력을 주었다. 학술지 《과학과 교육*Science & Education*》의 편집 작업을 통해 이 책의 주제와 일치하는 전 세계 여러 학자들의 다양한 논문을 읽고 도움을 받을 수 있었다. 마틴 에거Martin Eger와 파비오 베빌라쿠아Fabio Bevilacqua의 충고와 격려에 특별한 감사를 표하고 싶다. 전부 나열하기 힘든 많은 분들에게도 감사의 마음이 전해지길 바란다.

과학사와 과학철학에 입문하도록 이끌어주신 스승에게 더욱 특별한 감사를 전한다. 시드니 대학교 교수였던 월리스 서취팅Wallis A. Suchting은 학자의 모범이자, 매우 넓은 지식의 폭을 가지신 분의 제자인 것은 큰 행운이 아닐 수 없다. 보스턴 대학교의 아브너 쉬모니Abner Shimony 교수는 갈릴레오의 책을 알려 주었고, 같은 대학교의 로버트 코헨Robert S. Cohen 교수와 막스 워토프스키Marx W. Wartofsky 교수는 사회적이고 역사적인 맥락에서의 과학과 과학철학에 대해 유익한 도움을 주었다. 시드니 대학교의 교수를 지낸 빌 앤더슨Bill Andersen 박사는 필자에게 교육철학을 처음 알려준 스승이며 순박한 과학도였던 필자가 가졌던 교육의 철학적 문제를 인정하고 고민해준 분이었다.

뉴사우스 웨일스 대학교와 오클랜드 대학교의 도움으로 이 책을 저술할 수 있었다. 특히 뉴사우스 웨일스 대학교의 도서관은 과학교육, 과학사와 과학철학에 대한 보고이다. 오클랜드 대학교에서 2년 동안 과학교육 분야의 재단 후원 교수로 지낸 경험으로 이 책을 완성할 수 있었다.

수많은 친구와 동료들이 최종 단계 이전에 원고를 검토하여 문제점을 바로 잡아 주었으며 조언 또한 아끼지 않았다. 마이클 하워드Michael Howard, 피터 슬레작Peter Slezak, 콜린 굴드Colin Gauld, 월리스 서취팅, 리처드 톨리Richard Thorley, 파비오 베빌라쿠아, 하비 시겔Harvey Siegel, 제임스 완더시James Wandersee 박사에게 깊은 감사의 인사를 전한다. 그들의 관심과 학식 덕분에 필자의 부족함을 채울 수 있었다. 얀 던칸Jan Duncan은 철자와 참고문헌, 그림 준비에 이르기까지 큰 도움을 주었다.

마지막으로 매우 세세한 부분까지 관심을 기울여 이 책이 더욱 빛날 수 있게 해 준 루트리지 출판사의 편집자 질 켄트Gill Kent에게도 감사를 표한다.

서문

이 책은 과학철학사HPS와 과학교육을 밀접하게 접근시켜 과학교육과 과학교사 교육에 도움을 주기 위한 책이다. 나는 과학교육에 과학의 역사적, 철학적 차원이 도입될 때 나아진다고 믿는다. 이와 같이 학교 과학교육이 맥락적이 되거나 혹은 교양적으로 되면 학교 과학을 형식적인 과학 수업으로 마지막에 접했던 학생들이 대부분 더 과학을 공부하고 싶어질 것이다.

과학을 학습하는 일이 과학에 대하여 학습하는 것과 함께 이루어져 한다는 신념은 과학교육에 대한 교양적 접근liberal approach에서 기본이다. 이런 입장은 다른 사람들 중에서도 특히 마흐Ernst Mach, 코난트James Conant, 홀튼Gerald Holton, 슈왑Joseph Schwab, 바겐샤인Martin Wagenshein에 의해서 널리 알려져 있다. 이 책은 교양적 전통을 지키려는 노력housekeeping effort을 한다. 즉, 교양적 접근의 문제에 대한 논쟁 역사를 개괄하고, 주요 저작물을 정리하고, 학생의 과학 개념 연구와 같은 현대의 관련 연구를 항목화하고, 현재 과학교육의 이론적 문제와 실제적인 문제 중에서 과학철학사를 통해서 공헌할 수 있는 문제를 지적하고, 과학철학사가 교사 양성 프로그램에 포함시키는 유용한 방법을 지적하려고 한다.

로크Lock의 표현으로 이 책을 말한다면 정원의 인부가 만든 작품이다. 고랑을 만들고 씨를 뿌려 놓았을 뿐이다. 다른 사람들이 정원에 물을 주고, 고랑을 손질하고, 식물을 심어주고 잡초를 제거해 주기를 바란다. 이 책이 학교와 대학에 있는 과학교사에게 과학철학사에 더 많은 관심을 갖도록 했다면 그리고 과학철학자, 과학사학자, 과학 사회학자에게 과학교육에 대하여 관심을 갖고 참여하도록 했다면 한 가지 목적은 이루어진 셈이다. 과학교사 교육 프로그램에 과학철학사의 연구가 포함되도록 했다면 또 하나의 목적을 이룬 셈이다. 과학교육자들에게 교육이론에 대한 관심을 갖도록 했다면 이것도 새로운 목적을 이룬 셈이다.

이 책의 주제는 과학교사는 세 가지 능력을 갖추어야 한다는 것을 말한다. 첫 번째는 과학의 지식과 이해appreciation이다. 두 번째로 과학 과목을 가르치는 일을 정당화하고 잘 가르칠 수 있고 또한 과학교육과정을 둘러싼 이론적 문제와 교육적 논쟁을 지적으로 평가하기 위해서 과학철학사를 이해하는 것이다. 세 번째로 학생의 수업 활동과 그것의 연관성을 알려주고 교사의 수업 전략의 근거와 목적을 제공하는 교육 비전이나 교육 이론을 갖는 것이다. 과학교사는 모든 학생을 교육해야 하므로 교육이 무엇이며 교육의 목적을 어떻게 추구할 것인가에 대한 관점을 적절하게 갖추어야 한다. 교육이 가진 지적 전통과 비판적 전통이 가진 가치를 사회적 압력이 낮게 평가할수록 교사는 교육이 주는 보상educational prize에 더 관심을 기울여야 한다.

서구 과학교육이 위기라는 것은 널리 알려진 사실이다. 과학적 소양의 수준이 매우 낮아졌다. 이것은 과학이 인간 문화의 위대한 성취라는 점에서 기이하다. 과학은 놀라울 정도의 흥미와 복잡한 과거를 가지고 있으며 우리 자신과 우리가 살고 있는 세계에 대하여 엄청난 것을 알려 주었으며 과학적 이해를 요구하는 인간적, 환경적 문제가 계속 늘어나는데, 이와는 반대로 교사와 학생은 과학을 불필요한 것으로 보고 있다.

교사와 학생 모두가 과학 수업에서 떠나가는 것은 슬프게도 너무 잘 알려져 있다. 미국의 1980년대 중반에는 매년 600명의 과학 분야 대학 졸업생이 교직 과정teaching profession에 들어가지만 매년 8000명이 그 분야를 떠난다(Mayer 1987). 1986년에 미국 고등학교 중 7100개는 물리 과목을 가르치지 않으며 4200개 학교는 화학 과목을 가르치지 않는다(Mayer 1987). 1990년에는 단 4개 주에서만 고등학교 졸업을 위해서 기초 과학을 3년 동안 필수로 이수할 – 1983년 보고서 〈위기의 국가A Nation at Risk〉가 권고한 것 – 뿐이고, 나머지 고등학교는 단지 2년 동안 과학 이수를 요구할 뿐이다(Beardsley 1992, p. 80). 필수로 정한 연수에 무관하게 모든 학교의 학생 중 70%는 처음에 과학을 선택할 기회가 없으며, 이것은 1986년에 고등학교 5분의 1 미만의 학교가 물리 과목을 공부했다. 1991년 카네기 과학, 기술, 정부 위원회Carnegie Commision on Science, Technology and Government는 과학교육의 실패가 막대한 것이기 때문에 우리 국가의 장래에 심각한 기록적인 위협이 될 것이라고 경고하였다(Beardsley 1992, p. 79).

영국에서도 국립 교육 위원회와 왕립 학회가 보고서를 발간하여 유사한 경향을 보고하였다. 비평가 중의 한 사람은 "어디를 보아도 학생들은 과학에 등을 돌리고 있고 그런 학생들이 대학에 진학하면 놀라울 정도로 매우 낮은 역량을 갖는다."고 말했다(Brown 1993, p. 12). 오스트레일리아에서도 1989년 과학교육 프로그램이 모든 대학 입학요건 중 가장 낮았다.

이렇게 과학에 대한 거부는 복잡한 경제적, 사회적, 문화적, 체계적 이유가 있다. 이것은 교사가 찾아낼 수 있는 영역을 넘어서기도 한다. 그러나 과학을 거부한 이유 중에서 교육적인 것도 있다. 그것은 교사와 교육 행정가의 변화를 요구한다. 가령 1989년 호주에서 학교 과학에서 우수한 성적을 받은 학생들이 대학교에서 과학을 더 이상 전공하지 않는 이유로 "너무 지루하다."고 말하였다. 이런 교육과정과 수업 방법상의 실패를 과학철학사가 고쳐줄 수 있다.

과학철학사가 이런 면에서 도움을 줄 수 있는 것 중의 하나는 특정한 과학이라는 학문의 주제를 연결시키고, 과학 안의 여러 학문 분야를 서로 연결시키고, 일반적으로 과학을 수학, 철학, 문학, 심리학, 역사, 기술, 상업, 신학과 연결시키고, 마지막으로 더 넓게 과학과 문화 – 예술, 윤리, 종교, 정치를 포함한 – 와 연결시키는 것이다. 과학은 다른 학문과 함께 발전하였으며 서로 의존하고 있기도 한다. 또한 과학은 더 넓은 문화적, 사회적 배경milieu에서 발전되고 실행되었다. 이런 상호 의존성과 상호 연관성은 초등학교 과학 프로그램에서부터 대학원 과학에 이르기까지 적절하게 과학 프로그램에서 탐구될 수 있다. 그런 결과는 대부분의 학교와 대학교 과학 프로그램에서 분절되어 있는 주제들에 대하여 학생들이 더욱 만족해하도록 한다. 과학 과목은 한 학생이 말한 것처럼 "옆을 둘러 볼 겨를도 없이 강제적으로 행군하게 강요"받는다.

학교 과학을 지키는 것은 한 사회의 지적 건강을 위해서 매우 중요하다. 서구 문화는 사이비 과학적 세계관과 비합리적 세계관이 이미 강해지고 있으며, 반과학anti-science도 등장하고 있다. 이런 공격을 받고 있는 것은 사회의 성벽만이 아니다. 신문 중 타블로이드판에는 엘비스의 생애라는 이야기를 적어놓고, 갤럽 조사에 따르면 성인 미국인 전체 중 40%는 인류가 지구에서 출현한 것이 수만 년 이전이라고 믿고 있으며 일간 신문에는 점성술을 실은 면이 항상 있다. 그러나 교육 부분에 이런 면이 퍼지고 있는데, 1988년 미국 생물 교사들을 대상으로 조사한 – 적은 수여서 대표적이라고 말하긴 어렵지만 – 결과에 따르면 그들 중 30%가 진화론을 거부하고 있으며 22%는 유령을 믿고 있다(Martin 1994). 모든 단점에도 불구하고 과학적 전통은 합리성, 비판적 사고, 객관성을 촉진시켜 왔다. 증거에 대한 관심을 퍼뜨렸고, 아이디어를 개인적 혹은 사회적 이해에 의하여 판단하기보다는 러셀이 말한, '보편적 질서'라는 면에서 세계가 어떠한지로 판단하도록 하였다. 이런 가치는 학문의 안과 밖에서 공격을 받고 있다. 포스트모더니즘과 구성주의에 대한 교육적 영향을 받은 사람 중에는 합리성과 객관성을 비현실적인 돈키호테 같다고 말하면서 합리성과 객관성에서 등을 돌리고 있다. 이것은 실로 과학교육의 전문성에 대한 심각한 도전이다.

과학적 전통과 현대 사회에 미친 긍정적인 영향은 교사가 과학을 이해하고 가치 있게 생각하면서 교사가 아동에게 과학의 성취, 과학의 방법 및 사고 과정을 성공적으로 소개하는 것에 달려있다. 과학사와 과학철학은 이런 과학에 대한 이해와 가치에 기여한다.

이 책은 국제 과학철학과 과학사 및 과학교육 모임International History, Philosophy, and Science Teaching Group에서 나온 것이며 그 모임에 기여하기도 했다. 이 모임에는 매우 다양한 사람들인 교사, 과학자, 교육자, 역사가, 수학자, 교육철학자, 과학철학자들이 모였는데, 지난 5년 동안 두 번의 국제회의를 개최하였으며,[1] 과학철학과 과학교육에 대한 전문 학술지의 특별호에서 여러 가지 논문을 출판하였다.[2] 필자는 이런 분야의 논문 중에서 가장 기본적인 것을 모아서 1990년에 《과학철학사 및 과학교육의 읽을거리*History, Philosophy, and Science Teaching: Selected Readings*》를 출판하였는데, 이 책은 그 후속으로 읽을거리가 많아서 유용하다. 국제 과학철학과 과학사 및 과학교육 모임은 새로운 학술지인 《과학과 교육*Science & Education: Contributions from the History, Philosophy, and Sociology of Science and Mathematics*》을 발행하는 데에도 관여하고 있다.[3]

1. 1989년 텔러해시Tallahassee 학회의 활동은 헤겟(Herget 1989, 1990)의 연구에서 확인할 수 있다. 킹스턴Kingston 학회의 활동은 힐스(Hills 1992)를 참고하라.
2. 학회지의 특별호는 *Educational Philosophy and Theory* 20(2), (1988); *Synthese* 80(1), (1989); *Interchange* 20(2), (1989); *Studies in Philosophy and Education* 10(1), (1990); *Science Education* 75(1), (1991); *Journal of Research in Science Teaching* 29(4), (1992); *International Journal of Science Education* 12(3), (1990); *Interchange* 23(2, 3), (1993)에 발표되었다.
3. 학회지는 네덜란드의 Kluwer Academic Publishers가 출판한다. IHPST 모임에 가입하면 할인을 받고 구입할 수도 있다.

차례

1장 역사와 철학, 과학교육 사이의 화해

The Rapproachment Between History, Philosophy and Science Education

1985년 〈과학교육과 과학철학: 상호배타적 발전의 25년〉(Duschl 1985)이라는 논문이 발간되었다. 이 논문은 과학철학 및 과학사 영역과 거의 독립적으로 이루어진 과학교육의 발전이 야기하였던 기회의 상실과 교육과정의 근시안적 프로젝트를 서술하고 있다. 다행히도 최근에는 이들 영역 사이의 접근이 있었다. 과학교육에서 기록된 위기와 이들 원인에 대한 분석 그리고 이에 대한 처리 등이 과학교육의 이론뿐만 아니라 실제에서도 과학의 역사와 철학에 의해 좀 더 풍부해지게 되었다.

이 책은 이러한 화해에 기여하는 것을 다양한 방법으로 추구하고 있다. 과학교육에서 과학철학과 과학사HPS의 역할에 대한 논의를 개괄하거나, 과학에 대한 다른 접근 방법에 대항하여 과학사 및 과학철학에 입각한 수업의 요구를 정착시키기 위해 학교 과학교육과정의 역사를 일별一瞥하고, 과학사 및 과학철학을 과학 활동과 밀접하게 연관시키도록 과거의 노력과 실패를 검토하고, 과학교육과 교육과정 개발에 대해 과학사 및 과학철학적인 방법과 '전문적'인 접근 방법을 서로 대조하여 평가할 수 있는 사례 연구들을 수행하고, 또한 과학사 및 과학철학에 의해 명료하게 설명될 수 있는 과학교육에서 중요했던 교육 논쟁들의 사례를 – 예컨대 구성주의나 다문화주의 과학교육 같은 – 평가하고, 마지막으로 과학교사 교육에 대해 과학사 및 과학철학의 기여를 개관하였다. 이 책은 과학에 대한 역사학자들과 철학자들 사이의 교육적 문제에 대한 관심을 자극할 것이며, 과학교사, 특히 과학교사 교육자들 사이에 역사와 철학적 문제에 대한 흥미를 진작시킬 것으로 기대한다.

오늘날 과학사 및 과학철학이 과학교육과 접근한 것은, 마흐Mach, 뒤헴Duhem, 화이트헤드Whitehead, 넌Nunn, 코난트Conant, 슈왑Schwab, 바겐샤인Wagenschein, 홀튼Holton과 같은 과학자들과 교육자들의 100년의 전통이 오랫동안 주변적 역할을 해왔던 교양적이고 맥락 중심적이었던 과학교육으로 이어져서 르네상스를 이룬 것을 반영하고 있다. 가장 일반적인 수준에서 교육에 대한 교양적 전통은 인간이 자신의 적절한 노력에 의하여 계발해야 할 이상으로서 진선미에 대한 아리스토텔레스의 관점을 포함하고 있다. 즉, 지적인 문제로서 진리가 추구되어야 하고, 도덕적 문제로서 선이 추구되어야 하며, 인공적이고 창의적인 문제로서 미가 추구되어야 한다. 교육은 이러한 목표에 기여하여야 한다. 이것은 개인적 지식뿐만 아니라 도덕적 관점과 미적 감각과 능력의 발전에도 기여할 수 있다. 교양적 전통에서 교육은 직업을 위한 준비 이상의 것이다.

교양 교육적 전통은 교육에 대한 수많은 논의에서 규정되었다.[1] 그 중 하나는 교육이 학문을 이해하는 것뿐만 아니라 학문의 관한 어떤 것, 즉, 방법론이나 가정, 한계, 역사 등을 알게 하는 방법으로 학문적 교과를 포함한 문화의 정수를 아동에게 소개한다는 것이다. 두 번째 측면은 특별한 학문 영역들 사이의 관계와 그리고 이들과 윤리학, 종교, 문화, 경제학, 정치학이라는 넓은 영역과의 관계를 가능한 크고 적절하게 이해시키고 탐구하게 하는 것이다. 교양적 전통은 단편적 지식을 극복하기 위한 것이다. 교양적 전통에 헌신하는 사람들은, 이러한 관점을 가지고 각 영역의 역사와 철학으로 무장한 과학이 자연에 대한 이해뿐만 아니라 자연과 과학에서 심미적 감각과 과학적 지식에 의하여 드러나고 과학적 실천에 의해 형성된 윤리적 문제에 대한 인식을 낳는다고 믿고 있다.

과학은 인류 문화의 발전과 세계를 이해하는 데 중요한 공헌자 중의 하나가 되어 왔다. 식량 생산, 의학, 오락, 전쟁, 산업, 인간 재생산, 수송, 주거 설비, 종교, 우주 탐사 – 우주와 자연계에서 자신의 위치에 대한 인식과 같은 – 인류 자신에 대한 이해 등이 과학에 의하여 크게 영향을 받아 왔다. 물론 과학에 대한 비판이 없는 것은 아니다.[2] 그러나 만일 교육이 인류 문화에서 가장 훌륭하고 가장 중요한 성취들로 이끈다면, 과학은 문학, 음악, 예술, 기술, 역사와 사회과학과 함께 교육과정에서 자신의 위치를 차지할 자격이 있다. 그리고 모든 학생들은 이 과목에 대한 지식 그리고 기대하건대 이에 대한 올바른 인식과 열성을 다해야 한다. 물론 누구의 문화에서 무엇이 가장 최고의 것이라는 것을 누가 결정하는지에 대한 중요한 문제가 존재한다. 이것은 모든 사회 집단에서 가장 긴급한 질문인 것이다. 교육과정을 결정할 때 학생, 교사, 교사 집단, 대학 교육자, 학문 전문가 집단, 사업가, 정치가 등에게 제시되는 적절한 주장이 무엇인가? 누가 결정하든 이러한 문제가 지역이나 지방, 국가 수준에서 결정되어야 하는가? 누가 결정하고, 어느 수준에서 결정하든 여기에는 과연 이러한 판단을 인도할 사회적, 교육적 원리가 존재하는가? 이러한 것들은 모두 과학교사들이 불가피하게 직면하게 되는 교육적, 정치적 이론의 중요하고도 장기적인 논쟁의 주제이다.

교양적 전통은 과학교육이 과학 안에서의 교육이나 훈련뿐만 아니라, 과학에 관한 교육이기도 하다는 점을 지지한다. 과학으로 교육을 받은 학생들은 과학적 방법, 다양성, 과학의 한계들을 인식하여야 한다. 학생들은 방법론적인 문제들, 예컨대 과학적 이론이 어떻게 평가되는지, 경쟁하는 이론들로부터 옳은 이론이 어떻게 결정되는지, 과학의 발전에 있어서 실험과 수학, 종교, 철학적 배경commitment에 대해 서로 관련된 역할의 이해와 같은 점들은 인식하여야 한다. 모든 학생들은 과학을 전공하든 아니든 과학의 발전과 이에 따른 문화적 발전에 있어서 중요한 사건에 대한 지식을 또한 지니고 있어야 한다. 그 중요한 사건은 세계관에 대한 고대의 비신화화 과정, 태양계의 중심이었던 지구를 재배치한 코페르니쿠스의 사건, 갈릴레오와 뉴턴에 의한 과학에서 수학과 실험의 발전, 천상의 영역에서 지상의 낙하법칙을 보인 뉴턴의 증명, 다윈의 진화론과 생명에 대한 그의 자연주의적 이해, 미생물에 의한 면역을 발견한 파스퇴르, 중력과 상대론에 대한 아인슈타인의 이론, DNA 코드의 발견과 생명의 유전적 기초에 대한 연구 등이다. 이들은 자신이 기념비적으로 기여한 지적, 기술적, 사회적, 개인적 요소들에 대해 마땅히 찬사를 받아야 할 것이다. 일반교육뿐만 아니라 과학교육에 대한 이러한 목표의 모든 것들은 학교 교육과정과 교사 교육 프로그램에 역사와 철학을 통합시키는 것을 추구하고 있다. 과학교사들은 그들이 가르치는 학문의 본질과 역사에 관한 것들을 알 필요가 있다.

그러나 과학사와 과학철학, 과학교육 사이의 화해는 과학교육의 교양적 관점의 장점에만 기인하는 것은 아니다. 훌륭한 기술적(전문적) 과학교육을 위해서도 과학사와 과학철학의 화해rapproachment가 필요하다. 과학의 지식은 과학적 사실들과 법칙, 이론, 즉, 과학의 산물에 관한 지식을 포함하고 있다. 이것은 또한 과학의 과정에 관한 지식, 말하자면 과학이 발전하고 자신의 지식을 시험해 온 기술적, 지적 방법을 요구하고 있다. 과학사와 과학철학은 이러한 과정적 능력을 이해하는 데 중요하다. 기술적, 혹은 종종 '전문적'이라고 불리는 과학교육은 만일 학생들이 자신들이 사용하고 있는 용어의 의미를 알고 있다면, 또한 교과서와 보고서, 그들 자신의 과학적 활동을 비판적으로 사고할 수 있다면, 좀 더 증진될 수 있다. 과학자로서 그들의 능력은, 만일 그들이 확증된 탐구와 현명한 실험, 통찰력 있는 가설들의 사례들을 이해할 수 있다면, 더 증진될 수 있다. 화이트헤드는 훌륭한 전문적 과학교육에 관한 이러한 견해를 제2차 세계대전 이후에 밝힌 바 있다.

> 전문적 과학교육과 교양적 과학교육 사이의 대립 관계는 잘못된 것이다. 교양적이지 않은 전문교육이 없으며, 전문적이지 않은 교양교육은 존재할 수 없다. 즉, 기술과 지적 시각을 동시에 공유하지 않는 교육은 없다(Whitehead 1947, p. 73).

과학에서 '법칙'이 무엇을 의미하는지에 대한 고찰이 없이, 과학적 법칙에 대한 증거에 무엇이 포함되어야 하는지에 대한 생각이 없이 그리고 보일이 누구인지, 즉, 그가 언제 살았으며, 그가 무엇을 하였는지 주목하지 않고 보일의 법칙을 가르친다는 것은 끝이 잘려진 길을 보여주는 것과 같은 것이다. 이것은 일정한 온도에서 주어진 기체의 압력에 부피를 곱하면 일정하다는 것을 발견하도록 학생들을 단순히 도와주거나 가르치는 것 이상으로 중요한 교육적 의미를 가진다. 이와 유사하게 관련된 이론이나 증거, 혹은 다윈의 인생과 그 시대, 종교, 다윈의 이론이 야기한 문학적, 철학적 논쟁을 고려하지 않고 진화론을 가르친다는 것도 역시 제한적일 수밖에 없다. 학생들이 실험하거나 실험을 해석하는 데 있어서도 데이터가 이론에 어떻게 의존하는지, 증거가 가설을 반증 혹은 지지하는 데 어떻게 관계하고 있는지, 과학에서 이상적 상황이 실제 상황과 어떻게 관계되는지 그리고 철학적 혹은 방법론적 문제에 관련된 모든 사항들의 역할 등에 관한 지식을 필요로 한다. 과학은 풍부하고도 영향력 있는 역사를 지니고 있으며 철학과 문화적 정수로 충만해 있다. 과학에서 교육은 이러한 풍부함에 관한 것들을 학생들에게 제시하여야 하며, 과학자들이 제기하였던 큰 의문들에 참여시켜야 한다. 이 의문들이 과학 외적이냐 과학 내적이냐 하는 것은 교육적으로 중요한 것이 아니다.

과학 수업에서 공통된 아이들의 질문은 어느 누구도 원자를 본 일이 없다면 어떻게 원자의 모습을 그릴 수 있게 되었는가 하는 것이다. 아이들의 이러한 질문은 과학철학에서 가장 흥미 있는 문제 중의 하나인 모형에 대한 증거와 실제에 대한 모형 사이의 관계를 묻는 것이다. 훌륭한 과학교사는 이러한 질문을 격려하고 만족스러운 설명이나 좀 더 발전된 질문으로 유도할 수 있어야 한다. "나는 모른다."라든지 "책에 그렇게 쓰여 있기 때문이다."라는 대답은 학생들에게 과학의 풍부한 방법론적 차원(철학적 면모)을 소개할 기회를 간과하게 만들어 버린다. 아인슈타인이 '노동자의 옷을 입은 철학자'로서 물리학자를 말했을 때, 그는 과학의 이러한 철학적 차원을 이해하고 있었던 것이다. 과학교사들은 과학, 심리학, 양치기, 위기관리, 그들이 필요한 모든 것 등에서 유능하여야 할 뿐만 아니라 철학자가 되어야 할 필요도 있다. 학생들은 공통적으로 질문한다. 왜 우리가 이것을 배워야 합니까? 우리는 이것이 진실이라는 것을 어떻게 압니까? 이것이 다른 사람에게도 의미가 있을까요? 교사는 학생들의 지적 시야를 넓힐 수 있게 오히려 이러한 질문을 이용하여야 하며, 고찰과 숙고를 해야 할 많은 중요한 문제들이 있다는 점을 이해시켜야 한다.

미국의 교육연구가이고 정책분석가인 슐만Shulman은 교과 교육 지식pedagogical content knowledge에 관한 언급에서 교사의 역할에 대한 이러한 특징을 피력하였다.

> 교과 내용 지식content knowledge에 관해 올바르게 생각하기 위해서 어떤 영역의 사실이나 개념에 관한 지식을 넘어서야 한다. 그것은 학문의 구조에 대한 이해를 요구하는 것이다. … 교사들은 학생들에게 어떤 영역에서 받아들여진 진리를 단지 정의만 해서는 아니 된다. 그들은 왜 어떤 특정한 가정이 보장되는지, 왜 그것이 알 가치가 있는지, 또한 그것이 다른 가정과 어떤 관련이 있는지를 학문 내외에서, 이론과 실제에서 모두 설명할 수 있어야 한다(Shulman 1986, p. 9).

만일 교사들이 그들이 가르치는 교과의 역사와 철학에 친숙하고 흥미가 있다면 슐만이 추구하였던 능력은 더욱 강화될 것이다. 과학교육에 대한 미국의 국가표준은 교사들이 우리가 과학에서 알고 있는 것이 아니라 우리가 무엇을 알고 있는지를 어떻게 아는가에 대해 그들 자신과 학생들에게 질문해야 한다고 요구하고 있다. 이것은 과학철학으로 유도하고, 과학철학이 응답할 일상적인 방법론에 관한 질문이다.

현재 과학교육과 과학사, 과학철학 사이의 화해를 촉진하고 있는 다른 요소가 또 있다. 가장 의미 있는 것은 정통성을 지닌 전문적이고 비상황적인 과학교육이 학생들을 참여시키지 못했고 일반 대중을 위한 과학교육이 촉진되었다는 점이다. 현재 과학교육에 위기는 서구에서 학생과 교사들이 과학적 무지가 폭증하는 모습으로 나타나고 있다는 데 있다. 좀 더 자세한 논의는 3장에서 언급하겠지만 그 개요는 분명하다. 미국에서 모든 학생들의 70%가 과학을 포기하고 있다. 미국 국립 과학재단ANSF: American National Science Foundation은 "과학, 수학, 기술에 대한 우리나라 학부과정의 질이 점차 낮아지고 있으며 국가가 요구하는 수준에 미달할 정도까지 와 있다. 미국의 유일한 자원들이 좀먹고 있는 것이다."라고 하였다(Heilbron 1987, p. 556). 교사와 행정가들은 이 문제들을 완화시킬 수 있는 두 가지 다른 접근, 예컨대 교양교육이나 상황중심의 교육의 옹호자들이 제안한 접근을 수용하고 있다.

과학 문맹에 대한 연구가 보여준 현실은, 우리 인구의 많은 사람들이 기초적 과학 개념의 의미를 모르고 있으며,[3] 자연과 기술의 기능이 작용하는 것에 일부 지식을 지니고 있으며, 반과학적인 관점과 비논리적 사고가 광범위하게 유포되고 있다는 점을 보여주기 때문에 우리가 현재 문화적 위기에 처해 있음을 보여준다. 신문에서 점성술에 관한 고정란을 과학에 대한 기사보다 더 많은 사람들이 읽고 있으며, 엘비스 숭배나 화성인의 방문 등으로 채워진 대중신문이 계산대를 메우고 있고 세계적으로 매일 수백만 부씩 팔리고 있다. 만일 사고방식이 그렇게도 합리적 제약constraint에서 멀어져 간다면 모든 종류의 인종주의, 편견, 광란과 광신이 쏟아져 나올 것이다. 이러한 문제점에도 불구하고 과학은 미신과 편견, 무지와 싸우는 중요한 요소가 되어 왔다. 인간의 자연적 본성에 반하여 자신의 이기심으로 주변을 판단하려는 부정적 영향을 미치고 있다. 인간이 과학을 모두 포기한다면, 혹은 과학교육이 인간을 포기한다면, 세상은 결정적인 위기를 맞게 될 것이다. 이러한 시기에 과학교사의 역할은 특히 중요하며 가능한 한 모든 학문적, 물질적 지원을 필요로 하고 있다.

최근 많은 정부와 교육기관이 과학교육에 과학사 및 과학철학을 포함하는 제안을 하였다. 그 중에는 미국 과학 진흥연합회AAAS: American Association for the Advancement of Science에서 나온 가장 영향력 있는 보고서 중 《프로젝트 2061》(AAAS 1989)과 《교양 과학》(AAAS 1990), 영국 국가교육과정위원회(NCC 1988), 캐나다 과학위원회(SCC 1984), 덴마크 과학기술교육과정, 네덜란드 PLON 교육과정 등이 있다.[4] 이 경우에 과학사 및 과학철학은 과학 교수요목에 더 첨가된 교과내용이 아니다. 여기서 제안된 바에 따르면 교육과정의 내용에 과학사 및 과학철학의 주제를 더 보편적으로 융합시키는 것이다. AAAS는 다음과 같이 표현했다.

> 과학 수업에서는 과학을 역사적 관점에서 취급하여야 한다. 교양교육과정의 학생들은 – 과학전공이든 비전공이든 똑같이 – 과학을 지적, 사회적, 문화적 전통의 일부로 받아들일 수 있도록 과학 수업을 받아야 한다. … 과학 과목은 과학의 윤리적, 사회적, 경제적, 정치적 차원을 강조함으로써 과학의 이러한 관점을 다루어야 한다(AAAS 1989, p. 24).

화해의 또 다른 징표는 과학사 및 과학철학과 과학교육에 관련된 학술적 활동과 연구가 의미 있게 증가하고 있다는 점이다. 이것은 국제 과학사철학 및 과학교육 협회의 형성과 과학사 및 과학철학, 과학교육에 관한 국제학술회의의 개최에서 볼 수 있다. 1989년 플로리다 주립대에서의 1차 학회, 1992년 온타리오 킹스턴에 위치한 퀸즈 대학에서의 2차 학회, 1995년 미네소타 대학에서의 3차 학회,[5] 그리고 유럽 물리학회에 의한 물리학사와 물리교육에 관한 일련의 학술대회[6]와 미국 및 영국 과학사학회의 교육위원회[7]의 활동 등에서 볼 수 있다. 최근 수년 동안 과학사, 과학철학, 과학교육의 주제와 관련된 학술 논문이 3백여 편 발간되었으며, 《과학과 교육*Science & Education*》이라는 학술지를 창간하였다.

과학교육에서 상황적 접근을 옹호하는 사람들은 교육적 몽상가가 아니다. 과학사 및 과학철학적 내용으로 혹은 교양적 방식으로 과학을 가르치려는 시도가 이미 오래전부터 있었다. 아마도 가장 훌륭한 예가 홀튼과 러더포드, 왓슨에 의하여 1960년대 초기에 개발되었던 하버드 프로젝트HPP: Harvard Project Physics일 것이다.[8] 이 프로그램의 효과에 대해 60여 편이 넘는 연구가 발표되었고(Welch 1973), 이들은 모두 긍정적이고 고무적인 것이었다. 과학에 대한 기억력, 여성의 참여, 비판적 사고력 테스트에 관한 발전, 내용에 대한 이해 등에 대한 측정에서 HPP를 사용한 곳에서는 모두 개선된 결과를 보였다. 과학사 및 과학철학에 영향을 받은 교육과정을 채택하였던 또 다른 예는 무어와 슈왑이 개발한 BSCS 생물 황색판이다.[9]

교양적 접근의 효과에 대한 큰 약점은 과거나 현재도 적절하게 교육받은 교사가 없다는 사실이다. 교양적 접근은 교사들에게 매우 많은 것을 요구한다. 교사를 교육하거나 채용하는 사람들이 이것을 인식할 필요가 있다. 교사는 중요하지만 부담이 가는 사회적 역할을 담당하고 있다. 과학자는 단지 좁은 영역에서만 자신이 하는 일을 이해하기만 하면 된다. 그러나 교사는 과학의 광범위한 영역을 이해하여야 하며, 더욱이 학생들이 지적이고 흥미를 가질 수 있는 방법으로 과학을 이해하여야 한다. 교사 없이는 과학자도 없다. 덧붙여 교사는 방향과 교실 및 교실 밖에서 활동의 목표를 제시해 주는 교육철학을 지니고 있어야 한다. 과학교사는 학교에서 성취하려는 것이 무엇인가에 대해 충분히 숙고한 시각을 가지고 있어야 하며, 자기의 직업적 생활의 모든 측면들에 대해 정보를 제공해 줄 수 있는 교육철학을 가지고 있어야 한다. 목적이 방법을 낳는 것이다.

과학의 역사와 철학을 포함시키는 것이 물론 오늘날 과학교육의 위기에 대한 해답이 아니다. 이에 대한 해답이 궁극적으로는 문화와 경제의 심장부에 놓여 있다. 그러나 과학의 역사와 철학은 과학교수와 학습을 개선하는 데 기여할 것이다. 기여할 수 있는 측면들은 다음과 같다.

- 과학사 및 과학철학은 과학을 인간화하며 과학들을 개인적, 윤리적, 문화적, 정치적 문제와 관련시킨다. 현재 과학을 싫어하는 많은 학생들에게, 특히 여학생들에게 이것이 과학과 공학 교육과정을 더욱 흥미 있게 만든다는 증거가 있다.
- 과학사 및 과학철학은, 특히 기초적인 논리적, 분석적 훈련이 – 예컨대 이 결론은 가정으로부터 도출된 것인가? 그렇고 그러한 것에서 당신이 의미하는 것은 무엇인가? – 수업을 좀 더 적극적이고 도전적으로 만들며 합리적이고 비판적 사고력을 강화시킨다.
- 과학사 및 과학철학은 과학적 내용을 완전히 이해하게 만드는 데 기여한다. 이것은 공식과 방정식들이 무엇을 뜻하고 있는지, 무엇에 관해 말하고 있는지에 대한 이해가 없

이 무조건 암기만 할 때, 즉, 노박Novak이 언급했듯이 '무의미한 것들로 가득 찬 바다'를 극복하는 데 도움을 준다.

- 과학사 및 과학철학은 교사로 하여금 과학과 지적, 사회적 관계 속에서 과학의 위치에 대해 좀 더 풍부하고 더 확실한 이해를 발전시키는 데 도움을 줌으로써 교사 교육에 기여할 수 있다. 이것은 일종의 전이 효과flow-on이다. 교사의 과학의 본성에 대한 인식론이나 관점이 교사의 교수방법이나 교사가 학생들에게 전수하는 과학적 메시지에 영향을 준다는 많은 증거들이 있다.
- 과학사 및 과학철학은 학생들이 겪는 학습문제를 인식하는 데 도움을 준다. 왜냐하면 이것은 학생들에게 과학의 발전이나 개념변화에서 나타났던 역사적 난점들을 일깨워 주기 때문이다. 갈릴레오가 가속도의 현대적 개념을 얻기까지 40여 년이 필요했다. 그러나 이렇게 긴 시간의 사고에도 불구하고 그는 조석현상에 대한 정확한 이론을 얻지 못했다. 역사적 연구를 통하여 교사들은 과학 학문들의 발전 초기에 지적, 개념적 문제점들이 무엇이었는지 이해할 수 있다. 이에 대한 지식은 교육과정을 구성하고 수업을 할 때 도움이 될 수 있다.
- 과학사 및 과학철학은 과학교사와 교육과정 개발자들이 관여하는 수많은 교육논쟁을 명쾌하게 평가하는 데 기여할 수 있다. 이러한 논쟁의 대부분은 – 예컨대 구성주의적 교수방법이나 다문화주의적 과학교육, 여성주의적 과학, 환경과학, 탐구학습, STS 교육과정 등 – 과학에 대한 역사와 인식론, 혹은 인간 지식의 본성이나 지식의 생산과 한계를 전제로 하고 있다. 과학사 및 과학철학에 대한 기초가 없는 교사는 후에 불행하게도 '그때는 훌륭한 것 같이 보인' 현란한 생각들에 너무도 쉽게 사로잡힌다.

과학사 및 과학철학이 다양한 모습의 역할을 하게 되는 이유 중의 하나는 과학의 발전에 관한 역사적, 철학적 고찰이 인간 지식에 대한 모든 이해의 기초를 이루고 있다는 것이다. 모든 교육이 지식과 이해의 발전에 일정한 형태로 관계하고 있기 때문에, 과학사 및 과학철학이 교육과 광범위하게 관련을 맺고 있다는 것이 결코 놀라운 것은 아니다. 과학에 대한 이해를 시도하지 않고 인간 지식의 발전과 한계를 진지하게 생각한다는 것은 불가능하다. 1930년대 포퍼가 과학의 역사와 철학이 인식론의 핵심이라고 주장하였을 때 그는, 자연과학을 항상 올바르게만 이해하지 않았지만 16세기 이래 인식론적 전통을 이어왔던 서구의 중요한 철학자들의 흐름을 단지 이어받은 것이다. 우리가 무엇을 알고 있는가? 어떻게 우리가 그것을 알게 되는가? 이러한 질문은 모든 학문에서 기본적인 것이다. 두 번째 질문은 탐구에서 사용하는 방법에 관한 질문이 아니라, 무엇이 지식을 풍부하게 생산하는 방법인가에 대한 질문이다. 그것은 과학사 및 과학철학에서 논의되었던 종류의 방법론적 질문인 것이지, 어떻게 결과를 얻는가에 대한 방법을 묻는 것이 아니다.

결국 과학사 및 과학철학은 이제 더 이상 논쟁의 여지가 없고 완전히 정착되어 버린 것처럼 충분히 논의되어 왔다. 그러나 전문학술지를 읽어보면 알게 되듯이 이것이 꼭 그런 것만은 아니다. 신중한 학자들은 과학사 및 과학철학에 관한 높은 수준의 많은 주제를 다루는 것에 대해 반대하고 있다. 필자 역시 이러한 논쟁에 대해 일정한 견해를 가지고 있으며, 이것은 이 글에서 드러나게 될 것이다. 그럼에도 불구하고 이 책의 전체적인 논의는 특별한 반대 견해에 의한 영향을 근본적으로 받고 있지 않으며, 다행히도 낮은 수준의 많은 관점에 대해 이성적인 합의가 있었다. 전반적인 논의는 과학사 및 과학철학이 과학교육 이론과 실제의 대부분과 관련이 있고, 또 이것에 포함된다는 것이다. 그뿐만 아니라 독자들은 특별한 주제들 – 예를 들면 갈릴레오가 수학을 사용하였고 교회와 논쟁을 벌인 것이나, 사고실험의 기능과 경험주의에 대항하는 사실주의의 주장, 어떤 이론에 대립되는 한 이론이 어떻게 받아들여질 수 있는지 등 – 을 스스로 결정해야 한다. 과학교육에 대한 교양적 접근을 옹호하는 사람들의 대부분은 과학을 '수사적 기교에 불과한 결과'로 가르칠 때 슈왑이 언급하였던 문제에 공감하고 있으며, 과학의 역사와 철학에 대한 결과들을 현란한 말로 가르치는 것을 반대하고 있다. 교사가 과학의 역사와 철학에 대해 특별한 견해에 집착한다고 하더라도, 과학사 및 과학철학의 교육은 학생 스스로가 사건에 대해 자신이 스스로 사유한 견해를 지녀야 한다는 것을 요구한다.

과학교사는 커다란 철학적 문제에 대해 자신 스스로의 결론에 도달하여야 하지만, 이러한 결론은 반대되는 관점과 공유할 수 있는 일정한 지성적 절차에 기초하고 있어야 한다. 예를 들면 증거에 대한 관심, 출처와 그 신빙성에 대한 주의, 가치 있거나 가능한 논쟁, 다른 사람의 의견을 가치 있게 평가하고 경청하려는 태도 등이 그것이다. 과학교육은 학생들에게 사고하는 것을 훈련시키고 합리적으로 되도록 격려할 필요가 있다. 교사는 학생들에게 단정적인 해답을 주거나 자신의 견해를 주입하기보다 학생들이 특별한 주제에 대한 역사적, 철학적인 질문에 관심을 갖도록 노력해야 한다. 피터스(Peters 1996)가 교육은 어떤 결론에 도달하는 것이 아닌 오히려 서로 다른 견해와 동반하는 과정이라고 언급하였다.

과학의 역사적이고 철학적인 차원의 지식은 과학과 과학교육에 대해 풍부하고도 좀 더 교육적으로 가치 있는 관점을 지니도록 자극한다. 물론 이것이 과학과 과학교육에 대한 과학사 및 과학철학의 유일한 견해는 아니다. 문헌적으로 보면 뚜렷이 크게 구분되는 두 가지 진영이 있다. 과학사 및 과학철학이 과학 수업에 보조하는 것을 옹호하는 집단과 과학사 및 과학철학이 인정되고 있는 과학의 오만과 권위에 도전하는 것을 옹호하는 집단이 있다. 후자의 경우 과학을 수행하는 데 있어서 과학의 인간적 측면과 과학의 오류 가능성, 인종적, 계급적, 성적 이해관계를 포함하여 특별한 이해집단과 정치의 영향 등을 강조한다. 그들은 과학적 지식의 정당성에 대해 회의적이다. 이 집단은 과학이 세계를 보는 가치 있는 다양한 여러 방법들 중의 하나이며, 여기에는 과학에 어떤 특별한 지적 특권도 없다는 점을 과학사 및 과학철학이 보여준다고 여긴다. 그 특권이라는 것은 단지 사회적 평가와 기술적 성공에 의하여 이루어진 것에 불과하다. 이 집단은 포스트모더니즘 철학과 과학사회학에 의한 영향을 포함하고 있다.

이 책이 비록 첫 번째 집단의 견해에 따라 쓰인 것이기는 하지만, 그러나 두 번째 집단의 견해도 포괄하고 있다. 즉 과학은 인간과 문화, 역사적 차원을 지니고 있으며, 이것은 철학과 이해, 가치와 밀접하게 관련이 있고, 과학적 지식의 정당성은 종종 잠정적일 뿐이다. 이러한 이야기는 우리와 과학을 배우는 학생들이 믿고 있는 것처럼 과학이 단순한 것이 아니라 매우 복잡하면서도 흥미 있다는 것이다. 그러나 이런 주장을 받아들이는 것이 과학의 인지적 정당성을 부인하는 것은 아니다.

과학에 대해 다른 방식으로 접근하는 것 자체가 교육적으로 불건전한 것은 아니다. 피터스가 교육이 훈련이나 학교와 구별된다고 말하여 색다른 관점을 제시한 것은, 어떤 특별한 다른 견해를 동반한다는 의미가 아니라, 오히려 창문을 통해 내다보면서 교육의 여정과 시골 전원에 대해 되돌아 보고, 다른 대안을 고려하면서 여행의 목적을 생각하고, 어떤 견해가 다른 견해와 어떻게 비교될 수 있는지 점검하며, 이것들로부터 배워야 할 것을 준비하는 것을 의미하고 있다. 과학사 및 과학철학은 과학교사와 학생들에게 이러한 관점과 의미를 촉진한다.

비록 필자는 이성Reason, 실재론Realism, 합리성Rationality의 3R로 특징 되는 특별한 과학적 관점을 지니고 있지만, 이 책의 주제로 다른 모든 것도 동등하게 다루었으며 과학사 및 과학철학을 이해하는 과학교사는 과학을 좀 더 흥미롭게 하고 학생들의 교육적 발전에 도움을 줄 것이다.

1. 교양교육의 이론과 실제에 대해 많은 문헌들이 있다. 피터스(Peters 1966, 1, 2장)와 밴톡(Bantock 1981, 4장)은 유용한 입문서이다. 오블러와 이스트린(Obler & Estrin 1962)은 교양교육에서 과학의 기여에 중점을 두었고 이에 대해 홀튼(Holton 1973)과 슈왑(Schwab 1945)도 논의하였다.
2. 17세기 비코는 갈릴레오의 새로운 과학과 데카르트의 새로운 수학으로부터 돌아섰다. 결과적으로 문학적 낭만주의나 종교적 전통, 다양한 반문화적 운동을 포함한 많은 비판이 비코와 입장을 같이 하게 되었다. 과학과 이에 대한 비판을 평가한 것은 패스모어(Passmore 1978)와 홀튼(Holton 1993c)에서 찾을 수 있다. 후설(Husserl 1954/1970)과 같은 현상학적 철학자들도 갈릴레오에 의하여 시작된 과학의 수학화가 생활 세계의 경험적 실제들을 포착하는 데 실패했다는 이유로 비판하고 있다.
3. 밀러Miller는 미국의 과학적 소양에 대해 일련의 광범위한 연구를 수행하였다. '분자', '원자', '바이트' 등과 같은 개념을 어느 정도 지적으로 설명할 수 있는 능력에 대한 연구를 기초로 하여, 1985년을 기준으로 고등학교 졸업자 중 3%, 대학 졸업자 중 12%, 박사학위를 취득한 사람 중 오직 18%만이 과학적 소양을 지니고 있다고 하였다(Miller 1983, 1987, 1992).
4. 영국의 국가교육과정은 NCC(1988)에 수록되어 있다. 이에 대한 논의로는 애커로이드(Akeroyd 1989), 레이(Ray 1991), 솔로몬(Solomon 1991)의 논문이 있다. 과학사와 기술을 다룬 덴마크 교육과정은 닐슨과 닐슨(Nielsen & Nielsen 1988), 닐슨과 톰슨(Nielsen & Thomsen 1990)이 논의하였다. 네덜란드는 1981년부터 사회 속 물리학이라는 교과과정이 실시되었고(Eijkelhof & Swager 1983) 1972년부터 PLON 프로젝트가 개발한 다양한 자료는 과학사와 과학철학적 차원을 결합한 것이다. AAAS 보고서(1989)에는 프로젝트 2016의 제안이 포함되었고 러더포드와 알그렌(Rutherford & Ahlgren 1990)에서 재발간되었다. 스타인(Stein 1989)이 이를 논의하였고 STS 프로그램에 대한 논의와 문헌 소개는 맥패든(Mcfadden 1989)과 예거(Yager 1993)의 연구에서 찾을 수 있다.
5. 국제적인 모임에 대한 연구는 필자에 의해 만들어졌다. 1995년 10월 미네아폴리스에서 열린 세 번째 국제학회에 대해서는 미네소타 대학교 교육학과의 프레드 핀리Fred Finley 교수에게 문의하기 바란다.
6. 이러한 학회들은 파비아(1983), 뮌헨(1986), 파리(1988), 케임브리지(1990), 마드리드(1992)에서 열렸다. 학회 활동에 관해서는 베빌라쿠아와 케네디(Bevilacqua & Kennedy 1993), 톰센(Thomsen 1986), 브론델과 브로우젱(Blondel & Brouzeng 1988) 그리고 모레노(Moreno 1992)의 연구를 통해 알 수 있다. 유럽에서의 물리와 물리교육모임의 역사에 대해서는 이탈리아 파비아 대학교 물리학과의 베빌라쿠아Fabio Bevilacqua 교수에게 문의하라.
7. 미국과학사협회의 학회에서 미국의 모임이 이루어진다. 여기에 대해서는 미국 미네아폴리스 바켄 박물관Bakken Museum의 데이비드 리즈David Rhees 박사를 통해 연락 가능하다. 영국의 모임들은 1987년 옥스퍼드 대학교, 1992 셰필드 대학교에서 과학사와 과학교육에 대한 학회를 개최하였다(Shortland & Warwick 1989). 영국 와이트Isle of Wight의 피터 엘리스Peter Ellis를 통해 연락할 수 있다.
8. 물리를 배우는 미국 고등학생의 15%가 전성기에 이 프로그램을 배우며 해외에서도 널리 사용되고 있다. 이 프로그램의 저변에 깔린 철학은 홀튼(Gerald Holton 1978a)과 학술 토론회의

발간물《물리 교사*The Physics Teacher*》(1967, 5권 2번)에서 확인할 수 있다. 하버드 프로젝트 물리Harvard Project Physic에 대한 다른 평가들은 아이켄헤드(Aikenhead 1974), 브러쉬(Brush 1978, 1989), 러셀(Russell 1981) 그리고 웰취와 왈버그(Welch & Walberg 1972)를 통해 알 수 있다.

9. 이것은 1963년에 처음 출판되었고 1980년까지 4판이 출판되었다.

2장

과학교육과정에 대한 역사적 논쟁

Historical Debates about the Science Curriculum

과학을 가르치는 것에 있어서의 과학사와 과학철학의 역할이 증대되어야 한다는 대부분의 주장들은 과학의 문화적, 사회적, 철학적 차원들에 가치를 부여하는 것이지만, 또한 이는 과학의 표준적 교과 내용을 보다 바람직하게 가르치고 배우기를 원하는 것이기도 하다. 이 책에서는 과학사와 과학철학HPS이 이러한 두 가지의 목적 모두에 기여한다는 점을 주장하게 될 것이다.

HPS의 역할에 대한 최소한의 관점은 그것들이 표준적인 과학 프로그램들에 등장하면서 역사적 및 철학적 문제들이 설명된다는 것이다. 즉, 보일의 법칙을 언급할 때에는 보일의 시대, 그의 생애 및 성취에 대해 어느 정도의 시간이 할애되어야 하고, 판구조론을 공부할 때에는 과학적 이론이란 무엇이며 그것이 모형이나 가설 또는 단순한 믿음 그리고 아마도 과학자 사회에서의 이론 변화의 과정에 대해 또한 민족주의와 기타 비과학적 요인들이 어떻게 이러한 과정에 영향을 미칠 수 있는가를 논의하는 데 어느 정도의 시간이 할애되어야 하며, 핵 발전에 대해 공부할 때에는 핵 발전의 경제적, 정치적, 윤리적 측면 그리고 아마도 핵무기 개발 연구에 종사하는 과학자들의 도덕적 딜레마에 대해 어느 정도의 시간을 할애하여야 할 것이다. 이것은 일종의 사탕발림이다. HPS의 역할에 대한 최대한의 관점은 역사적 기반에 따라 구성된 교육과정과 함께 과학의 역사적, 문화적, 철학적 차원들이 명시적으로 다루어지는 방식으로 과학교육과정이 짜여져야 한다는 것이다. 이는 과학의 교수에 대한 철저한 교양적 접근이며 이러한 접근방식은 하버드 프로젝트 물리Harvard Project Physics 혹은 하버드 실험 과학의 사례 연구Harvard Case Studies in Experimental Science 같은 프로그램들에서 찾아볼 수 있을 것이다.

과학의 역사로부터 과학을 배울 수 있는 것처럼, 과학교육도 그것의 역사로부터 배울 수 있을 것이다. HPS 중심의 과학 교수의 가치와 실용성을 평가하기 위해서는 학교 과학교육과정의 역사와 그것의 다양성에 대해 그리고 과학 수업을 향상시키기 위한 노력에서 제기되었던 핵심 쟁점들에 대해 알고 있는 것이 유용할 것이다. 불행하게도 흔히 교육적 논쟁에서는 역사적 전망이 결여되어 있으며 교육의 순환educational wheels이 자주 반복된다.[1] 본 장과 3장에서는 맥락적contextual 접근과 교양적liberal 접근에 대한 현재의 주장들을 이해할 수 있는 관점을 갖기 위해 학교 과학의 발전과정을 개관하게 될 것이다. 다양한 과학교육과정이 존재하고 변화를 겪었다는 사실은 교육과정의 상이한 지향성에 대한 정당화에 관련된 질문과 교육적 및 비교육적 고려사항들에 의해 이끌어지는 변화의 정도에 대한 질문을 촉발한다.[2]

교육과정 내의 자연철학

과거에 '자연철학natural philosophy'으로 부르던 과학은 18세기 중반 당시 몇 안 되는 학교들에 도입되기 시작하였다. 그리고 그러한 도입은 일반적으로 환영을 받지는 못하였다. 신학, 고전, 인문학은 엘리트 집단에 적절한 것으로 여겨졌고 간단한 상업 및 가사 기능을 비롯하여 문자 해독, 셈하기, 종교 등은 일반 대중에게 적절한 과목으로 여겨졌다.[3] 19세기에는 영국의 헉슬리Huxley, 암스트롱Armstrong, 넌Nunn, 미국의 듀이Dewey, 독일의 마흐Mach, 헤르베르트Herbert 그리고 이보다 좀 이른 프랑스의 수학자 콩도르세Condorcet 등이 과학교육의 위치를 옹호하였던 인물들이다.[4] 과학의 내용, 목적, 교수법 그리고 고객(즉, 학생)에 대한 논쟁이 시작된 이후에야 과학이 학교 교육과정에 포함되기 시작하였다. 고객에 대한 논쟁은 과학이 모든 학생들에게 동일한 것이어야 하는가 아니면 학생들의 진로에 따라 상이한 프로그램으로 제공되어야 하는

가에 대한 문제로 바뀌었다.

영국에서는 실용적 접근practical approach이 이미 널리 퍼져 있었다. 과학은 산업혁명의 종이었다. 당시의 주목할 만한 교재로는 많은 개정판을 냈던 퍼거슨Ferguson의 《자연철학*Natural Philosophy*》(1750)을 들 수 있으며 이는 1806년 브루스터 경Sir David Brewster에 의해 개정되어 같은 해 미국에서 출판되었다. 브루스터는 서문에서 "퍼거슨씨의 노력의 주된 목적은 물상 과학physical science에 대한 친숙한 관점을 갖게 하고 수학적 탐구에 익숙하지 않은 사람들이 과학에 접근할 수 있도록 하기 위한 것이었다."고 쓰고 있다(Woodhull 1910, p. 18). 그리고 그는 이어서 "이 교재만큼 사회에서 일반적으로 읽히고 광범위하게 배포된 책은 없었다."고 주장하였다. 교재 중 62쪽은 기계에 관한 것이었고 40쪽은 펌프에 관한 것이었다. 이러한 응용적 기술적 일상적 강조는 당시의 널리 사용되던 다른 교재들에서도 마찬가지였다. 예컨대, 22판의 개정판이 나온 파커Parker의 《학교 실험 철학*The School Compedium of Experimental Philosophy*》(1837), 73판의 개정판이 나온 콤스톡Comstock의 《자연철학의 체계*System of Natural Philosophy*》(1846), 드레이퍼Draper의 《학교 자연 철학*Natural Philosophy for Schools*》(1847)이 있었다.

드레이퍼는 과학을 가르치는 데 있어서의 오랜 딜레마에 대해 언급했는데, 그는 "현재 자연철학을 가르치는 방식에는 두 가지 방법이 있는데, 하나는 실험 과학experimental science으로 가르치는 것이고, 다른 하나는 수학의 한 분야로 가르치는 것이다. 나는 물상과학을 실험적으로 먼저 가르치는 것이 적절하다고 믿는다."라고 주장하였다(Woodhull 1910, p. 21). 이 점에 대해 미국의 대학과 영국 대학의 견해는 일치하지 않았다. 미국의 경우, 1872년경 학교 교육과정에서 자연철학이 사라지고 이는 고등학교 물리로 대체되었으며, 교재들은 일반적인 기계에 대한 그림들이 추상적인 선도형으로 대체되는 등 대수와 수학적 공식들로 점차 가득 차게 되었다. 1905년 뉴욕교육청New York State Department of Education은 물리교수요목Topical Syllabus in Physics을 발간하였는데, 여기에는 120시간 과정용으로 260개의 주제가 포함되어 있었으며 이는 1시간에 2가지씩 새로운 주제가 도입됨을 의미하는 것이었다(Mann 1912, p. 66).

이러한 새로운 과학의 교수방식이 과거의 것에 대한 개선이라는 것에 모든 사람들이 동의하지는 않았으며, 19세기 말에는 많은 사람들이 '물리교육의 신운동The New Movement in Physics Teaching'이라는 기치 아래에 모여서 과거의 자연철학 과정이나 교재처럼 응용과 실험을 강조하는 것으로 되돌아가야 한다고 주장하였다.[5] 이러한 주장의 일부는 과학의 원리를 과학 프로그램 내에서 가르치자는 것이었으며, 사람들은 30분마다 한 주제를 배우는 것은 그리고 그것이 본질적으로 외국어로 논의되는 한, 아동들이 과학의 원리를 학습하는 것이 결코 용이하지 않다는 생각을 가지고 있었다. 신운동이 반대하였던 종류의 과학의 한 예는 학생들이, 일상생활에서 5,000다인dyne의 힘이 무엇을 의미하는지를 실험적으로 알지 못한 채, "5,000다인의 힘이 250그램의 질량에 10초 동안 작용한다. 이 물체에 주어지는 운동량은 얼마인가?" 등과 같은 종류의 질문들이다. 예컨대, 그와 같은 힘이 가해지면 성인 한 사람이 넘어질 수 있겠는가(Mann 1912, p. 89)?

1950년대까지의 미국의 과학교육

현재까지의 미국의 과학교육에서는 세 가지의 경쟁적 전통이 존재하였다. 학문의 구조를 강조하는 이론적 전통과 일상적 사물의 과학과 작동을 강조하는 응용적 전통 그리고 과학의 역사적 발전과정과 문화적 함의를 강조하는 교양적 혹은 맥락적 전통이 그것이다. 물론 이것 중 그 어느 것도 상호 배타적인 것은 아니었다.

1950년대까지의 과학교육의 발전에 있어서의 중요한 한 가지 경향은 과학의 실용적, 직업적, 사회적, 인간적 측면들에 대한 인식이 증가하였고 교육과정에 이러한 측면들이 포함되었다는 점이었다. 예컨대, 생물교육은 이 기간 동안 덜 이론적인 것이 되었다(Hurd 1961, Rosenthal 1985). 1909년 한 교사는 학교의 생물 교재가 지나치게 백과사전적이고 이론적이어서 박사과정 시험에 더 어울릴 것 같다고 불평한 적이 있었다. 수업을 관찰한 후 그 교사는 학생들이 난원세포, 조정기, 난포자 등의 용어들의 의미를 어떻게 받아들였는지 궁금했다(Rosenthal 1985). 20세기의 전반부에 걸쳐 학교 생물학은 – 진보주의 교육자학회Progressive Education Society, 직업 및 산업적 요구, 환경 문제, 인구 변화, 건강 등 – 다양한 외적 압력에 반응하여 점차 대학의 생물학으로부터 이탈하게 되었다. 1926년 핀레이Finley는 '생물학의 실제적, 생태적, 경제적, 인류 복지적 측면'을 강조하는 교재를 집필하였다. 그는 "생물학을 가르치는 것의 목표가 … 일반적으로 '생물학 자체를 위한 생물학'에서 '인류복지에 연관된 생물학'으로 바뀌었다."고 주장하였다(Rosenthal 1985, p. 105).[6]

제2차 세계대전은 실용적 생물학practical biology에 대한 추진력을 더해 주었다. 즉, 질병예방, 위생, 농업 등은 생물 과정의 계획을 이끌었던 실제적 작용의 모든 부분들이었다. 컬럼비아 교사대학Columbia Teachers College은 '과학 발전의 결과로 제기되었던 개인적, 사회적 쟁점들을 다루는 데 필요한 과학의 내용과 방법'을 강조하는 교육과정을 개발하였다. 이 교육과정의 목표는 '사회와 과학의 사회적 기능에 대한 보다 분명한 이해'를 주는 것이었다(Layton & Powers 1949). 과학을 보다 개인과 관련된 것으로 만들려는 이러한 관심은 전국중등학교교장협의회National Association of Secondary Principals의 소비자교육회Consumer Education Society의 보고서에서 찾아볼 수 있다. 이 보고서 《소비자교육에서의 과학의 위상*The Place of Science in the Education of the Consumer*》은 1945년 미국과학교사협회National Science Teachers Associations에 의해 출판되었다. 보고서는 과학교육이 소비자로 하여금 현명하게 구매하는 것을 돕는 지식과 소비자 문제들의 해결에 유용한 과정들에 초점을 맞추어야 한다고 주장하였다(Hurd 1961, p. 85).

보다 실용적 관계를 개발하였던 것은 생물학뿐만 아니었다. 1950년대 중반까지의 물리 교과서들 또한 응용적 문제에 관심을 보였으며 물리적 원리에 대한 일상생활적 예시를 제공하였다. 로버츠가 지적한 바와 같이(Roberts 1972), 전기에 관한 단원들은 전화, 전기다리미, 가정의 배선 및 퓨즈, 일상 전기용품 등의 작동을 설명하고, 액체에 대한 단원들은 도시의 수로체계나 수압제동기 등과 같은 문제들을 다루는 것이 일반적이었다.

이러한 응용과학의 전통에는 미리 예측할 수 있었던 긴장들이 존재하였다. 일부는 위생, 소비자의 의사결정, 정원 가꾸기, 취미생활 등과 같은 개인적 수준에서의 응용을 강조하였으며, 다른 일부는 직업적 기능에 대한 실업계의 요구에 반응을 보이고 과학의 사회적 적용을 강조하였으며(Callahan 1962), 또 다른 부류는 과학과 사회 사이의 상호작용에 대한 이해를 강조하였다. 오늘날의 STS 프로그램들은 이러한 양대 세계대전 사이의 과학과정들이 처했던 것과 동일한 전통에 놓여 있다.

이러한 응용적 전통은 두 방향으로부터 비판을 받았는데, 하나는 과학의 이론적, 학문적 구조의 교육을 주장하는 사람들이었고, 다른 하나는 과학의 인문적, 문화적 측면을 주장하는 사람들이었다. 미국생물학회연합회Union of American Biological Societies는 생물학을 과학으로서가 아닌 '취미생활을 즐기기 위한 한 방식과 일련의 실용적 기술'로 가르치는 경향을 비판하였다(Rosenthal 1985, p. 109). 이 단체는 전문가적이고 학문적인 과정을 강하게 주장하였다. 그리고 이러한 주장은 미국과학진흥협회American Association for the Advancement of Science가 1947년 발간한 《과학자 양성에 있어서의 현재 학교의 유용성*The Present Effectiveness of our Schools in the Training of Scientists*》 보고서에서 다음과 같이 반복되었다.

> 이 보고서는 우리 국민이 (1) 미래에 어떤 직업을 갖더라도 그것을 수행할 수 있는 충분한 능력의 과학자, (2) 보다 바람직한 삶을 지키고 계획하는 것에서의 과학자의 역할을 이해하고 지지할 수 있는 투표권을 가진 대중이 되기 위해 필요할 것으로 보이는 과정들을 따라야 한다는 가정에 기초하고 있다(Klopfer & Champagne 1990, p. 137).

반면에 하버드 위원회(Harvard Committe 1945)는 '과학의 사실들이 상이한 상황을 통해 즉, 문화적, 역사적, 철학적으로 학습되어지는' 과학 프로그램을 주장하였고 다음과 같은 교양 과학교육을 위한 선언을 발표하였다.

> 교양교육에서의 과학교육은 – 과학적 사고와 다른 종류의 사고를 비교하고, 개별 과학들을 서로 비교하고 대비하며, 과학과 과학의 역사 그리고 일반 인류사와 관계를 살펴보고, 과학과 인류 사회의 문제점들 간의 관련성을 살펴보는 것과 같은 – 주로 광범위한 통합적 요소들을 통해 특징 지어져야 한다(Conant 1945, pp. 155–156).

1944년 전국교육자협의회National Educational Association는 《미국의 모든 젊은이를 위한 교육*Education for All American Youth*》이라는 보고서를 발표하면서 대학 이전의 과학 프로그램에 대한 교양적 접근liberal approach을 제안하였다. 10학년까지의 과학은, 특정한 과학 교과의 지식뿐만 아니라, 학생들로 하여금 인류의 발전에 대한 과학의 역할이나 세계와 인류에 대한 과학의 관점 그리고 과학의 역사 및 위대한 과학자와 그들의 주요 실험에 대한 상상력을 통한 연상imaginative association 등을 학습할 수 있도록 해야 함을 주장했다(Hurd 1961, p. 83).

1958년 예일대에서 열린 과학단체장협의회의 연례회의에서 파우스트Faust는 이러한 맥락적 접근contextual approach을 다음과 같이 강조하였다.

> 미국인의 삶에 가장 필요한 것은 지성, 지적 성취, 심성의 삶the life of mind, 책, 학습, 기초 과학, 철학적 지혜를 새롭게 존중하는 것이다. … 교육을 단순히 개인의 발전과 사회적 성취 그리고 국가의 힘의 수단으로만 본다면 교육은 그것의 약속을 실현하지 못할 것이다. … 우리는 단순한 힘이 아닌 … 교육의 기본적 기능에 대해 몰두하는 지혜가 필요하다(Elbers & Duncan 1959, p. 178).

따라서 스푸트니크 위기의 시기에는 학교 과학의 본성, 목적, 강조점에 대한 최소한 다음과 같은 세 가지의 경쟁하는 관점들이 존재하였다.

1) 실용적, 기술적, 응용적 강조
2) 교양적, 일반교육적, 인본주의적 강조
3) 전문가적, 이론적, 학문적 강조

이러한 구분은 아이스너(Eisner 1979)가 '교육과정의 지향점curriculum orientations'이라 불렀던 것과 유사하다. 로버츠(Roberts 1982)는 많은 과학교육과정들에 대한 분석을 통해서 7가지의 '교육과정 강조점'을 확인하였는데, 위의 세 가지는 대체적으로 '일상생활 대처everyday coping', '설명자로서의 자아' 그리고 '올바른 설명'에 대응된다. 물론 로버츠의 구분이나 위의 세 가지 구분 모두 서로가 배타적임을 의미하지는 않는다. 어느 하나를 강조하는 교육과정은 보통 다른 것들의 일부도 포함하게 된다. 이러한 관점들 간에 쟁점이 되는 사항은 과학 프로그램의 일반적인 지향점과 그것이 성취하고자 추구하는 목표이다.

1950년대의 미국과학재단 교육과정

1950년대 초반, 물리학자들의 주도 하에, 미국의 학술기관과 과학자 그리고 전문가 집단들이 미국의 과학교육에 대한 개혁을 이끌었다. 이들은 학교에서의 과학과 수학의 침체에 대해 걱정하고 있었다. 1910년과 1950년 사이의 40년 동안 미국의 학교에서 비학문적 교과(요리, 타이핑, 운전 등)의 수는 8개에서 215개로 증가하였으며, 별개의 교과였던 물리학과 화학 과정들은 일반과학으로 통합되었고, 대수학은 일반수학의 일부가 되었다.[7]

1956년 MIT의 물리학자 자카리아스Zacharias[8]는 미국과학재단National Science Foundation으로부터 받은 작은 지원금으로 물상과학연구회PSSC: Physical Science Study Committee를 설립하였다. 이 위원회는 나중에 미국 및 전 세계의 수백만 학생들이 사용하였던 PSSC 물리교재를 개발하였다. 이 교재의 의도는 물리학의 개념적 구조에 초점이 맞추어져 있었으며 교과를 학문으로서 가르침으로써, 응용적 측면들은 거의 전적으로 교재에서 제외되었다. 예를 들어, 기압air pressure이라는 용어는 색인에 표시되어 있지 않고 '기체의 본성'이라는 단원 내에서 설명되고 있으며, 이 단원은 이전의 교재에서는 단원의 첫 머리에 나타나던 기압계나 증기기관에 대한 그 어떤 언급도 없이 진행하게 되어 있다.[9]

1957년 10월 4일 소련은 스푸트니크를 지구 궤도에 쏘아 올렸고 그것의 충격파는 미국의 정치와 교육의 전망을 휩쓸고 지나갔다. 이에 대해 라비츠Ravitch는 다음과 같이 말하였다.

> 소련의 발사는 … 미국의 교육의 질에 대해서 수년 동안 들끓었던 논쟁을 즉각적으로 종식시켰다. 1940년대 후반 이후 미국의 학교는 엄격하지 못하였으며 생활 적응 교육이 지적 가치를 싸구려로 만들었다는 강조하였던 사람들의 주장은 입증된 것 같았고, 한 역사학자는 "충격 받고 비틀거렸던 한 국가는 교육적 영혼 탐색의 쓰디쓴 축제를 시작하였다."고 하였다(DeBoer 1991, p. 146).

스푸트니크는 과학교육의 개혁가들의 주장을 국가적 수월성으로 이끌었다. 스푸트니크의 발사는 법률 제정의 광풍을 촉발하였으며, 그 중에서 대표적인 것은 1958년부터 1961년까지의 3년 동안 과학교육에 9,400만 달러를 그리고 1961년부터 1975년까지 6억 달러를 추가로 지원하게 하였던 1957년 국가방위교육법National Defense Education Act이었다. 각종 학술회와 연구모임들이 전국적으로 이루어졌다. 이 중 대표적인 경우가 이미 언급한 과학기술자단체장협의회President's Committee on Scientists and Engineers에 의해 지원받았던 예일대 회의였다(Elbers & Duncan 1959).

NSF는 학교 과학을 전형적 대학 과학proto-university science으로 전환시키는 데 수단으로 기능하였으며, 이는 종종 학교 과학교육의 전문 직업화professionalization로 불려졌다. 학교 교육과정에 대한 NSF의 최초의 지원금은 1954년 1,725달러였고, 1956년 PSSC에 대한 지원은 30만 달러였다. 국가방위법은 지원금의 수준을 변화시켰으며 이어서 미국의 과학교육을 변화시켰다. 1957년 NSF는 교육과정 프로젝트에 대해 다음과 같이 말하였다.

> 초등학교와 중등학교의 교수 프로그램들이 과학에 대한 흥미와 이해를 자극하지 못한다는 과학자와 교육자들의 걱정에 대처하고자 한다. 이에 대한 지배적인 일반적 합의사항은 오늘날 학교에서 가르쳐지는 과학의 대부분이 지식의 현 상태를 반영하지 못하며 교육적 목적에 대해 필요한 가장 최선의 자료선택이 이루어지지도 못한다는 것이다(Crane 1979, pp. 56-57).

NSF는 과학자들에게는 교육과정 개정에 대한 견고한 권한을 부여하였으며, 교사들에게는 기껏해야 안정된 마부의 역할을 부여하였고, 교육학자들에게는 마구간에 들어갈 기회조차 거의 주어지지 않았다. PSSC는 '하향적top-down' 교육과정 개발의 원형을 보였으며, 그것의 좌우명은 "물리교사를 배제하라physics teacher-proof."였다. 1962년 정책 설명에서, NSF는 다음과 같이 언급하였다.

> 프로젝트는 대학 수준의 과학자들에 의해 이끌어졌고 지원금은 고등교육 기관이나 전문적인 과학자 사회에 주어졌다. 그리고 교수법보다는 교과 내용에 강조점이 주어졌다(Klopfer & Champagne 1990, p. 139).

정책과정에서 평가의 중요성이 항상 인정되는 것은 아니었다. 개혁과정에 참여하였던 한 교사는 다음과 같이 말하고 있다.

그 과정에 대한 본인의 경험에 따르면, 학교 현장에서의 시범실시의 결과가 후속 과정에 거의 영향을 미치지 못하였다는 것이다. 매우 납득할 만한 실증적 자료가 주어지지 않는 한, 과학자들은 언제나 학교 교사들로부터 제기되는 그들의 '과학'에 대한 비판을 수용하는 데 소극적이었다(Welch 1979, p. 288).

1950년대 말과 1960년 초에 NSF는 '알파벳 교육과정'의 폭발을 지원하였다. 광범위하게 사용된 최초의 교육과정은 MIT의 PSSCPhysical Science Study Committee였다. 그리고 이어서 CBAChemical Bond Approach, BSCSBiological Sciences Curriculum Study, CHEMSChemical Education Materials, ESCPEarth Science Curriculum Project, IPSIntroductory Physical Science, 프로젝트 물리Project Physics 그리고 기타 다수의 교육과정이 개발되었다. 1975년까지 NSF는 28개의 교육과정 개혁 프로젝트를 지원하였다. 그리고 그중 상당수는 초등학교 수준의 것이었는데, 그 예로는 ESSElementary Science Study, SCISScience Curriculum Improvement Study, SAPAScience-A Process Approach 등이 있었다.[10]

NSF가 지원하였던 대부분의 교육과정은 과학의 실용적, 기술적 응용을 무시하였다. 한 연구자는 다음과 같이 주장하였다.

최근 사용되는 교과서에는 STS에 관한 것이 거의 또는 전혀 존재하지 않는다. 우리 연구진은 광범위하게 사용되는 수많은 교과서들을 분석하였는데 … 일반적으로 기술에 관련된 또는 우리의 8개 관심영역에 대한 그 어떤 언급도 발견할 수 없었다. 실제로 20년 전의 교과서들에 비해서 기술에 관한 언급은 오히려 더 줄어들었다. 교재들은 보다 이론적이고, 실용적 응용성은 줄어들었으며 더 많은 추상적인 것들로 채워졌다. 이 교재들은 과학교육이 '엘리트' 학생의 집단을 위한 것이라는 맥락 속에서 진화해 온 것처럼 보인다(Piel 1981, p. 106; Bybee 1985에서 인용).

전문 과학자들의 요란한 요구와 함께, 러시아 우주선 스푸트니크의 성공은 학교 과학을 고등교육 수준의 과학 연구를 준비하기 위한 수단으로 활용하기 위한 엄청난 입법 및 상업적 압력을 창출하였다. 1957년부터 1987년까지 30년 동안, 교육과정에 대한 실용적이고 교양교육적 강조는 점차적으로 학문적이고 전문적 교육과정의 계획 모형에 그 자리를 양보하였다.

NSF에 의해 지원받았던 보통 비역사적, 전문적 교육과정에 대한 중요한 예외가 두 가지 있었는데, 그것은 하버드 프로젝트 물리 과정과 고등학교 생물과정의 황색본 BSCS이었다. 역사적, 철학적 과학 프로그램의 또 다른 소규모 예로는 클로퍼와 쿨리Klopfer & Cooley의 〈과학과 과학자의 이해 발달을 위한 과학사의 사례Use of Case Histories in the Development of Student Understanding of Science and Scientists〉를 들 수 있다. 이러한 사례사case history들은 대학 수준에서 성공적으로 사용된 바 있는 잘 확립된 '하버드 실험 과학의 사례 연구'를 재현하는 것을 목표로 하였다. 사례 연구법의 유용성에 대해 조사한 한 연구자는 "이 방법이 고등학교의 생물, 화학, 물리 수업에서 사용될 때 학생들의 과학과 과학자에 대한 이해의 증진에 분명히 효과적이다."라고 하였다(Klopfer & Cooley 1963, p. 46).[11]

NSF 교육개혁의 평가

지원금의 규모가 15억 달러에 달했던 1970년대 중반까지의 의욕적인 20년의 참여 이후, NSF는 학교 교육과정 개발에서 후퇴하였다. 1975년의 NSF 교육과정의 개발에 대한 연방정부의 지원은 1959년의 경우보다도 적었다. 시대가 바뀐 것이었다. 소련의 위협은 축소되고, 미국은 달에 우주인을 보낼 수 있었으며, 학교 등록 학생 수가 감소하였고, 국가 교육과정의 실제적 도입에 대항하는 주정부 및 지방 교육청들의 반발이 있었다 – 이와 같은 연방의 간섭은 미국에 존재하는 16,000개가 넘는 매우 독립적인 학교위원회school boards에게는 심각한 문제가 아닐 수 없었다(그리고 현재에도 여전히 그렇다).

이러한 대규모의 연방정부에 의한 적용의 효율성에 대한 수많은 연구들이 수행되었다. 이 중 대표적인 연구로는 1955년부터 1975년까지의 모든 연구들을 분석하였던 헬게슨 외의 연구(Helgeson et al. 1977), 전국적인 교수 및 교육과정의 실제에 대해 조사하였던 와이즈(Weiss 1978)의 연구, 수백 개의 연구들을 정밀 조사하였던 함스Harms가 중심이 되었던 종합 프로젝트Project Synthesis 연구(Harms & Yager 1981) 등이 있다. 이러한 연구들로부터 알 수 있는 사실은, 교육과정의 개혁운동은 우리 자신의 목적에 부합하거나 정부와 사회가 지녔던 희망을 충족하는 데 있어 부분적인 성공만을 거두었다는 사실이다.

1975년 이후 NSF 교육과정의 채택은 널리 퍼지기는 했지만 고른 분포를 나타내지는 못했다. 1976년 단지 50%의 교육구school district만이 NSF가 지원한 중등학교 교육과정을 사용하고 있었으며, 초등 수준에서는 30%만이 사용하고 있었다(Jackson 1983, p. 149). IPS Introductory Physical Science는 가장 널리 사용되었던 NSF의 교육과정이었는데, 한때 25%의 교육구가 이를 사용하였으며, 다른 교육과정들의 '투입penetration' 수준은 10%에도 미치지 못하였다. 또한, 교육과정을 채택한다는 것이 반드시 그것의 정신이나 제안된 교수법을 채택한다는 것을 의미하지는 않았다. 한 중요한 연구의 결론에 따르면, 그것은 흔히 '낡은 부대 속의 새 술new wine in old bottles'의 경우에 해당하였다(Stake & Easley 1978). 1979년 PSSC의 최초 책임자는 교육과정 개혁운동이 '좌절과 실패의 무감각'에 시달리고 있다고 애통해 했다. 이를 지지하는 사람들에게는 '절망과 혼돈'의 시기였던 것이다(Jackson 1983, p. 152).

학교 과학교육의 개혁이 다시 한 번 쟁점이 되고 있는 1990년대의 현재는, 이러한 실패와 혼란이 교육과정 자료에 의해, 교사의 부적절성에 의해, 적용과 전략의 실패에 의해, 일반적인 비지성적이고 비과학적인 문화적 요인들에 의해, 잘못된 학습이론의 잔재에 의해, 채택하고 있는 과학적 방법론에 대한 부적절한 관점에 의해, 얼마나 많은 영향을 받았는지에 대해 알아야 할 시기인 것이다. 하지만, 이 질문에 대한 전반적인 해답은 없을 것이다. 아마도 실패의 원인은 교육과정에 따라, 교육구에 따라 달라지는 지엽적인 것일 수 있다.

존경 받는 물리교사이자 교과서 집필자이고 교육과정 계획자인 아론스Arons는 "교육과정의 자료는 아무리 그것이 기술적이고 상상력을 자극한다고 하더라도 '그 자체가 가르치지는' 않는다."는 사실에 주목하였다(Arons 1983, p. 117). 그는 NSF가 지원하는 교육과정들에서 "충분히 흥미롭고 상상력을 자극하며 교육적으로 바람직한 교재들이 개발되었다."고 믿고 있다. 그는 그 실패의 원인을, 첫째는 학교 교사들에 대한 부적절한 행재정적 지원에, 둘째는 더 중요한 문제로 교사의 부적절한 훈련과정에 있다고 지적하고 있다.

첫 번째 요인에는 학교에 실험보조원이나 실험장비와 영상자료를 구입할 수 있는 자금의 부재, 실험기구를 장치하고 제시하는 시간의 부족, 쉬는 시간의 부족minimum study leave provision과 같은 평범한 이유들이 있었다. 두 번째 요인에는 교과내용에 대한 지식의 부족, 과학학습에 대한 심리학적 필요조건에 대한 인식의 부족, 또 특히 이론과 개념에 선행해야 하는 실재에 대한 경험과 친숙함의 부족, 교사에게 '역사 속에서 찾을 수 있는 지적 효과를 담고 있지 못하고 빠르게 진행되기만 하며 관련성도 없고 이해할 수 없는 대학교 과목이 주어지는'(Arons 1983, p. 120) 부실한 연수과정, 자신의 교과가 갖는 풍부한 지적 및 문화적 중요성을 인식하거나 이를 전달하지 못하는 과학교사 등이 포함된다. 과학을 화려한 결론으로서 가르치고, 슈왑의 용어로, 유동적 과학 탐구와 결론을 거의 다루지 않는다.

NSF의 교육과정에만 책임을 전가하지 않았던 이러한 아론스의 입장을 지지하는 또 다른 연구들이 있었다. 웰취Welch는 "교사의 효율성, 학생의 능력, 과제에 주어지는 시간, 학습에 영향을 미치는 다른 많은 것들과 비교해 볼 때, 교육과정이 중요한 요인으로 드러나지는 않는다."고 결론지었다. 그는 학생 성취도 변량의 5%만이 교육과정의 처치에 관련된다는 사실을 보여주는 연구들을 인용하고 있다. 웰취는 "학생에 미치는 교육과정의 영향이 그다지 크지 않기 때문에 우리의 투자에 대한 수용 가능한 보상은 5%라고 결국 결론지었다."고 보고하였다(Welch 1979, p. 301).

이러한 결론을 바라보는 한 가지 방식은 비록 교육과정이 중요하더라도 그 자체로서 중요한 것은 아니라는 것이다. 즉, 교사 교육이나 평가문항 그리고 관련 자료와 지원 없이, 단순히 교육과정만을 변화시킨다는 것은 학생의 참여율이나 흥미 그리고 과학 및 기타 교과에 대한 학습에 그 어떤 극적인 영향도 미치지 못할 것이다. 강한 권한을 가진 교육과정 위원회를 구성하고 교육과정을 개발한 다음 이를 우편으로 학교에 (일방적으로) 보내는 것은 아무 쓸모없는 일일 것이다. 적절한 교재, 시험, 교사의 참여, 체계적인 지원이 없는 교육과정은 마치 기름이 없는 자동차와 같다. 즉, 보기에는 좋으나 아무 데에도 갈 수 없는 것이다. 웰취와 같은 연구 결과나 아론스의 분석과 같은 연구들이[12] 지적했던 성공적인 교육을 위한 교사의 절대적 중요성 – 그들의 지식, 열정, 교육관과 태도 – 에 대해서는 다른 많은 연구들도 의견을 같이 하고 있다.

영국의 교육과정 개혁

영국의 학교에 자연철학이 도입되기 시작한 것은 18세기 중반이었다.[13] 19세기 중반까지 초등학교에서 '일상 사물의 과학science of everyday things'은 일반적인 것이었다(Jenkins 1979). 당시엔 메이요Mayo와 도우Dawes의 노력이 큰 영향을 미쳤다. 놀랄 필요도 없이, 당시 팔레이Paley의 증거The Evidences에 열광하는 분위기였기에, 이러한 일상 사물의 과학인 자연연구는 종교적인 관점을 증진시키는 데 활용되었다. 하지만 이러한 효과는 하층 계급이 교육을 너무 많이 받는 것이 위험하고 따라서 지나치게 비판적이 된다고 생각하는 사람들의 생각을 바꾸지는 못하였다. 결국 1862년의 교육과정 개정법안Revised Curriculum Code을 통해 공립 초등학교에서 모든 과학 과목들이 제외되게 되었다. 1864년의 클라렌든Clarendon 위원회는 고전연구의 중요성을 지지하였지만 동시에 상류 계층의 교육에서 과학 과목이 배제된 사실에 탄식했다. 1867년에 영국과학진흥협회BAAS: British Association for the Advancement of Science는 교육과정에서의 과학의 원상회복과 재편성을 위한 막후 노력에 영향력을 미쳤다.[14] 헉슬리Huxley는 남런던 노동자학교The South London Working Man's College의 개교식에서 행했던 자신의 유명한 연설 '교양교육 어디에 있는가A Liberal Education; and Where to Find it'에서 교육에서 과학의 중요성을 강조하고 과학을 배제한 당시의 교육과정을 비판하였다.[15]

암스트롱과 발견법

20세기에 들어서면서 런던 임피리얼 칼리지의 화학과 교수였던 암스트롱Armstrong[16]은 과학 수업 방식을 지배하던 건조하고 수사적인 그리고 설교적인didactic 교수법에 대항하는 개혁운동을 이끌었다.[17] 암스트롱은 이러한 학문적 접근scholastic approach에 대해 다음과 같이 말하였다.

> 나는 자신 있게 오늘날 대부분의 학교에서 가르쳐지는, 특히 시험관들이 요구하는, 소위 과학이라 불리는 것들이 쓸모없을 뿐만 아니라 오히려 해롭기까지 하다고 주장할 수 있다(Armstrong 1903, p. 170).

이러한 설교적 방법에 대비하여, 암스트롱은 발견적 방법heuristic method – 혹은 대체적으로 발견법discovery method이라고 부를 수도 있는 – 을 주창하였으며, 그는 이를 다음과 같이 특징지었다.

> 발견적 교수법은 학생들이 가능한 한 발견자의 태도에 가깝게 위치함을 내포한다. 즉, 이 방법론에서는 사물에 대해 단순히 듣는 것 대신에 스스로 찾아내게 된다. 이와 같은 교육 정책을 특별히 정당화할 필요는 없을 것이다. … 발견과 발명은, 어떤 의미에서는 모든 사람들에게 주어지는, 신성한 특권이며 매일 사용해야 하는 것이다. 그리고 결과적으로 우리는 발견의 게임의 규칙을 배우고 또 기술적으로 이 게임을 즐기는 것의 중요성을 알아야 하는 것이다(Armstrong 1903, p. 236).

이러한 암스트롱의 견해는 발견학습에 대한 일부 열광자들이 주장하는 극단적인 '무에서의 발견discovery ex nihilo' 혹은 '로빈슨 크루소적' 관점과 동일시되어서는 안 된다. 학생들을 가능한 한 발견자의 태도에 위치시켜야 한다는 것은 학생들이 – 발견자들이 반드시 출발점으로 삼게 되는 – 개념, 기법, 기구, 계산력 등과 같은 것들을 지니고 있어야 한다는 것을 의미하지는 않는다. 암스트롱은 다음과 같이 말하고 있다.

> 나이 어린 학자들이 그들 스스로 모든 것을 발견하기를 기대할 수 없다는 점은 언급할 필요도 없다. 하지만 학생들에게는 과학적 사실에 기초한 결론이 이끌어지는 방법과 함께 그 결과가 얻어지는 과정이 항상 충분히 분명하게 드러날 수 있도록 제시되어야 한다(Armstrong 1903, p. 255).

암스트롱은, 자신의 이전 인물인 마흐와 유사하게, 경험이 이론에 선행해야 하며 지각이 개념에 선행해야 한다고 믿었다. 이는 과학 학습이 실제적practical이어야 하며 학생들은 과학의 이론이 적용되는 현상에 익숙해야 한다는 것의 또 다른 표현이다. 이러한 마흐적 경험주의는, 암스트롱을 통해서, 1960년대의 너필드 과학과정에까지 영국의 과학교육에 상당한 영향을 미쳤다.

암스트롱은 또한 발견적 방법은 역사적인 것이어야 한다고 믿었다. 그는 다음과 같이 주장하였던 마이클존Meiklejohn의 1884년 글에 경의를 표하였다.

> 이러한 관점은 역사적 측면을 갖는다. 그리고 개인이 따를 수 있는 가장 훌륭한 가장 진솔한 방법은 연구가 취했던 그리고 과거에 전체 경주(과학)가 따랐던 경로일 것이

다(Armstrong 1903, p. 237).

따라서 암스트롱에게 있어 발견법discovery method이란 과학 발전의 역사적 경로를 따라 교사에 의해 고안된 상황 아래에서 학생의 활동과 개인의 사고를 강조하는 그런 어떤 것이었다. 그는 자신의 연구 생애를 반추하면서 다음과 같이 말했다.

> 우리의 일차적 목표는 학생들이 스스로 생각하고 문제를 해결하도록 – 질문을 던지고 확고한 해답을 추구하기 위해서 – 훈련시키고 가르치는, 그래서 실제적으로 그들 스스로가 자신을 도울 수 있도록 하는 것이다. … 이러한 일은 교사에게 있어 커다란 부담이 아닐 수 없다(Richmond & Quraishi 1964, p. 519).

암스트롱의 개혁운동은 부분적인 성공과 많은 패배 그리고 부분적인 변화와 많은 불변을 갖는 상당히 뒤섞인 결과를 낳았다. 그는 탐구적 교수, 역사적 연구, 학생의 활동과 실험활동을 강조하였던 영국의 과학교육의 전통을 출발시켰다. 이러한 전통의 성공적인 면은 20세기를 거치면서 많이 훼손당하였다. 암스트롱의 아이디어의 다양한 측면들은 상이한 시기에 상이한 사람들에 의해 강조되어 왔다. 탐구학습은 비역사적인 것이 될 수 있고, 실험실습 활동practical work은 설교적인 것이 될 수 있으며 결국 단순히 요리책을 따르는 것이 될 수 있고, 역사적 연구는 전문적인 과학에 대한 양념에 지나지 않을 수 있다.

헐Hull 대학교의 교수였던 브레들리Bradley는 암스트롱의 발견법에 대한 가장 뛰어난 해설자 중의 한 사람이었다.[18] 그는 학생들이 화학과 사랑에 빠질 수 있는 방식으로 화학을 가르치는 것에 열정적으로 몰두하였다. 그는 '화학을 사랑하는 것이 화학을 배우는 가장 바람직한 방법이자 화학 교사가 알아야 할 유일한 교육심리학의 덕목'이라고 생각했다(Bradley 1964, 45, p. 364). 그는 마흐의 추종자였고[19] 이론에 대한 마흐의 도구주의적 관점을 뒷받침하였다. 이론적 논의는 피해야 하고 학생들은 최소한 마지막 학년이 될 때까지 이를 배우지 말아야 한다고 고집하면서 "이 나라의 어린이들은 경험의 빵을 원하면서 희망을 갖고 학교에 오지만 우리는 그들에게 원자모형의 돌을 주고 있다."라고 하였다(Bradley 1964, 45, p. 366).

브레들리는 그의 널리 알려진 '구리(산화) 문제'를 중심으로 일반화학 과정을 구성하였다. 여기에서는 학생들은 구리를 가열하고 구리가 진홍색 내부 껍질과 흑색 외부 껍질로 싸여 있다는 것을 알게 된다. 그리고 이로부터 출발하여 학생들은 그 이유를 제안하고, 이를 검증하고, 구리가 가열되면서 무게가 증가하는지 감소하는지를 질문하고, 공기가 없이 구리를 가열하는 방법을 고안하고, 산소와 환원 문제 등을 탐구하게 된다. 이 모든 것들은 기술을 적게 사용한low-technology 교수법이다.

> 저 멀리 떨어진 나라(미국)의 원자모형이라는 이세벨로부터 우리 땅의 암스트롱의 순수한 진실로 돌아온다면, 화학을 가르치는 것은 단 한 푼의 돈을 사용하지 않고도 엄청나게 향상될 수 있다. 돈은 정말로 많이 절약될 수 있다. 왜냐하면, 황산은 모형의 모형의 모형보다 싸기 때문이다(Bradley 1964, 45, p. 366).

너필드 과학

1960년대에 이르러 영국의 과학 성취도 수준과 과학을 공부하는 학생의 비율에 대한 불안감이 나타나게 되었다. 이에 대한 주된 대응은 너필드 과학과정이었다. 미국의 NSF 과정들과 같이, 수많은 너필드 과정Nuffield schemes들은 발견학습과 탐구적 교수법을 주장하였다. 너필드 과정은 영국의 초등학교에서의 학생 – 중심 교수를 강조하였던 《플로덴 보고서*Plowden Report*》(1967)가 나온 시기에 개발되었다. 너필드 과정은 대체적으로 암스트롱의 전통 중에서 역사적 측면은 무시한 채 탐구의 부분을 부활시킨 것이다.

NSF와 마찬가지로, 너필드 과정들은 과학적 방법론에 있어 귀납주의적 관점inductivist view을 채택하였다(Stevens 1978). 이러한 점은 뉴턴의 제2법칙을 설명하는 과정에서 다음과 같이 충고하는 4학년 물리교사용 지침서에 잘 나타나 있다.

> 비록 교사가 잘 정의된 결론을 제공하는 것이 훨씬 빠르겠지만, 학생들은 그래프로부터 스스로 자신의 결론을 도출할 수 있도록 남겨져야 한다. 학생들이 스스로의 힘으로 이 그래프의 기울기로부터 알아내게 되는 것은 (기울기에 주목하라는 주문 없이) – 특히 학생들에게 그들이 뉴턴의 위대한 운동 법칙의 일부를 발견하게 되었다고 말할 수 있다면 – 학생들이 물리학을 통해 얻은 가장 위대한 발견 중의 하나로 그들의 마음속

에 남아 있게 될 것이다(Harris & Taylor 1983, p. 285).

3학년 물리 지침서는 다음과 같이 말하고 있다. "학생들이 필요한 것은, 무엇을 볼 것인가가 아닌 어디를 볼 것인가의, 간단한 일반적 가르침인 것이다."(Harris & Taylor 1983, p. 285)

너필드 과정들은 1960년대와 1970년대 영국의 학교과학교육을 지배하였다. 미국에서와 같이, 그 기본 아이디어는 학생들을 과학적 발견에 참여시킴으로써 '작은 과학자little scientists들'을 양성하는 것이었다.[20] 1963년 발간된 《대졸 과학교사의 훈련 *Training of Graduate Science Teachers*》에서 영국의 과학교육협회ASE는 과학의 본성 자체를 이해하지 못하거나 그것에 대해 관심이 없는 교사들의 분명한 문제점을 강조하였다. 보고서는 교사들에 대해 "많은 교사들이 그들이 받은 훈련의 결과로서 과학적으로 행동하고 생각한다. 하지만 그들은 과학의 기본적인 본성과 목표에 대한 이해가 부족하다."라고 말하고 있다(ASE 1963, p. 13).

맥락적 과학 Contextual Science

너필드 접근법이 적용되고 10년이 지나자 이에 대한 비판의 목소리가 점차 강하게 제기되기 시작하였다. 사회학자인 영Young은 1976년 다음과 같은 것을 목격하였다. "교육개혁에 대한 엄청난 투자를 10년 동안 진행했음에도 불구하고, 학교 과학은 계속되는 '위기'의 많은 징후들을 보이고 있다."(Young 1976, p. 47) 1979년 보고서인 《과학교육의 대안*Alternatives for Science Education*》에서 영국 과학교육협회ASE는 16세까지의 모든 학생들에게 과학교육을 시킬 것을 주장하면서 이러한 교육과정은 과학에 대한 전문교육의 측면과 일반교육의 측면 사이의 균형을 통합할 필요가 있고 과학을 '문화적 활동'으로 반영할 것을 강조하고 있다. 그 이후의 보고서인 《과학을 통한 교육*Education through Science*》(1981)에서는 문화적 활동으로서의 과학교육에 대하여 다음과 같이 상술하고 있다.

> 보다 일반화된 과학 지식의 추구와 과학 활동의 역사, 철학, 사회적 함의를 설명할 수 있는 문화를 포함시킴으로써 과학과 기술이 사회와 이념의 세계에 기여하는 바를 이

해하게 한다.

영국 과학교사협회는 '사회에서 과학Science in Society' 프로젝트에서 과학사와 과학철학의 중요성을 인정하였다(Ramage 1983).

과학교육에 대한 보다 폭넓은 그리고 맥락적 관점을 지지하기 위해 영국 과학교사협회ASE는 1981년 '사회와 과학Science and Society' 과정(ASE 1981)과 1983년 '사회적 맥락에서 과학SISCON: Science in its Social Context' 과정(Solomon 1985)의 두 가지 교육과정 프로젝트를 지원하였다. SISCON 과정은 자이먼Ziman의 《과학과 사회에 대한 교수학습*Teaching and Learning About Science and Society*》(1980)가 모범적인 교재였던 이전의 성공적인 대학 수준의 STS 프로그램에 의해 영향을 받았다.

솔로몬Solomon은 과학에서 사회적 쟁점을 어떻게 가르칠 것인가에 대해 ASE에서 표면화되었던 두 가지 관점에 대해 개관하였다. 한쪽은, 과학을 보다 사회적 문제에 민감한 것으로 만들 필요성과 이의 장점을 인식하면서 현존하는 과학의 교수요목에 사회적 쟁점들을 첨가할 것을 제안하였던 주류 집단이 있었다. 이는 표준적인 접근 방식이 되어 왔는데, 예컨대 연소와 탄화수소를 다루고 난 다음 자동차, 대기오염, 교통, 정부 정책 등에 대한 질문을 제기하거나, 유전이나 DNA 그리고 복제를 다루고 난 다음 유전공학, 우생학, 의료적 처치의 적절성, 사회적 우선순위 등과 같은 도덕적 문제를 제기하는 것이다. 이러한 '첨가적' 접근add on approach에는 분명한 장점과 단점이 존재한다.

반면에, 위원회에 속했던 집단은 사회적 쟁점을 통해서 과학을 가르치는 것을 주장하였다. 이들은 이러한 접근 방식이 학생들의 흥미를 증가시키고 동기 유발을 일으키며 과목 사이의 경계를 무너트리고 자유 글쓰기free writing의 기회를 제공한다고 하였다. 또한 토론과 자료탐색의 기능을 개발하며 제3세계 및 다인종 학습에 노출시키고 각 주제에 대한 개인과 학생의 선택을 가능하게 한다고 주장하였다(Solomon 1985, p. 154).

이와 같은 STS 교육에 대한 '첨가적' 접근과 '통합적' 접근integral approach 사이의 논쟁은 미국과 캐나다에서도 일어났다. 예컨대, 첨가적 접근에 반대하여 허드Hurd는 "대부분의 STS 교수자료들이 진부한 교육과정의 구조에 구겨 넣어지고 기껏해야 시대에 뒤떨어진 목표를 달성하게 될 전통적인 방식에 따라 교육되고 있다."고 경고하였다(Hurd 1985, p. 95).

또 다른 문제는 STS 프로그램에서의 역사의 위치에 관한 것이었다. 역사는 SISCON에 통합되어 있었는데, 여기에서 모든 주제들에는 역사적 개관이 포함되어 있었다. 솔로몬은 "과거로부터의 사건들은 우리들에게 사회적 기술적 요인들에 대해 반추할 수 있도록 충분한 전망을 제공하며 현재의 위기들은 이따금 우리가 그것들을 분명하게 바라보게 하기에는 너무나 감정이 개입되어 있다."고 말하면서 STS 과정에서의 역사적 측면을 지지하였다. 또한 "이러한 교재들은 사회사의 안내 자료로서 그 자체로도 분명히 뛰어나지만 과학과 기술의 사회적 상호작용이 주는 혜택과 위험을 나타내 주기 위한 자료로서도 매우 값진 것이다."고 주장하였다(Solomon 1989b, p. 48). 하지만 불행히도 이러한 역사적 차원은 미국과 캐나다의 STS 과정에서는 그만큼 분명하게 나타나지 못하였다.

탐구학습과 과학철학사의 필요성

1960년대 미국과 영국의 교육과정 개혁운동은 단순히 교과내용 영역을 명료화하고 가르칠 주제를 제시하는 것 이상을 목표로 하였다. 이 개혁운동은 학생들의 과학적 태도와 방법론을 개발하는 것도 목표로 삼았다. 개혁자들은 단순히 과학을 배우는 것이 아니라 보다 과학적으로 되길 원했다. 이러한 목표를 위해서, 미국 과학재단 NSF과 너필드 개혁운동의 두드러진 특징은 '탐구' 또는 '발견학습'이었으며, 어떤 사람은 "그 당시의 모든 과학교육과정의 개발은 탐구로서의 과학교수를 강조하고 있다."고 주장하였다(Sund & Trowbridge 1967, p. 22). 탐구학습에 대한 평가는 그것이 개념획득, 학습의 사회적 의존성 등과 같은 수많은 중요한 교육적 문제를 명백히 해 주기 때문에 흥미로우며 또한 과학교육에서 과학철학사를 증진시킨다는 점에서 특히 흥미로운 것이다. 탐구학습에 대한 옹호와 비판은 광범위한 실제적 시사점을 갖는 HPS가 어떻게 과학교육의 이론적 논쟁에 기여할 것인지 그 사례를 보여 주고 있다.

교수와 학습에 대한 탐구적 혹은 발견적 접근은 두 명의 매우 탁월한 이론가들에 의해 개별적으로 주창되었다. 그 두 학자는 BSCS 프로젝트에 참여한 시카고 대학의 교육학자 슈왑과 하버드 대학의 인지 심리학자 브루너였다. 이 주제에 대한 슈왑의 최초의 글은 1958년에 발표되었으며, 1960년 그는 이를 더욱 정교화하여 그의 글은 이후 탐구 이론의 고전이 되었다. 브루너는 매사추세츠의 케이프 코드Cape Cod에 있는 우즈홀Woods Hole에서 새로운 교육과정이 빈발하는 것을 조사하고 학습과 교육과정 구성의 기본 원리를 밝히기 위해 1959년 여름 모임을 가졌던 35명의 국립 과학 아카데미NAS: National Academy of Science 운영위원회의 의장이었다.[21]

브루너의 주된 기여는 심리학 분야에서 등장하고 있었던 '인지적 전환cognitive turn'에 대한 논의를 이끌었다는 점이다.[22] 또한 그는 교육 심리학자들이 쥐나 비둘기, 일정한 자극과 강화 등이 포함된 '학습이론'에 빠진 채 학급에서 교사가 교육을 실행하는 것을 걱정했다. 이러한 상황에서 피아제Piaget의 인지적이며 인간 중심의 아이디어를 연구진에 소개하였다. 또한 학습에서 '구조'의 중요성을 강조했다. 이는 지식의 '발생generativeness'에 대한 자신의 아이디어와 관련되어 있는 것이었다.

> 매우 흔하게 '학습'은 최근까지 당신이 생각하던 영역 이상으로 나아가기 위해 당신이 이미 알고 있는 것을 어떻게 사용할 것인가를 찾아내는 것이다. 이렇게 하는 데에는 여러 가지 방법이 있다. 어떤 이는 보다 직관적이고, 다른 사람들은 형식적으로 이끌어질 수 있다. 하지만 이들 모두는 당신이 생각하고 있는 – 그것을 어떻게 모아둘까(조직화할까) 하는 – '구조적인' 무언가에 대해 의존한다. 어떤 것을 모아 두는 방식을 안다는 것은 그것에 대한 수천 가지의 사실을 아는 것만큼 가치 있다. 이를 통해 당신은 경계를 뛰어넘을 수 있는 것이다(Bruner 1983, p. 183).

6장에서 다시 강조하겠지만, 여기에는 지식의 물질적 대상material object과 지식의 이론적 대상theoretical object 사이의 모호함이 존재한다. 브루너와 슈왑이 과학학습에 대해 강조하였던 학문의 구조란 과학의 이론적 대상에서의 구조이다. 즉, 뉴턴의 《프린키피아*Principia*》에 담겨 있는 상호 연관된 정의와 개념들의 구조이며, 유클리드의 《원론*Elements*》에 담겨 있는 기하학의 구조이고, 다윈의 《기원*Origin*》에 있는 진화론의 구조이며, 브뢴스테드의 산염기 이론과 판구조론의 구조인 것이다. 일단 이러한 구조가 획득되면, 이어서 원리로부터 법칙이 이끌어지고 중간종이나 새로운 염소화합물 등과 같은 것들이 가능할 것인가에 대한 예측이 가능해진다. 하지만 이것들은 초심자들이 생각하는 대상이 아니다. 초심자들은 낙하하는 돌, 삼각형, 식물 등과 같은 물질적 대상을 생각한다. 여기에는 '구조'에 대하여 대상의 구조the structure of objects와 학문의 구조the structure of discipline라는 매우 상이한 두 가지 의미가 존재한다. 잎의 구조와 광합성 이론의 구조는 상당히 다른 것이다. 그리고 생각과 조작의 이러한 두 가지 상이한 양식은 상이한 대상들에 필요한 것이다. 즉, 하나는 손으로 뒤집어 보는 것이고 다른 하나는 머리로 생각하는 것이다.

브루너의 발견학습은 1961년 《하버드 교육지*Harvard Educational Review*》에 발표한 〈발견의 활동The Act of Discovery〉을 통해 널리 알려졌다. 그리고 널리 알려짐에 따라 이에 대한 왜곡도 나타나게 되었다. 1966년 후속 논문인 〈발견의 요소Some Elements of Discovery〉에서 발견학습의 이름으로 판을 치는 수많은 교육적 논의로부터 자신을 구분지었다. 그는 "나는 도대체 발견이 무엇인지에 대해 전혀 알지 못한다."라고 스스로 제한을 두고(Bruner 1974, p. 84), "일부 교육자들은 그것이 무엇인지 또는 무엇을 위한 것인지에 무관하게 발견이 마치 그 자체로 자연스럽게 가치 있는 것처럼 취급하고 있다."고 불평하였다(Bruner 1974, p. 15).

발견학습은 사고와 추론의 기능과 독립적인 연구를 증진하는 것을 목표로 하였다. 한 옹호자는 다음과 같이 말했다.

> (발견은) 학생들에게 생각하고 또 비판적으로 생각하는 방법을 학습할 더 많은 기회를 제공한다. 탐구자로서 학생들은 독립적이 되고 지식을 비교하고 분석하며 종합하고 또한 자신의 정신적이고 창조적인 능력을 학습하게 된다(Sund & Trowbridge 1967, p. 22).

특히 발견학습은 학생들로 하여금 과학 탐구의 본성을 파악하게 하는 방법으로 환영받았다. 학생들은 스스로 탐구에 참여함으로써 과학적 발견과 사고의 본성에 대해 학습하게 될 것이다. PSSC 교재의 용어를 빌리자면, 학생들은 '일일 과학자scientists for a day'가 되는 것이며, 과학적이 되고 과학 탐구를 수행하면서 과학에 대해 학습하게 될 것이다.

1960년대 중반 HPP 과정의 핵심 인물이자, 1990년대 초반 AAAS의 프로젝트

2061의 책임자였던 러더포드는 1960년대의 진보적 관점에 대해 다음과 같이 말하였다.

> 과학을 가르치는 것에 대하여 말하게 될 때 과학교사, 과학교육자, 과학자인 우리는 어디에서 있는가는 완전히 분명하다. 우리는 단순한 사실들과 과학의 세세한 점들을 단순히 암기하는 것에 대해 분명히 반대한다. 반대로, 우리는 과학적 방법, 비판적 사고, 과학적 태도, 문제해결 접근법, 발견법 그리고 특별히 여기에서, 탐구적 방법을 철저하게 지지한다(Rutherford 1964, p. 80).

발견학습의 이론과 실제에 대한 많은 글들이 발표되었다.[23] 어떤 측면에서는 탐구적 접근법이 매우 매력적이었다. 어떤 물질들이 자석에 이끌리고 어떤 물질들은 그렇지 않은가를 교사에 의해서 듣지 않고 학생들이 스스로 실험과 조작을 통해 알아낸다는 것은 기계적 학습보다 진전된 것이다. 브루너는 발견법이 지적 잠재력을 증진시키고, 외적보상으로부터 내적보상으로의 전이를 내포하고, 발견의 발견법heuristics of discovering을 가르쳐 주며, 기억 과정을 촉진해 주기 때문에 바람직하다고 하였다(Bruner 1961).

하지만, 탐구적 교수법의 약속이 항상 지켜지는 것은 아니었다. 1960년대의 미국의 탐구 중심inquiry-based 프로그램과 교육과정에 대해 광범위하게 조사하였던 한 연구 보고서는 다음과 같이 결론내리고 있다.

> 새로운 교육과정, 보다 잘 훈련된 교사, 향상된 시설과 기자재에도 불구하고, 학생들이 탐구자가 될 것이라는 희망적 기대는 좀처럼 충족되지 못했다(Welch et al. 1981, p. 33).

연구자들은 이러한 문제점이 대체로 교사와 관련되어 있다고 말하고 있다.

> 교사들은 대학에서 과학을 배우지만 탐구의 과정으로서 이를 경험하지는 않는다. … 추론적이고 비판적인 사고와 관련된 가치들은 흔히 무시되고 또 때때로 조롱받기 조차 한다(Welch et al. 1981, pp. 38–39).

또 다른 비판가도 유사한 생각을 제기하였는데, 그는 발견학습에서 교육과정을 자극하였던 과학에 대한 이미지와 과학의 인식론에 잘못이 있다고 지적하였다.

> 그 과정에서의 한 가지 중요한 잘못은 과학이 일종의 상식적인 활동이고 적절한 '기능들'은 생산적인 활동을 하는 데 있어 일차적인 요소라는 가정이었다. 여기에는 과학자나 어린이들이 조작하고 또 그들을 견고하게 속박하는 개념적 기준틀의 막강한 역할에 대한 그 어떤 분명한 인식도 없는 것처럼 보인다. 물리적 세계에 대한 이러한 일반적 관점들은 … 다양한 방법을 통한 사려 깊은 교육을 필요로 한다(J. Myron Atkin, in Glass 1970, p. 20).

결론

1960년대 초 러더포드는, 대체로 무시되었던, 다음과 같은 통찰력 있는 관찰을 하였다.

> 과학교사들은 탐구가 과학에서 실제로 어떻게 수행되고 있는지를 알아야만 한다. 과학교사들은 자신들이 가르치는 과학의 역사와 철학적 기반을 철저하게 습득한 이후에야 비로소 이러한 종류의 이해를 통해 과학을 탐구로서 가르치는 것에서 나아가지 못하고 사건만 일어나는 상황을 벗어나게 될 것이다(Rutherford 1964, p. 84).

이 책은 과학교육이 향상되기 위해서는 과학교사가 과학사와 과학철학에 대해 익숙해져야 한다는 러더포드의 주장을 뒷받침한다. 나중에 논의하겠지만, 이러한 익숙함을 통해서 교사들은 발견학습의 주장과 관련된 많은 순박함을 피할 수 있게 될 것이다. 즉, 과학적 방법은 귀납적인 것이고, 관찰은 개념적 이해와 무관하며, 실제의 대상을 갖고 씨름하는 것이 그것들에 적용되는 과학적 이론의 구조를 드러내게 해 줄 것이라는 등의 순박한 생각에서 벗어나게 될 수 있을 것이다.

사람들의 아이디어와 사고방식은 다음과 같이 서로 교차하지만 개별적인 세 가지 영역으로부터 이끌어지고 또 검증될 수 있다. (1) 세계에 대한 즉각적인 감각적 경험, (2) 대화, 신문, 텔레비전 등과 같은 것이 존재하는 일상생활에의 참여, (3) 학교라는 틀 안에서 대부분 일어나는 정규적 교육이 그 세 가지 영역이다. 과학교육의 끊임없는 문제점 중 하나는 이 세 영역이 어떤 조화로 유지될 수 있는지에 관한 것이었다

(깊은 논의를 위해서는 1993년 블랙과 루카스Black & Lucas의 논문에 실린 러셀Terry Russell의 토론을 참조하라).

과학적 사고는 자연적 사고가 아니다. 야생의 아동은 비록 그들이 성공적으로 자신의 환경을 극복하더라도 과학적 사고를 발전시키지는 못한다. 또한 일상생활에 단순히 참여한다고 해서 과학으로 이끌어지는 것도 아니다. 많은 발달된 문명들은 – 인도와 중국의 문명에서 – 과학의 발전 없이 수백 년 또는 수천 년 동안 존재해 왔다. 풍부한 철학적, 시적, 기술적 성취가 과학적인 사고 습관으로 이어지지 못하였다. 과학은 자연에 대해 생각하고 조사하는 하나의 독특한 사고방식이며, 과학의 과정은 그것의 발견물과 마찬가지로 학습될 필요가 있는 것이다. 과학적 사고와 지식은 세 번째 영역에 의존하는 것으로서 '비자연적unnatural'이고(Wolpe 1992) '비상식적'인(Cromer 1993) 사고의 방식으로 향하는 과학에 대한 정규교육과 지도에 의존한다. HPS는 교사와 학생들이 이 세 가지 영역의 상호작용을 이해하는 데 도움을 줄 것이다.

1. 바이비(Bybee 1982)는 과학교육의 개혁가들에게 지난 개혁의 역사로부터 정보를 얻을 필요가 있다고 지적하였다. 동일한 문제를 강조한 사람들 중에는 클로퍼와 샴페인(Klopfer & Champagne 1990), 라이젠(Raizen 1991)이 있다.
2. 드보어(DeBoer 1991)는 과학교육에서의 대표적인 아이디어에 대한 역사를 종합적으로 서술하였다. 과학교육의 역사에 대한 기타 논의는 바이비(Bybee 1993), 글라스(Glass 1970), 허드슨(Hodson 1987), 워링(Waring 1979) 등이 있다. 미국 과학교육의 역사를 도표로 나타낸 좋은 자료로는 NSSE의 비정기연감이 있다. 가령 제3집 《자연 연구*Nature Study*》(1904), 제31집 《과학교수 프로그램*A Program for Teaching Science*》(1932), 제46집 《미국 학교의 과학교육*Science Education in American Schools*》(1947), 제59집 《과학교육에 대한 반성*Rethinking Science Education*》(1960)이 있다.
3. 19세기 미국의 교육에 대한 대표적인 책으로는 버트와 크레민(Butt & Cremin 1953)의 저서가 있으며 영국의 교육에 대해서는 커티스와 볼트우드(Curtis & Boultwood 1964)의 책이 대표적이다.
4. 이러한 근본적 논쟁의 일부는 암스트롱(Armstrong 1903), 듀이(Dewey 1910), 헉슬리(Huxley 1964), 넌(Nunn 1907)을 참고할 수 있다. 잉글랜드에서는 헉슬리와 아놀드 사이의 논쟁이 유명하였으며 헉슬리의 1880년 에세이 〈과학과 문화Science and Culture〉가 비비의 저서(Bibby 1971)에 실렸고 이에 대한 아놀드의 응답 〈문학과 과학Literature and Science〉이 브라운(Brown 1947)의 책에 수록되었다.
5. 이러한 '신운동'은 틀림없이 '구운동'이라고 불러야 한다. 하지만 이는 충분히 진보적이지 못한 명칭으로 생각된다. 19세기와 20세기 걸쳐 이어진 논쟁은 허드슨(Hodson 1910), 만(Mann 1912), 우드헐(Woodhull 1910)에 실려 있다.
6. 당시 일반적으로 사용되던 교재들로는 《응용 생물*Applied Biology*》(Bigelow & Bigelow 1911), 《시민 생물*Civic Biology*》(Hunter 1914), 《실용 생물*Practical Biology*》(Smallwood, Reveley & Bailey 1916), 《시민 생물학*Civic Biology*》(Hodge & Dawson 1918), 《생물과 인간*Biology and Human*》(Welfare, Peabody & Hunt 1924)이 있다.
7. 1950년대의 위기에 대한 역사와 뒤이은 교육개혁의 역사에 대해서는 수많은 자료를 찾을 수 있다. 그 중에서 주목할 만한 것이 바이비(Bybee 1993), 크레네(Crane 1976), 드보어(DeBoer 1991), 데데와 하딘(Dede & Hardin 1973), 잭슨(Jackson 1983), 크로퍼와 샴페인(Klopfer & Champagne 1990), 레이젠(Raizen 1991), 웰취(Welch 1979)이다.
8. 브루너Bruner는 자카리아스Zacharias에 대해서 "스푸트니크 쇼크를 단순히 형태를 달리하는 것을 넘어서 교육과정 개혁 운동으로 전환시킨 그 누구보다 뛰어난 인물이었다."고 이야기한다(Bruner 1983, p. 180).
9. PSSC의 배경이 되는 교육 이론에 대한 논의는 이슬리(Easley 1959), 핀레이(Finlay 1962)에서 찾을 수 있으며 직접적이지는 않지만 브루너(Bruner 1960)에서도 찾을 수 있다.
10. 이러한 황금기에 수백만의 학생들이 미국과학재단NSF이 지원한 교육과정을 공부하였다. PSSC에 1959~60년 백만 명, CHEM에 1959~63년 백만 명, BSCS에 1959~90년 천만 명, IPS에 1963~74년 백만 명, ESS에 1961~71년 백만 명, SAPA에 1963~74년 백만 명이 참여했다. 1976~77년 일천칠백만 명이 새로운 교육과정의 교재를 사용하는 것으로 추정되며 이

는 전체 학생의 43%에 해당한다(Welch 1979, Klopfer & Champagne 1990).

11. 이런 사례에 대한 연구로는 클로퍼(Klopfer 1969)가 있다.
12. 쉬만스키 외(Shymansky et al. 1983, 1990)의 연구에서도 탐구학습과 NSF의 개혁 운동에 대한 다른 분석들을 찾을 수 있다.
13. 이런 자연 철학의 도입은 1870년 교육법Education Act에 의해 공립 초등학교가 등장하고 1902년과 1903년의 교육법에 의해 공립 중등학교가 설립되면서 가능해졌다.
14. 19세기 영국 과학교육 발달의 역사와 이 과정에서의 경쟁적 요구는 레이톤(Layton 1973)에서 찾아볼 수 있다.
15. 암스트롱은 1868년 강연에서 다음과 같이 말했다.

    만약 교양교육의 이상에 대한 나의 개념이 정당화되고 우리의 현재 교육 기관에 대한 주장이 사실이라면, 이 두 가지가 서로 전혀 관련이 없으며 우리의 가장 훌륭한 학교와 가장 완벽한 대학교의 훈련 과정이 협소하고 일반적일 뿐만 아니라 근본적으로 비교양적인 교육만을 제공하는 것이 분명하다. 불행하게도 교육과 완전히 무관한 것을 제공한다(Bibby 1971, p. 96).

16. 암스트롱Armstrong의 생애와 업적에 대해서는 리치몬드와 브록(Richmond & Brock 1973)을 참고하라. 암스트롱의 24개의 논문과 연설문은 《과학적 방법의 교수와 교육에 대한 논문*The Teaching of Scientific Method and Other Papers on Education*》(1903)으로 출판되었으며 프라그(Praagh 1973)도 이러한 글을 모아서 출판하였다.
17. 이러한 설교적 교수법은 1892년 《실용 물리학*Practical Physics*》에 대한 회고에서 긍정적으로 평가 받았다. 그 책이 '실험을 어떻게 하고 왜 그렇게 해야 하는지, 관찰해야 할 것이 무엇인지 등을 완전하게 알려 주면서 실험과 실험 활동에 대한 완벽한 목록을 담고 있었기' 때문이다(Richmond & Quraishi 1964, p. 512). 이런 교수법의 형태는 디킨스의 소설 《어려운 시절*Hard Times*》 중 그래드그라인드Gradgrind가 교실에서 '사실, 사실, 사실, 사실만을' 고집하는 장면에서 비판되었다.
18. 브래들리Bradley의 관점은 40년에 걸쳐 《학교 과학 비평*The School Science Review*》에 실린 수많은 글에서 찾을 수 있다. 최초의 글은 1933년에 출판되었다. 그는 1957년 38호, 1958년 39호, 1959년 40호, 1961년 42호에서 분자화학에 대한 자신의 접근방식을 상술하였다. 또한 너필드 과학과 대조되는 암스트롱의 발견법을 옹호한 자신의 '구리 문제The Copper Problem'도 《학교 과학 비평》에 8개의 논문(1963년 44호, 1964년 45호, 1965년 46호, 1966년 47호, 1967년 48호, 1968년 49호)을 통해 상세하게 설명하였다. 암스트롱의 발견법은 《발견에 의한 화학*Chemistry by Discovery*》(Praagh 1949)에 실려 있다.
19. 브래들리는 마흐Mach의 과학철학에 대한 중요한 책을 썼다(Bradley 1971).
20. 미국과 같이 인적 구성의 문제가 있었다. 맨체스터 대학교 스미더스와 로빈슨Smithers & Robinson의 조사에 의하면 물리졸업반의 30%와 화학졸업반의 20%가 해당 과목을 전공하지 않은 교사들에 의해 지도되었다. 초등 과학은 더욱 위태로운 상황이었다. 1978년 HMI의 보고에 의하면 대다수 초등 교사들이 과학을 가르치는 데 일주일에 45분 이상 할애하지 않았고 많은 교사들이 문제 해결 전략과 탐구 방법들을 효과적으로 사용하는 기술들이 부족했다. 그들은 과학을 효과적으로 가르치는 데 자신이 없었다.

21. 브루너는 우즈홀Woods Hole 회의의 의장보고서를 《교육의 과정*The Process of Education*》(1960) 이라는 책으로 출판하였다. 이 책은 곧 전 세계에서 베스트셀러가 되었으며 19개의 언어로 번역되었다. 뉴욕 헤럴드 트리뷴지는 '철학적 중심성과 인문학의 경합성에 있어서 교육에 대한 듀이의 업적에 비견될 수 있는 고전'이라고 평했다. 이 회의에 대한 보다 개인적인 설명은 브루너의 자서전 《마음의 탐색*In Search of Mind*》에서 찾을 수 있다(Bruner 1983, pp. 181–188).

22. 브루너는 1956년 자신의 저서 《사고의 학습*The Study of Thinking*》을 통해 이런 전환을 촉발시켰다. 당시의 심리학은 행동주의가 지배적이었으며, 자신이 몸담았던 하버드 대학교는 스키너Skinner의 조건 통제operant conditioning와 스티븐Steven의 심리물리학psychophyscis이 양끝에서 대치하고 있었다(Bruner 1983, p. 122). 심리학 분야에서의 인지적 전환이 이루어진 것과는 무관하게 교육학 분야의 진전은 훨씬 더뎠으며 1960년대 일부 교육학과에서는 비둘기 조련에 성공하는 것이 박사 학위의 전제 조건이 되고 있었다. 1970년대 초에는 저자의 심리학과 교수는 반농담조로 인간을 연구하고 싶었으나 인간이 쥐에 대해 그 어떤 것이라도 말해 줄 수 있는지 의문을 가진다고 말하곤 했다. 노박(Novak 1977)은 교육 심리학 측면에서 행동주의의 영향에 대해 개요를 기술하였다.

23. 이 중 대표적인 기여자는 브루너(Bruner 1961), 로메이(Romey 1968), 러더포드(Rutherford 1964), 슈왑(Schwab 1962), 슐만과 케이슬라(Shulman & Keislar 1966)이다.

3장 최근의 교육과정 개발

Contemporary Curricular Developments

1980년대 초에 이르자 서구, 특히 미국에서 두 번째 과학교육의 위기가 분명해졌으며, 이는 '과학소양의 위기the science literacy crisis'라 칭해졌다. 스푸트니크 이후 투자된 그 모든 자금과 노력에도 불구하고, 미국의 고등학교 졸업자 및 시민들은 최소한의 과학적 이해만을 가지고 있었다. 과학에 대해 많이 아는 사람은 소수에 그쳤으며 대부분은 과학에 대해 아는 것이 거의 없었다. 이러한 상황의 문제는 무수히 많은 연구 논문들과 정부 보고서들에서 지적되었다. 하지만, 미국에서 대중의 관심을 불러일으키고 정부로 하여금 행동을 취하게 자극한 것은 1983년 출판된 《위기에 처한 국가*A Nation at Risk*》이었다(National Commission on Excellence in Education, 1983). 보고서의 결론은 적나라했다. "현재 우리 사회의 교육적 기반은 국가로서, 국민으로서의 우리의 미래를 위협하고 있는 범인凡人의 높아지는 조수에 의해 침식되고 있다." 보고서는 고등학교 졸업자의 과학적, 수학적 지식에 대한 형편없는 수준에 특별한 근심을 나타냈다.[1] 《위기에 처한 국가》가 발간된 지 5년이 지나자 3천 건 이상의 보고서가 미국 교육의 슬픈 현실을 지적하였다. 1983년 20개의 법안이 과학교육의 국가적 위기에 대한 해법으로 위회에 제출되었다. 이러한 법안과 보고서들은 모두 '모든 이를 위한 과학적 기술적 소양scientific and technological literacy for all'을 학교 과학교육의 목표로 삼을 것을 주장하였다. '모든 이를 위한 과학science for all'은 미국에서 뿐만 아니라 영국, 캐나다, 호주, 뉴질랜드 그리고 대부분의 국가들에서 과학교육의 목표로 채택되었다.

이 장은 먼저 1980년대 과학적 소양의 위기 차원을 전달하고, 제안된 소양의 정의에 대해 논하고, 그 후 이러한 위기에 대한 대응이었던 두 가지 주요 교육과정 프로젝트였던 미국의 프로젝트 2061과 영국의 국가교육과정British National Curriculum을 검토하게 될 것이다. 이 프로젝트들이 맥락적, 교양적 과학교육에 주었던 강조에 대해 주목할 만하다. 이 프로젝트들이 주장하는 효과적인 과학교육을 위해서는 HPS에 대해 알고 있는 교사들이 필요하다.

과학적 소양과 1980년대의 위기

과학 과목을 많이 이수하지 않고도 학교를 졸업하며, 과학에 대한 지식이 부족하고, 과학 학습에 관심을 두지 않고 있다는 문제는 논쟁할 필요가 없는 사실로서 받아들인다. 2만 명의 학생을 대상으로 1969년 이후 4년 동안 의무적으로 국가 수준에서 평가한 국가교육성취평가NAEP: the National Assessment of Educational Progress는 9세, 13세, 17세 학생의 과학 지식을 점검했다. 모든 연령 집단에서 1970년대 성적은 하락하였으며, 1980년대에는 약간 증가하였고, 1990년에는 9세와 13세는 1970년과 동일하였으나 17세는 1970년에 비해 낮아졌다.[2] 다양한 연구자들은 미국 성인의 45%만이 지구가 태양 주위를 1년에 한 번씩 공전한다는 사실을 알고 있다고 제언한다. 성인의 3분의 1은 방사능 우유를 끓이면 먹기에 안전하다고 믿고 있다. 40% 정도는 우주에서 외계인이 지구를 방문하였다고 믿고 있으며 54%는 인간이 이전의 종으로부터 진화하였다는 생각을 부정하였다(Fisher 1992a, p. 62). 동일하게 놀라운 사실은 수학과 과학의 성취도에 대한 대규모의 국제 비교 연구의 결과들이다. 15~20개국이 참여한 이 연구들은 국제교육성취도협회IEAA: the International Education Assessment Association에 의해 4~6년마다 실시되었다. 미국의 학생들은 모든 연령층 평가에서 최저의 성취도를 나타냈다.[3]

북 일리노이 대학교의 밀러Miller 교수는 NSF로부터 지원받아 미국 성인의 과학 이해에 대한 종단적 연구를 수행하였다(Miller 1983, 1987 and 1992). 그가 2,000명의 성인 대표 집단에 질문한 진위형 문항들 중에는 “최초의 인류는 공룡이 살았던 시기와 같은 시기에 살았다.”, “항생제는 바이러스와 함께 박테리아도 죽인다.”와 같은 것들이 포함되었다. 첫 번째 질문에 대해 대상 집단의 37%만이 정답을 말하였으며, 두 번째 질문에 대해서는 26%만이 정답을 말하였다. 그 자신의 연구와 다른 비교 연구들을 바탕으로, 그는 미국 시민의 5~9% 정도가 과학적 소양이 있는 것으로 결론지었다(Miller 1992, p. 14).

물론 이 위기는 완전히 하나의 교훈이라거나 학교가 주요 문화적, 사회적, 경제적 세력에 대항할 수 있다고 생각해서는 안 된다. 미국에는 기술자 1인당 500명의 변호사가 있고 일본에는 변호사 1인당 500명의 기술자가 있다는 사실은 학교가 통제할 수 있는 것이 아니며, 학교가 과학교사나 기술자에 비해 변호사나 회계사에게 주어지는 월급의 불평등에 영향을 미칠 수는 없다. 그뿐만 아니라, 학교는 반주지주의적이며 간단한 핵심 내용 수준 분석을 운용하는 대중문화에 거의 영향을 미치지 못한다. 보이어Boyer는 1983년 그의 유명한 보고서 《고등학교*High School*》에서 다음과 같이 이 문제에 관심을 보였다.

> 여러 지역의 학교들을 방문한 이후, 우리는 고등학교에는 분명하고 생동적인 사명이 부족하다는 분명한 인상을 갖게 되었다. 학교들은 공통의 목적을 찾지 못하고 있으며 광범위하게 공유하는 교육적 우선 순위를 확립하지도 못하고 있다. 그들은 이것들을 모두 모아놓지 못하는 것 같다. 학교는 표류하고 있는 것이다(Boyer 983, p. 63).

아시아 학교와 시카고 학교에 대한 스티븐슨의 연구에는 “당신이 원하는 어떤 소망을 이루어주는 마법사가 있다면, 무엇을 원하는가?”라는 질문이 포함되었다. 중국 학생의 약 70%는 교육적 향상이나 능력을 희망하였는데, 시카고 학생의 10% 미만이 이를 희망하였으며 나머지는 돈이나 장난감을 희망하였다. NSF는 1980년 정책보고에서 교육과정의 개발과 개혁의 맥락에 대해 논평하였다. 그 논평은 학교 과학의 개혁에 대한 계속되는 비판에 다음이 결여되었다고 말하고 있다.

> 교육과정 개발과 수업을 안내하는 이론과 철학 및 방향이 없으며 … 교육의 목적에 대해 불명확성이 엄청나게 존재하였던 그런 시기가 있었는지에 대해 의심하지 않을 수

없다(NSF 1980, p. 67).

과학을 과학사 및 철학 그리고 과학의 문화적 중요성까지 깊게 인식함으로써 과학 교사들이 추구해야 할 교육철학이 시작된다. 교사는 자신의 교과에 가치를 부여하여야 하며 학생들에게 그들의 교과가 가치 있는 이유를 설명할 수 있어야 한다. 이렇듯 과학철학사HPS는 과학이 전달해야 하는 가치에 대한 문제에 기여할 수 있는 것이다. 미국 학교 과학의 국가표준을 설정하기 위한 국가연구자문회National Research Council의 최근 노력은 이러한 문제들의 일부에 초점을 맞추게 될 것이다.[4] 현재의 미국의 과학 교육 개혁과 1960년대의 개혁운동과의 관계는 라이젠(Raizen 1991)과 클로퍼와 샴페인의 연구(Klopfer & Champagne 1990)에서 자세하게 분석된 바 있다.

과학적 소양의 정의

《위기에 처한 국가》 보고서를 집필하였던 저자들은 모든 학생들을 위해 과학적 소양의 증진을 요구하였으며, 다음과 같이 말하였다.

> 고등학교 과학의 교수는 학생들에게 (a) 물상과 생명과학의 개념, 법칙, 과정, (b) 과학적 탐구와 사고의 방법, (c) 일상생활에 대한 과학적 지식의 적용, (d) 과학과 기술적 발달의 사회적, 환경적 의미에 대해 안내받을 기회가 주어져야 한다(NCEE 1983, p. 25).

과학적 소양을 정의하는 방식에는 여러 가지가 있다. 즉, 소양literacy이란 공식을 이해하고 정확한 정의를 제시할 수 있는 능력이라는 좁은 의미의 정의로부터, 개념에 대한 이해와 과학의 본성 및 과학의 역사적, 사회적 차원에 대해 어느 정도 이해는 물론 더 광범위하고 자유로운liberal 정의도 포함시킬 수 있다.[5] 과학적 소양에 대한 하나의 정확한 정의는 존재하지 않는다. 왜냐하면 각각의 정의마다 특정한 목표를 촉진하는 데에 가치가 있기 때문에 서로 상이한 개념을 보이는 것이다. 학교 어린이에게 있어 궁극적인 목표는 그들의 교육적 개발이다. 이 책에서 주장하는 바는 소양에 대한 보다 광범위하고 자유로운 정의가 제한적인 정의에 비해 이러한 목표에 더욱 많은 도움이 된다는 것이다. 과학교사들이 직면하는 다른 많은 문제들과 마찬가지로, 이러한 주장도 훌륭한 교육에 대한 안목과 교육에 대한 철학을 요구하고 있다. 이 책을 지지하는 교육에 대한 자유주의적liberal 관점은 교육이란, 특히 그 중에서도 과학교육은, 국가가 수지적자를 극복할 수 있고 다른 국가들의 경제에 비해 경쟁력을 유지할 수 있도록 하는 '인간 자원human resources'을 개발하는 수단만이 아니다. 이러한 교육에 대한 경제적 관점은 과학적 소양에 대한 협의의 개념을 촉진한다.

1950년대 말 허드Hurd는 학생들이 과학과 사회의 상호관계에 대한 무언가를 이해하는 것을 수반하는 소양에 대해 넓은 개념을 주장하였다(Hurd 1958). 그는 또한 이후 지난 30년 동안 여러 출판물들을 통해 이 주제를 계속해서 강조하였다. 1960년대의 NSF의 학문 중심discipline-based 개혁운동이 학생들에게 과학에 대한 보다 넓은 무대(배경)의 감각을 제공하는 데 실패했다는 점에 애석해하면서, 1987년 – HPS 주장자들이 보증할 수 있는 용어로 – 다음과 같이 말하였다.

> 과학적 소양의 측정은 문화적 인식의 측정이다. 전통적인 과학교육과정은 학생들을 그들 자신의 문화에 이방인으로 남겨 놓는다. 과학교육의 본질적 개혁을 일으키는 것의 한 가지 문제점은 과학적으로 소양을 갖추지 못한 과학자들이 너무나 많으며 대학 이전의 학교 과학교육에 대해 관심을 갖는 과학과 기술 분야의 철학자, 사회학자, 역사가들이 너무나 없다는 점이다(Hurd 1987, p. 136).

이보다 더 광범위한 정의가 미국과학교사협회National Science Teachers Association에 의해 1982년 제안되었다. 여기에서 과학적 소양이 있는 사람을, 사회가 자원의 배치를 통해 과학과 기술을 통제하는 것을 이해하며, 일상생활의 의사결정을 내릴 때 과학의 개념과 과학적 과정을 사용하며, 인류복지의 증진에 있어 과학과 기술이 갖는 유용성과 함께 그 한계를 인식하고, 과학의 주요 개념과 가설 그리고 이론을 알고 이를 활용할 수 있으며, 과학적 증거와 개인적 견해를 구별할 수 있으며, 과학교육을 통해 세계에 대한 보다 풍부한 관점을 가지고, 과학과 기술의 정보에 대한 신뢰할 수 있는 출처를 알고 있고 의사결정 과정에서 이러한 출처들을 활용할 수 있는 사람으로 정의하고 있다(NSTA 1982).

과학적 소양에 대한 자유주의적 평가는 전문적 평가보다 광범위한 것이다. 자유주의적 평가는 기술적, 사회적, 문화적 요소를 포함한다. 과학적 소양을 가진 사람은 과학(내용과 과정)과 과학에 대해 어느 정도 알고 있어야 하며 과학의 과정과 과학적 태도에 대해 어느 정도 내면화할 수 있어야 한다. 따라서 우리는 과학적 소양을 지닌 사람들에 대해, 다른 점들과 함께, 다음과 같은 것들을 할 수 있을 것을 기대할 것이다.

1) 기초 과학의 기본적인 개념, 법칙, 원리, 사실들을 이해한다.
2) 과학적 방법론, 태도, 경향의 다양성을 인식하고, 이를 적절하게 활용한다.
3) 과학적 이론과 일상생활을 관련짓고 주변 세계의 화학적, 물리적, 생물적 과정을 인식한다.
4) 과학과 관련된 기술이 사회의 경제와 문화 그리고 정책과 상호작용하는 다양한 방식을 인식한다.
5) 과학의 역사와 그것이 문화적, 도덕적, 종교적 세력을 형성하고 또 이들에 의해 형성되는 방식을 이해한다.

소양에 대한 이런 설명은 여전히 매우 형식적이어서, 과학적 방법이 무엇인지, 과학적 태도란 무엇인지, 과학과 문화의 상호작용이 무엇인지에 대해 자세히 설명하고 있지 못한다. 이 책의 다음 장에서 이에 대한 보다 실제적인 내용이 논의될 것이다. 여기에서 제안된 소양의 정의가 특별히 논쟁의 대상이 되는 것은 아니다. 대부분의 사람들은 과학을 배우는 학생들이 과학에 대해 배워야 하고 견해와 사고 습관에 있어 과학적이 되어야 한다는 점에 동의할 것이다. 문제는 이러한 일반성들이 특정한 맥락 속에서 특정한 연령층에 대해 자세히 진술될 때 발생하게 된다. 이것이 바로 교육과정의 실행에 관한 것이다.

학교의 책무

교사와 학교 그리고 행정가들이 영향을 미칠 수 없는, 교육을 손상시키는 많은 사회적 체계적 요인들이 존재한다. 코졸Kozol의 《야만적 불평등*Savage Inequalities*》(1991)에 묘사된 학교의 재정 부족과 시설 미비는 교사들 최선의 노력까지도 좌절시킨다. 하지만 서양의 교육적 위기는 자금이나 시설 이상의 것이다. 제2차 세계대전 이후 유럽의 학교에는 책이 거의 없었으며 어린이들은 흔히 모래상자에 글자와 숫자를 베껴 쓰면서 작문과 산수를 공부하였다. 인도나 중국의 난민 어린이들은 가장 과밀할 뿐만 아니라 호주와 미국보다 지원이 적은 학교에 다니지만 그들의 교육적 성취도는 더 많은 혜택을 받은 어린이들보다 훨씬 더 높다. 학교의 수가 엄청나게 증가하고 또 교육기간이 크게 늘어났어도, 서양의 문화는 교육에 대해 점점 더 적대시되었다. 압도적인 TV 시청시간은 이러한 비교육적 문화의 원인이자 결과이기도 하다. 최근의 연구 결과에 의하면, 미국의 18세 학생들은 학교에서 1만1천 시간을 보내는 데 비해 2만 시간을 TV를 보는 데 사용하며, 가족은 TV를 보는 데 하루에 평균적으로 7.5시간을 사용한다(Hamberg 1992).[6] 포스트만Postman은 텔레비전 문화에 대한 자신의 최근 비평에서 다음과 같이 경고하였다.

> 사회 전체의 사람들이 하찮은 일에 의해 혼란스러워질 때, 문화적 삶이 오락의 무한한 연속으로 재 정의될 때, 심각한 공공의 대화가 어린 아이의 말의 형태가 되어버릴 때 그리고 사람들이 청중이 되고 그들의 공적인 사업이 대중연예의 행위act가 될 때, 한 국가는 스스로가 위기에 처해 있음을 발견하게 되며, 문화는 완전히 죽은 것이 될 수 있다(Postman 1985, p. 161).

그러나 학교의 능력과 영향력 내에도 많은 비교육적 요인들이 존재한다. 많은 연구보고서에서 발견한 불행한 사실은 학생들이 과학을 더 많이 공부할수록 과학을 덜 좋아한다는 점이다(Yager & Bonstetter 1984, Brunkhorst & Yager 1986). NAEP 자료에 의하면, 전통적인 과학의 교수는 자연적 흥미natural interest를 부정하는 경향이 있으며 일부 가장 뛰어난 학생들로 하여금 과학 이외의 학문을 추구하도록 만든다. 국가과학위원회National Science Board의 1991년 보고서 《과학 및 공학 지표*Science and Engineering Indicators*》에는 7학년 전체 학생의 약 30%가 과학과 공학 분야에서 직업을 갖고 싶은 것으로 나타나 있다. 이 비율은 고등학교를 거치면서 점차 낮아져서 고등학교를 졸업하는 시점에 이르면 25% 미만의 남학생과 여학생의 경우는 보다 극적인 변화를 보여 10% 미만의 학생만이 그와 같은 직업 선호도를 나타내는 것으로 나타났다(National Science Board 1991). 1980년대 말에 이르러 미국 학생의 거의 70%가 고등학교를 졸업하는 데 필요한 최소한의 과학과 수학만을 이수하였다.

더욱 걱정되는 문제는 성공적인 과학교육을 받았어도 학생들의 지적인 전망outlook

을 변환시키는 데 실패한다는 점이다. 한 연구에 의하면, 미국의 과학 학위를 마친 학생들도 대개 여전히 점성술을 믿는다고 한다. 즉, 학위 프로그램을 시작할 당시 점성술을 믿고 있었던 사람들이 그 과정을 마칠 때에도 점성술을 여전히 믿고 있다는 것이다. 미국 인구의 40%는, 학교에서 그 많은 시간을 보냈음에도 불구하고, 점성술을 과학적인 것으로 믿고 있으며, 신문 속의 점성술 기사를 과학 기사보다 더 많이 읽고 있다.

교육체계는 백과사전식 교육과정을 장려함으로써 과학적 이해로부터 이탈하는 것에 기여하고 있다. 1940년 미국교육자문회의American Council on Education의 보고서《고등학교가 가르쳐야 하는 것*What the High School Ought To Teach*》은 "이제 자연 과학의 과정들은 과학 연구의 발견에 대한 너무나도 단순한 백과사전적 목록이 되어 버렸다. 흔히 이것들은 학생들로 하여금 과학적 사고를 하도록 자극하지 않고 사실에 대한 기억으로 가득 차게 한다."고 애통해 했다(Hurd 1961, p. 74). 30분마다 새로운 주제를 취급하였던 1905년 뉴욕 주 물리교수요목New York State physics syllabus에 대해서는 이미 언급한 바 있다. 80년이 지난 후 같은 주의 생물교수요목은 학생들에게 1년 동안 1440개의 과학 용어와 개념들을 배우도록 요구하고 있다(Swift 1988). 이에 대해 한 비평가는 "학생들이 2년 이상 동안 외국어를 배울 때 공부하게 되는 것보다 더 많은 기술적 용어technical words를 1년 과정의 과학 과목에서 배우고 있다."고 주장하였다(Yager 1984, p. 51). 300~350쪽의 전형적인 과학 교과서에는 2,400~3,000개의 새로운 용어가 담겨 있다. 이는 한 번의 수업에서 20개의 새로운 개념을, 2분마다 1개의 새로운 개념을 배우는 격이 된다. 스탠포드의 로우Rowe는 한 학생이 그의 지구과학 교과서를 포기한 이야기를 하였는데, 그 학생은 "이것은 지독한 사전이군! 세상에 누가 사전을 읽겠어?"라고 단언하였다. 로우는 "과학책들은 환상적인 사전으로 변해버렸다. … 아이디어들이 상호 작용하는 방식인 줄거리는 사라져 버렸다."고 평하였다(Fisher 1992b, p. 53). 19세기의 마흐Mach는 지나치게 많은 내용을 담은 교육과정에 대해 다음과 같이 경고한 바 있다. "내용이 내용 위에 쌓이고 새로운 재료는 과거의 소화되지 못한 재료 위에 계속해서 쌓일 때 정신이 어떻게 제대로 성장할 수 있겠는가?"(Mach 1895/1986, p. 368). 이런 견해와 관련되어 분명한 선택이 존재한다. 즉, 학생이 많은 것을 배우되 적게 이해거나 적게 배우되 깊게 이해하는 것 중의 하나를 선택하는 것이었다. 마흐는 후자를 선호하였다.[7]

이 책에서 주장하는 바는 과학의 역사적, 철학적 측면들이 보다 일상적으로 과학학습에 주입된다면 이러한 단점 중 일부는 완화될 수 있다는 점이다. 즉, 비판적이고 반추적인 질문들이 장려될 수 있으며, 줄거리나 이야기들이 개발될 수 있고, 과학과 세계관 사이의 상호작용의 예들이 제시될 수 있으며, 도덕적이고 정칙적인 딜레마들이 재현되고 논쟁될 수 있고, 전통에의 참여 감각이 진작될 수 있는 것이다. 이는 적은 수의 주제를 가르치지만 이를 보다 바람직하게 가르치고 또한 보다 넓은 과학의 그림을 그릴 수 있는 방식으로 이것들을 가르치는 것이 될 것이다.

과학으로부터의 이탈, 특히 여성과 소수 집단의 소외, 과학적 소양이 부족한 비율이 매우 높은 문제 등에 대한 부분적인 대응으로서, 서구의 정부와 교육 단체들은 1980년대에 많은 수의 과학교육과정 개혁을 준비하였다. 최근의 교육과정 개혁의 계획서의 한 가지 주목할 특징은 과학교육과정을 과학의 풍부한 역사적, 철학적, 윤리적, 기술적, 사회적 차원들과 통합하여 과학을 보다 맥락적으로 가르치고 그뿐만 아니라 1960년대에 개발된 전문적이고 기술적인 교육과정들의 경우에 비해 과학을 보다 더 자유로운 활동liberal enterprise으로 제시한다는 점이다.

HPS와 과학교육 사이의 최근의 통합에 대한 뛰어난 예로는 두 가지가 있다. 새로운 영국 국가교육과정과 미국의 프로젝트 2061이다. 또 다른 예로는, BSCS '교육과정 틀Curriculum Framework'의 제안, 미국 과학진흥협회 AAAS의 '교양으로서의 과학Science as a Liberal Art' 프로젝트 그리고 캐나다와 미국의 일부에서 개발된 다양한 STS 교육과정 등이 있다. 이외에도, 역사적 원리에 따라 구성하고 학교 과학 과정에 기초적인 철학적 고찰을 도입하려고 하였던 덴마크, 네덜란드, 이탈리아의 교육과정의 개발이 있었다(Bevilacqua & Kennedy 1983, Thomsen 1986, Blondel & Brouzeng 1988, Nielsen & Thomsen 1990).

프로젝트 2061

1985년 AAAS는 학교 과학교육에 (자연과학과 함께, 수학, 기술, 사회과학 등이 간단하게 포함되어 있다) 대한 철저한 조사를 자극하고 증진하기 위해 '프로젝트 2061 Project 2061(2061년은 핼리혜성이 다시 되돌아오는 해)'이라 칭해진 대규모의 국가적 연구를 착수하였다.[8] 이 프로젝트는 미국에서 "교육에 대한 빠른 처방은 언제나 실패를 동반한다."는 점을 인식하였다(AAAS 1989, p. 154). 교육의 개혁을 이끌 국가적 장치가 없으며 국가 교육과정은 정치적으로나 법적으로도 가능하지가 않다. 또한 (국가 교육과정이 금지된 캐나다나 호주에서 실시될 수 있는 것과 같은) 주 정부 교육과정 또한 선택할 수 있는 것이 아니다. 미국의 교육 분야에 직장을 갖고 있는 사람은 3백만 명이고 매년 2,000억 달러에 가까운 돈이 지출되고 있으며 50개의 주에서 8만 개의 학교에 5500만 명의 학생들이 다니고 있다. 교육에 대한 의사결정은 수천 개의 다른 개체에 의해 내려지는데, 여기에는 1만6천 개의 교육구school distiricts가 포함되며 연방 및 주 의회들이 주요 프로그램들을 실행하거나 파기한다. 이러한 다양성 아래에서, 프로젝트는 스스로 "프로젝트 2061은 물론 과학, 수학, 기술 교육의 새로운 방향성을 도입하기 위한 많은 노력 중의 하나에 지나지 않는다."라고 말하고 있다(AAAS 1989, p. 155). 그리고 프로젝트 자체는 교육과정의 정책, 철학 그리고 그 내용에 영향을 미치기 위해 제안하고 정보를 제공하고 기대할 수 있을 뿐이다.

학자, 교사, 행정가들로 구성된 분과별 5개 연구단들이 3년 동안 모임을 가졌다. 그들에게는 "모든 가능성을 열어둔다고 할 때, 모든 미국인들이 학교를 떠나는 순간까지 가져야 하는 과학과 관련된, 지식과 기능 그리고 사고습관은 무엇인가?"라는 문제가 주어졌다. 그리고 그들에게는 선택을 하는 과정에서 과학적 중요성뿐만 아니라 인간적 중요성도 함께 고려해야 한다고 요청되었다. 특히, 연구단들에게는 내용을 선택할 때 다음과 같은 점들을 꼭 고려해야 했다.

유용성: 그 내용이 고용과 개인적 의사결정에 유용하겠는가?

사회적 책임: 과학과 기술을 포함하는 문제에 대해 사회적, 정치적 의사결정을 내릴 때 시민들로 하여금 지적으로 참여할 수 있도록 도움을 주는가?

본질적 가치: 과학, 수학, 기술을 그것이 없으면 일반 교육이 불완전하게 될 정도로 인

류의 역사에서 중요하며 우리의 문화에서 스며들어 있는 것으로 제시하는가?

철학적 가치: 그 내용들이 삶과 죽음, 지각과 실재, 개인적 선 대 집단적 복지, 확실성과 불확실성 등과 같은 인간적 의미에 대한 끊임없는 질문들을 숙고할 수 있는 인간의 능력에 기여하는가?

유년기의 풍부화: 그 내용이 유년기를 풍요롭게 하는가(Stein 1989, p. 340)?

이 팀의 최초의 보고서인《모든 미국인을 위한 과학*Science for All Americans*》은 1989년 발간되었다(AAAS 1989, Rutherford & Ahlgren 1990). 이 보고서는 모든 미국의 고등학교 학생들의 과학적 소양의 성취를 주장하였다. 이러한 제안은 다음과 같은 믿음에 기초하고 있다.

과학적 소양을 갖춘 사람이란 과학과 수학 그리고 기술이 장단점을 가지고 인류의 활동과 상호관련 있음을 인식하는 사람이다. 즉, 과학의 주요 개념과 원리들을 이해하고, 자연의 세계와 익숙하고 이의 다양성과 통일성을 모두 인식하고, 개인과 사회의 목적을 위해 과학적 지식과 과학적 사고방식을 활용할 수 있는 사람이다(AAAS 1989, p. 4).

이 보고서의 앞부분에는 그것의 방향성을 다음과 같이 분명히 밝히고 있다.

모든 학생을 위한 과학적 소양을 확보하기 위해, 교육과정은 취급된 내용의 순수한 양을 줄이는 방향으로 변해야 하고, 과목 사이의 견고한 경계를 약화시키거나 제거하여야 하며, 과학과 수학 그리고 기술 사이의 관련성에 보다 많은 주의를 기울여야 하고, 과학적 노력을 인간의 사고와 행위에 강한 영향을 미치거나 혹은 영향을 받는 사회적 활동으로 나타내야 하며, 과학적인 사고방식을 증진시켜야 한다(AAAS 1989, p. 5).

이 보고서에는 과학철학에 대한 장과 과학사에 대한 장이 포함되어 있다. 이 장들은 수학, 기술, 물리적 세계, 생물 환경, 인체, 인간 사회, 계획된 사회와 같은 주제를 다루고 있는 12개의 장에 포함되어 있다. 이러한 과학사와 과학철학에 대한 장들은 학교 과학교육과정에 과학철학사를 포함할 것을 주장하는 사람들에게는 고무적인 것이다.

철학적 입장

모든 과학교육과정은 교육과정에 과학의 본성에 대한 관점을 내포한다. 즉, 무엇이 포함되어야 하는가와 내용이 어떻게 가르쳐지고 또 교육과정이 어떻게 평가되어야 하는가에 영향을 미치는 과학에 대한 이미지가 포함되어 있다. 교육과정을 구성하는 사람들이 지니고 있는 과학의 이미지는 교육과정에 대한 경향을 설정하며, 교사가 지닌 과학의 이미지는 교육과정이 어떻게 가르쳐지고 평가되는가에 영향을 미친다. 이것이 자세히 적시될 때, 과학의 이미지는 과학의 본성과 과학의 인식론에 대한 명제(서술문)가 된다. 예컨대, 과학에 대한 귀납적-경험적 관점은 1960년대의 교육과정 개혁을 지배하였다.[9]

과학의 본성에 대한 프로젝트 2061의 관점은 제1장 '과학의 본성The Nature of Science'에 나타나 있는데, 여기에서는 객관성, 과학의 변덕스러움, 과학과 비과학의 구분에 대한 구획문제, 증거와 그것이 이론의 평가에 어떻게 관련되는지의 문제, 논리와 상상으로서의 과학적 방법, 설명과 예측, 윤리, 사회적 정책, 과학의 사회 조직 등에 대한 논의가 전개되어 있다. 이러한 주제들을 과학 과목에서 다루는 것을 의도했다. 즉, 이 주제들이 과학의 내용 안에서 개발되고 '첨가된 것'으로 취급하지 않아야 한다.

《모든 미국인을 위한 과학》의 1장에는 다음과 같은 철학적 논제들이 주장되고 있다.

1) **실재론Realism**: 인간의 경험이나 지식과 별개로 독립적으로 존재하는 세계가 존재한다. 이러한 존재론적 입장은 인간의 경험 외부에는 세계가 존재하지 않다거나 그러한 세계나 인간의 경험이란 모두 관념적이라는 이상론idealism과 대비된다. 보고서는 "과학은 … 우주란 기본적인 규칙들이 모든 곳에서 동일한 그런 하나의 거대한 체계라는 점을 가정한다."고 이야기한다(p. 25). 실재론은 외부 세계의 존재를 받아들인다. 법칙들이 모든 곳들에서 동일하다는 주장은 기초적인 실재론적 입장의 주장이다. '기본 규칙들'이 어느 정도 모든 곳에서 동일하다고 가정하고 또 어느 정도 동일한 것으로 발견되는가는 실재론자들 사이에서조차도 논쟁의 대상이 된다.

2) **오류주의Fallibilism**: 인간은 불완전하지만 세계에 대한 지식을 가질 수 있고 경쟁하는 이론이나 견해들 사이에 믿을 만한 비교가 가능하다. 오류주의는 한편으로는 경쟁하는

견해들 사이에는 믿을 만한 비교가 불가능하다는 상대주의relativism와 다른 한편으로는 현재의 이론이 절대적이고 개선의 여지가 없는 지식을 구성한다는 입장을 견지하는 절대주의absolutism와 반대되는 인식론적 입장이다. 보고서는 "완벽하고 절대적인 진리를 보장할 방법은 없지만 과학자들은 세계와 그것이 작동하는 방식에 대해 점차적으로 정확한 근사를 취하면서 설명할 수 있다."고 말하고 있다. '근사적 진리approximate truth'의 개념은 많은 논쟁의 대상이며, 많은 철학자들이 단순히 보다 바람직한 또는 진보적인 이론을 언급하는 데 사용하기도 한다.

3) **견고성Durability**: 과학은 그것의 중심적인 아이디어를 단순히 포기하지 않는다. 과학자들이 어떤 품질관리과정quality control process에서 아이디어를 검사하고 부정한다는 단순한 반증주의적 묘사는 유효하지 않다. 보고서는 "아이디어에 대한 완전한 부정보다는 아이디어의 수정이 과학의 표준이다. 왜냐하면 강력한 구성개념construct은 살아남고 보다 세밀하게 성장하는 경향이 있기 때문이다."고 말하고 있다(p. 26). 노라Neurath는 과학이론의 수정은 바다에서 물이 새는 보트를 고치는 것과 같은 것(즉 선체 전체를 바꾸는 것이 아니라, 일부 널빤지를 검사하고 한 번에 하나씩 교체하는)이라고 말하면서 이러한 견해에 대한 생생한 표현을 제공한 최초의 인물이었다. 콰인Quine은 이러한 이미지를 광범위하게 통용시켰다(Quine 1960, p. 30). 라카토스는 변화에 매우 저항적인 견고한 핵과 일치하지 않고 상치된 자료를 수용할 수 있도록 변화하는 보호대를 갖는 연구 프로그램의 연속으로서 과학에 대한 자신의 생각을 형식화하였다(Lakatos 1970).

4) **합리주의Rationalism**: 보고서는 "조만간 과학적 논의는 논리적 사고의 원리에 합치해야 한다. 즉, 추론과 논증 그리고 상식의 특정한 준거들을 적용함으로써 논의의 타당성을 검토해야 한다."고 말하면서, 합리주의의 수정된 형태를 견지한다(p. 27). 과학적 불일치를 무엇이 실제로 그리고 무엇이 반드시 해결해야 하는지에 대해 많은 논쟁들이 있었으며(Engelhardt & Caplan 1987), 과학 수업에서 과학적 논쟁을 생산적으로 활용하는 방안에 대한 논의도 있었다(Silverman 1992). 과거의 관점은 경쟁하는 견해와 이론 그리고 연구 프로그램들 사이에서의 고민에 있어 과학은 언제나 합리적이라는 것이었다. 과학역사, 철학, 사회학 분야에서의 연구를 통해, 이러한 과거의 관점은 수정되었다. 이러한 변화는 분명히 과학의 역사에서 실제로 어떤 일이 벌여졌는가에 관련한 것이었으며 일부는 과학적 탐구에 어떤 일이 벌어져야 하는지에 관련되기도 하였다.

5) **반방법주의**Antimethodism: 보고서는 과학적 이론의 정당화에 있어 합리론자적 입장을 취하지만, 과학적 발견에 대한 유일한 방법론이 존재한다는 생각에 반대하면서 "과학자가 항상 따라야 하는 정해져 있는 어떤 단계들이나 과학자를 틀림없이 과학적 지식으로 이끄는 한 가지 경로란 결코 없다."라고 말하고 있다(p. 26). 이 보고서는 과학의 창조적 차원을 강조하면서 "과학적 개념이란 자료나 또는 어떤 분석 하나만으로부터 자동적으로 나타나는 것이 아니다. 이러한 측면은 흔히 학교에서 무시되고 있다. 세계가 어떻게 작동하는가에 대한 가설이나 이론을 창안하거나 이를 실재와의 점검을 하기 위한 방법을 해결하는 일은 시를 쓰거나 음악을 작곡하고 고층빌딩을 설계하는 것과 마찬가지로 창의적인 것이다."라고 하였다(p. 27).

6) **구획주의**Demarcationism: 그럼에도 불구하고 과학은 비과학적 활동과 구별될 수 있다. 이는 뜨거운 논쟁거리로서 창조 과학자들이 그들의 활동 모두는 주류 과학과 동일하게 과학적이며 학교 교육과정에 포함되어야 한다고 주장하였던 1981년의 진화론 재판creationist trial의 핵심이었다. 창조 과학이 경계의 안쪽에 속해야 하는지 아니면 바깥쪽에 속해야 하는지 이것이 한 문제이며, 경계가 존재하는가는 다른 문제이고, 보고서는 이에 대해 "하지만 과학에는 그것이 하나의 탐구의 양식으로서의 독특한 성격을 갖게 하는 어떤 특징들이 존재한다."고 말하면서 명백한 입장을 취하고 있다(p. 26).

7) **예측성**Predictability: 보고서는 "과학 이론이 이미 알고 있는 관찰 사실들에 일치하는 것만으로는 충분하지 않다. 이론은 처음에 그 이론을 형식화하는 과정에서 사용되지 않은 추가적인 관찰 사실에 대해서도 일치해야 한다. 즉, 이론은 예측 능력을 가져야 하고 … 예측이란 과거로부터 아직까지 발견되지 않고 연구되지 않은 증거에 관한 것일 것이다."고 말하고 있다(p. 25). 과학의 특이성의 한 부분은 그것이 갖는 현상을 예측하고 그 결과를 계산해 보는 것에 대한 관심이다. 이 생각에는 여러 가지 문제점들이 존재하며 테스트testing는 간단한 문제가 아니다. 하지만 여전히 여기에는 한 측면에 대해서 상당한 동의가 존재한다. 즉, 훌륭한 과학적 이론이란 최근에 알려지지 않은 현상을 드러내야 한다는 것이다. 과학적 이론이란 다른 이론들이 폭로한 것이나 상식이 이미 밝힌 것들을 계속해서 설명할 수는 없는 것이다.

8) **객관성**Objectivity: 과학이 이전에 인식된 것보다 훨씬 더 인간적인 활동이라는 점은 이제 널리 인식되고 있다. 우리는 1620년 베이컨이 소멸되어야 할 것으로 주장한 이후

계속해서 지속되었던 정신적 우상Idols of the Mind을 알고 있다. 하지만 보고서는 과학의 이러한 인간적인 얼굴을 인식하면서도 여전히 진리를 결정하는 데 있어 주관적 이해subjective interests를 최대한으로 극복하고 또 이를 고친다는 입장을 견지하고 있다. 보고서는 "과학적 증거란 자료가 해석되는 과정, 자료의 기록과 보고 과정, 심지어 최초에 고려의 대상으로 선택되는 과정에 따라 왜곡될 수 있다. 과학자의 국적, 성별, 인종, 연령, 정치적 신념 등은 과학자로 하여금 특정한 종류의 증거와 해석을 추구하거나 강조하도록 할 수 있다. … 하지만 과학자들은 편견의 출처와 편견이 증거에 어떻게 영향을 미칠 것인가에 대해 알고 싶어 한다."고 말하고 있다(p. 28). 과학에서의 객관성의 가능성은 일부 페미니스트나 구성주의자 그리고 대부분의 철학적 포스트모던주의자들에 의해 도전 받아 왔다. 이 문제에 대해서는 이어지는 장에서 논의하게 될 것이다.

9) **온건외재론**Moderate Externalism: 진리에 대한 주장을 결정하는 일에서 주관성과 관심을 제거하려는 노력이 마치 과학 지식을 탐구하는 영역에서 다양한 관심이 영향을 주지 못한다는 것과 같은 의미는 아니다. 우주여행이나 값싼 운송 수단 혹은 핵이나 태양 에너지 혹은 화학 살충제의 개발이나 생물학적 조절에 대한 연구를 하는 것에는 개인적 관심과 사회적 관심이 작용하고 있다. 과학이 정치적인 진공에서 일어나는 것이 아니다. 모든 나라에서는 그 나라의 우선순위가 있으며 과학 연구에 대한 공공기금은 우선순위를 가진 영역에 투자된다. 투자 순위에 들어가거나 빠지는 일은 정치적인 문제이다.

그 보고서는 "과학이 사회적 활동으로서 사회적 가치와 관점을 반영하는 것은 당연하다. … 과학 연구의 방향은 과학 문화 자체 안에서 비공식적 영향을 받고 있다. 어떤 문제가 과학에서 가장 흥미로운지 혹은 어떤 탐구 방법이 가장 좋은 결과를 얻을 수 있는지에 대하여 지배적인 의견을 보인다. … 기금을 대는 회사는 과학의 방향에 영향을 주며 어떤 연구를 지지할 것인가를 결정한다."라고 하였다(p. 29). 진리에 의하여 결정하거나 아니면 기금을 대는 정치적 몸통에 의하여 과학이 온건한 외재론에서 완벽한 외재론으로 옮겨간다. 과학 사회학자들은 후자의 관점을 논증하고 있는 반면에 그 보고서는 거절하고 있다.

10) **윤리**Ethics: 과학에 영향을 주는 윤리적 맥락은 두 가지가 있다. 외적 맥락은 어떤 연구는 할 것인지 피할 것인지를 결정하는 것으로 의학 연구가 대표적인 예이다. 윤리학으로 무엇을 연구하고 무엇을 연구하지 말지 결정하는 데 영향을 끼친다. 가령 심장 이

식에 관한 연구는 장려되지만, 안락사 연구는 꺼려진다. 더욱 일반적인 영역 중에 과학과 사회가 모두 연구하면 도덕적으로 바람직한 부분이 있으며 인간의 요구를 과학 연구가 충족시켜 줄 것을 기대한다. 또한 윤리학은 실제 연구 실행에도 영향을 준다. 어떤 것은 윤리적 기준을 벗어나서 금해지며, 어떤 경우는 과학적 기준에 의해 금해지기도 한다. 그 보고서는 이런 문제를 다음처럼 말한다. "모든 과학자들은 스스로 과학의 윤리적 기준에 의하여 연구를 진행한다. 이런 윤리적 기준은 전통적으로 정확한 기록을 요구하거나 개방적이어야 한다는 걸 만족해야 하며 다른 동료에 의하여 비판적 검토를 받아야 하는 것을 요구한다. … 과학 윤리의 또 다른 분야는 과학 실험에 해를 끼칠 수 있는 것과 연관이 있다. … 실험 동물들이 건강하고 편안하게 지내도록 존중해야 한다. … 과학자가 핵무기나 유전자 전쟁과 같이 인간성에 심각한 위험을 끼칠 연구를 진행한다면 많은 다른 과학자들이 전문가적 윤리에 의하지 않고 개인적 윤리 문제로 고려해야 한다."(p. 30)

그 보고서는 과학자들이 사회의 윤리적 가치를 결정하지 않으며 과학자들에게 승리를 모두 넘겨주는 것을 거부하지만, 과학 연구가 인식을 가진 윤리적 고려에 결정적임을 보여준다고 서술한다. 그 보고서는 "과학자는 선과 악의 문제를 논의하면서 특정한 행동이 어떤 결과를 가져올지 찾아내는 데 기여를 하지만 선과 악의 문제를 해결할 수단을 가지고 있지 않다."라고 말하고 있다(p. 26).

이런 간략한 모습만으로도 프로젝트 2061이 가진 과학에 대한 이미지가 현재 철학, 역사, 사회학에 분명한 영향을 미치고 있음을 알 수 있을 것이다. 그 문서는 교육과정의 틀을 세우기 위한 것이지 학문적인 연구는 아니며 따라서 이런 문제를 자세하게 논증하지 않았다. 그러나 그 프로젝트는 지역 조직에서는 그 문서를 반영하고 반응할 것을 의도하였다. 따라서 이런 문제들이 그 수준에서 더 자세하게 개발될 필요가 있다. 위에서 정리한 논점에 대하여 과학철학자, 과학사학자와 과학사회학자들은 서로 다투는 입장의 문헌들을 모두 인식하고 있어야 한다. 가령 과학사회학의 강한 프로그램을 주장하는 에든버러 사회학파의 주장은 과학의 이론 변화의 역사는 사회학적 요인에 의하여 설명될 것이라는 측면을 알고 있지만 결론을 내리지 않고 다루어야 한다. 경계 문제는 아직 충분히 논의되지 않았고 여전히 논쟁이 활발하다. 경제적 혹은 국가적 관심이 과학 연구에 미치는 문제는 현재 이해해 나가는 중이다. 이론 변화를 점진적으로 설명하는 입장을 더욱 폭넓게 보고 과학 혁명의 출현을 살펴볼 필요가 있다. 그럼에도 그 문서는 좋은 출발점을 제공하며 교사와 의사 결정자로 하여금 과학에 관하여 철학하는 데 편안함을 주어야 한다고 요청한다.

위에서 나열한 열 가지 인식론적 논제commandment가 워싱턴 시대부터 제기된 것을 의미하지는 않는다. 오히려 그 목록은 교육과정 제안에 틀을 부여하는 관점을 표현한 것이다. 교사와 학생이 자신의 독서와 경험으로 그 열 가지 목록을 평가해야 할 것이다.[10]

과학사

교육과정의 제안은 프로젝트 2061만큼 분명하지는 않지만 과학의 본성에 관하여 무엇인가를 말하고 있다. 그리고 그 제안은 학교 과학 수업에서 과학사의 위치를 분명하게 해준다. 10장의 서문 부분에서 '역사적 관점'이라는 부분은 다음처럼 말한다.

> 여기서 강조하는 열 가지 중요한 발견과 변화에 대한 설명은 과학 지식의 진화와 영향을 보여준다. 행성으로서의 지구, 보편적인 중력, 상대성, 지질학적 시기, 판구조론, 물질의 보존, 방사능과 핵융합, 종의 진화, 병의 특성과 산업 혁명이 그런 것들이다(AAAS 1989, p. 111).

"비록 다른 것을 선택해도 똑같이 타당하지만 이런 것들이 역사적 주제를 대표하고 문화적 의미라는 준거에 잘 들어맞는다."는 것이다.

프로젝트 2061은 학교 과학에 역사를 도입하려는 시도로서 두 가지 형태를 제안하는데 모두 과학철학자와 과학교육자의 관심을 끌 만한 것이다. 그 중 첫 번째 형태는 다음과 같다.

> 과학적 활동이 어떻게 작동하는가에 대한 일반화는 구체적 예시가 없다면 공허한 것에 불과하다. 예를 들어 새로운 생각이 그 생각을 담고 있는 맥락에 의하여 제한된다는 명제나 새로운 생각이 과학적으로 확립된 기존 생각에 의하여 종종 거부된다거나 기대하지 못한 발견이 일어난다거나 혹은 다른 많은 연구자들이 기여를 통해 점진적으로 성장하는 일을 생각해 보자. 역사적 사례가 없다면 이런 일반화는 구호나 슬로건에 불과

하여 단지 외우는 일밖에 못할 것이다(AAAS 1989, p. 111).

이런 주장을 말로 풀어서 "일반화는 … 구체적 예시가 없으면 공헌한 것에 불과하다."라고 풀어서 말하는 것은 모호함이 있을 수 있다. 왜냐하면 이런 말은 비역사적 원천(고전적 실증주의)에서 나오는 일반화와 똑같은 것이기 때문이다. 그러나 그 진술의 맥락과 그 일반화의 내용은 역사를 철학에 안내하는 것으로 가져갈 때 생겨나는 것이다.

여기서 가정하는 것은 과학철학이 과학사의 인식 범위cognisant로서 필요하다는 것이다. 즉, "과학철학은 과학사 없이는 공허하며, 과학철학 없는 과학사는 맹목적인 것이다."라고 라카토스가 문제를 표현했다(Lakatos 1978, p. 102). 이것은 과학철학에서 논쟁이 되는 관점이다. 가령 실증주의의 핵심 주장, 즉 과학철학은 과학사와 독립되어 수행될 수 있다는 것에 모순된다. 실증주의에게 이성과 논리는 과학적 방법이 어떠해야 한다고 명령하며, 과학사는 예시적 가치를 가질 뿐이다. 과학자들이 올바른 방법을 가지면 과학사는 단지 예시에 불과하다는 것이다. 라이헨바흐Reichenbach는 이런 고전적인 분류인 발견의 맥락과 정당화의 맥락을 구별할 것을 요구하였고, 철학은 정당화의 맥락에만 관여하고 역사, 사회학, 심리학은 발견의 맥락에만 관여한다고 보는 것이다(Reichenbach 1938).

물론 과학철학에도 이런 역사적 전환이 가져온 문제들이 잘 알려져 있다. 소위 실증주의 과학철학의 몰락이다. 과학철학과 과학사의 적절한 연관에 대해서는 더 많이 논쟁되면서 과학사가 과학철학의 동반자로서 발달할 것인가에 대하여 전문가조차도 서로 의견이 갈리고 있다. 퍼트남Putnam은 반대쪽 진영에서 과학사는 과학철학에 '무관하다'는 입장을 표명하였다(Suppe 1977, p. 437). 가장 유명했던 실증주의 과학철학자 카르납Carnap은 그를 가장 역사적이지 않은 인물이었다고 말한다(Suppe 1977, p. 310). 콰인Quine도 같은 문제를 "그의 영향력 있는 인식론적 주장은 역사적인 기준점이 부족하다."고 말했다.

기존의 철학적 입장을 넘어서려면 역사가 철학적 역할을 할 수 있는지와 과학사가 과학철학의 입장을 형성하는 데 어느 정도까지 공헌할 수 있는가에 대한 논쟁의 장애를 넘어서야 두 진영 모두가 동의할 수 있다. 다음과 같은 문제를 제기하자. 우리는 철학적 전제 없이 과학사를 어떻게 찾아낼 것인가? 우리가 적당한 방법에 대한 선험적 개념 없이 유용한 과학사를 분리할 수 있는가? 과학사를 쓰려면 먼저 우리는 과학으로 볼 수 있는 활동을 판단할 수 있어야 하며, 그런 관점이 없다면 화학이나 지질학보다 점성술, 숫자점numerology이나 우표 수집에 대한 연구를 시도할 것이다. 다른 많은 양자택일의 질문처럼 해답은 중간에 있다. 과학사와 과학철학의 연관은 상호작용적일 수밖에 없다. 과학사에는 철학적 입장을 지키려는 봉사에 의한 사례가 매우 많다. 갈릴레오가 모든 철학적 기호를 가진 사람man for all philosophical seasons이 된 것은 유명하다(Crombie 1981). 그러나 또한 철학적 입장을 추구하다가 변화한 사례도 과학사에는 엄청나게 많다. 쿤Kuhn이 하버드 일반 교육과목을 강의하면서 얻은 경험으로 철학적으로 변화된 것도 잘 알려진 최근의 사례가 될 것이다. 철학은 역사를 쓰는 데 필요하며, 철학 역시 역사적 연구에 의하여 변환되어야 할 것이다.[11]

역사의 위치에 대한 논쟁은 과학철학에서 많은 이슈가 되는 특징을 갖고 있는데, 그 이유는 실재론, 경험주의, 인과론, 설명, 이상화, 반증, 합리성과 같은 토론거리가 되는 문제가 이미 해결된 것처럼 말하면 성급한 사람이기 때문이다. 그러나 철학과 역사의 상호작용에 대해서는 어느 정도 동의한다. 다윈, 갈릴레오, 뉴턴, 케플러, 아인슈타인 등을 언급하지 않으면서 과학의 본성을 다루거나 이론 평가 혹은 과학의 존재론적 입장을 말할 수는 없다. 특히 교육적인 장면에서 그런 유명한 과학자를 들어 보는 일은 당연하며 과학의 본성을 논의하게 되면 그런 인물을 기대하는 것은 매우 당연하다. 과학사의 기준에 의해 과학의 본성을 실증하는 주장을 필요로 하는 프로젝트 2061의 핵심은 과학교육에서 매우 중요한 일이며, 과학철학과 과학사를 가르치는 일에도 필요하다.[12]

《모든 미국인을 위한 과학》에서는 과학사를 과학 수업에 가져와야 하는 이유로서 두 번째 근거를 다음과 같이 제시하였다.

> 과학의 역사를 보여주는 에피소드 중에는 우리의 문화적 유산을 넘어서는 것들이 매우 많다. 그런 에피소드에는 갈릴레오가 우주에서 우리 인간의 위치를 바꾸는 인식을 가능하도록 한 사례나 뉴턴이 지구상에 작용하는 법칙이 하늘에도 동일하게 적용되는 것을 보여준 사례나 다윈이 다양한 생물을 오랫동안 관찰하여 생물 형태의 연관성을

찾아내어 생물이 어떻게 진화했는가를 설명한 사례나 라엘이 지구의 나이를 믿기 어려울 정도로 오래된 것임을 주의 깊게 보고한 사례나 파스퇴르가 전염병이 겨우 현미경으로 관찰할 수 있는 작은 유기체에 의한 것임을 찾아낸 사례가 해당된다. 이런 이야기들은 서구 문명에서 사고에서 획기적인 발달을 이루게 하였다(AAAS 1989, p. 111).

이와 같은 지적은 사실 과학사가 두 마리 토끼를 쫓다가 모두 놓치게 되는 불행한 결과를 가져올 수도 있다. 서구 문명의 위대한 성취는 서구 역사의 형성에 많은 기여를 하였지만 너무 세세하거나 어렵기 때문에 학교(혹은 대학교)에서도 이런 역사 분야를 다루지 않으며 동시에 과학 분야에서는 무관하다고 여기기 때문에 역시 역사 분야를 다루지 않게 된 것이다. 과학 프로그램에 과학철학사를 접목시키는 일은 바로 이런 상황을 일부 개선할 수 있다. 학교 분야와 과학 분야의 협동이 생겨날 수 있으며 또한 교육이라는 통합적 목적을 도와줄 것이다.

프로젝트 2061은 물리학에서 갈릴레오와 그가 이룬 성취에 대하여 절반 이상의 페이지를 할애한다. 그것은 그 당시에는 매우 복잡했던 천문학적 증거, 아리스토텔레스 과학의 감각 지각의 역할, 고대 천문학에서 수학적 모형의 지위, 과학 이론에 대한 도구주의적 해석에 대한 실재론자의 전통, 과학 혁명 초기에 물리학과 형이상학의 상호작용, 새로운 과학의 확립에서 기술이 보여준 기능, 갈릴레오가 자신의 입장을 지키기 위하여 사용한 수사학적 논증, 갈릴레오 과학을 평가할 때 신학적 생각이 가진 복잡한 역할 등을 매우 뛰어나게 처리한 것이다. 그뿐만 아니라 다른 역사적 에피소드를 다루면서 교사, 프로그램 기획자, 교육과정 개발자들이 숙고해야 할 자료를 보여준다.

이런 권고사항에 대한 철학적 문제와 교육적 문제가 남아있다. 이 장의 도입에서 철학문제를 다루면서 과학의 어떤 본성을 가르쳐야 하는가에 대한 문제를 제시하였다. 따라서 역사를 다루는 이번 장에서는 그 질문을 바꾸어 어떤 혹은 누구의 과학사를 가르쳐야 하는지 질문을 던질 수 있다. 민권주의, 내적 접근, 외적 접근, 이상주의, 유물주의는 서로 다르게 프로젝트 2061이 교사에게 요구하는 주요 에피소드에 대하여 다른 설명을 제공한다. 과학사에는 해결되지 못한 논쟁거리도 상당히 많다. 가령 갈릴레오의 심판에 대한 지적 혼란은 400년이 지났지만 아직 해결되지 않았다. 최근

바티칸 수집품에서도 이 문제의 증거를 찾을 수 있다(Poupard 1987). 그 보고서에는 서구 문명이 발달하는 데 있어서의 획기적 사건을 다루고는 있지만 다문화 교실이라면 다른 사건을 찾아서 탐구할 필요가 있다는 점을 인식하고 있다. 과학사를 학교 과학 교육과정에 포함시킬 때 일어날 수 있는 다른 교육과 관련된 문제는 다음 장에서 자세하게 논의한다.

프로젝트 2061에서 권고한 것을 실행하는 데는 더 많은 문제들이 생겨날 것이다. 이 프로젝트는 1993년 《미국의 과학 소양에 관한 벤치마크*Benchmarks for Science Literacy*》를 발간했는데 많은 진전을 이룬 결과물이었다(AAAS 1992). 과학적 소양을 열 가지 영역으로 구분하여·과학의 본성과 과학사를 포함하여 하위 목표를 설정하고 유치원에서 12학년까지 각 학년별로 기대되는 능력을 명시하였다. 10K의 소양 목표에는 '산업 혁명'에 대해서, 2학년이면 도구에 대한 것을 이해하고 일을 쉽게 하는 방법에 어떻게 연결되는지 파악할 수 있어야 하고, 5학년은 여러 가지 도구의 에너지 원천을 이해하고 8학년은 열기관을 공부하며, 12학년은 산업 혁명의 지리적 특성과 정치적 측면 및 새로운 기술의 소유한 사용자와 노동자의 이익 충돌에 대하여 배우도록 하였다.

그 보고서는 마지막 장의 '정신의 습관' 부분에서 가치, 태도, 의사소통, 이성, 조작기능 등을 다루도록 했다. 그리고 매우 오래된 질문인, 교육받은 사람의 특성은 무엇인지에 대한 논의로 나아간다. 교육이라는 것은 과학 수업을 넘어서는 것이며 다양한 학문 분야를 합쳐 놓은 것보다 훨씬 더 크다. 교사는 그런 수업을 제공하거나 촉진시킬 필요가 있다. 아울러 교육의 목적은 훨씬 그 이상임을 알아야 하고 이런 커다란 목적을 자신의 교과를 가르치는 것을 통하여 실현해야 한다. 과학철학사에 인식을 갖춘 과학 프로그램은 과학교사에게 이런 더 큰 교육목적으로서 이해, 비판적 사고, 윤리적 발달을 이루도록 도움을 줄 것이다.

영국의 국가교육과정

그 이전의 영국 중등교육의 특징을 찾기 위해서는 다양한 대학 입학 교육과정이나 지역 교육청의 교육과정 및 다른 과목 및 시험 등을 찾아야 했는데 이는 영국의 교육개혁법률(British Education Reform Act 1988)에 의하여 영국과 웨일즈에서 국가교육과정을 구축하는 것으로 바뀌었다. 영국의 국립교육과정위원회는 5세에서 16세의 모든 학생이라면 과학을 교육과정의 25%로 공부하도록 권장하고 있다. 《국가교육과정에서의 과학*Science in the National Curriculum*》이라는 첫 번째 보고서는 1988년에 출간되었고(NCC 1988), 1991년에 수정되었다(NCC 1991).[13] 과학교육과정이 가진 중요한 특징은 과학의 5%를 과학철학과 과학사를 다루도록 했다는 점이다. 이것은 처음 보고서에 제시된 17개의 성취 목표 중 마지막 목표이다. 처음 보고서의 도입 부분은 과학철학사 분야에 관심을 두고 있는데, 그 교육과정의 내용은 다음과 같다.

> 과학의 본성, 과학의 역사, 과학적 증거의 본성을 다루어야 한다. 본 위원회는 이런 측면이 학교 과학교육에서 전통적인 지위를 누리지 못한다는 것을 인식하였고, … 이런 목표는 교사에게 비교적 생소한 것이기 때문에 그 분야 공부를 위해서는 구체적인 예시가 각 수준별로 제시될 필요가 있다(NCC 1988, p. 21).

그 위원회는 17번째 성취 목표를 설정한 의도를 다음과 같이 설명한다.

> 학생들은 과학적 사고가 시대에 따라 변화되는 방식과 이런 사고의 본성과 그 활용 방식이 사회적, 정신적, 도덕적, 문화적 맥락에 따라서 어떻게 영향을 받으면서 발달하는 가를 이해해야 한다(NCC 1988, p. 113).

비록 처음 보고서에 과학철학과 과학사는 분리된 하나의 성취 목표로 떨어져 있지만 그 주제는 다른 성취 목표의 맥락에서 함께 가르쳐져야 할 것이다. 이것이 두 번째 보고서에서 분명하게 지적되었다.

처음 보고서의 내용 중에서 11~14세 학생을 위한 프로그램을 보면 유명 과학자의 삶을 조사하고 과학적으로 중요한 생각이 어디서 나왔는지를 통해서 다음과 같은 측면을 공부할 기회를 준다.

- 자연 현상을 설명하기 위하여 다른 시대에 사용된 생각과 이론들을 공부한다.
- 다른 시대의 생각과 이론을 현재의 과학적이고 기술적인 지식과 이해에 연관시킨다.
- 다른 시대의 생각과 이론을 학생 자신의 이해와 비교하고 증거를 가지고 연관시킨다.

14~16세 학생을 위한 프로그램에는 위의 공부 내용에 아래 사항까지 덧붙여 공부하게 한다.

- 과학적 자료와 증거를 가진 주장과 논증을 그렇지 못한 주장과 구별하도록 한다.
- 특정한 과학적 생각이나 이론의 발달이 역사적 맥락, 문화적 맥락 및 정신적, 윤리적 맥락에 따라서 어떻게 달라졌는가를 고려한다.
- 과학적 논쟁 사례를 공부하고 과학적 생각이 변화되는 방식을 공부한다(NCC 1988, p. 113).

NCC 위원회는 학습 프로그램을 제공하는 것에 아울러 기대 능력 수준도 항목화하여 제시하였다. 그 보고서는 각 단계에서의 학생들의 능력을 다음과 같이 제시하고 있다.

- 수준 4는 과학적 진보의 역사를 서술할 수 있다. 가령 의학, 농업, 산업 공학의 맥락에서 주요 과학자의 시기에 어떤 새로운 생각과 탐구 혹은 발명이 있었는지를 서술할 수 있다.
- 수준 7은 인정받은 이론이나 설명이 역사적으로 어떻게 변화했는지를 설명할 수 있고 그런 변화가 인간의 삶에 물리적으로, 사회적으로, 정신적으로 또는 윤리적으로 어떤 영향을 끼쳤는가를 보여줄 수 있다. 가령 생태계 균형을 이해하고 우리 환경에 더 많은 관심을 가지거나 토성 위성의 운동을 관찰하고 교회와 논쟁한 갈릴레오를 이해하는 것이다.
- 수준 10은 어떤 주제에 대한 과거 혹은 현재의 과학적 견해들 사이의 차이점을 관련 연구물을 공부하여 이해하고 보여줄 수 있다.

NCC 위원회는 이런 성취 수준에 대하여 '전체 능력의 범위에 걸쳐서 실현가능하고 도전적이 되도록' 조절해야 한다고 말한다. 분명히 그런 목표들의 실현은 교사의 능력과 기능뿐만 아니라 학생의 능력에도 달려있기 때문에 매우 도전적이다. 초기의 1988

년 보고서는 과학철학사의 중요성을 알려주었으며 과학철학사 관련 목표를 자세하게 규정한 것이 좋은 표본이다. NCC의 수정된 1991년 보고서는 과학철학사의 성취에 대하여 덜 권위적이었는데 이런 일이 매우 어렵기 때문이었을 것이다.

과학-기술-사회 교육과정

과학-기술-사회STS 프로그램은 이제 정통 과학 과목이 가진 추상성을 탈피하여 과학 수업을 맥락적으로 만드는 방식을 폭넓게 채택하고 있다. 제1·2차 세계 대전 중 미국에서 널리 받아들여진 일상생활의 과학에 대한 전통을 계속 유지하고, 영국에서도 널리 퍼졌던 일상적인 과학을 계승하고 있다. 1984~1985년 미국 과학교육자 협의NSTA가 발간한 연례 보고서(Bybee et al. 1984; Bybee 1985)는 STS 프로그램에 대한 근거와 내용을 다루고 있다. NSTA가 발간한 《과학, 기술, 사회 운동*Science, Technology, Society Movement*》은 이런 STS의 실행을 논의하였다(Yager 1993). 현재 6개의 주에서는 STS 교육 자료를 과학 프로그램에 포함시키는 것이 요구되며, 9개 주에서는 권장, 19개 주에서는 장려되고 있다(Kumar & Berlin 1993). 1990년 캐나다의 앨버타 주는 과학-기술-사회 교육을 위한 안내서 《과학교육의 통합 목표*Unifying the Goals of Science Education*》에서 "과학철학자들이 과학적 활동의 본성을 기술하고 과학적 지식의 기원, 특징 및 한계를 설명하기 위하여 개발한 개념을 가르쳐야 한다."고 하였다.

STS 교육은 1960년대 학문 중심 교육과정 개혁이 실패한 것에서 유래한 것이다. 많은 사람들은 좀 더 유용하고 과학과정에 관련된 것으로 요구되는 과학에서 탈피하여 학생들의 관심을 끌고 그 관심을 유지할 교육과정이길 원하였다. 이런 측면에서 STS 교육을 위한 과목은 1930년대 진보주의 핵심 방향이었던 개인적이고 사회적인 연관성을 반복하고 있다. 미국의 STS 교육을 이끈 바이비Bybee는 "학교 과학은 학생의 개인적 발달을 고양해야 하며 학생의 시민으로서의 삶에 기여할 수 있어야 한다."고 주장한다. 이런 목표를 이루기 위해서는 1960년대 교육과정 개혁 운동과 1970년대에 제거된 개인적 목표와 사회적 목표를 복귀시켜야 한다(McFadden 1989, p.

261). 미국 과학교육자 협의NSTA는 1971년 《1970년대의 학교 과학교육*School Science Education for the 1970s*》이라는 문서에서 과학-기술-사회 교육을 위한 방향에 찬성하고 있다(NSTA 1971). 이런 관점은 1984~1985년 연간보고서에서 반복해서 나타난다. 영국에 대해서는 솔로몬의 연구(Solomon 1993)를 참고하라.

결론

1960년대 교육과정 개혁과 1980년대 과학교육의 위기에서 배운 교훈과 학생들이 과학을 학습하는 방식에 대한 연구의 교훈을 받아들이면 현재 교육과정 프로젝트는 다음의 내용을 구현해야 한다.

- 내용은 적게 가르치고 암기 학습과 기계적 학습 대신 이해하도록 가르치고 평가해야 한다.
- 과학 기술 사회의 관련성을 인식하도록 하되, STS 프로그램 전체를 가르치는 것과는 다르다.
- 과학이 가진 문화적, 철학적, 역사적 차원 및 윤리적, 종교적 의미를 인식하도록 해야 한다. 과학 과목은 과학의 학습뿐만 아니라 과학에 관하여 학습해야 한다.
- 교육과정 변화가 효과적이려면 교사 교육이나 재교육 프로그램, 재원, 평가 체제, 교과서 등 모든 체제가 협조해야 한다.

이런 생각이 그 자체로 문제나 내적 긴장이 없는 것은 아니다.[14] 교육과정 문서는 과학철학사 교재의 양과 수준을 과장하는 경우가 있어서 학교 프로그램에 적용하여 과학 수업에 원칙적으로 할당되는 것이 부담스러운 경우가 될 수도 있다. 프로젝트 2061이나 영국 국가수준교육과정에서 언급된 주제들은 매우 복잡하기 때문에 교사와 학생 모두 그러한 문제를 간단하게 풀 수 없음을 인식할 필요가 있다. 교수요목에 대한 요구와 다른 과목에 대한 부담이 해결된다면, 그런 문제에 대한 관심과 동시에 문제 해결책의 복잡성에 대한 인식이 모든 학생들에게 필요하며, 매우 중요한 문제임에는 분명하다.

교육과정 개발과 학교 현장 수업에서는 학생들이 심리적으로 준비되었는지를 인식할 필요가 있다. 성숙한 과학적 사고는 피아제의 감각 운동적, 전 조작적, 구체적 조작, 형식적 사고방식 중에서 형식적 사고 과정을 요구하며 이런 사고 과정은 나중에야 발달한다. 미국의 대학교 신입생은 대개 형식적 사고 단계에 도달하지 못한 것으로 추정된다. 최근 미국 연구에서는 17세 학생 중 단순한 대수 문제를 풀 수 있는 비율은 6% 미만이었다(Cromer 1993, p. 26). 영국의 16세 종합학교 학생 중에는 20% 미만이 형식적 단계에 도달했을 뿐이라고 추정된다(Black & Lucas 1993, p. 34). 따라서 과학 수업이 처음에는 현상적이고 구체적으로 진행되어야 하고, 형식적 사고와 추상적 사고를 촉진하는 일에는 훨씬 더 분명한 관심이 필요하다.

과학에서 과학철학사 측면에 관심을 가진 교사라면 심리적 발달이라는 실체에 대해서도 민감해져야 한다. 교사와 교육과정 개발자는 HPS 영역에서 현상적인 교재와 동등한 것으로 찾아내야 한다. 간단하고, 구체적이고, 초점이 분명한 것을 찾아야 한다. 과학의 본성이 무엇인가? 과학이 종교와 어떻게 관련되는가? 자연 세계에 대한 지식은 진정으로 가능한가? 과학은 사회적 산물인가? 이와 같은 질문들은 거대한 질문이기 때문에 천천히 접근하고 합당한 존경을 받아야 한다. 이런 질문을 의미 있게 논의하려면 정교한 사고가 가능해야 하며 과학철학과 과학사에 대하여 기본 정보가 충분히 쌓여 있어야 한다.

과학철학사의 거대한 질문에 대한 섣부른 관심은 지적인 활동을 가치 없게 만들고 쓸모없게 보이게 한다. 이런 일은 복잡한 경제적, 정치적, 윤리적 문제를 건전하게 비판하는 것이 사회의 기준일 때 가능하다. 그러나 슬프게도 학교에서 학생들은 그런 분야의 지식에 무관하게 쟁점에 대한 의견을 드러내도록 요청되는 경우가 많다. 이런 일이 교육 현장에서 일어나면 지식 습득과 그에 따른 사고를 체계적으로 가치 없게 만들어 버린다. 과학철학사를 바탕으로 하는 과학 수업은 그런 것들이 눈에 보이는 것보다 훨씬 더 복잡하다는 것을 보여줌으로써 자기도취적인 관행에 대응할 수 있을 것이다.

1. 이 출판물은 여러 매체들을 통해 보도되었다. 논문들은 "미국의 학교가 과학적인 소양이 있는 고등학교 졸업생을 배출할 수 있는가?"와 "민주주의가 과학적 문맹을 면할 수 있게 할 수 있는가?"라는 제목으로 게재되었다(Bauer 1992, p. 1). 미국 산업 사회는 경제 개발 위원회를 통해 "더 많은 미국 학생들이 산업 현장에서 생산적이기 위해 필수적이고 근본적인 기술과 지식 없이 계속 자라고 있다. … 단호하고 신속하게 행동하지 않는 한 … 우리는 자유와 번영의 사회로써 미국이 생존하는 것을 위태롭게 하고 있으며 새로운 세대들이 가난과 절망의 삶에 처하게 하고 있다."고 우려를 표현하였다(Committee for Economic Development 1991, p. 12).
2. NAEP의 보고서는 《과학 보고서 카드*The Science Report Card*》라는 제목으로, 뉴저지, 프린스턴의 교육평가 서비스ETS에서 구할 수 있다.
3. 예를 들어 화학을 선택한 25%의 18세 캐나다 학생들은 화학을 선택한 상위 1%의 미국 학생들보다 더 많이 알고 있었다. 생물을 선택한 28%의 18세 캐나다 학생들도 생물 과목을 선택한 6%의 미국 학생들보다 더 많이 알고 있었다. 18세 미국 학생들의 1%만이 물리 수업을 받는 반면, 노르웨이 학생들의 24%는 물리를 선택하였다. 초등학교의 상황 또한 희망적이지 않다. 그 당시 연구에서는 미국 미네아폴리스의 5학년의 20개 수학학급의 1등 학생이 일본 센다이 지역의 모든 학급의 일등보다 낫지 않았고, 타이페이의 20개 학급의 19명의 학생들보다 우수하지 않았음을 보고하였다(Stevenson, Lee & Stigler 1986). 스티븐슨Stevenson의 연구는 12년에 걸쳐 베이징, 타이베이, 센다이, 시카고의 204개 교실을 관찰하였다. 정부와 교육 대표자는 적어도 매우 뛰어난 미국 학생들은 다른 나라 학생들과 맞선다고 주장하였다. 그러나 이와는 다르게 국립평가이사회의 로렌스 파인버그Lawrence Feinberg는 다음과 같이 주장하였다. "실제로 평가를 실시한 15개 국가의 대표 상위 집단 학생들을 비교하면 10%의 상위 미국 학생들은 13세 수학과 과학 부문에서 모두 하위권에 머물렀다. 또한 미국 학생의 평균 점수도 같은 양상을 보여 주었다."(Fisher 1992a, p. 59)
4. 미국의 과학 표준National Science Standards에 대한 정보는 워싱턴 주에 있는 국가 연구위원회로부터 얻을 수 있다.
5. 페닉(Penick 1993)은 최근 과학 소양을 주제로 한 논문의 참고문헌 목록을 250개 출판하고 주석을 달았다. 이 출판물은 과학 소양의 주제에 대한 폭 넓은 관심을 보여준다.
6. 미국 고등학교의 졸업반 학생들은 학교에서 학습과 관련된 활동을 하면서 많은 시간을 텔레비전을 시청하는 데 소비한다(일주일에 24시간). 12학년 학생들의 40%가 하루 3시간 이상 TV를 시청하는 반면에 충격적이게도 4학년 학생들의 40%가 하루 6시간 이상 TV를 시청한다. 17세 미국 학생들의 14%가 글을 읽되 내용을 이해하지 못하는 기능적인 문맹이고, 매우 소수의 미국 어린이들만이 집이나 학교에서 하루 11쪽 이상 독서한다는 것은 놀라운 사실이 아니다(Fisher 1992b, p.51).
7. AAAS의 프로젝트 2061과 NSTA의 영역, 계열, 통합Scope, Sequence, and Coordination 프로그램은 이해가 발달되도록 교육과정의 내용을 줄이는 필요성을 제기하였다. NSTA 프로그램은 수 세기 동안 유지되었던 다층구조, 즉 고등학교 1학년에 천문학을 배치하고, 2학년에 생물을, 3학년에 화학을, 4학년에서 물리를 배우던 오래된 교육과정 구조를 제거하였고 그 대신에 통합적 접근을 옹호하였다. 슬프게도 이러한 노력은 대체적으로 역사적, 철학적 혹은 문화적

차원을 상실했다. 이러한 문제가 과학교육에서 과학철학사를 구축하는 노력이 필요함을 명확히 보여 주었다.

8. 이 프로젝트의 책임자는 러더퍼드Rutherford 박사로 1960년의 하버드 프로젝트 물리Harvard Project Physics 과목의 부책임자였다. AAAS는 프로젝트 2061의 현재 진행과 평가를 정리한 소식지를 배포하였다. 이는 워싱턴 DC에 있는 본부에서 얻을 수 있다.

9. 이것은 교육정책 위원회Education Policies Commission가 1966년 출판한 《교육과 과학 정신 *Education and the Spirit of Science*》의 문헌에서 찾을 수 있다. 과학에서 "일반화는 환경이 허락하는 한 정확한 관찰을 통해 모아진 정보에 의해 유발되며" 과학은 일반적 주장을 '증명'하려는 것이라고 언급된다(Education Policies Commission 1966, p.18).

10. 생물과학 연구 위원회는 최근 이러한 약속을 지원할 수 있는 교사들을 위한 HPS의 배경 연구 모음집을 최근 출판하였다. 마카머(Machamer 1992)의 연구 〈과학철학: 교육자를 위한 개요〉가 특별히 유용하다.

11. 과학사와 과학철학의 상호 연관에 대한 유용한 논의는 해킹(Hacking 1992), 라카토스(Lacatos 1971), 맥멀린(McMullin 1970, 1975), 샤피어(Shapere 1984b)와 와토스키(Wartosky 1976)에서 찾을 수 있다.

12. 과학철학 과목은 과학사를 너무 소홀히 하였다. 보통 학생들은 카르납Carnap, 나겔Nagel, 포퍼Popper, 쿤Kuhn, 라카토스Lakatos, 파이어아벤트Feyerabend, 라우든Laudan, 반 프라센van Frassen과 다른 학자들을 통해 과학적 방법론과 연관된 논의를 읽어왔지만 믿음에 대한 도전자들의 역사적 예시들과 해석을 받아들여야만 했다. 역사의 부재 속에서 어떤 것이 비판적 사고력을 강화할 수 있는 과목이 되어야 하는지는 교리문답식 단원이 되어버릴 수 있다.

13. 수정에 있어 불편한 정치들은 NCC의 첫 번째 의장인 그레이엄Graham에 의해 묘사되었다(Graham 1993). 두 번째 보고서의 지침에 따라 명확하게 도달할 수 있는 1988년 보고서의 HPS의 명확한 성과 기준에 대한 진지한 질문들이 있다. 1988년의 행동에 대한 정치적인 기원과 교육적 영향은 플루드와 해머(Flude & Hammer 1990)에 의해 논의되었다.

14. 현대 미국 과학교육의 교육과정 개혁의 원리와 쟁점을 연구한 8개의 논문들이 쉬만스키와 카일(Shymansky & Kyle 1992)의 연구에 정리되었으며 바이비(Bybee 1993)의 연구에서도 찾을 수 있다. 라이젠Raizen은 미국 교육의 개혁에서 중심적인 갈등이 "교육이 점점 대중화되는 것과 달리 과학은 그것의 본성에 의해 엘리트주의로 가고 있다."는 사실이라고 하였다(Raizen 1991, p. 1).

4장 교육과정에서 과학사

History of Science in the Curriculum

19세기 중반 영국 과학진흥협회의 회장인 아질Argyll 공작은 연설에서 "우리가 젊은이들을 가르치려는 이유는 단순한 과학의 결과를 원해서라기보다는 과학의 방법과 과학의 역사를 알도록 하기 위함"이라고 말했다(Jenkins 1990, p. 274). 이런 권고는 그 이후에 관심을 받지 못하였지만, 과학교육에서는 소수의 전통으로 과학사를 과학 수업에 가지고 오는 시도가 있었다. 미국에서 과학사를 과학 수업에 연결시키려는 시도를 오랫동안 활기차게 한 클로퍼Klopfer는 이런 전통에 대하여 다음과 같은 우울한 면을 보았다.

> 학교와 대학교에서 과학사와 과학의 본성을 과학 수업에 엮으려는 제안은 60년 이상의 역사를 가지고 있다. 오랜 시간에 걸쳐 과학과 과학사를 연결하는 다양한 수업 자료가 개발되었다. 대개 역사적 설명, 역사적 수업 혹은 단원이 그 당시의 교육자들이 믿고 있던 과학철학을 다루고 있다. 그들의 과학철학은 학생들이 배우거나 인식하기를 바라는 과학의 본성에 대한 생각을 밝혀내었다. 이런 생각이 정착되면서 과학의 내용과 과학사는 거미줄의 모습을 띠게 되었다. 그러나 이런 거미줄은 대개 끊어지기 쉬웠고 과학교육에서 오래 유지되지 않았으며 결국 흔적도 남기지 못했다(Klopfer 1992, p. 105).

이 장에서 과학교육과정에서 과학사의 운명이 어떻게 바뀌는지 개괄하려고 한다. 과학 프로그램에 과학사를 포함시키려는 주장을 소개하는 동시에 대기압 주제의 학문적인 접근 방법과 역사적인 접근 방법을 대비시킴으로써, 과학사를 과학교육과정에 포함시키는 것에 반대하는 과학자와 과학사학자가 야기한 논쟁을 고려하고 일부는 거부할 것이다.

과학사의 근거

여러 시기에 걸쳐 나타나는 각 나라의 과학프로그램에 역사적 성분을 포함시켜야 하는 이유는 다음과 같다.[1]

1) 과학사는 과학적 개념과 방법에 대하여 더 잘 이해하도록 촉진한다.
2) 과학사적인 접근은 개인의 사고 발달을 과학적 생각의 발달과 연결시킨다.
3) 과학사는 내재적으로 가치 있다. 과학 혁명, 다윈 이론, 페니실린의 발견들과 같은 과학사의 중요한 일화들과 문화가 학생들에게 친숙해야 한다.
4) 과학사는 과학의 본성을 이해하는 데 필수적이다.
5) 과학사는 과학교과서와 과학 수업에서 흔히 발견되는 과학주의와 독단주의를 중화counteract시킨다.
6) 과학사는 과학자 개인의 시대와 생애를 살펴보게 하여 과학 과목을 인간화하며 학생들에게 덜 추상적이도록 만들어 더 많은 학생이 참여하도록 한다.
7) 과학사는 과학의 주제와 과학 내의 학문 분야뿐만 아니라 다른 과목의 학문들과 연결하도록 한다. 역사는 인간이 이룬 성취에 대하여 통합적이고 상호 의존적인 면을 드러낸다.

처음의 주장은, 기초가 튼튼한 이해는 필연적으로 역사적이어야 한다는 신념을 바탕에 두었다. 사회적 제도, 가령 정치적인 정당과 교회를 이해하거나 결혼 풍습과 이와 관련된 법과 같은 관습에 대한 것을 이해하는 데 역사가 필수적이라는 점은 널리 인정받고 있다. 그러나 과학과 같은 지적 산물을 이해하는 데도 역사가 필수적이라고 생각하는 것은 별로 없다. 마흐Mach는 "역사적 탐구는 현재의 것을 이해하는 것을 촉진할 뿐만 아니라 우리 앞에 새로운 가능성을 준다."고 했다(Mach 1883/1960, p. 316). 마흐는 역사적 측면이 일반적인 사람들뿐만 아니라 특정한 과학자들에게도 사고의 흐름에서 자신의 위치를 자리매김하도록 하고 자신의 개념과 지적인 틀이 역사적 조건에 매달려 있는 의미를 부여한다고 파악했다. 따라서 역사적 관점은 새로운 사고와 새로운 개념을 갖도록 도와준다. 아인슈타인은 자서전 수필에서 맥스웰Maxwell과 헤르츠Hertz를 포함한 그 시대의 과학자들에게 기계적 세계관이 깔려 있었음을 말하면서 "마흐는 자신의 책인 《역학의 역사*History of Mechanics*》에서 그런 기계적 세계관의 독단적 신념을 흔들었고, 그 책은 어떤 면에서 내게도 심오한 영향을 경험하게 해 주었다."고 하였다(Schilpp 1951, p. 21).

역사적 관점의 중요성은 일반적으로 영국과 미국보다 유럽 대륙에서 좀 더 넓게 인식되어 왔다. 플렉Fleck[2]은 쿤Kuhn의 과학 철학이 발전에 도움을 주었던 자신의 책에서 다음과 같은 관점을 간결하게 언급하고 있다.

> 역사와 관계없는 이해는 있을 수 없다. 즉 고립된 조사에 의해 실시된 반사회적인 행동의 이해가 있을 수 없는 것과 같이 역사로부터 독립된 이해는 있을 수 없다(Fleck 1935/1979, In Sibum 1988, p. 139).

최근 메이어Mayr는 《생물학적 사고의 성장*The Growth Biological Thought*》의 첫 페이지에서 다음과 같은 문구로 과학자들에게 역사적 연구를 권하였다.

> 나는 한 분야에서의 역사에 대한 연구가 그것에 대한 개념을 얻는 데 가장 좋은 방법이라고 생각한다. 차례로 반박되어 왔던 잘못된 가정들에 대한 학습, 달리 이야기하면 과거의 착오에 대해 학습함으로써, 이러한 어려운 방법의 반복은 참된 생각과 긍정적인 이해를 얻을 수 있는 유일한 희망이 된다. 과학에서는, 스스로의 실수는 물론 다른 이들의 실수의 역사를 통해서도 배우게 되는 것이다(Mayr 1982, p. 20).

두 번째 주장은 역사적인 관점으로 공부하는 것이 그들의 개념과 개념적 도식을 좀 더 넓은 지적인 시스템과 과학적 생각들의 기록에 대한 배경 위에 놓이게 할 뿐만 아니라 이해의 발전을 위한 심리학적인 역할을 가진다고 주장한다. 마흐는 이런 발전적인 방법에 대해 강하게 주장하였다. 이러한 주장은 몇몇의 방법으로의 개인적인 인식에 대한 발전이 종種에 대한 이러한 인식의 발전을 반영한다고 주장한다. 헤겔Hegel은 아마도 처음으로 이러한 생각을 했을 것이며, 스펜서Spencer도 그를 따랐으며, 20세기에는 피아제Piaget 시스템에 가장 큰 영향을 주었다.[3]

> 피아제의 발생적 인식론의 중요한 가설은 지식 발달의 논리적, 합리적 구조와 그에 대응되는 심리적인 형성 과정이 서로 평행 관계에 있다는 것이다(Piaget 1970, p. 13).

평행성 원리를 전반적인 수준에서는 쉽게 이해할 수 있다. 아동은 우선 구체적인 생각으로 시작하여 그 개념이 다양한 종류의 감각과 연결되며, 교육의 영향 아래에서 좀 더 세련되고 이론적인 개념으로 발달한다. 이러한 정도의 평행성은 교사들에 의해 이미 오랫동안 이용되어 왔다. 화학자 호그Hogg는 1938년 논문에서 다음과 같이 말하였다.

> 역사적 발달은 논리적인 접근이다. 초기 역사가 느리게 진보한 것은 지식의 부족과 기술의 부족뿐만 아니라 방법론적으로 질서없는 공격 때문이었다. 그러나 이러한 것은 화학을 시작하는 사람들에게 있어서 까다로운 것이 되었다. 초보자와 개척자는 공감으로 결속되어 있을 것이다(Hogg 1938, p. vii; in Klopfer 1969).

완더시Wandersee는 어떤 한 가지 학문 분야에 있어서 역사적 발달에 대한 지식이, 그 주제를 배우는 학생들도 현재 가지고 있는 어려움을 교사들이 예측하고 이해할 수 있도록 도와준다고 하였다(Wandersee, 1985). 과학사는 또한 학생들이 적절한 개념 변화를 활성화할 수 있도록 하는 질문들과 실험들을 제시한다. 아이들의 오개념에 대한 연구는 약 2500개에 이른다. 오개념이 과학을 학습하고 과학을 가르치는 것에 저항한다는 정보는 놀라울 정도로 많이 알려져 있다(Duit 1995). 특별한 과학 분야의 지식이 느리고 어려운 역사적 발전을 거쳐 나온 것이라는 지식은 교사들이 프로그램을 조직하거나 계획하는 데, 실험들과 활동들을 선택하는 데 그리고 그들 학생들의 질문과 퍼즐을 대답하는 데에 많은 도움을 준다.[4]

세 번째 주장은 과학사가 내적으로 중요하다는 것으로써, 지금껏 충분히 진행되지 못했다. 그 실현을 위해서 프로젝트 2061도 같은 주장을 펼쳤다. 불행히도 대부분 주요 과학적, 수학적, 기술적 성취에 대한 지식이 없는 채로 학생들이 문명의 발달에 대한 중요한 몇몇의 에피소드들로 과학사 과목을 끝내도록 하고 있다. 만약, 많은 역사적 시간을 과학 혁명,정치적 혁명, 일반적인 유전학, 멘델에 바쳤다면, 그런 후에 발전의 시간이 계속되고 구조의 발전이 있었다면, 사회에 대한 총체적인 교육이 상당히 발전되었을 것이며, 스노우Snow가 안타까워한 '두 문화 사이의 간격two-culture gap'이 덜 했을 것이다(Snow 1963).

네 번째 주장, 역사가 과학의 본성을 이해하는 데 필요하다는 점은 프로젝트 2061에 의해 옹호되었고 이전의 장에서 논의되었다.

다섯 번째 주장, 인식의 역사성에 대한 인지가 기본적인 미덕인 마음의 독립성을 촉진시킨다고 여긴 마흐는 역사가 '과학주의scientism'를 중화시킨다고 주장하였다. 그는 고전 연구에 의해 동일한 경향이 발전될 수 있다고 인지하였다.

> 그리스와 로마의 작품을 읽고 이해한 사람은 현대의 인쇄물로 제한된 사람보다 더 느끼고 경험할 것이다. 그는 다른 환경에 처한 이들이 어떻게 오늘날 우리가 여기는 것과 같은 것을 전혀 다르게 판단하는지 이해한다. 그러므로 그의 판단은 더욱 독립적이게 되는 것이다(Mach 1886/1943, p. 347).

여섯 번째 주장은 역사가 과학을 인간화하여, 광범위한 과학의 남용에 대한 반작용을 할 것이며 과학만능주의와 결합한 독재적인 교수 훈련에 대한 완충 작용을 할 것이라는 것이다. 몇몇의 역사적인 연구는 첨단 기술 전쟁의 여러 증거나 잠수함 탐지기에 의한 고래사냥 등의 사례처럼 과학과 기술이 주는 혐오감을 중화할 수 있다. 위대한 과학자이든 그렇지 않은 과학자이든 과학자들의 삶과 시간은 일반적으로 흥미, 매력적인 사건, 학생들이 읽고 논쟁하고 재연할 수 있는 이슈들로 가득 차 있다. 완더시는 과학 프로그램 속에 짤막한 역사적 장면historical vignettes을 성공적으로 통합시키고 있다. 이러한 것은 학생들이나 자원들을 정교하게 만든다(Wandersee 1990). 역사는 보일의 법칙, 옴의 법칙, 퀴리 부인의 발견, 마흐의 띠Mach band, 플랑크 상수 등을 이해하는 방법이다.

일곱 번째 주장은 역사가 과학과 다른 학문들을 통합함으로써, 과학을 가르치는 데 풍부한 접근들을 하는 분수령이 되고 있다는 것이다. 넌Nunn, 코넌트Conant, 홀튼Holton과 같은 학자들은 과학사의 통합적 기능을 알고 있었다. 과학사의 통합적 기능은 하버드 위원회 보고서인 《자유 사회에서의 일반 교육*General Education in Free*

Society》에서도 지지하는 의견 중 하나였으며(Conant 1945), 하버드 프로젝트 물리Harvard Project Physics 프로그램에서 두드러진 요소였다. 과학은 수학과 철학, 기술, 신학 및 상업이 융합되어 발전해 왔다. 과학의 발전은 이러한 영역들에 거꾸로 영향을 주었고 문학과 문화에도 일반적으로 영향을 주었다. 역사는 학생들에게 과학 프로그램이 풍성한 장식품처럼 인간들의 지식과 실용적인 노력을 가진다는 것을 연결시켜 줄 것이다.

갈릴레오Galileo의 물리학은 유클리드 기하학에 의존하여 아르키메데스의 물리학(터키인들의 콘스탄티노플 침략에 빼앗긴 것을 이탈리아로 가져온 것)을 단지 수학적으로 번역한 것이다. 갈릴레오 물리학이 렌즈 연마와 망원경의 발명과 같은 기술적 진보에 의존했던 것 또한 명백하다. 갈릴레오의 철학은 처음에는 아리스토텔레스의 핵심적 개념을 이해하는 데 필요했지만, 나중엔 물리학을 제약하는 것에서 떨어져 나왔다. 갈릴레오의 신학적인 관점은 천체 연구에 대해 자유로워져서 낙하하는 물체에 대한 실험을 수행하게 된다. 심지어 음악 역시 구르는 물체의 시간을 측정하는 갈릴레오 물리학에 기여하였다. 물론, 후원자들, 상업과 통신들도 모두 갈릴레오의 성취에 기여했다. 이번에는 그의 새로운, 수학적, 실험적 물리학은 물리학, 철학, 기술학, 상업, 수학 그리고 신학을 넘어서서 커다란 영향을 주었다. 영향과 효과 면에서 비슷하게 많은 영향을 준 것은, 쉽게 알 수 있듯이, 뉴턴, 다윈, 아인슈타인의 업적이다.[5] 과학에 대한 역사적 접근은, 학생들에게 특정한 과학적 주제가 수학, 문학, 정치적 역사, 신학, 지리학, 철학 등의 지식에 대한 학습과 연결됨을 보여준다. 과학의 역사를 해박하게 이해하면, 과학과 드라마, 수학, 역사 그리고 종교학 사이의 통합이 촉진될 수 있다.

앞서 말한 과학의 역사에 대한 주장은 어떤 종류의 과학의 역사가 포함되어야 하는지에 대해 말해주지는 않는다. 과학사학자들의 연구 주제는 내적 접근과 외적 접근을 취한다. 내적 접근의 과학사는 과학 개념과 이해가 발전된 것을 과학적 아이디어의 세계 안에서 설명하며, 과학적 생각이 발달한 사회적 배경이나 종교적 배경을 배제하고 사회적 요인의 인과적 역할까지도 무시한다. 크롬비(Crombie 1952)와 홀(Hall 1962)의 논문은 과학 혁명에 관하여 내적 연구를 진행한 대표적인 논문이다. 또한, 외적 접근을 취하는 역사학자들은 과학의 발전을 사회적 환경과 연결시켜, 직접적인 개인적 상황이나 과학자의 연구 상황을 연구한 사람으로는 외적 과학 역사학자이자 사회학자인 샤핀(Shapin 1982)이 있으며 버널(Bernal 1939)과 같이 좀 더 일반적으로 그 당시의 경제적 혹은 정치적 환경을 연구하는 외적 과학사학자도 있고, 마르크시스트의 전통의 역사가인 헤센(Hessen 1931)은 뉴턴의 연구에 대한 극적이고 악명 높은 연구를 진행했다.

내재적 요소와 외재적 요소의 차이는 처음처럼 분명하지 않다. 경제와 정치는 외재적 요인으로 보는 게 분명하지만 수학, 논리학, 방법론, 형이상학, 기술학, 신학, 윤리학 심지어 미학이 진정한 외적인 요인인가? 이런 요인들은 과학자들의 연구 프로그램의 선정과 연구 의사 결정에서 선택을 결정한다. 그런 것들이 과학의 외적 요인이라고 말하려면, 실증주의자와 실증주의를 비판했던 포퍼Popper처럼 명확하게 과학의 경계를 정해야 한다. 그러나 이렇게 과학의 영역을 정의하는 일은 의도하지 못한 불행한 결과를 가져오게 된다. 따라서 내적/외적인 것의 범주를 결정하는 일을 버리고 그 대신에 좋은 과학과 나쁜 과학을 구분하거나 진보하는 과학과 후퇴하는 과학으로 구분하는 것이 오히려 요긴하다.

다시 한 번 말하자면, 어떤 과학사는 '과학적' 역사인데, 이는 과학사를 그 당시의 과학에 대한 설명을 과학자의 눈을 통해 기록하기 때문이다. 버터필드(Butterfield 1949)에 따르면 이것을 '민권주의Whiggish' 역사라고 부른다. 또 다른 과학의 역사는 '역사적Historians 역사'인데, 샛길도 고속도로처럼 여행에 사용되듯이 복잡성, 잘못된 방향들과 실패들도 단순성, 진리, 성공들 만큼 존경받는 것이다.

이런 문제들은 모두 복합적인 것이며 많은 논쟁거리가 된다. 과학교사들은 학자들의 의견이 어떤 입장에서 서로 나눠지며 주장하는 것인지 인식해야 한다. 다시 말하자면, 과학교육의 역사적, 철학적 측면은 알아야 할 더 많은 것들을 제공하는 것뿐만 아니라 그러한 해결에 대한 관심과 흥미롭고 중요한 문제들에 의식을 증진하는 것을 목표로 한다.

미국 과학교육과정의 역사

미국은 영국보다 과학사를 학교에서 덜 중요하게 여겨 왔다.[6] 1920년대 홈야드Holmyard를 따르는 화학자들은 과학 수업에서 역사적인 접근법을 지지했으며, 역사적인 접근의 교과서를 썼다.[7]

제2차 세계대전 후 과학 교수에서 다방면적generalist이고 맥락적인 접근법은 힘을 얻었다. 여기에 큰 영향을 끼친 사람이 과학 수업에 사례 연구 접근법을 널리 채택한 하버드 대학 총장 코넌트였다. 그는 하버드 대학에서 학부생들의 교양 교육을 맡는 동안 이것을 발전시켰으며, 그것을 일련의 정부 보고서와 베스트셀러 책으로 보급하여 대중화하였다. 두 권으로 이루어진 하버드의 《실험 과학 사례*Harvard Case Histories in Experimental Science*》(Conant 1957)는 유명한 대학 교재가 되었다. 코넌트의 다방면적 신조는 1945년 하버드 대학 보고서 《자유 사회에서의 일반교육》(Conant 1945)에서 구체화되었다. 제시된 내용은 다음과 같다.

> 교양 교육에서의 과학 수업은 넓게 통합된 요소들 – 다른 사고와 과학적 사고의 비교, 또 다른 형태의 사고를 가진 개별적인 과학들의 비교와 대조, 일반적인 인간사와 그들의 과거를 포함한 과학과의 관계, 인간 사회에서 과학이 가진 문제를 다룬 과학 – 이라는 특성을 가지고 있다.

그리고 이것은 과학의 중요한 특징이다. 과학의 추상성과 전통에 의존하는 마흐의 기록처럼 학습을 어렵게 만든다. 역사는 더 이해하기 쉽도록 한다.

> 과학적 사실들과 실험실에서의 경험은 더 이상 그들에 의해서 설 수 있는 것이 아니다. 그들은 더 이상 간단하고, 자발적이며, 직접적으로 학생들의 생활과 관련된 실제적인 요소들임을 나타내지 않는다. 그것들은 더욱 미묘하고 추상적인 그의 경험으로부터 더 제거될 것이기 때문에 그 요소들은 문화적이고 역사적이며 철학적인 맥락context에서 학습되어야 한다. 그러한 더 넓은 시각들만이 요점(핵심)을 줄 수 있으며 과학적인 정보와 일반 학생을 위한 경험의 가치를 지속시킬 수 있다(Conant 1945, p. 155).

코넌트의 영향은 실로 대단하다. 쿤은 하버드 일반 교육 프로그램에서 비롯된 그의 《코페르니쿠스의 혁명*The Copernican Revolution*》이란 책의 서문에서 이렇게 말한다.

"코넌트와 함께 일하는 것은 나로 하여금 역사적 학습이 과학적 연구의 구조와 기능에 대한 새로운 종류의 이해를 가능하게 한다는 점을 처음으로 설득시켰다. 그가 영감을 제공하여 시작된 나의 코페르니쿠스 혁명 없이는, 이 책도 내 다른 과학의 역사에 관한 에세이도 만들어질 수 없었다."(Kuhn 1957, p. xi).[8] 홀튼도 비슷한 출판물을 만들었다.[9] 코넌트와 예일대 초청 강의에서 함께 일한 젊은 물리학 전공자 코헨Cohen도 《과학 이해: 역사적 접근*On Understanding Science: An Historical Approach*》(Conant 1947)를 발행했다. 베스트셀러가 된 이 책은 과학사가 과학의 이해에 필수불가결함을 주장했다. 당시 코헨은 앞서 언급한 1945년 보고서 – 빨간 책으로 유명한 – 를 만든 코넌트와 함께 하버드 위원회에 있었다. 1950년에 코헨은 과학교육에서 역사의 중요성에 대해 중요한 에세이를 썼다.[10] 전쟁 이후 코넌트는 화학 및 물리교사와 과학역사가들의 협의회를 연달아 조직했다. 이런 협의회의 결과물 중 하나가 《일반교육에서의 과학*Science in General Education*》의 발표이다(McGrath 1948).

코넌트의 하버드 대학교 사례 연구의 성공과 슈왑Schwab의 시카고 대학교에서의 역사적 텍스트 기반의 과학교육과정(Schwab 1950) 사례는 당시 시카고 대학교에 재학 중이던 클로퍼가 중등 과학secondary science 교육에서 이 접근법을 따라하도록 자극했다. 그의 이론적 해석은 훗날 하버드 프로젝트 물리학을 함께 개발한 왓슨Watson의 논문(Klopfer & Watson 1957)에 실렸다. 클로퍼와 왓슨의 최대 관심사 중 하나는 학생들의 과학적 활동 및 사회와의 상호작용에 대한 이해를 증가시키는 것이었다. 그들이 걱정한 것은 1960년 피츠패트릭Fitzpatrick에 의해 소개된 학생들의 과학적 소양scientific literacy 부족이었다. 그들은 역사적 학습을 학생의 과학 이해도를 확장시키고 풍부하게 하는 방법들 중 하나로 바라보았다.[11]

그들은 학교를 위한 과학사HOSC: History of Science Cases for Schools라는 과목을 만들었다(Klopfer 1960).[12] 8가지 사례들은 각기 분리되어 역사적 이야기, 과학자들의 논문 원본을 인용한 것, 학생에게 알맞은 실험과 연습문제, 주변적 기록과 질문, 학생들이 질문에 답을 할 수 있는 지면이 실린 소책자에 제시되었다. 또한 교사용 지도서와 보충물들도 제공되었다. 그 실험판은 108개 교실에서 검증되었고 긍정적 결과를 보였다.[13]

> HOSC의 방법은 확실히 고등학교 생물학, 화학, 물리학 수업을 받는 학생들의 과학과 과학자를 이해를 높이는 데에 효과가 있다. … 게다가 … 기존의 고등학교 과학교육과정의 학습량의 손실 없이 과학과 과학자에 대한 이해를 향상시켰다는 것이 중요한 성과이다(Klopfer & Cooly 1963, p. 46).

개별 사례 연구들이 다년간 진행되고 시카고 과학 연구 협회에 의해 출판되는 성공이 있은 후(Klopfer 1964~66) 다른 버전이 왓스워드Wadsworth에 의해 출판되었다. 그들의 최초의 성공에도 불구하고, 클로퍼가 말한 것처럼 '과학교육에서 왼쪽으로 난 작은 길'처럼 보였고 오래 유지되지 않았다.

미국의 교육 연구회의 59년 연감보고서(NSSE 1960)도 이런 교양프로그램 혹은 일반프로그램을 보증했다. 그 협회는 다음과 같이 조언했다.

> 학생들은 과학적 지식의 특성에 대해 배워야 한다. 그것이 어떻게 발전하고, 어떻게 사용되는지 배워야 한다. 그들은 그 지식이 어떤 동적 특성을 가지고 있으며, 의미와 지위가 시간이 지남에 따라 옮겨질 가능성이 있음을 알아야 한다.

그러나 그 연감 보고서가 쓰인 이후에 사회적 시간이 흘렀고 교육 과정도 변해왔다. 미국 국립 과학재단은 1950년에 만들어졌으며 1956년에 고등학교 과학교육과정 발전을 위한 첫 번째 연구비를 매사추세츠 공과대학의 물리학 연구위원회PSSC를 구성하는 데 수여했다. 그 위원회 초안이 소련의 스푸트니크의 발사와 같은 시기에 발표되었다. 그리고 논의되었던 국립과학재단의 기금을 지원받은 교육과정 프로젝트가 포괄적으로 개발되었으나 역사적, 기술적, 문화적인 문제는 무시되었다. 그것들은 과학 내용을 이론적인 형태로 숙달할 것을 강조하였다. NSF는 학교 과학에 전문가적인 접근법을 취했으며, 이것은 NSSE 편람이 강조했던 일반적인 또는 맥락적인contextual 접근법과 대조를 이룬다. 과학 재단 프로젝트들의 신조는 1960년 콜롬비아 사범대학의 과학 인력Science Manpower 프로젝트가 발간한 《과학교육을 위한 정책들*Policies for Science Education*》에 명시되어 있다.

> 교육은 적절한 과학 인력은 공급하는 데 가장 기본적인 요소이다. 우리는 학교에서의 과학교육 프로그램을 향상시켜야 한다. … 따라서 현재뿐만 아니라 앞으로도 우리 문

화가 요구하고 문화에 필요한, 새로운 과학적이고 기술적인 개인들을 끊임없이 공급해야 한다(Fizpatrick 1960, p. 195; Klopfer & Champagne 1990에서 인용).

1960년대 초기 과학교육과정 개혁은 과학사학자나 과학철학자의 참여 없이 진행되었다. 두 가지 예외는 하버드 물리프로젝트 과정과 BSCS의 《고등학교 생물*High School Biology*》의 황색버전이다. 또 그에 앞서 1956년부터 1960년 사이에 클로퍼와 쿨리Klopfer & Cooley가 개발한 고등학교 사례 연구도 예에 포함된다.

BSCS는 시카고 대학의 생물학자, 철학자, 교육자인 슈왑의 아이디어가 반영되었다. 그는 '교양 교육 연계로서의 과학적 지식의 본성'에 에세이를 썼으며(Schwab 1945) '탐구로서의 과학'이라는 듀이 생각을 강하게 옹호했다.[14] 슈왑은 BSCS 교육과정의 교사용 지도서에서 역사적 접근법을 지지했다. "탐구로서의 과학을 지도하는 핵심은 과학의 결론이 어떻게 얻어지고 검증되는 지를 보여주는 것이다. … 또한 과학의 불완전함과 의심도 공정하게 다루어져야 한다."(Schwab, 1963 p. 41) 또한 역사는 이를 지지해 왔는데 왜냐하면 그것은 "개념 자체보다 인간이나 사건들을 다루며 탐구에 인간적 측면이 있기 때문"(Schwab 1963, p. 42)이다.

1970년대 미국 물리학회는 물리학의 역사에 관련된 분과를 설립하였다. 동시에 과학사학회는 교육위원회를 설립하였다. 두 곳 모두 교육적인 문제에 관해 활발한 활동을 계속해 왔다.

미국에서 화학의 역사는 물리학이나 생물학의 그것보다 교육학에서 항상 더 미미하게 다루어졌다. 브러쉬Brush도 이런 점을 지적하였다. "다른 과학자들과 비교해볼 때 화학자들은 상대적으로 자신의 역사에 대해 관심이 없다. 이런 상황은 대부분의 화학교육에 반영되어 반역사적인 성향이 지속된다."(Kauffman 1989, p. 81) 화학교육 안에 화학사를 포함하기 위한 많은 요구가 있었다. 밴트(Bent 1977), 보닝(Bohning 1984), 아이디(Ihde 1971), 카우프만(Kauffman 1989), 위큰(Wicken 1976)의 연구가 유명하다. 미국 화학회는 학부생을 위한 화학 교육을 위한 지침은 "화학 과목의 시작과 후속에 화학 분야의 현재 발전뿐만 아니라 역사적인 관점을 통합해야 한다."고 제시했다. 그 지침들은 대다수의 다른 지침들처럼, 행해지기보다는 무시되기 일쑤였다.

영국 과학교육과정에서 역사

영국에서는 비록 미약한 수준일지라도 과학의 역사를 과학교육에 통합시키려는 전통이 오랫동안 있어 왔다.[15] 1917년 영국 과학진흥협회BAAS의 협의회는 아질 공작이 1855년도 회의에서 요구한 것을 반복하였다. 그 협회는 과학의 역사는 "학교 시간표에 만들어진 인문 과목과 과학 사이에 존재하는 인위적인 경계를 허물 수 있다."고 했다(Jenkins 1990, p. 274). 1918년 영향력 있는 정부 보고서 – 톰슨Thompson 의장의 이름을 따서 톰슨 보고서라고도 알려진 《교육에서의 자연 과학*Natural Science in Education*》 – 또한 역사의 창의적 역할을 예견했다.

> 교육 과정에서 과학의 주요 성과나 그것을 획득하는 방법을 설명할 때에 (과학사를) 소개하는 것은 바람직하다. … 영혼 없는 뼈는 줄이고 영혼을 더 늘려야 한다. … 이것을 위한 한 가지 방법은 과학사 수업이다(Brock 1989, p. 31).

그 보고서는 계속해서 이렇게 말했다.

> 어느 정도의 과학철학사 지식은 모든 중등학교 과학교사들의 지적 능력의 한 부분을 차지해야 한다.

이런 권고들은 전쟁 직후에 개발된 '모두를 위한 과학Science for all' 교육과정에 포함되었다(Mansell 1976).

과학철학자인 넌Nunn과 그레고리Gregory 그리고 다른 역사적인 것에 관심을 둔 교육학자들은 제1, 2차 세계대전 사이의 역사 사례에 관해 논쟁했다. 그들은 널리 알려진 관점인, 개인의 사고의 발달은 어느 정도까지는 인류의 역사 발달을 반복한다는 헤겔 철학, 스펜서 철학, 헤르바르트 교육 철학(훗날 피아제의 발생적 인식론)의 개념에 영향을 받았다. 이런 개념을 구체화한 인기 있는 과학 교재로는 홈야드, 코크란Cochrane, 파팅턴Partington에 의해 쓰여진 것이 있다. 홈야드의 《기초 화학*Elementary Chemistry*》은 1925년과 1960년 사이에 50만 부가 팔렸다. 그는 역사적으로 가르치는 것이 과학적 사실의 본질이 정확히 전달되는 유일한 방법이라고 말하며, 역사적 교수법을 동기적이나 수단적인 입장에서가 아니라 인지적인 입장에서 볼 것을 주장했다.

그의 영향력 있는 교재의 서론에는 다음과 같이 쓰여 있다.

> 나는 역사적 교수법이 학교에서 화학을 가르치는 여러 대안들 중 하나에 불과한 것이 아님을 믿는다. 그것은 우리의 권리인 동시에 의무인, 결과를 얻을 수 있는 유일한 교수방법이다(Holmyard 1924; Klopfer 1990에서 인용).

영국의 전문 잡지 《학교 과학 비평*School Science Review*》은 과학의 역사에 대한 최초의 전문 학술지 – 《과학연보*Annals of Science*》(1936)와 《앰빅스*Ambix*》(1937) – 의 발행을 환영하며 "학교 교사들이 과학에 대한 흥미를 일으키고 지속시키며 과학이 비인간적이라는 비판에 대처하기 위해 역사적 사건들이 지닌 가치를 경험으로 알게 해야 하며 … 그 학술지를 모든 학교 도서관에 비치해야 한다."고 언급했다(Sherratt 1983, p. 421). 1920년대와 1930년대 과학사의 특별 교육과정이 교사 양성 대학의 과학교사들에게 제공되었고 1921년 초 런던의 종합 대학에서 그 분야 석사학위가 수여되었다.

제2차 세계대전 이후 역사는 점차적으로 그 중요성이 줄어들었다. 너필드 기본 수준 교육과정에서 작은 부분에 불과했고 대부분의 너필드 교육과정은 과학의 역사적, 사회적, 문화적 차원을 무시했다. 시험 볼 때 과학사를 따로 분리하였고, 1980년대까지 수강 지원자가 급격히 줄어들었다. 국가 교육과정 이전의 과학사는 너필드 프로그램의 몇몇 부분에서 발견할 수 있고, 1980년대 초에 〈사회적 맥락에서 과학SISCON: Science in a Social Context〉과 〈사회에서 과학 기술SaTiS: Science and Technology in Society〉 교육과정이 도입되었다.

학교 과학의 맥락적 차원의 쇠퇴는 영국 과학교육협회가 《과학교육의 대안*Alternatives for Science Education*》(1979), 《과학을 통한 교육*Education through Science*》(1981)과 같은 수많은 보고서를 통해 과학교육과정에 더 많은 역사적 철학적 소재를 통합시키려는 시도에 있어서 중요한 문제였다. 1979년에 《과학교육의 대안》이라는 보고서에서 과학교육의 세 가지 접근법을 묘사하면서 모두 과학철학사를 강조했다. 또한 1981년 보고서는 다음과 같이 주장했다.

> 문화적 활동으로서 과학 가르치기: 과학적 지식과 문화에 대한 더욱 일반화된 연구는 역사, 철학, 과학적 활동의 사회적 의미를 설명한다. 그래서 과학과 기술이 사회와 세

계의 사상에 기여한 바를 이해하도록 이끈다.

앞의 장에서 현재 과학부문의 영국 국가교육과정에 과학사를 통합하는 것에 대해 논의했다. 이런 노력과 가능성은 펌프리(Pumfrey 1992)가 고찰하였다. 일찍이 1963년 ASE는 《과학교사 훈련*Training of Graduate Science Teachers*》이라는 보고서에서 교사들이 맥락적 과학을 가르치는 일에 충분히 준비되지 않았다는 것을 지적했다. 그렇기 때문에 지금처럼 예비교사와 현직교사 연수 프로그램에 과학철학사를 포함시키는 노력이 특히 필요하다.

유럽 과학교육과정의 역사

유럽의 학교교육 중 과학과목에서 과학사 프로그램을 포함하는 일은 한편으로는 생뚱맞다.[16] 뮌헨에 있는 독일 박물관의 타쉬만Teichmann은, 올덴버그Oldenburg 대학교의 시범의 연구(Sibum 1988)처럼, 역사적 실험들을 복제하고 교사들을 위한 원고와 수업을 제공하기 위해 노력해 왔다(Teichmann 1986b). 파비아Pavia 대학교의 파비오 베빌라쿠아Fabio Bevilacqua는 과학사 교육을 강화하기 위한 정교한 컴퓨터 소프트웨어를 개발하고 있다. 파비아 대학교 도서관의 풍부한 자료를 활용하고, 초창기 원작 기구로 과학 실험을 수행할 수 있었다. 많은 부수가 팔리는 스페인의 과학교사 저널 《과학교육*Enseñanza de las Ciencias*》은 교사들에게 흥미로운 역사와 철학적인 소재를 정기적으로 기록하여 싣는다.

덴마크의 물리학 교육과정은 물리학 수업에 역사, 기술, 철학을 통합하였다. 닐센과 톰센(Nielsen & Thomsen 1990)이 수행한 연구는 전통적인 전문 과학교육과정을 공부하는 덴마크의 학생들이 세계의 다른 학생들과 유사하게 '물리학을, 어렵고 다른 교과목과 연관이 없으며 실생활과도 동떨어졌다고 생각'하는 문제를 갖고 있음을 지적했다. 이런 상황에서 고등학교의 마지막 3학년에 진학하는 학생들의 수가 크게 증가하였다. 이런 요인들은 교육과정 개혁을 위한 요구를 일으켰다. 덴마크 국회는 새로운 국가 물리학 교육과정에 대한 법안을 제안했는데 5가지 차원을 다루었다.

1) 물리학과 우리 주변의 세계
2) 물리학자의 세계관
3) 현대 과학기술의 사례
4) 물리학-기술-사회의 연관성
5) 물리학의 철학과 역사

마지막 차원을 담당하는 교사, 물리학자, 역사학자, 철학자들은 물리학의 철학과 역사를 구현하는 일이 만만치 않다는 것을 인식했다.

> 먼저, 우리는 물리학의 역사가 재미있고, 학생들이 물리학의 역사를 배움으로써 정말로 도움이 될 것이라는 사실을 물리 교사에게 납득시켜야만 한다. 두 번째로, 우리는 그들에게 교실에서 실제적인 사용을 위한 제안과 함께 물리학의 역사로부터 몇몇 흥미로운 예시들을 가르쳐야 한다. 그리고 세 번째로, 우리는 그들이 어떠한 문제없이 역사적, 철학적 특성을 그들의 학생에게 가르칠 수 있다는 것을 납득시켜야 한다(Nielson & Thomsen 1990, p. 310).

그들은 물리학의 역사적, 철학적 특성을 1장에서 다루고, 2장에서 원천 자료를 다루고, 나머지 5개의 장에서는 각각의 연구 사례를 다루도록 안내서를 개발했다. 오랫동안 교사 연수 워크숍이 열렸고, 최종적으로 물리학의 역사를 담은 책을 학생들을 위해 출판하였다. 그 교육과정이 교사와 학생 모두에게 잘 받아들여졌다는 것을 초기 결과가 보여준다. 이와 유사하게 기술에 대한 새로운 과목도 개발되었다.[17]

기압에 대한 교수: 역사적 접근법과 학문적 접근법의 대조

과학을 가르치는 데 있어서 학문적인 접근과 맥락적 접근을 비교하는 가장 좋은 방법은 특정한 주제를 가르치는 방법을 비교하는 것이다. 초등학교나 고등학교 과학 수업에서 많이 다루는 중심 주제인 기압이 그 예가 될 수 있다.

역사적 접근법

기압에 관한 좋은 역사적인 접근을 택한 과학 프로그램은 코난트의 1957년 하버드 사례 연구이며, 첫 주제는 기압과 보일의 진공펌프였다. 클로퍼의 9가지 사례 연구에서 물리 단원 중의 하나는 기압에 관한 것(사례 6)이었다. 그 단원은 텍스트, 인용문extracts, 활동, 슬라이드, 장치와 실험들을 모아서 구성하였다. 사례연구는 다음을 공부한다.

> 자연이 진공 상태를 혐오한다는 고대 아리스토텔레스 학파의 학설이 17세기에 이르러 사라지는 이유를 유체 정역학 원리들hydrostatic principles로 기압과 관련한 현상들을 설명하는 데에서 찾는다. 기압계에 관한 토리첼리Torricelli의 선구적인 작업은 접시에 담겨진 수은 표면 위로 대략 30인치 높이의 수은 기둥이 수은 표면을 누르는 '공기의 바다sea of air' 무게의 의해 균형이 맞춰진다는 생각도 포함하였다(Klopfer & Cooley 1961, p. 10).

사례 6은 왜 흡입펌프가 물을 단 34피트(약 10m)밖에 끌어 올릴 수 없는지에 관한 갈릴레오의 잘못된 설명을 포함한다. 갈릴레오는 만약 물이 34피트보다 더 높이 올라간다면 기둥은 자체의 무게 때문에 무너질 것이라고 생각했다. 그 사례는 학생들에게 껌을 늘일 때 임계臨界 길이(끊어지지 않는 길이)가 무엇인지 관찰하도록 한다. 그리고 이를 유추하여 비슷한 상황이 긴 물기둥에서도 일어날 것인지 아닌지를 묻는다. 그 사례는 또한 파스칼Pascal의 법칙과 관련된 자료를 가지고, 원리를 설명하기 위해 간단한 수압을 누르는 장치를 만들어 보게 한다. 그 사례 연구가 가진 장점은 갈릴레오와 같은 위대한 과학자들도 잘못을 범하며 틀린 신념을 고집하기도 했다는 것을 학생들로 하여금 알게 하는 것이다. 이런 사례는 갈릴레오가 1633년에 쓴 《대화*Dialogue*》의 마지막 날에 다루었던 주제인 조석 현상에 대한 완전히 틀린 주장에서 명백히 나타나며, 그는 조석 현상이 코페르니쿠스적 세계관을 가장 잘 보여준다고 믿었다.[18] 역사는 과학자와 과학이 승리할 뿐만 아니라 오류를 범할 수 있음을 보여준다.

클로퍼의 사례 연구들은 아래 제시된 세 가지 목적을 가진다.

1) 과학 주제와 사례 이야기에 관한 정보

2) 과학 개념과 원리들의 이해

3) 과학과 과학자들에 대한 사고에 대한 이해

그 중 특히 세 번째 목표로 기압 단원을 다루는 것은 매우 교육적이다. 그 단원을 공부한 이후에 학생들은 과학과 과학자에 대하여 다음 생각들을 이해할 수 있다.

- 과학적인 가정, 원리와 이론 그리고 그들의 상호적인 관련성에 대한 의미와 기능
- 과학과 응용과학 또는 기술의 차이점
- 과학적인 작업에서의 생각과 실험, 사고와 실천의 상호 작용
- 종종 많은 가정들을 포함하고 있는 일련의 추론들은 이론을 실제로 실험과 관찰에 의해 측정될 수 있는 가설에 연결시킨다.
- 과학적인 이론 또는 개념들의 성립에 관련된 요소들은 실험적인 증거, 과학자들을 관련시키는 개인적인 신념들과 이론의 실효성을 포함한다.
- 자연현상의 과학적인 설명은 일반적으로 인정된 법칙들과 원리들의 조건들에 의해서 주어진다.
- 과학자들은 다양한 개성과 능력을 소유한 개인들이다.
- 과학은 국제적인 활동이다.
- 과학자 사회의 특성과 기능들
- 과학의 진보는 부분적으로 기술의 현존 상태와 과학 이외의 다른 요소들에 달려 있다.
- 저널, 책, 미팅과 개인적인 왕래를 통한 과학자들 사이의 자유로운 대화는 과학 발전에 필수적이다.
- 새로운 관찰은 방아쇠 효과를 가지고 이전에 확립된 개념을 흔들거나 새로운 가설들과 실험들로 이끈다.
- 새로운 장치들과 기술들은 새로운 실험들을 가능하게 하고 새로운 아이디어들을 탐구하는 데 중요하다.

이 목록은 특정 과학 과목의 목표로서 뿐만 아니라 과학사와 철학 과목의 목표로서 설정될 수도 있다(과학의 이런 특성은 1961년에 처음 기록된 노트에 불과했지만, 쿤의 《과학혁명의 구조*Structure of Scientific Revolution*》에 앞서 이런 견해를 폭넓게 알리게 되었다).

HOSC 자료들은 과학에서의 교육과 마찬가지로 과학에 관한 교육을 제공하는 것에 목표를 두었고 이는 '보이지 않는' 결과라고 부른다. HOSC 자료를 재검토한 47명의 교사들 중 64%가 학생들이 시험으로 측정할 수 없는 이점을 얻었다고 말했다. 몇몇 교사들은 다음과 같이 평가했다.

- 학생들이 과학의 의미에 관한 새로운 느낌을 얻게 한다.
- 토론과 친구들의 의견들은 우리 사회에서 조장된 평범했던 … 과학과 과학자에 대한 비판적인 평가보다 더 큰 의미를 가진다.
- 학생들이 위대한 모험의 일부가 되는 느낌을 받게 한다(Klopfer & Cooley 1961, p. 128).

과학교육에 과학사를 통합시키는 데 가장 적절한 분야가 기압 영역이다. 그 영역에는 학생들의 탐구와 역사적인 이야기가 서로 평행하며 자연스런 진보가 있다. 클로퍼의 사례 연구가 30년 지난 후, 영국의 솔로몬Soloman은 역사적이고 사회적인 주제들을 학교 과학에 통합시키기 위하여 똑같은 주제에 대해서 《거대한 스퀴즈*The Big Squeeze*》라는 책자를 집필했고, 이 책은 영국의 과학교육협회에서 출간되었다(Solomon 1989a). 그것은 고대 이집트인들과 그리스인들, 중세의 펌프와 백파이프들, 갈릴레오의 생각, 그의 제자 토리첼리의 유명한 진공 상태가 생기는 물관 실험과 물기둥 위의 '공간'에 대한 다양한 해석, 토리첼리의 수은 기압계, 파스칼의 실험(산에서 기압을 측정하고 수은의 높이에 대한 변화를 기록하여 기압이 수은 위의 공기의 무게의 결과라는 것을 제안하였다), 게리케von Guericke의 마그데부르크의 반구 실험, 마지막으로 보일의 진공 펌프와 공기의 탄력성에 관한 연구들을 고찰함으로써 기압에 대한 이해를 돕는다.

학생을 잘 가르치는 방법은 개념과 실험을 계열화시키는 것이다.[19] 우선, 공기 속에 무언가가 있는지 아니면 원래 비어 있는지에 대해 학생들에게 추측하게 한다. 그에 대한 실험 결과를 예상한 후에, 그들은 공기가 압축되기는 어렵다 – 빈 시험관이 물속에서 공기를 밀어낸다 – 는 것을 알게 된다. 만약 똑같은 시험관을 물로 채우고 비커 밖으로 당기면, 기압 상태를 관찰하게 된다. 둘째, 학생들은 실험 튜브로 떠받쳐진 물기둥의 높이에 한계가 있을지, 왜 기둥은 지탱되고 있는지 의문을 품을 수 있다. 깨끗한 플라스틱 호스의 한 쪽 끝을 꽉 붙잡고 다른 쪽 끝은 물 양동이 속에 둔 다음 물기둥이 올라가다가 일시 정지하는 것을 보면 이 질문에 대한 답을 알 수 있다. 셋째, 학생들은 더 무거운 액체라면 그런 기둥이 낮아진 채로 있을 것인지 아닌지를, 가령 수은 기둥이라면 예상되는 높이가 얼마인지를 추측할 수 있다. 마지막으로, 실린더를 진공 상태로 만들면 그 안에서 피스톤이 끌어당겨지는 결과를 볼 수 있다. 이로써 뉴코멘Newcomen의 증기 엔진의 기초가 증명되었다.

기압에 관련한 HOSC 단원과 좀 더 일반적이고 맥락적인 과학 프로그램들의 목표는 과제, 실험과 에세이들의 현명한 사용을 통해 달성될 수 있다. 또한 과학과 철학, 과학과 기술의 상호작용을 멋지게 볼 수 있다. 우선 "자연은 진공을 싫어한다."는 아리스토텔레스 학파의 학설을 감상하고 갈릴레오처럼 탁월한 과학자들에게 끼친 영향을 살펴본다. 또한, 파스칼과 토리첼리의 시범으로 오류가 있는 철학적이고 과학적인 학설을 지지하려 노력을 개괄하였다. 또, 학생들은 뉴코멘의 진공을 만드는 냉각 엔진 형태나 피스톤과 실린더로 자신만의 초기 증기 엔진을 만들어 봄으로써 기압에 관한 과학이 진보하는 데 어떤 기술적인 어려움들이 있었는가를 인식할 수 있다.

학문적 접근

기압에 관한 학문적인 접근 중 가장 대표적인 것은 PSSC 《물리학*Physics*》(1960) 교과서이다. 미국 국립과학 재단 NSF이 처음 후원한 고등학교 과학 프로그램이 PSCC 《물리학》 교과서이고, 전 세계적으로 수백만 명의 학생들이 사용했다. 그것은 하버드 사례 연구, HOSC, 물리학 프로젝트 그리고 영국의 자료에서 발견되는 위에서 언급한 역사적인 방법과 현저한 대조를 이룬다. 그 책 어디에도 기압을 다룬 단원이 없으며, 색인에조차 들어있지 않다. 책의 내용은 기압에 대한 언급을 하지 않는 대신 보일의 법칙과 공간에서 충돌하는 분자 모델을 다루면서 시작된다. 이 법칙에 대한 토론은 기압의 존재를 가정해야 하지만, 보일 시기까지의 발전된 내용은 무시되었다. 토리첼리나 파스칼에 대한 언급도 없으며, 아리스토텔레스나 자연은 진공을 싫어한다는 학설은 거의 언급되어 있지 않다. 보일의 법칙은 몰 개념을 사용하여 설명되었고, 다음과 같이 진술되었다.

일정한 온도에서 기체에 의해 가해진 압력은 분자들이 차지하고 있는 부피에 의해 나누어진 분자의 수에 비례한다.

$P = K \times N/V$ 이고, K는 비례 상수이다.

PSSC 교과서는 기술에 대한 언급이 거의 없는 것이 특징이다. 비록 압력과 부피의 변화 관계를 대기 중에서 논의하였지만, 기압계에 관한 언급이 없고, 단지 연습 문제의 마지막에만 다루었다. 학생들이 PSSC 물리학 프로그램으로 기체 법칙을 공부하게 되면 기압계와 연결 짓지 못하거나 날씨의 변화와 연결하여 설명하지 못하게 된다. 마찬가지로 물 펌프, 증기 엔진들과 기압에 관한 다른 모든 기술적인 용어의 사용도 생략되었다. 기술과 과학의 중요한 연결, 경제적이고 사회적인 삶으로의 변화에서 나타나는 극적인 효과는 완전히 PSSC 물리학에서 배제되었다. 단지 PSSC뿐만 아니라 초기 1960년대의 많은 다른 개혁 프로젝트들도 과학의 실용적인 면을 프로그램에서 제거했다. 1960년대의 개혁 프로젝트에 대해 한 비평가는 다음과 같이 말했다.

> 1960년대의 미국 과학 재단의 지원을 받은 교육과정 개혁에서 가장 중요한 변화는 모든 기술에 대한 부분은 제거하고 순수한 과학에 대한 내용을 '과학자들에게 알려진 방법으로' 소개하는 것이었다. 많은 사람들이 그러한 노력들이 잘못된 생각이었다는 것을 나타낸 것은 불과 몇 년 전의 일이다(Yager & Penick 1987, p. 53).

기압 과학에 관한 형이상학과 물리학

과학사에 대해 교사가 관심을 갖게 되면 학생들에게 현재의 기압에 대한 이해가 어떻게 역사적으로 발전했는지를 토론하고 재현해 봄으로써 학습을 하는 데 큰 도움을 줄 수 있다. 아리스토텔레스는 공기가 무엇으로 구성되었는지에 대해서, 더 구체적으로는 빈 공간 또는 진공이 자연에서 가능한지 아닌지에 대해서 철학적이고 과학적인 논쟁이 일어나게 한 최초 공로자 중 한 명이었다. 철학적 근거와 과학적인 이유 때문에 그는 자연에 진공이 존재할 수 있다는 것을 부정했었다. 원자론자들에 대항하기 위해서 자연은 진공을 싫어한다horror vacui는 주장을 발전시켰고 원자들 사이의 빈 공간이 존재하는 것은 철학적으로 근본이라고 보았다. 빈 공간의 가능성에 반대하는 주요 주장들은 아리스토텔레스의 《물리학》 Ⅳ권(Matthews 1989에 재판)에 포함되어 있다. 역사가인 무디Moody는 이 책에 대해 다음처럼 말했다.

> 그 책은, 한마디로 말한다면, 중세 역학의 요람이었다. 그리고 갈릴레오에게는 끊임없는 출발점이었다. 피사의 시기 때 대화뿐만이 아니라, 유명해진 갈릴레오의 '대화'에서도, 아리스토텔레스적인 교재를 비판하면서 무거운 물체의 움직임에 대한 자신의 역학 이론을 발전시켰다(Moody 1951, p. 175).

아리스토텔레스는 매일 겪게 되는 경험에서 충분히 논리적으로 움직이는 물체의 속도V는 가해지는 힘F에 비례하고, 반대로는 물체가 움직이는 것을 통한 매질의 저항R에 반비례한다고 주장했다(매끈한 길에서 차를 미는 것과 모래 위에서 차를 미는 것을 생각해 보라). 그 공식은 아래와 같다.

$$V = K \times F/R$$

진공 상태에서 R의 값은 0이 되며, 한 번 힘이 가해진 물체는 무한한 속도로 움직일 것이다. 그러면 A점과 B점 사이를 움직이는 시간이 0초가 될 것이고, 움직였는데 A에서 사라졌다고 말할 수 없게 된다. 따라서 아리스토텔레스의 결론은 진공 상태에서는 운동이 없다는 것이었다. 하지만 운동은 어디서나 발견될 수 있기 때문에, 따라서 진공은 불가능한 것이 된다. 자연 상태에서 진공이 존재할 수 없다는 이 기본적인 신념이 천년이 넘는 시간 동안 물리학을 지배하고 억압했다. 그리고 갈릴레오는 거의 철학적이고 과학적인 연구의 시작에서 이러한 신념들과 투쟁했다.

기압에 관한 초기 그리스의 성찰에 대한 연구로부터 얻을 수 있는 불변의 교훈은 아리스토텔레스적인 과학과 철학은 일상 속의 경험에 근거를 둔다는 것이다.[20] 고대 세계는 입문하는 학생들이 보고 경험할 수 있는 모든 현상들과 유사하다. 빨대는 액체를 담는 데 쓰였으며, 피펫 혹은 물시계clepsydra는 액체를 옮기는 데 쓰였고, 물론 음료수 빨대도 쓰였다. 이러한 모든 친숙한 경험들로부터 자연이 진공 상태를 싫어한다는 신념으로 옮겨가는 것은 매우 쉬운 일이다. 아리스토텔레스는 흔히 겪는 경험들에 호소했고, 그리고는 움직임과 장소에 관한 논리적인 주장을 추가했다. 그 결과로 자연은 진공을 싫어한다는 강력한 주장이 세워졌고 오래 지속되었다.

이와 유사한 논쟁의 맥락이 그 질문의 다른 측면을 토론하도록 이어졌다. "공기는 무게가 있는가?"를 질문했다. 고대인들은 풍차, 돛단배, 동물의 방광 등으로 만들어진 풍선들을 관찰함으로써, 공기가 비어 있는 것이 아니라 어떤 것을 담고 있다는 것을 알았다. 그러나 그것이 무게를 가지고 있다고 생각하기보다 오히려 아래로 누르지 않으면 위로 올라가기 때문에 음의 질량negative weight을 가졌다고 생각했다. 아리스토텔레스는 모든 사물들은 원래 위치에서는 무게나 엄숙함gravitas을 갖지 않을 것이라고 생각했다. 돌과 물체는 자연의 위치가 지구의 중심이고 내려가려 하기 때문에 엄숙함을 갖는 반면에 공기는 엄숙함이 없고 가벼움levitas을 가진다. 왜냐하면 공기의 자연적인 성향은 그것의 자연적인 장소인 위로 올라가려고 하기 때문이다. 그리하여 공기가 무게를 갖는다는 주장은, 돌이 무게를 갖는다는 의미와 모순되어, 아리스토텔레스 철학의 중요한 강령이 타당하지 않게 만든다.

아리스토텔레스 학파의 운동, 천문학, 생물학 등의 이론들에서 이러한 일상적인 경험에서 과학적이고 철학적인 이론으로의 움직임을 볼 수 있다. 이러한 면을 이해한다면 학생들도 갈릴레오와 뉴턴의 과학 혁명이 갖는 가장 중요한 특징을 일상 경험에 대한 재해석과 그들의 새로운 과학의 형성에서 확실함을 이해하고, 아리스토텔레스가 낯선 것을 익숙한 것으로 설명하던 것에서 뉴턴의 익숙한 것(떨어지는 물체들)을 낯선(관성) 것으로 설명하는 것으로 이동했음을 알아챌 수 있을 것이다.

1643년 토리첼리의 실험(파스칼에 의해 1646년 프랑스에서 반복)에 철학자들과 과학자들(그 당시는 구별하기 어려웠음)의 관심이 집중되었다. 한 쪽이 막힌 유리관에 수은을 가득 채운 후 수은이 담긴 용기에 거꾸로 세우면, 유리관 속의 수은 높이는 꼭대기에서 내려와서 항상 용기의 수은 높이보다 약 30인치 또는 76cm 위에 위치하게 된다. 이 때 진공에 대한 오래된 철학적 논쟁은 이 단순한 실험에 의해 풀리게 되었다. 이와 동일한 실험이 현대의 학생들의 생각에도 영향을 줄 수 있다.

학생들에게 현재는 수은을 사용하지 않는 실험 장치나 토리첼리 실험 기구를 보여주면서 다음 두 가지 질문을 던져 보자.

1) 무엇이 수은 기둥을 위로 붙잡고 있는가?

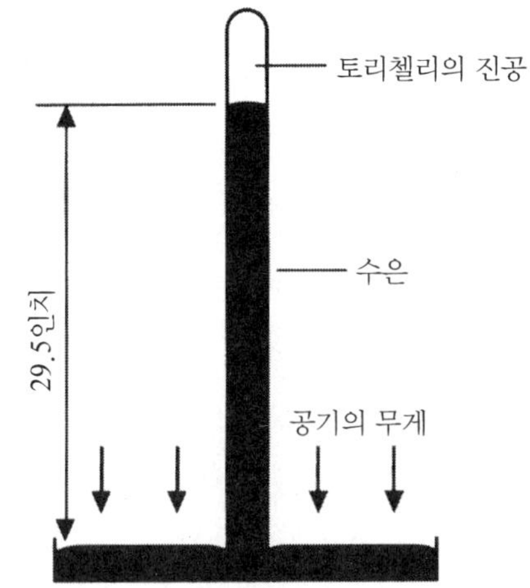

그림 1 토리첼리 압력계

2) 수은 기둥 안의 위의 공간에 무엇이 존재하는가?

흔히 위의 두 가지 질문을 통합하지만, 이것들은 서로 다른 질문들이다. 파스칼과 토리첼리 시대에는 많은 사람들이 첫 번째 질문에 대한 답으로 기압이 관 속 수은의 표면을 누르고 있다고 말했다. 다른 사람들은, 공기가 무게가 없다고 생각하여, 어떻게 수은 기둥이 지지되었는지에 대하여 다른 설명을 갖고 있었다. 두 번째 문제의 답으로는 진공이 없다고 많은 사람들이 말하였고, 진공이 존재한다고 말하는 사람은 거의 없었다. 17세기 중반에는 4가지의 가능한 답에 대하여 모두 지지자들이 있었다.

각 지지자들은 아래 표처럼(Dijksterhuis 1986, p. 445) 질문에 대한 답에 따라 나누어서 재구성될 수 있다.

이러한 서로 충돌하는 경쟁적 관점들을 해결하려면 논리적인 생각과 기술적, 실험

	예	아니오
공기의 압력이 수은을 붙잡고 있는가?	데카르트 파스칼	아리스토텔레스주의자 로베르발 Roberval
수은 기둥 위는 진공인가?	파스칼 로베르발 보일	데카르트 아리스토텔레스주의자 갈릴레오 홉스 Hobbes

표 1 기압과 진공에 대한 17세기 견해

적인 고려가 필요했다. 기압과 진공을 부정하는 사람은 기둥이 내려온 이유가 액체가 증발하거나 액체의 정령spirit 때문이라고 생각했다. 이런 관점을 검증하기 위해 파스칼은 상대편에게 토리첼리의 시험관에 와인과 물을 채우면, 어느 액체의 기둥이 더 아래로 내려올지 물었다. 질문을 받은 사람들은 와인이 휘발성이 더 세기 때문에 더 많이 증발하고, 따라서 물보다 아래쪽에 와인의 기둥 높이가 생길 것이라고 추론했다. 그러나 실험 결과, 물 기둥이 와인 기둥보다 높이가 낮았다. 파스칼은 이러한 결과를 미리 예측하였는데, 물이 와인보다 무게가 더 크다는 것을 알고 있었기 때문이다. 이 결과로 액체의 증발 가설은 버려지거나 재구성되어야만 했다. 진공을 부정한 다른 사람들은, 적은 양의 공기가 관 속에 남아 있었을 것이라고 말했다. 파스칼은 직경이 다른 여러 개의 관을 가지고, 액체의 증발 가설이 말한 대로 공간의 부피가 아니라, 기둥의 높이가 항상 일정하다는 것을 입증하였다. 따라서 이번에도 그 가설은 버려지거나 재구성되어야만 했다. 학생들은 질문, 토론, 원본 자료 읽기를 통해서 이런 논쟁들을 이해할 수 있다. 결국 학생들은 기압에 대하여 배우는 것과 동시에 과학 논쟁의 과정에 대해서도 배우게 된다.

이런 순서로 실험하는 일은 단순한 관찰과 과학적 실험 사이의 차이를 보여주고 가설과 실험 구성의 관계를 알려주는 동시에 반증하는 실험 결과만으로 이론이 곧바로 폐기되지 않는다는 점을 보여준다. 예를 들면, 자연은 진공을 싫어한다는 독단적 주장도 엉뚱한 실험 결과를 단순히 왜곡시켜, 충족된 것처럼 보이게 만들 수도 있다. 수은 기둥의 높이가 여러 가지로 나타난 것은 자연이 진공을 싫어하는 정도에 따라 달라진 것이라 말할 수 있다. 즉, 자연이 진공을 싫어하는 것은 절대적이지 않고 물질에 따라 상대적이라고 보는 것이다. 이렇게 되면 자연은 진공을 피하기 위한 노력으로 수은을 위로 일정량 끌어당기는데, 액체들마다 서로 다른 양을 끌어당긴다. 따라서 액체 기둥의 높이는 용기에 작용하는 기압의 측정이 아니라 자연이 진공을 혐오하는 정도를 측정한 것이다. 이러한 주장을 극복하기 위해서는 임시방편의ad hoc 가설은 과학에서 무시되어야 한다.

1648년에 파스칼은 가장 유명한 실험을 수행했다. 기압계를 갖고 피데돔Puy-de-Dome산에 올라가면서 수은의 기둥 높이가 감소한다는 것을 확인한 것이다. 그는 이러한 현상의 이유가 산을 높이 올라갈수록 더욱 더 적은 양의 공기가 수은의 표면을 누르기 때문이라고 생각했다. 학생들은 이 실험을 상상할 수 있으며, 장소에 따라서 같은 실험을 실행할 수도 있다. 파스칼의 처남도 이런 실험을 시행하였고 결과는 예측과 일치했다(그가 기압계를 산 아래에 놓아둔 것은 하루 동안에 기압계에 변화가 없는 것을 보기 위해서였다. 학생들이 생각해야 하는 변인 통제이다). 그 결과는 기압 가설과 놀라울 정도로 일관되게 나타났고, 파스칼은 두 가지 독단적 주장 사이의 결정적 실험experimentum crucis을 행하게 되었다.

아리스토텔레스 철학의 근본적인 신념에 상반되게 진공의 존재가 증명됨과 동시에 공기가 무게를 가진다는 것도 보게 되었다. 하지만 과학이나 철학 분야뿐만 아니라 일상에서는 모든 것들이 항상 단순하지만은 않았다. 파스칼의 실험 결과에 대해서 진공을 반대하는 가설은 우리가 하늘로 올라갈수록 자연이 진공을 싫어하는 정도가 줄어들었기 때문이라고 말하기도 한다. 아리스토텔레스의 철학의 확고한 반대편인, 홉스Hobbes와 데카르트Descartes는 파스칼과 로베르발Roberval이 제시한 실험 증거를 인정했지만, 이것이 진공의 존재를 확립해 준다는 것은 부정하였다. 예를 들자면 홉스Hobbes는 토리첼리의 진공에 대한 증명에 대하여 이렇게 말했다.

> 만약 수은을 내려오게 하는 힘이 충분히 크다면 … 이는 공기가 용기 속에서 수은을 통과하도록 만들 것이고, 공기가 원기둥 위로 올라가 (진공을 믿는 사람들이) 빈 공간이라고 생각했던 장소를 채울 것이다(Shapin & Schaffer 1985, p. 89).

홉스와 데카르트는 각각 진공은 매우 가벼운aetherial 물질과 아주 세밀한 물질로 채워졌다고 생각했다.[21] 학생들은 진공을 압력이 0이거나 아주 적다고 여기며, 아주 낮은 압력일 때는 액체는 증발하다가 결국 끓는다고 생각하기 때문에 아마 수은 위쪽 공간에 미묘한 물질이 있다는 관점을 전혀 가치 없는 것으로 받아들이지 않을 수도 있다.

지금까지의 이런 모든 발달 과정에서, 현상적 증거를 눈에 보이지 않는 기작으로 바꾸는 기본적인 과학 흐름이 만들어져야 한다. 학생들은 이런 추측한 증거를 시험해 보는 과정을 쉽게 반복할 수 있고 그로 인해 과학적 가설과 그를 채택하는 본성을 이해할 수 있다.

가설 검증의 복잡성, 실험 설계의 문제, 반대 증거에 의한 가설의 반박 및 반대 증거에도 불구하고 가설을 살려내는 과정 등은 대기압 이해의 역사에서 모두 명백한 증거가 된다. 이런 역사에 대한 토의는, 여러 번 지적되었듯이, 결정적 실험의 가능성(뒤헴-콰인Duhem-Quine의 논제 참고), 반대 증거에 비추어 임시방편적 가설 수정과 정당한 가설 수정의 차이점(포퍼와 라카토스Popper & Lakatos 참조), 과학적 이론을 유지하는 데 형이상학의 역할(버트와 부흐달Burtt & Buchdahl 참조)과 같은 중요한 철학적 질문을 이끌 수 있다. 또한 이런 형태의 수업에서 – 토리첼리는 갈릴레오에게, 보일은 게리케에게 의존하였듯이 – 한 연구자가 다른 연구자와 연관되어 있는 과학사회학의 쟁점들이 논의될 수 있고 결국 과학의 개방적 의사소통과 진정성이 가지는 결과적 중요성도 깨닫게 할 수 있다.

대부분 학생들은 과학적 이론의 검사 과정을 처음에는 다음과 같이 이해한다.

> 이론 *T*는 관찰 *O*를 함축한다.
> *O*가 일어났다.
> 따라서 *T*를 확증하였다.
>
> 또는, *O*가 일어나지 않았다.
> 따라서 *T*는 거짓이다.

앞서 논의한 것에 따르면, 이런 단순한 관점은 시험 상황에 해당하는 초기 조건*C*: initial conditin이 이론 검사에서 함께 고려되어야 한다. 따라서

> *T*와 *C*가 함께 *O*를 함축한다.
> 만약 *O*가 아니면,
> 결국 *T*가 아니거나 *C*가 아니다.

하지만 이것도 너무 단순하다. 왜냐하면, 이론 검사에는 검사 장치와 측정 도구*I*: instrument의 신뢰도와 타당성에 대한 가정이 포함되기 때문이다. 따라서

> *T*와 *C* 그리고 *I*를 함축하면 *O*가 관찰된다.
> 만약 *O*가 관찰되지 않으면,

그렇다면 T가 아니거나 C가 아니거나 I가 아니다.

형이상학M: metaphysics이 과학적 실험에서 가정된다면, 다음과 같다.

M과 T와 C 그리고 I를 함축하면 O가 관찰된다.
만약 O가 관찰되지 않으면,
그렇다면 M이 아니거나 T가 아니거나 C가 아니거나 I가 아니다.

이와 같은 역사적 접근은 학생의 정신적 참여를 가능하게 하기 때문에 비판적 생각과 주의 깊은 사고라는 교육의 목표를 실현하게 해 준다. 과학사를 잘 이해한다면, 교사는 학생에게 이전 과학자들의 지적인 움직임과 동일한 과정을 밟아 나가도록 하면서도 그 당시의 논쟁을 재고할 기회를 줄 것이다. 학생들은 이전 시대 과학자의 실수와 성취를 모두 인식하고 공감하게 된다.[22]

역사를 어떻게 도입할까?

과학사를 과학프로그램 내에 포함시키는 것에는 두 가지 방식이 있다. 한 가지는 추가적add-on 접근이고 다른 하나는 통합적 접근이다. 첫 번째 접근은, 일반적 과학과목을 비역사적으로 모두 배우고 나서 그 다음에 하나 또는 그 이상의 과학사 단원을 공부하는 것이다. 이 때 과학사 단원은 의무적일 수도 있고 그렇지 않을 수도 있다. 오스트레일리아의 여러 주에서 택한 방식이며 영국도 국가수준교육과정을 만들기 전까지는 이러한 상황이었다. 과학사의 두 번째 접근은 과학 내용의 연구에 통합하는 것이다. 예를 들어, 역학을 공식과 실험으로 공부하면서 그 공식이 어떻게 발전되었는지, 공식 안에서 그 안의 개념들이 어떻게 구체적으로 형식화되고 변했는지 공부하는 것이다. 가령 다윈Darwin의 진화론을 공부할 때 현재의 이론을 다룰 뿐만 아니라 다윈 이전에 진화론의 아이디어가 어떻게 나타났으며, 다윈과 월래스Wallace는 그것을 어떻게 변화시켰는지, 다윈이 진화론을 출판할 당시에 과학적, 철학적, 신학적 논쟁은 무엇이었고, 처음 출판할 당시 진화론에는 무슨 문제가 있었는지, 그런 문제를 진화론과 유전학이 '거대한 통합grand synthesis'을 이루면서 어떻게 해결했는지를 공부하는 것이다. 또한 대륙 이동을 공부할 때 그 이론을 현재 인정된 것으로 다루지 않고, 논란거리가 되는 대륙 이동의 기원을 다루게 한다. 홀튼Holton의 《물리학의 이론과 개념*Introduction to Concepts and Theories in Physical Science*》(1952)이라는 교재처럼, 하버드 프로젝트 물리 과정도 통합적 과학사 접근을 사용했다. 프로젝트 2061과 영국 국가교육과정도 이 접근을 권고하였다. 미국 동물학회가 진행하는 생물학 프로젝트인 《앎의 방식으로서의 과학*Science as a Way of a Knowing*》도 통합적 접근으로 과학사를 적용했다.[23]

과학 수업 안에 역사를 도입하기를 원하는 교사들이 활용할 수 있는 방법에는 여러 가지가 있다. 강의, 역사적 실험의 재현(Teichmann 1986b, Achilles 1986, Sibum 1988), 드라마 재현, 역사적 논쟁과 일화의 역할극(Solomon 1989b, Lochhed & Dufresne 1989, Gauld 1992), 중요한 인물에 대한 대략적 기술 및 원문 자료를 읽고 해석하는 개인 혹은 그룹별 에세이 프로젝트들이 있다. 아르키메데스의 목욕탕, 공기 압력, 세균 잡기, 코페르니쿠스 등을 주제로 과학자의 삶에 대한 이야기를 쓰거나 프로젝트를 수행하는 과제는 초등학교 학생 수준에 어울리고 학생들도 매우 좋아한다.

과학에 과학사를 도입한 과목과 과학사를 배경으로 과학을 조직한 과목은 완전히 다르다. 전자는 최소한의 접근이며 다양한 상황에서 유용하다. 이런 사례가 영국 국가교육과정에서 취하는 접근이다. 이러한 최소한의 접근은 현재의 주제에 역사적 배경을 부여하거나 다윈, 멘델, 크릭, 파스퇴르 등 과학자의 전기문을 간단하게 제공할 뿐이다. 후자는 최대한의 접근이며 하버드 프로젝트 물리나 덴마크 과학기술 교육과정처럼 과학사를 배경으로 접근한다.

위의 두 가지 접근 사이에서 연결점을 찾을 수 있는데 과학 내용에 관한 이야기의 흐름을 만들도록 과학사를 사용하는 것이다. 지적이고 개인적 및 사회적 역사는 한 가지 과학 주제나 전체 과목에서 이야기를 전개하는 데 기본 틀을 제공한다. 이런 방식은 정보를 일관되고 연결된 방식으로 제시한다. 에건Egan은 《이야기처럼 수업*Teaching as Story Telling*》이라는 책에서 이야기식 수업을 주장하고 있다(Egan1986). 아론스(Arons 1989)도 과학 과목을 조직하는 데 역사적인 이야기 흐름을 활용하는 것을 옹호하였고

1965년 교재와 1977년 교재에서 그것을 실행했다. 최근에 케닐리(Kenealy 1989), 스티너와 윌리엄스(Stinner & Williams 1993), 완더시(Wandersee 1990)는 과학 수업에 이야기식story-line 접근을 옹호하고 있다. 케닐리는 가장 좋지 못한 교과서는 '학생들에게 엄청나게 많은 양의 과학적 사실을 분무기 뿌리듯이 하고 기억하여 회상하게 요구하는 것'이라고 지적하였다. 그리고 다음과 같이 말했다.

> 그런 책을 읽는 것은 의미 없는 말들을 임의로 회상하는 심리 실험과 같다. 사실 그런 경험은 책을 읽는 것보다 더 못한 것이 되기도 한다. 책은 의미가 통하도록 전반적인 내용을 제시하는 것이기 때문이다. 그 경험은 인간이 그런 여러 가지 생각들을 만든 이유를 이해하는 데 필요한 핵심 요소들을 빠뜨린다. 그런 책을 읽게 되면 독자들은 종종 자신을 비난하고 바보라고 느낄 뿐만 아니라 과학을 '그런 방식'으로 생각할 수 있는 특별한 사람을 위한 것으로 느낀다. … 그런 교재와 과목은 긴밀함이 없으며 줄거리도 없고, 절정과 해소의 흐름도 없게 만들어 버린다(Kenealy 1989, p. 215).

수업에 과학사를 도입하려는 교사는 과학사가 일으킨 철학적 논쟁에 대해서도 잘 알고 있어야 한다. 그 이유는 과학의 역사적 발달이 철학과 서로 엉켜있기 때문이며, 과학의 발달을 철학의 내용과 무관하게 제시하게 되면 과학에서 많은 부분을 잃기 때문이다. 그리고 철학은 또한 역사적 기록에 대해 흥미로운 질문을 많이 제기한다. 예를 들면, 특정한 역사적 일화에서 이론 확증, 임시방편적 가설, 설명 유형에 관한 질문을 제기할 수 있다. 이 질문들은 학생이 주제를 토의할 때 내용을 더욱 넓고 풍요롭게 하고, 과학의 안과 밖에 존재하는 여러 가지 다른 쟁점까지 확장시키는 효과를 가져 온다.

과학사를 반대하는 입장

과학 프로그램 안에 과학사를 포함하는 것을 반대하는 입장은 두 가지 측면에서 취해졌다. 첫 번째는 과학 수업 안에서 다루는 역사를 빈약하거나 현재의 과학적 이데올로기를 지지하기 위한 순전히 날조된 역사로 바라보는 역사가들이 반대하는 경우이다. 두 번째는 과학을 올바르게 가르칠 만큼의 시간이 주어져야 한다고 여기는 과학자가 반대하는 경우인데, 이 경우는 학생들이 자연 세계의 진리를 찾으려면 엄청난 노력이 필요하다는 신념을 깎아 버리는 것이기 때문이다. 1970년, 국제물리교육위원회(Brush & King 1972)의 지원을 받은 MIT 회의는 이런 두 가지 측면의 주장을 더 발전시켰다. 첫 번째 경우는 클라인(Martin Klein 1972)이 주장하듯이 물리학자는 나중에 역사학자로 자연스럽게 변한다는 연구에 근거를 둔 것이다. 두 번째 경우는, 쿤이 제기한 주장처럼, 그 시대의 지배적인 패러다임에 과학자를 입문시키는 일이 중요하며, 과학자에 대한 교육을 도제적 입장으로 보는 경우이다.

사이비 역사

클라인Klein의 주장은 과학교사가 역사적 자료를 선택하고 이용한다면 그것은 현재 과학적인 또는 교육적인 목적에서 더 나아가는 것이 되어 역사를 잘 가르치려는 일에 반대되고 결국, '물리학을 가르칠 때 물리학의 역사를 수단으로 가르치거나 또는 최소한 역사의 도움을 받으려고 하는 일은 우리가 물리학이나 역사에게 혹은 두 가지 모두에게 불공평한 일을 저지르게' 된다는 것이다(Klein 1972, p. 12). 그는 러브조이 경Arthur O. Lovejoy의 경고를 받아들여 다음처럼 인용한다. "역사가는 현재 역사가 만들어내는 문제에 시선을 두면 둘수록 또는 그가 글을 쓰고 있는 시대의 철학적, 과학적 개념의 자료에 의하여 탐구할수록, 더 나쁜 역사가가 될 가능성이 많아진다."(p. 13) 이런 부분적 또는 선택적 접근은 '불가피하게 나쁜 역사가 되고 과거 물리학자들이 진정으로 고민하던 문제나 그들이 활동하던 맥락 및 그 당대의 사람들에게 새로운 생각을 설득하던 논증 등에 대하여 학생들은 아무런 이해를 할 수도 없게' 된다(p. 13).

더 나아가 클라인은 과학과 역사라는 분야는 기본적으로 달라서, 그들의 결합은 불가능하며 결합시키더라도 그 결합이 짧고 격렬할 것이라고 주장했다.

> 물리교육의 요구를 충족시키는 물리학의 역사를 만들기 어려운 것은 물리학자와 역사학자의 관점이 본질적으로 다르기 때문이다. … 역사학자는 엄청나게 많은 복잡한 사실들을 찾아내려는 데 반해서 물리학자는 단순하면서도 정확하게 정의된 통찰을 찾기 때문에 이들이 서로 결합되는 것은 상상하기조차 매우 어렵다(Klein 1972, p. 16).

역사에 대한 이런 견해를 뒷받침하기 위해서 클라인은 "역사가는 과거를 묘사할 때 그 시대의 풍부함을 되살리고 싶어한다. … 그리고 그들은 특별하고 개인적이고 구체적인 것들을 차곡차곡 쌓아 놓는다."고 한 버터필드Butterfield의 주장을 전하면서(p. 16), 버터필드처럼 역사학자의 역할은 과거의 복잡성을 회복시켜 주는 것이라고 믿었던 고전 과학의 역사학자 노이게바우어Neugebauer를 언급했다.[24] 그의 결론은 만약 좋은 과학교육이 역사적으로 영향을 받는다면, 그것은 나쁜 역사에 대해서도 영향을 받게 되고 그럴 바에는 나쁜 역사보다는 역사가 없는 편이 더 낫다는 것이었다.

휘태커Whitaker는 이런 주장에서 더 나아가서 〈물리 교육에서 역사와 사이비 역사〉라는 2부로 구성된 논문을 발표했다(Whitaker 1979). 그도 클라인처럼 현재 역사적인 모습을 껍데기만 갖추는 것은 교육적 목적 때문이 아니라 과학적 이데올로기, 즉 교과서 저자의 과학적 견해를 위한 것뿐이라고 염려했다. 이런 경우는 교과서에서 흔히 찾아볼 수 있다.

그런 사례 중 하나는 아인슈타인의 광자에 대한 가설로서, 광전 효과와 빛의 파동 이론이 서로 모순됨을 인식하게 되었다. 광전 효과는 진공에서 두 금속판을 두고 한 개의 판에 빛이 쪼이면 전류가 생기는 것이다. 표준 교과서의 설명에 따르면(PSSC 1960, p. 596), 광전 효과의 이상한 측면은 방출된 전자의 에너지가 쪼여준 빛의 세기에 무관하고 광전 효과를 일어나게 하는 최소한의 문턱 주파수의 수준이 빛의 세기와도 무관하다는 것이다. 이런 이상한 특성은 빛의 파동 이론이 정통 이론으로 받아들여지던 19세기 말에 알려졌다. 그 당시의 정통이었던 빛의 파동 이론은 빛의 세기는 빛의 에너지로 측정되기 때문에 어떤 주파수의 빛이 주어져 있다면, 그 빛의 세기가 충분히 크면, 광전 효과를 만들어 낼 수 있어야 했다. 그런데 광전 효과가 일어나지 않은 것이다.

표준적 설명은 아인슈타인의 1905년의 빛의 광자 이론이며, $E = hf$(광자 한 개의 에너지는 빛의 진동수에 플랑크 상수를 곱한 값)라는 공식으로 복사에 관한 변칙 현상을 풀어내고 새로운 시대를 여는 선구자가 되었다. 빛에 대한 입자 이론과 파동 이론은 서로 오랫동안 전쟁을 벌이고 있었는데, 빛은 파동이지만 꾸러미package처럼 행동하면 입자처럼 보인다고 타협하는 관점을 갖게 되어 그 전쟁은 해결되었다. 이런 설명은 아인슈타인의 대중적 이미지와 과학적 이미지를 더 강화시켜 주었고, 과학 이론에 대한 가설 연역적 모델과도 일치하며 과학의 합리성을 강조할 뿐만 아니라 과학적 연구의 진보를 보여주었다. 바꾸어 말하면 그런 표준적 설명은 과학적 진보가 합리적이고 방법적이며 불가피한 모습이라는 것에 대중들과 과학자 모두 동의하였다. 그런 설명에서는 단지 과학의 역사가 실제 그런 설명처럼 단순하게 진행되지 않는다는 것만 설명하면 되었다.

존경받는 유명한 과학자인 레나드Lenard, 톰슨Thomson, 로렌츠Lorentz는 광전 효과를 광선의 속성보다는 원자 내부의 구조와 행동에 초점을 맞춘 가설(빛에 의해 촉발되는 공명 현상)로 여러 해 동안 제시했다.[25] 이런 가설도 아인슈타인의 독특한 가설만큼 광전 효과를 설명하였다. 양자 이론의 창시자인 플랑크Planck는 1912년 열복사를 다룬 책에서 아인슈타인의 '파동 꾸러미'나 광자로 해석하는 것을 거부했다. 아인슈타인의 1905년 가설을 확증한 공로를 인정받아 노벨상을 받은 밀리컨Millikan은 그의 자서전에서 다음과 같이 말한다. "나는 빛의 펄스 관점 혹은 현재 우리가 광자라고 일컫는 아인슈타인의 관점을 전적으로 확신하는 지지자가 1915년 이전에는 없었다고 말하는 것이 옳다고 생각한다. … 그 시대에는 아인슈타인에 대한 활발하거나 확실한 지지조차 없었다."(Millikan 1950, p. 67)

아인슈타인의 가설에 대해 엇갈리고 미지근한 반응은 밀리컨이 논문을 처음 발표한 후 16년이 지난 1921년에야 노벨상을 수상했다는 사실로서 입증된다. 이런 증거는 과학자 사회에서 합리적 전환rational conversion 과정이 매우 느리게 일어남을 보여준다. 추종자들이 점차 나타났지만 아인슈타인의 공식을 추종하였을 뿐이지 그 공식의 물리학적 설명을 받아들인 것은 아니었며 이것은 큰 차이였다. 1916년 밀리컨은 "아인슈타인 공식이 명백하고 완전하게 성공했음에도 불구하고, 그 공식을 유도한 물리 이론은 … 다른 사람이 받아들이기 힘들었고 아인슈타인 스스로도 지지할 수 없었다."고 기록하고 있다(Pais, 1982, p. 380). 이런 문제는 실제로 융의 주석(Jung 1983, p. 50)에서도 아인슈타인이 1905년 최초 논문을 매우 잠정적인 용어로 해석하는 데서도 찾을 수 있다. 구체적으로 그 논문의 서문에는 '만약 무엇이라면as if' 형태의 문장들이 있었는데, '만약 빛이 에너지 양자로 이루어졌다면'이나 '만약 그것이 서로 독립적인 에너지로 구성되었다면'과 같은 문장들을 곳곳에서 찾을 수 있다.

매우 널리 알려진 할리데이와 레스닉Halliday & Resnick의 일반 물리학 교재도 아인슈타인의 광자 이론은 밀리컨의 1916년 실험으로 확증된다고 싣고 있으며 밀리컨의 실험이 "아인슈타인의 이론을 매우 구체적으로 증명했다."고 말한다. 그러나 그 실험은 아인슈타인의 이론을 확증한 것이 아니라 아인슈타인의 공식을 확증한 것이다. 그뿐만 아니라 그 공식(방출된 전자의 에너지가 입사된 빛 입자의 진동수와 연관된다)에 대한 확증조차도 명백한 것이 아니었다. 일련의 실험 물리학자들은 아인슈타인의 데이터를 해석하면서, 에너지는 진동수의 제곱으로 변화하거나 또는 2/3의 제곱으로 변화하거나 아니면 아예 진동수와 상관없다고 해석하였다(Kragh 1986, p. 74). 밀리컨의 자료도 수많은 수학적 해석이 가능한데 그 중 하나를 선택하여 에너지가 진동수에 따라 변한다고 해석한 것일 뿐이다. 그리고 그 수학적 공식에 대한 물리학적 해석이, 옷깃에 몰래 숨겨 들어오듯이, 빛이 작은 묶음처럼 진행한다는 것을 가져왔을 뿐 이를 증명한 것은 아니다.

앞의 예들이 매우 예외적인 것은 아니다. 왜냐하면 과학 교과서에는 여전히 사이비 역사, 유사 역사가 많이 포함되어 있다. 가령 보일Boyle이 일정 온도에서 압력과 부피의 역수 그래프를 만들어서 일정한 온도에서 P는 $1/V$에 비례한다는 결론을 얻은 것처럼 다루고 있다. 그러나 버그가 지적한 것처럼(Berg 1990), 보일은 그러한 그래프를 그린 적이 없었다. 다른 사례 중의 또 하나는 PSSC 물리학 교과서 첫 페이지에 갈릴레오가 이탈리아 피사의 교회에서 샹들리에가 흔들릴 때 진자 운동의 등시성 법칙을 발견한 것처럼 제시된 것이다. 이런 주장이 가진 문제점은 6장에서 더 구체적으로 논의하겠다.

과학 교과서가 역사를 다룰 때 상당한 경우 부정확하거나 편파적이라는 클라인과 휘태커의 비판은 확실히 증명되었다. 이러한 부정확성이 생긴 이유는 흥미로운 질문이며 그 대답은 과학교육의 이데올로기와 교과서의 기능에서 찾을 수 있다. 유사 역사quasi-history에 대해 휘태커는 "역사적 배경에 대해 모르면서 (일화를) 생동감 있게 만들려고 하는 저자들에 의해서 생겨난 결과이며, 사실상 물리학의 순서에 맞도록 역사를 새로 써야 한다."고 하였다. 그는 그런 역사가 저자의 과학에 대한 비전을 지지하는 의도적인 노력으로부터 생겨났다고 보지 않는다면서 "나는 유사 역사의 작가들이 반드시 또는 잠재적으로 철학적인 목적을 가진다고 추측하지는 않는다. 유사 역사를 만든 이유는 교수 학습을 위한 편리성 때문만이 아니라 순서와 논리를 가져야 한다고 잘못 안내된 욕구 때문이라고 본다."고 이야기한다(Whitaker 1979, p. 239). 휘태커는 유사 역사는 '과학의 공적, 사회적 본성'을 무시하면서 생겨난 것이라고 했다.

유사 역사는 클라인이 지적하는 사이비 역사도 아니며, 생략의 실수를 범한 단순화된 역사도 아니며 '진실, 온전한 진실, 유일한 진실'을 추구하는 높은 수준의 이야기도 아니다. 유사 역사는 진정한 역사를 가장하여 우리가 제조한 것일 수 있다. 마치 역사를 라카토스와 유사하게 '합리적으로 재구성한' 것이다(Lakatos 1971). 역사적 인물에 현재의 방법론적인 정설의 모습을 칠해 놓았다. 갈릴레오가 이런 방식의 대표적인 예로서, 갈릴레오는 경험주의 교과서에서 실험주의자로 보이지만, 다른 입장의 교과서에서는 도구주의자로, 또 다른 교과서에선 합리주의자로 표현되기도 한다. 그는 모든 철학적 취향을 가진 사람이 되었다.[26] 유사 역사가 역사를 대신하면 현재를 알려주는 역사의 힘은 사라지게 된다. 그러나 만약 역사가에 의해 자료가 철학적 입장에 따라 엄격하게 선택되고 해석되었다면, 이렇게 재구성된 자료를 철학적 입장에 따라 적절한 평가를 받도록 피드백하는 것은, 불가능하지는 않지만 어려웠을 것이다.

역사냐 과학이냐

과학 과목에 과학사를 도입하는 일에 반대하는 두 번째 비판은 MIT 회의에서 제시된 것으로 초심자의 과학 정신을 약화시킨다는 것이다. 역사학자 버스틴Burstyn은 클라인의 문제에 있어서, 전문 역사가나 과학자들 또는 교사들의 다양한 견해보다 학생들의 다양한 관점에서 그 문제를 정교하게 만들었다. 버스틴은 다음과 같이 경고한다.

> 과학과 학생과 다른 학과의 학생들은 세계에 대하여 다른 견해를 가진다는 증거가 (과학과 학생들에게 과학사를 가르친 내 경험까지 포함하여) 매우 많다. 이를 쉽게 표현하면, 과학과 학생은 '옳은' 대답만을 찾으려고 하며 '발산적인' 생각보다는 '수렴적인' 생각을 한다. 이런 면에서 클라인의 문제는 다음처럼 제기된다. 본질적으로 복잡하고 퍼져 있으며 불명확한 역사적 자료를, 정답을 얻는 데만 관심을 가진 학생을 가르칠 때

> 활용할 수 있는가? 또 만약 그것이 성공적이라 하더라도 역사학자가 즐겁게 해주려던 학생에게 이런 과정에서 즐겁지 않게 만든 것은 아닌가? 결국 역사가 물리교육의 목적을 뒤집어버린 것은 아닌가(Brush & King 1972, p. 26)?

이러한 비난은 과학적 창의성에 대한 1959년 회의에서 쿤의 연설에서도 제기되었다. 쿤은 자신의 유명한 저서 《과학 혁명의 구조*The Structure of Scientific Revolutions*》의 1962년 초판과 1970년 두 번째 판에서 그 비판을 반복하여 제기했다. 그의 회의 연설은 다음과 같은 사실에 관심을 두었다.

> 가장 두드러지는 (과학)교육의 특징은 다른 분야에는 전혀 알려지지 않은 교과서를 통해 이루어진다는 점이다. 전형적으로 화학, 물리학, 천문학, 지질학, 생물학을 공부하는 대학생과 대학원 학생들은 특별히 학생들을 위해 쓰인 책으로부터 그들 분야의 본질을 얻어간다(Kuhn 1959, p. 228).

그는 과학과 학생들이 자기 분야의 역사적 고전 즉, '학생들이 교과서에서 다루는 문제들을 다른 방법으로 발견하도록 하는 작품'을 읽도록 권장되지 않고 있음에 주목했다(p. 229). 이런 일들은 모두 수렴적 사고를 엄격하게 훈련시키는 것으로 쿤은 과학이 "그것 없이는 현재의 상태나 지위를 이룰 수 없었다."고 계속 주장한다. 쿤은 이런 훈련이 정당한 것은 그 훈련의 결과라고 보았다. 즉, 이런 훈련은 발산적 생각을 하는 훌륭한 학생을 만들어낼 뿐만 아니라 창의적 과학자나 혁신적 소수 그룹도 생산하는 결과를 가져온다. 후자는 자신의 학문 분야의 정통적 사고에 철저하게 몰입하지 않았다면 개혁적일 수 없었을 것이다. 이런 생각은 쿤이 회의에서 연설할 때와 《필연적 긴장*The Essential Tension*》(1977)이라는 책을 출판할 때 제목에 들어있다. 쿤은 이러한 아이디어들을 《과학 혁명의 구조》에서 정교화하였고, 그 책에서 과학사가 과학 수업에서 왜곡되며, 그 결과로 현대 과학자들도 앞선 시대의 과학자들이 찾던 문제와 동일한 문제를 연구하는 것으로 비춰지게 하였고, 견습 단계의 과학자들에게 진리를 찾는 성공적인 전통에 참여하도록 느끼게 한다고 묘사했다(Kuhn 1970, p. 138).

과학교육에서 교리dogma와 확신의 중요성에 대한 쿤의 관점은 20세기로 전환될 때 과학에 대한 푸앵카레Poincare의 도구주의적 설명의 실질적인 결과를 두려워한 사람들에 의하여 훨씬 전에 드러났었다. 1901년 영국 과학진흥협회의 의장은 푸앵카레의 과학론이 가진 위험성을 다음과 같이 경고했다. "진리와 싸울 때 방법이 무기가 된다는 확신을 과학적 탐험가에게서 빼앗아 버리면 그는 희망 없는 과제에 참여하고 있다는 마비 상태에 빠질 것이다."(Heilbron 1983, p. 178). 푸앵카레의 《과학과 가설*Science and Hypothesis*》이라는 책을 고찰한 다른 사람은 그 책의 메시지가 올바르고 안심을 시키며 계시처럼 보이지만 '정신적 재앙을 가져올 수도' 있다고 경고했다. 위대한 경험주의자이자 과학 역사가인 로지Lodge는 그 책이 '유해mischievous' 하다고 생각한다.

브러쉬Brush는 《과학사는 어떤 등급인가*Should the History of Science be Rated X*》를 출판하면서 쿤의 비판을 더욱 확장시켰다(Brush 1974).[27] 그 책은 과학사가 학생들에게 나쁜 영향을 줄 수 있는 불성실함에 대한 것을 제안했다. 왜냐하면 그것이 견습생도 어려운 과제를 열정을 갖고 푸는 데 필요한 것으로 보이는 과학적 교리의 확실성을 약화시키기 때문이다. 그는 교사들에게 다음과 같이 경고하였다. "학생들에게 중립적인 사실을 찾으려는 사람처럼 과학자들의 전통적인 역할을 주입하는 교사들은 과학 역사가들에 의해 준비해 준 역사적 자료를 사용하지 않을 것이며, 그 목적을 위해 봉사하지도 않을 것이다."

역사의 방어

클라인에서 쿤으로 이어지는 비난은 심각하지만 치명적이지는 않았다. 왜냐하면 그들이 제시한 문제는 과학 과목에서 역사를 삭제하지 않고도 해결될 수 있었기 때문이다. 그들의 비난을 간단하게 말한다면 아래와 같다.

> **비난 1:** 과학과 역사는 매우 다른 지적 활동이다. 왜냐하면 과학은 간단함을 찾고 외부 상황을 무시하려는 데 비해서 역사는 복잡성을 칭송하고 추구하기 때문이다. 그래서 역사를 과학 수업에 가져오게 되면 이런 두 가지 반대되는 지적 견해들을 다루어야 한다.

먼저, 위의 비난이 사실이라면 두 분야가 다르다고 그것이 불행한 일인가? 다양한 견해를 다루는 일은 교육적으로 적절하다. 일반적으로 좋은 학교 교육과정은 다양한 방식의 관점으로 문제를 파악하고 해결 방법도 다양할 것을 요구한다. 게다가 학생들은 수학, 문학, 예술, 역사, 과학, 도덕, 시민학, 종교 등을 배우게 된다. 문제는 한 교실에서 다른 심리적 습성이 다뤄진다는 점이다. 하지만 이것도 문제는 아니다. 영어교사는 서로 달리 창의성을 장려하고 자유롭게 표현하도록 하지만 다른 시간에는 기계적인 암기나 학문적 생각을 갖도록 하고 또 다른 시간에는 감성적 이해와 도덕적인 사고를 격려할 수도 있다. 이러한 서로 다른 견해가 소양을 갖추게 하는 과제를 방해하지 않는다. 과학교사는 영어교사의 그러한 이질성에 대해 더 이상 걱정할 필요가 없다. 게다가 예측된 위험을 방지하고 자유주의 교육의 목적을 달성한 사례로서 학문간 프로그램의 성공적인 경우를 많이 보았다(Dick 1983, Leacock & Sharlin 1977, Lerner & Gosselin 1975, Patterson 1980).

그리고 역사만이 과학 수업에 지적인 정신 분열을 초래하는 건 아니다. 과학교육에도 점점 도덕적이고 정치적인 성분이 필요하며 합당하다고 여겨지고 있다. 수많은 STS 과정에서도 분명하게 나타났듯이, 도덕적, 정치적인 이슈들이 공해, 대체 에너지, 환경 보호 등의 주제를 다루는 과학 과목에도 등장한다. 그러한 과목은 학생들에게 과학적 방법뿐만 아니라 도덕적, 정치적 사고를 요구한다. 이런 STS 과목이 아니라도, 영국 국가교육과정과 프로젝트 2061 등을 포함한 매우 중대한 교육과정 개혁 또한 과학을 공부하는 학생이 다양한 관점에서 주제를 고려하게 한다. 역사를 반대하는 논의를 따르면 과학 수업에 이러한 다양한 고려를 없애는 것이 된다. 그러나 이것이 역사를 배제할 경험적 기반을 갖춘 것은 아니다. 교수요목 상의 시간 배분이 매우 혼잡하여 그 안에 역사를 다룰 시간이 부족하다는 이유 이외에도 더욱 폭넓은 고려사항들을 포함하여 훌륭한 교육학적 기반을 갖춰야 한다.

둘째로 과학적 접근과 역사적인 접근 사이의 차이점이 주장만큼 큰 것인가? 어떤 수준에서는 역사는 복잡성을 찾고 어떤 것도 무시하지 않는다는 클라인의 설명은 그야말로 틀린 것이다. 모든 역사적 서술은 선택된다. 클라인 같은 경험주의자들이 역사가 사실을 찾아낸다고 설명하는 것은 사실이었다. 19세기의 뛰어난 역사학자인 랑케Ranke는 역사학의 과제가 '어떤 일이 있었는지를 단순하게 보여주는 것'이라고 제안하였다. 이런 제안을 따라서 오스트레일리아의 역사를 다룬 책《두 번째 해*The Second Year*》는 1789년 오스트레일리아에 일어난 모든 사건들을 자세히 말하고 있다. 그 책의 서론에서는 독자들 중 원하는 사람은 저자의 이전 책인《첫 번째 해*The First Year*》를 읽으면 1788년에 일어난 일을 알 수 있다고 적어 놓았다.

그러나 이런 역사에 대한 경험주의자의 설명은 호된 비판을 받았다. 앞서 말한 예에서 오스트레일리아의 역사가 1788년에 영국 함대가 첫 상륙을 하면서 시작되었다는 것도 추정이며, 모든 것을 책에 기록할 수 있다는 생각은 다소 무리가 있다. 각각의 사건들은 무수히 많은 방식으로 묘사될 수 있다. 경험주의 역사에 대한 카(Carr 1964)의 비판은 아마 잘 알려져 있을 것이며 또 다른 인물로는 존스(Jones 1972)가 있다. 세부적으로 설명해야 하지만 간단하게 말하면 역사가 모든 것을 말해주지 않으며 역사도 선택된 것이라는 점이다. 영국에서 철도 발전의 역사가 극장의 발전과는 무관하다고 해도 이는 합당하며, 당연히 철도에 대한 문제만 초점을 맞출 것이다. 그러나 철도에 대한 문제는 기차의 도착과 출발, 기차역의 건설, 노동력, 기차 음식, 강철의 주문 등에 관해서 많은 사항이 있기 때문에 필수적으로 선택을 할 수밖에 없다. 역사학자는 문서 수집가가 아니며, 이 때 수집가는 시간표, 식사 메뉴, 주문책 등에 관한 모든 것을 쌓아 놓는 것이다(심지어 여기에는 무엇이 유용할지를 느끼는 감각까지 포함된다). 역사학자는 선택을 하고 더 나아가서 그 중 일부를 역사적 기록으로 남긴다. 그러나 이렇게 이야기하고 역사에 대한 순진한 경험주의적 관점을 반대한다고 해서, 역사는 구성물일 뿐이며 따라서 확인할 문제가 되는 사실이 없다는 극단적 포스트모던주의자의 설명을 지지하는 것은 아니다.

정확한 날짜를 기록하고 관련이 있지만 밝혀지지 않았던 모든 관련 내용 및 다시 출판될 때마다 바뀐 것을 찾는 이런 학문적 노력은 최대로 중요한 어떤 목적이라는 걸 염두에 두고 포함과 배제의 원리를 작동시켜야 한다. 가령 과학자들은 낙하하는 공의 색깔, 재질 및 성분에는 관심을 두지 않으며, 그런 다양한 특징을 질점으로 대치시킨다. 그처럼 역사학자들도 다양한 역사적 일화를 생략하고 말하는 것과 연관된 본질적인 것을 찾으려고 한다. 이런 면에서 역사라는 학문이 과학과 다르지는 않다. 학문적인 논문은 숲이 아니라 나무에 집중을 하는 반면, 학생과 교실 수업에서 나무에만 집중하게 되면 더 이상 숲을 볼 수 없게 된다.

비난 II : 과학 과목에서 사용된 역사는 과학교수에 도움을 주어야 하기 때문에 불가피하게 유사 역사일 수밖에 없다.

이 주장은 첫 번째 주장을 약간 변화시킨 것이고, 과학교사를 방해하려는 것은 아니다. 이것의 장점은 과학 수업에서 역사를 활용하는 것과 역사를 기록하는 것의 혼동에 있다. 과학교사는 역사를 기록하는 일을 하지는 않는다. 역사를 쓰는 일이 어떤 숨겨진 목적을 위해서이기 때문에 문제가 되는 경우는 역사가 왜곡되는 결과를 초래할 때이다. 어떤 목적을 가지고 역사를 기술한다고 모두 유사 역사가 되는 것은 아니다. 만약 그렇다면 과학교사는 역사를 활용하는 교육적 목적을 분명하게 설정하고 역사를 활용한 교사는 실제 역사학자의 기준과 다른 그 목적의 기준에 맞는지를 판정받으면 된다. 두 활동은 매우 다르다.

비난 III : 과학 과목에서 활용된 역사는 과학교사의 목적과 제한점 때문에 생겨난 유사 역사가 된다.

앞에서 언급했듯이, 이런 주장은 어느 정도 진정성이 있고, 역사를 옹호하는 주장이 지나치지 않도록 하는 데 주의할 것을 적절하게 일깨워준다. '수정주의' 역사의 문제점은 정치적인 영역에서 악명이 높고 그것은 종종 학교 역사가 정신을 확장시켜 준다는 목적을 파괴해 버린다. 우리는 소비에트 연방의 공산주의의 역사가 당의 지도 체제에 따라 변화하는 역사에 불과한, 역사적으로 가치 없는 것임을 알고 있다. 1991년 8월 이후, 모든 이런 종류의 역사들은 쓰레기가 되었고, 전체 소비에트 학교의 역사 교육과정은 새롭게 쓰였다. 아시아의 이웃나라들은 매우 분개하였고 법적인 문제에도 굴하지 않고 역사학자 이에나가Ienaga (일본 역사 교과서 장관)는 태평양 전쟁의 역사를 – 그 기간은 대체로 누락되었고 아시아 경제 성장을 북돋았던 일본의 노력을 특별히 언급하였다 – 다시 썼다. 미국식 역사 중에서 '서구의 개방'을 다룬 경우나 멕시코 영토의 정복, 1905년 스페인과 미국의 전쟁, 베트남 전쟁, 노동의 역사 등은 그들의 이데올로기에 의하여 쓰여졌고 역사적 기록을 왜곡시켰다.

과학이 중요하고 과학의 성취를 이룬 상태라면 다양한 정치적, 이데올로기적 집단들이 자신을 승리자로 역사를 쓰는 일은 놀라운 일이 아니다. 나치는 아리안 민족의 과학사를 기술하면서 유대인 과학자는 낙후된 연구자이며 독일의 훌륭한 아이디어를 훔쳤다고 하였다(Beyerchen 1977). 소비에트 연합은 과학의 역사를 자신들의 이데올로기에 맞는 형태로 만들었다(Graham 1972, Sheehan 1985). 교회와 과학의 투쟁의 역사에서 양쪽 모두 그들의 입장에 적당한 역사만을 만들어 냈다. 이러한 역사는 다소 의도적으로 역사적 기록을 개정을 새롭게 바꾼다. 그렇다고 그런 개정이 항상 의도적인 것은 아니다. 뒤헴Duhem의 과학의 기념비적인 역사와 푸앵카레의 연구 사례는 모두 카톨릭의 영향을 받았으며 일부 사람들은 카톨릭과 타협을 했다고 말하기도 한다(Nye 1975, Paul 1979, 1985). 또한 과학사 주변에는 정치적, 사회적, 종교적 역사와 같이, 신화와 이데올로기가 많이 숨겨져 있다.[28]

앞서 말한 모든 경우는 역사를 쓰는 데 과학 외적인 영향을 받았다. 클라인과 휘태커는 여러 경우에서의 과학 내적인 영향에 대해 경고하고 있다. 과학자나 역사학자들의 방법적인 관점으로 인해 역사는 영향을 받을 수 있고, 왜곡될 수도 있다. 그리고 역사를 묘사하는 교사에 의해 과학적인 개념의 차이가 있을 수 있다. 이것은 잠재적인 문제와 그로 인해 일어날 수 있는 일을 극소화시키기 위한 노력으로 인정되어야 한다.

둘째, 과학을 가르치는 것은 역사를 연구하는 것이 아니라는 점을 기억해야 한다. 이 두 가지는 다른 목적, 성공과 확실성에 대한 다른 기준을 가지기 때문에 다른 활동으로 봐야 한다. 역사적 연구를 하는 데 필요한 정교함에 대한 기준이 과학교육에 잘못 적용될 수 있다. 교육에서 교과는 단순화될 필요가 있다. 이것은 경제학이나 과학 자체를 가르칠 때에도 성립하듯이 과학사를 가르칠 때에도 단순화되어야 한다. 교육학적인 과제는 그 교과를 보여주는 단순화된 역사를 만들고, 그에 대한 학생 흥미가 증진되게 하는 것이지 역사적 사건을 묘사하는 것이 아니다. 그런 단순화는 가르치는 대상의 나이와 관련이 있고, 전체 교육과정과도 연관된다. 역사는 교육적인 상황의 요구에 따라 더욱 복잡해질 수 있다. 초등학교 교사들이 성인 연구를 한다고 혹평하는 것은 그들이 무엇을 하고 있는가를 잘못 인식하는 것이며 과학사의 중요한 인물에 대해 학생들이 흥미를 갖도록 하는 것도 그렇다. 유전학의 역사를 단순화시켰다고 중등교사를 비판하는 것 또한 유전학에 대한 수업을 흥미롭고 청소년에게 이해 가능하도록 만들려는 작업을 잘못 이해하는 것이다. 이런 교육적 목적의 기법은 이야기를 단순하게 하기 위한 것이며 불가피한 왜곡은 교육적으로 해롭지 않고 양호하다.

비난 Ⅳ: 좋은 역사적인 연구는 과학적 입장들을 신랄하게 비판한다.

이런 비난에 대한 경험적인 증거는 별로 없다. 필자는 '과학교사를 위한 역사와 철학' 과정을 오랫동안 가르쳐 왔는데, 그 경험에서 바로 이런 부정적 결과를 찾기는 어렵다. 사실 "교사는 이러한 정보에 목말라 있다.", "나는 갈릴레오가 그런 일을 했는지 몰랐다.", "이것이 과학을 좀 더 잘 가르치게 해 준다."와 같은 말을 흔히 들을 수 있다. 아인슈타인이 친구 베소Besso의 권유로 마흐의 《역학의 과학*The Science of Mechanics*》을 접했을 때, 과학에 대한 아인슈타인의 헌신에 역사가 활기를 불어넣었던 것이 대표적인 사례다. 역사를 이해하기 위해서 과학적 지식과 기술의 체제를 통달하게 되었을 뿐이지 역사적 연구에 의해서 그런 과정이 방해받거나 위협받았다는 증거는 없다. 이와 반대로, 1970년대 하버드 물리학 프로젝트 자료를 공부한 수많은 학생들을 대상으로 한 교과 숙달에 대한 광범위한 연구는 인상적이며 쿤의 비관적인 주장을 반박한다. 똑같이, 클로퍼와 쿨리의 고등학교의 사례 연구도 제한된 증거지만 역사는 과학에 대한 학생들의 관심과 이해를 증진시킨다고 주장한다. 효율성 문제와는 별도로 심각한 교육적 쟁점으로 우수한 학생이 과학에 대한 역사적 진실 문제에 빠지는 문제가 제기되고 있다(Siegel 1979b). 이것은 주입식 교육이라는 문제와 연결되고 있다.

결론

과학은 현대 사회에서 물질적, 기술적, 종교적 그리고 문화적 차원을 형성하는 데 막대한 영향력을 미치고 있고 거꾸로 사회적인 차원에 의해 형성되고 있다. 현대 과학은 인류의 중요한 성취 중의 하나이다. 비록 어두운 안경을 통해서이기는 하지만 우리 주위의 가장 큰 물체와 가장 작은 물체들로 만들어진 것을 볼 수 있게 되었고 우리의 몸, 뇌, 건강을 더욱 많이 이해하고 환경과 다른 종에 대해서도 점점 더 이해하게 되었다. 과학교육의 전문적인 목적은 과학의 개념적 영역과 과정적 영역을 학생들에게 도입하는 것이다. 이 장의 도입에서 과학사가 촉진제 역할을 한다는 걸 주장했다. 과학교육에는 학생들에게 과학에 대해 – 방법의 변화, 조직 형태, 증명 방법, 문화와의 상호 관계 등 – 학습시킨다는 더 넓은 목적이 있다. 이러한 목적은 과학교육에 대하여 역사적인 접근과 맥락적인 접근을 요구하고 있음을 주장하고 있다.

역사가 가진 통합 기능은 과학교육에 근본적인 가치를 제공한다. 역사는 과학적 분야에서 겉으로는 관련이 없는 주제를 서로 연결짓는다. 아인슈타인이 브라운 운동을 분석하여 원자 가설을 확증한 사례나 생물학에서 생기론을 증명하기 위한 브라운의 시도, 오스트레일리아의 초기 탐험에서 브라운이 쌓은 식물학적 업적 등이 이에 해당한다. 또한 역사는 과학 분야들 간의 주제를 연결해 준다. DNA 암호를 풀어내는 데 지질학, 결정학, 화학, 분자생물학이 관련된다. 역사적 연구는 서로 다른 지식 영역의 상호 연결을 보여준다. 예를 들어 뉴턴의 역학과 질량 보존의 법칙을 찾아내는 데 수학, 철학, 신학, 물리학 등 모든 것이 역할을 했다. 마지막으로 역사는 학문적 지식에 경제적, 사회적, 문화적 요소들이 상호 연관되어 있음을 인식하게 한다. 다윈의 진화론이 종교, 문학, 정치학 이론 및 교육적 실제에 의해 영향을 받고 또한 거꾸로 그 분야에 영향을 끼쳤다. 역사적 제시는 지식 분야에 있어서 분리된 것 같아 보이는 모든 종류의 가닥들을 엮어서 하나의 지적인 태피스트리 – 여러 가지 색실로 그림을 짜 넣은 직물 – 로 연결시킬 수 있다. 학생들에게 이런 그림을 갖게 하는 것이 교양 교육의 목표이다. 과학교육에서의 문화적인 중요성은 학생들로 하여금 사물의 상호 연관성을 알게 하는 데 기여하는 정도에 달려 있다(Suchting 1994).

많은 교육적 문제에서처럼 과학사교육historical teaching의 성공은 교사에 달려 있다. 교사들이 역사에 관심을 가져야 하며 역사에 대한 훈련을 받아야 한다. 만약 자료가 풍부하고 준비된 교사라면, 역사가 수많은 형식적/비형식적 그리고 계획적/비계획적 방식으로 과학교육의 전문적 과제와 문화적 과제를 수행하는 데 공헌할 것이다. 만약 교사들이 그러하지 않다면, 단지 역사를 위해 법률을 제정하거나 교육과정에 역사를 포함시키는 것은 효과가 거의 없을 것이다. 자주 언급되는 말이지만, 훌륭한 교사는 열악한 교육과정을 살려낼 수도 있고 나쁜 교사는 최선의 교육과정을 죽일 수도 있다.

1. 과학 교수의 역사적 차원에 대해 도움이 될 설득력 있는 논의는 브러쉬(Brush 1969), 코헨(Cohen 1950), 코난트(Conant 1947), 홀튼(Holton 1978a), 클로퍼(Klopfer 1969, 1992), 크라프(Kragh 1992), 러셀(Russel 1981), 융(Jung 1983)에 있다.
2. 플렉 Fleck의 글과 논의를 위해 코헨과 쉐넬레(Cohen & Schnelle 1986)의 연구를 참고할 수 있다.
3. 피아제의 입장은 피아제와 가르시아(Piaget & Garcia 1989)의 연구에 가장 잘 언급되어 있다. 프란코와 콜린보 도밍게스(Franco & Colinvaux-de-Dominguez), 키치너(Kitchener 1986, 6, 7장)의 연구도 이를 논의하였다. 스트라우스(Strauss 1988)의 연구는 이 주제에 대한 논문이다.
4. 미네아폴리스의 바켄Bakken 박물관의 킵니스Kipnis가 광학의 역사에 기반을 둔 대표적인 교재를 개발했는데 교사들을 위한 광학에 대한 수업 방식과 활동을 담고 있다(Kipnis 1992).
5. 예를 들어 갈릴레오의 삶, 시대 그리고 영향에 대해서는 맥멀린(McMullin 1967)의 에세이를, 뉴턴에 대해서는 포벨(Fauvel 1988)을, 다윈에 대해서는 애플먼(Appleman 1970)을 참고하라.
6. 파란만장한 사회생활에 대한 분석은 브러쉬(Brush 1989)와 클로퍼(Klopfer 1969, 1992)의 연구에서 찾을 수 있다. 카우프만(Kauffman 1989)은 특별히 화학교수에서의 역사의 쓰임을 평가하였다.
7. 새미스(Sammis 1932), 오페(Oppe 1936), 자페(Jaffe 1938), 자페와 호그(Jaffe & Hogg 1938)의 글을 참고할 수 있다.
8. 좋든 나쁘든 간에 쿤Kuhn의 개인적인 변형은 전문적인 과학의 역사와 철학과 사실 다른 많은 분야의 커다란 변화를 야기하였다. 30년 동안 모호하고 잘못 해석된 '패러다임'과 이의 상대론적 인식론은 지적인 분야에서 제 기능을 발휘하지 못하였다. 쿤의 상대론에 대한 결정적인 설명은 구팅(Gutting 1980), 샤피어(Shapere 1984a), 시모니(Shimony 1976)의 연구에 있다. 쿤의 과학철학 전후의 종합적인 설명은 주페(Suppe 1997)의 연구에 있다.
9. 홀튼Holton은 1960년대 초반 브러쉬Brush, 왓슨Watson, 러더퍼드Rutherford, 다른 학자들과 함께 중등학교를 위한 하버드 프로젝트 물리 과목 개발에 중요한 역할을 하였다. 홀튼은 과학교육에 대한 교양적 관점을 방어하였고(Holton 1973, 1975, 1978a) 역사적이고 철학적인 주제를 구현한 대학 물리 교재를 집필하였다. 1980년대 후반에 러더퍼드는 AAAS의 프로젝트 2061의 책임자로 임명되었다.
10. 이는 1950년의 〈과학에서 역사의 측면〉이라는 제목의 미국 물리교사협회 연설문이다(Cohen 1950). 코헨은 과학사로 미국에서 두 번째로 학위를 받은 후 일반과학 과목을 지도했고 PSSC 학교 물리위원회의 《새로운 물리학의 탄생 *The Birth of a New Physics*》(Cohen 1961)을 집필하였고 베스트 셀러가 되었다.
11. 이후 클로퍼Klopfer는 과학적 소양은 다섯 가지 요소를 포함해야 한다고 언급하였다.
    - 과학적 사실, 개념, 원리, 이론에 대한 지식
    - 일상생활의 환경에서 적절한 과학 지식을 적용할 수 있는 능력
    - 과학적 활동의 조직, 과학과 기술과 사회의 중요한 상호작용 그리고 과학자의 특징들에 대한 일반적인 이해
    - 과학 탐구 과정을 사용하고 과학적 탐구의 본성을 이해하는 능력
    - 과학과 관련하여 알려진 태도와 흥미의 소유(Klopfer 1990, p. 3)
12. 초판은 8가지 사례를 다루고 있다. 식물의 성별, 개구리와 전지, 세포의 생물 사례 두 가지; 브

롬Bromine의 발견, 공기 화학의 화학 사례 두 가지; 프라운호퍼 선, 빛의 속도, 공기 압력인 물리 사례 두 가지

13. 학생들의 과학에 대한 이해를 측정하는 도구는 과학의 이해TOUS: Text of Understanding of Science였고 교육 평가원Educational Testing Service이 출판하였다. 이것은 《과학교육 학술지*Journal of Research in Science Teaching*》 1권 73~80쪽에 실려 있다. TOUS의 가정에 대한 비판은 루카스(Lucas 1975)의 연구에서 찾을 수 있다.
14. 슈왑Schewab은 오랫동안 시카고 대학교와 연관되며 '위대한 책'의 전통에 고취되어 있었다. 동시대의 인물인 쿤과는 독립적이었으며, 잘 알려진 쿤의 '혁명적' 과학과 '일반' 과학과 유사하게 과학의 '유동적' 탐구와 '안정적' 탐구를 구별했다. 슈왑의 저서 목록은 매튜스와 윈체스터(Matthews & Winchester 1989)의 연구에 실려 있다. 그 중의 일부가 포드와 푸그노(Ford & Pugno 1964), 웨스트버리와 윌코프(Westbury & Wilkof 1978)의 연구에 포함되어 있다.
15. 철학자이자 역사가인 휴웰Whewell은 과학사가 교육 발전에 공헌함을 가장 먼저 지지한 사람이었다(Whewell 1855). 이러한 전통은 브록(Bill Brock 1989), 젠킨스(Edgar Jenkins 1979, 1990), 쉐럿(Sherratt 1982, 1983)의 연구에 잘 기록되었다.
16. 독일(Teichmann 1986a), 이탈리아(Galdabini 1986), 프랑스(Blondel 1986), 덴마크(Thomsen 1986), 스웨덴(Vedin 1986)의 경우를 각각의 논문에서 찾을 수 있다.
17. 이 과목을 위해 매우 아름답고 뛰어난 삽화가 실린 교과서가 만들어졌다(Nielsen, Nielsen, and Jensen 1990, 덴마크어로만 가능). 교재는 린드크비스트Svante Lindqvist가 리뷰했다(*Science & Education* 2(2), 1993).
18. 밀물과 썰물의 이론에 대해 갈릴레오가 오류를 범했던 사례는 브라운(Brown 1976)의 연구를 참고하라.
19. 이러한 수업에 대한 훌륭한 계열이 엑스틱(Ekstig 1990)의 연구에서 볼 수 있다. 중등학교 교사를 준비 중인 대학교의 2학년 과학과 학생은 엑스틱의 논문에 대하여 다음과 같은 글을 썼다.

    > 나는 고등학교에서 물리를 배우지 않았고 학년 중간고사에서 낙제한 후 반 년 동안 대학 물리 수업을 받은 후 그만 두게 된 학생이다. 나는 물리를 정말 싫어하며 잘 할 수 없을 거라고 여러 번 들었다. 이 논문을 읽은 후 나의 부정적인 태도에 크게 놀랐다. 기본적으로 이 과목에 기회를 충분히 가지지 못했고 다른 한편으로는 흥미롭고 적절한 방식으로 들어보거나 읽어본 적이 없다. … 신기한 것은 내가 이 과목을 이해하고 있다. … 왜냐하면 물리를 마주할 때마다 난 혼란스러웠고 물리가 내 능력 밖의 것이라고 확신하였다.

    이것은 전문적인 과학 과목에도 과학사의 교육적 가치를 보여준다.
20. 현재 아리스토텔레스학파인 아들러Adler는 그의 《아리스토텔레스 입문*Introduction to Aristotle*》에서 이를 인식하였다.

    > 자연, 사회, 그리고 사람을 이해하기 위해서 아리스토텔레스는 일상적이며 상식적인 경험에서 알고 있는 것으로부터 시작해야 한다. 상식적인 경험에서 시작한다는 생각은 학교에서 배운 것이 아닌 우리가 갖고 있는 생각을 이용하여 어떤 것이라도 모두 인간의 사고를 공통으로 쌓아갈 수 있다(Adler 1978, p. xi).
21. 16세기 진공에 대한 논란은 슈미트(Schmitt 1967)의 연구를 참고하라.
22. 기압에 대한 과학사는 복잡하며 전문가들은 이러한 다양한 측면에 동의하지 않는다. 미들

톤(Middleton 1964)의 연구는 그 역사를 잘 설명하였다. 샤핀과 샤퍼(Shapin & Schaffer 1985)는 후자의 유명한 공기 펌프 실험에 대한 보일과 홉스의 논의에서 철학과 과학의 상호작용을 보여주는 방대한 사례 연구를 하였다.

23. 1961년《고등학교 생물*High School Biology*》교과서인 BSCS의 황색판의 책임자는 무어Moore였다.《앎의 기술로서의 과학*Science as a Way of Knowing*》이 1984년에 미국 동물학회에서 출판되었고 또한 별도의 논문으로도 출판되었다.

24. 노이게바우어Neugebauer는《고대의 정밀과학*The Exact Sciences in Antiquity*》(1969)에서 다음과 같이 말하였다.

> 나는 역사적 서술의 목표가 어떤 종류의 역사적 과정의 복잡성을 '요약문'이나 '종합'으로 압축하는 것이라고 생각하지 않는다. 오히려 역사적 연구의 주요 목표는 인류의 역사에서 연관된 현상들을 밝혀내고 지나친 단순화 혹은 무시해버리는 철학적 구성에 자연적인 경향에 대응하려는 것이다.

25. 이러한 설명은 크라프(Kragh 1992)를 참고하라.

26. 갈릴레오의 첫 번째 전기 작가였던 비바니Vivani 이후 많은 해설자들이 그들만의 방법론적인 인상으로 갈릴레오의 전기를 다시 만들었다. 비바니는 갈릴레오의 업적에 처음으로 '경험주의자'라는 설명으로 묘사했다(Segre 1991). 이러한 해석은 갈릴레오가 '사실로 쏠리는 경향'을 가지고 있다고 여긴 휴웰Whewell에 의해 인용되었다(Whewell 1840/1947, vol. 2, p. 220). 마흐Mach도 이에 대해서 지적하면서 갈릴레오는 "의견을 미리 갖지 않고 낙하의 실제적 사실들만을 탐구하고 수립하였다."라고 했다(Mach 1883/1960 p. 167). 드레이크Drake도 이러한 관점에서 갈릴레오에 대해 광범위하게 기술하였다(Drake 1978, 1990). 1914년 갈릴레오의《대화》를 크루와 디 살비오Crew & De Salvio가 번역하면서 이러한 경험주의자의 전제에 의해서 몇 가지 오류가 생기게 되었다. 그 대안으로 코이레(Koyré 1939/1978)는 갈릴레오를 '합리주의자'라고 처음으로 말했다. 갈릴레오가 책에 서술된 많은 실험을 실제로 수행했는지에 대해 의문을 가지고, 갈릴레오의 물리 발달을 위해서 수학과 플라톤 철학의 형이상학이 실험보다 더 중요했다고 주장했다. 이러한 전통은 시어Shea를 포함한 일부 학자들을 통해 계승되었다. 파이어아벤트Feyerabend는 그의 영향력이 큰《방법에 반대하며*Against Method*》(1975)에서 갈릴레오를 방법론적 무정부주의에서 자신의 고유한 형식의 선구자로 간주하였고 "갈릴레오는 코페르니쿠스를 지지할 목적으로 개발된 새로운 형태의 경험으로 오래된 사실을 가능하다면 언제든지 대체하였다."(p. 160)고 기술했다. 갈릴레오의 역사적 해석에 대한 철학적 전제의 효과를 연구한 것들은 많이 있다(Crombie 1981).

27. 브러쉬Brush는 과학교사의 과학교육과 역사연수에 좋은 역사를 가르치려는 노력을 실행한 몇십 년 동안 중요한 인물이었다. 그는 1970년 물리교육학회 국제위원회International Commission on Physics Education conference의 의장이자 학회자료집의 편집자였으며 미국 물리학협회American Physical Society의 물리 역사 분야의 선구자이자 미국 과학사 학회의 교육위원회의 초대 의장이었다. 특별히 교사들을 위해 개발된 논문집(Brush 1988a)의 편집자이자, 두 번째 과학 혁명의 안내서(Brush 1988b)와 과학교육에서 역사의 위치에 대한 중요한 3가지 논문(Brush 1969, 1974, 1989)의 저자였다.

28. 이러한 영향의 분석은 크라프(Kragh 1987)의 10장을 참고하라.

5장 교육과정에서의 철학

Philosophy in the Curriculum

로버트 에니스Robert Ennis는 과학철학과 과학교육에 대한 문헌을 고찰하면서 "모든 과학철학자들은 과학교육이 가진 문제에 관심을 보이지 않고 있다."고 지적하였다(Ennis 1979, p. 138).[1] 그러나 다행히 이런 상황이 조금씩 바뀌어 가고 있다. 과학교육자들은 과학철학자의 업적을 활용하는 데 많은 관심을 가지게 되었다.[2]

에니스는 과학교사가 교실과 교무실에서 끊임없이 마주하는 질문들과 과학철학자의 연구와 숙고를 분명히 하는 질문들을 여섯 가지로 정리했다. 과학적 방법은 무엇인가? 경험적 진술에 관한 비판적 사고는 무엇인가? 과학의 구조는 무엇인가? 과학적 설명은 무엇인가? 과학자들의 활동에서 가치 판단이 어떤 역할을 하는가? 과학적인 이해를 시험하는 좋은 시험이란 무엇인가? 이런 질문들은 과학교사에게 영원한 과제이며 과학교사를 위한 교육 프로그램은 이런 질문들을 탐색하는 것으로 시작된다. 더욱 현대적인 질문은 과학철학자들이 페미니즘과 과학, 다문화와 과학, 구성주의 이론, 환경 윤리 등에 대해 기여한 것에서 발견된다. 이런 문제들은 과학교사에게 교육과정의 외적인 문제가 아니라 오히려 과학교육의 주요 내용으로 다루어져야 한다. 문제는 이런 철학적인 질문을 얼마나 확실하게 인식하고, 얼마나 명쾌하게 다루었냐는 것이다.

교사가 학생들에게 과학을 가르칠 때 교사 자신이 가지고 있는 과학에 대한 인식도 학생들에게 함께 전달되며 이러한 철학적 부분은 과학에 대한 이미지 형성에 영향을 미칠 수밖에 없다. 이 장에서는 과학교육에서 그 동안 철학이 다루어졌던 방식과 더 분명하게 다룰 앞으로의 방식에 대해 논의하고자 한다. 철학에 대한 논의를 통해 학생들이 과학을 더 잘 이해할 수 있도록 함과 동시에 과학이 가진 문화적 자원과 인식론적 차원을 심어줄 수 있을 것이다. 이런 논의를 역사, 수학, 지리 등 다른 교과 수업으로 확장할 수 있다.

과학과 철학

과학교육에서 철학이 분리되면 과학교육이 왜곡된다. 고대 그리스시대에서 현재까지 과학은 철학과 얽혀 있으며 과학과 형이상학, 논리학, 인식론은 떨어질 수 없었다. 데모크리토스, 아리스토텔레스, 코페르니쿠스, 갈릴레오, 데카르트, 뉴턴, 라이프니츠, 보일, 패러데이, 다윈, 마흐, 아인슈타인, 플랑크, 하이젠베르크, 슈뢰딩거는 위대한 과학자인 동시에 철학자였다. 19세기 말까지 과학자들은 '자연 철학자natural philosophers'라고 칭해졌다. 아인슈타인은 이론 물리학자를 '근로자의 옷을 입은 철학자'라고 불렀다(Bergmann 1949). 피어스Peirce는 자신의 과학 철학 노트에서 "과학자 중에서 형이상학 없이 지내는 사람을 찾아보라. 만약 그런 사람이 있다면 그 과학자는 조잡하고 비판 없는 형이상학에 물들어 있는 교리로 포장되어 있을 것이다."고 했다.

형이상학과 관련된 쟁점은 과학의 주제에서 자연스럽게 제기된다. 역사적 연구를 보면 과학과 형이상학이 상호 의존적임이 드러난다. 갈릴레오와 아리스토텔레스의 궁극적인 원인에 대한 논쟁, 조석이 달에 의한 것이라는 갈릴레오와 케플러의 논쟁, 뉴턴과 데카르트 사이의 원거리 작용에 대한 논쟁, 절대 시간과 공간의 존재를 둘러싼 뉴턴과 버클리 사이의 논쟁, 빛의 입자 이론에 대한 뉴턴과 프레넬의 논쟁, 자연 선택의 다윈과 지적 설계에 대한 팔레이Paley의 논쟁, 마흐와 플랑크의 원자 이론에 대한 실재론적 해석에 대한 논쟁, 양자 역학에 대한 결정론적 해석을 둘러싸고 아인슈타인과 코펜하겐 학파가 논쟁한 것들은 모두 형이상적인 쟁점을 전면에 나서게 하였다. 이렇게 형이상학은 과학에 깊이 연관되어 있다.[3]

갈릴레오는 뛰어난 과학자이자 철학자였던 대표적인 인물이다. 존재론, 인식론, 방법론, 형이상학과 같은 매우 다양한 분야에서 철학적인 기여를 했다. 갈릴레오는 존재론에서 일차적 성질과 이차적 성질을 구별하였고, 인식론에서 지식 주장의 조정자 역할을 하던 권위를 비판함과 동시에 감각적 증거가 수학적 사고에 종속됨을 알게 하였으며, 방법론에서는 수리-경험적 방법을 개발하였고, 형이상학에서는 아리스토텔레스 방식의 원인 범주를 비판하고 설명 원리로 사용되던 신학을 거부하였다.[4] 물론 이런 것들이 그 분야뿐만 아니라 17세기 철학자들과 그 후에 등장한 칸트, 후설과 같은 철학자들에게 막대한 영향을 끼쳤음에도 불구하고, 갈릴레오는 모든 철학사에 드물게 언급되며 과학교과서도 이런 철학적 관심과 기여를 거의 다루지 않는다.[5]

과학은 항상 그 시대의 철학적 사고의 맥락에서 이루어지고 또 그렇게 되어야 한다. 과학자들은 자신이 얻을 수 있는 언어와 개념적 도구를 통해 사고하고, 글을 쓰고, 말을 한다. 일반적으로 사람들은 특정한 지적 상황에서 의견을 갖게 되며, 이런 의견은 자신의 상황에 의해 제약을 받는다. 뉴턴이 다른 사람보다 더 멀리 볼 수 있었던 것은 위대한 사람의 어깨 위에 서 있었기 때문이었다고 말했다. 유클리드 기하학뿐만 아니라 코페르니쿠스, 케플러, 갈릴레오가 없었다면, 지구상의 역학과 천상계의 역학이 하나로 통일될 수 없었을 것이다. 자연 세계에 대한 과학자의 이해와 접근은 자신이 받았던 교육과 환경에 의하여 만들어지는데, 이런 환경은 그 시대의 철학의 지배를 받는다. 이런 주장은 객관주의적 입장에게 개인은 개념과 정의, 방법론, 결과, 도구, 전문 조직이 모두 어우러진 체계를 흡수하여 활동하고 있다는 점을 지적한다. 그런 것들이 철학적 전제를 깔고 있기 때문에 과학자들의 업적은 철학에 의하여 만들어진다고 볼 수 있다.

과학이 철학과 연관된 것은 최근에 대중적인 과학 교양서에서 많이 지적된다. 《신과 새로운 물리학*God and the New Physics*》(Davies 1983), 《시간의 역사*A Brief History of Time*》(Hawking 1988), 《인간과 자연*On Human Nature*》(Wilson 1978), 《물리학의 도*The Tao of Physics*》(Capra 1975), 《춤추는 물리*The Dancing Wu Li Masters*》(Zukav 1979)와 같은 책들이 베스트셀러가 되었고, 이런 책에서는 과학이 다른 학문 분야 (가령 철학, 심리학, 신학, 생물학) 그리고 더 일반적으로 하나의 문화가 가진 세계관에 영향을 주기도 하고 거꾸로 영향을 받기도 했다는 사실을 기본으로 받아들이고 있다. 이런 책들이 널리 읽히는 것은 제1, 2차 세계대전 사이에 에딩턴Eddington의 《물리학의 본성*The Nature of the Physical World*》(1928), 진스Jeans의 《물리학과 철학*Physics and Philosophy*》(1943) 버널Bernal의 《과학의 사회적 기능*The Social Function of Science*》과 같은 책이 읽혀지던 상황과 비슷하다. 진스는 책 서문에 다음처럼 적고 있다.

> 이 책의 목적은 물리학과 철학을 구분하는 것이 어리석은 일이며, 최근 이론 물리학의 발달로 물리학과 철학이 매우 흥미롭고 중요한 관계에 있음을 보여주려는 데 있다. 더 나아가 물리학과 철학의 기술적 문제는 인간 생활에 매우 밀접한 문제를 다루고 있다(Jeans 1943/1982, p. i).

이런 대중 서적들은 교사가 과학과 철학에 대한 경계 영역을 논의할 때나 실험실 생활이 문화적 논쟁과 연결될 때 필요한 사례를 제공한다. 그러나 책의 저자들도 자세한 것을 무시하거나 때로 중요한 문제를 잘못 이해하기도 한다.[6] 훌륭한 그럴듯한 설명이 있기도 하지만 엉터리인 경우도 많이 있으며, 어떤 문제에 대한 대중적인 이해를 왜곡시키기도 한다. 과학철학과 과학사를 잘 알고 있는 교사는 이런 두 가지 경향을 스스로 판단할 수 있다. 과학의 역사를 거치면서 제기되었던 사변적인speculative 문제, 형이상학적 문제, 윤리적인 문제를 학생들에게 다뤄보게 한다면 그들이 자신의 세계관을 일상적인 것과 동떨어진 것이 아니라고 생각하는 데 도움을 줄 것이다. 그런 논쟁을 다뤄보지 못한 학생은 마치 대도시를 처음 방문하는 시골 아이 같을 것이다.

과학자가 가진 종교적 신념이 그의 동기와 개념에 미치는 영향은 종종 과학 교수의 요목에서 무시되고 있다. 뉴턴이 세 가지 법칙을 발견했고 공식화했다는 사실을 가르칠 뿐이다. 뉴턴이 《프린키피아*Principia*》에서 "나는 그 원리가 조물주Deity에 대한 믿음을 실현하게 작동하는 것을 보고 있으며, 그런 목적에 그 원리가 유용하기에 매우 기뻤다."고 말한 것을 가르치지 않는다. 학생들은 보일이 기체의 압력과 부피의 관계를 형식화했다는 것은 배우지만, 보일이 악명 높은 무신론자에 맞서 그리스도 종교를 증명하고, 기계적 철학이 우주의 설계자의 존재를 증명하는 데 들어맞기에 믿는다고 대중 강연을 하려는 유언장을 남겨 놓았다는 것은 거의 배우지 못한다.

역사적으로 중요한 서구 과학자들이 자신의 업적은 신의 위대함을 증명하기 위함이라고 언급했음에도 불구하고 과학 수업 시간에 이런 설명을 들어본 사람은 거의 없다. 이런 심리적이고 문화적이고 철학적인 이야기를 들어보고 탐색해 볼 가치는 충분하다. 과학과 종교에 대한 오래된 쟁점을 과학 수업에서 해결하라는 것이 아니라 이런 문제를 제기하고 그 내용과 역사에 대한 개괄적 소개가 주어져야 한다는 것이다. 특히 이런 문제에 친숙한 상급 학년에게는 유익할 수 있고, 자신의 개인적 일과 관련이 있을 수 있으며, 문학과 역사 과목을 논의할 때도 연관될 것이다.[7]

학생들을 위한 철학 운동의 흐름을 받아서 출판된 책들이 상당히 많다는 것은 아동들이 초보적인 철학적 질문을 능히 다룰 수 있고 관심도 있다는 걸 의미한다. 과학 수업에서 이런 점을 활용하여 과학을 가르치면서 기본적인 철학적 질문을 제시하여 분석적 기능과 추론적 능력과 같은 철학적 기능을 습득할 수 있는 기회를 제공할 수 있다.

과학교육과정에서 철학

교실에서 과학과 철학의 흥미로움과 복잡함이 서로 상호작용할 때, 과학교육은 발전하고 더 충실해진다. 미국 과학진흥협회The American Association for the Advancement of Science는 이러한 사실을 인식하고 '교양 과학The Liberal Art of Science'이라는 대학 과학 교수법의 혁명을 제안하였다.

> 과학 교수법은 과학과 확고하게 자리매김한 지적이고 문화적인 전통들 사이의 상호작용을 탐구해야 한다. 과학의 역사는 과학이 세계에 대한 폭넓은 다른 사고와 연관을 맺고 있음을 보여주면서 또한 현시점의 문제들을 조망해 준다(AAAS 1990, p. xiv).

영국 국가교육과정위원회The British National Curriculum Council와 캐나다 과학위원회the Canadian Science Council 그리고 그 외의 다른 정치적이고 교육적인 단체들도 이와 비슷한 제안들을 내놓았다.

과학과 철학의 상호작용이 이루어질 수 있는 여러 가지 방법들이 있다. 그 방법들에는 원론적인 자료를 수집해 읽는 것, 역사 · 사회 · 신학 또는 문학 수업을 연계한 프로젝트, 과학 역사에서 중요한 에피소드의 재정립, 정선된 주제에 대한 평론, 화제가 되는 것들에 대한 논쟁, 또는 연구되거나 실질적인 작업이 진행되고 있는 과학 주제에 대한 가벼운 철학적 질문을 해 보는 것들이 있다. 모든 과학의 철학은 다음과 같은 분석적이고 논리적인 문제로 시작한다. 특정한 개념은 무엇을 의미하는가? 명제의 진실은 어떻게 알 수 있는가? 결론은 제시된 전제로부터 생성된 것인가? 리프만Lipman과 '아이들을 위한 철학the Philosophy for Children' 프로그램에서 입증되었듯이, 이러한 분석적이고 논리적인 질문과 사고의 습관은 취학 전에 경험될 수 있고 아이들이 성장하면서 다듬어질 수 있다(Lipman & Sharp 1978). 존슨과 스튜어트(Johnson & Stewart 1991)는 고등학교 유전 수업에서 철학과 과학을 결합한 좋은 예를 제시한다. 그들은 '문제 제기하기, 문제 해결하기, 동료 설득하기'라는 과학의 '3P'에 초점을 맞춘다.

철학은 과학 탐구와 동떨어지지 않는다. 가장 기본적인 수준에서, 텍스트나 과학적 논의에는 '법칙', '이론', '모델', '설명', '원인', '진실', '지식', '가설', '결론', '관찰', '증거', '이상화', '시간', '공간', '영역', '종'이라는 용어들이 포함된다. 철학은 학생들과 교사들이 과학 수업의 속도를 줄이고 이러한 용어들이 무엇을 의미하며 이러한 용어의 사용을 위한 조건들이 무엇인가에 대해서 물음을 가질 때 시작된다. 이러한 모든 개념들은 인식론과 형이상학이라는 문제에 대한 철학적 고찰에 기인한다. 즉, 사물이 어떻게 인식되고, 우리가 어떻게 그것들을 인식하며, 실질적으로 사물들이 세상에서 어떻게 존재하고 그들 사이에서 어떻게 가능한 관계를 맺고 있는지에 대한 고찰인 것이다. 학생들과 교사들은 이러한 모든 개념들에 대해서 '당신이 말하고자 하는 ○○○의 의미가 무엇이인가? 또는 ○○○을 어떻게 알게 되었는가?'와 같은 대표적인 철학적 질문들을 제기해 볼 수 있다. 이런 기초적인 철학적 분석을 통해 보일의 법칙이나 돌턴의 모델, 다윈 이론과 같은 경험적이고 개념적인 쟁점까지도 평가하고 또한 이로 인해서 비판적이고 반성적인 사고가 촉진된다.

STS를 강조한 학교 과목은 과학이 철학, 그 중에서도 특히 윤리 철학 및 정치 철학과 연관된다. 캐나다의 앨버타 주 정부의 교육부가 1990년에 발간한 안내 책자인 《과학교육의 근본 목표*Unifying the Goals of Science Education*》에는 과학의 본성을 가르쳐야 한다고 분명하게 제시되어 있다. 이를 위한 읽을거리 목록에 스티븐 호킹, 아인슈타인, 홀튼, 쿤, 라투르, 폴라니, 라베츠의 저작물을 포함시켰다. 일반적인 STS에서 다루는 주제는 낙태, 에이즈, 멸종 위기 종, 유전자 조작, 유기농 식물, 핵전쟁, 우주 탐험과 쓰레기 처리 등이 포함된다(Rubba et al. 1991). 이러한 영국[8], 네덜란드[9], 캐나다[10], 미국[11]의 STS 수업은 외연적으로 정치적이고 윤리적인 문제들을 다룬다. 그런 문제의 예로는 정의, 평등, 재화의 공정한 분배, 책임 등에 대한 것으로 모두 철학적 분석을 거쳐 명확해져야 하며 이런 생각들의 역사도 살펴보아야 한다. 철학적 고찰이 없다면, STS 수업은 오염, 핵 에너지, 보존 등에 대해서 유행처럼 깊이 없는 이데올로기만 반복하는 위험을 안게 될지도 모른다. 이러한 잘못은 1940년대의 '소비자를 위한 과학Science for Consumers' 과목에서 나타났다. 그런 중요한 문제를 겉핥기식으로 배운 학생들은 좁은 식견만을 갖고 학교를 졸업하게 되었고 국가적 이익과 개인적인 이익이라는 문제를 접할 때 발휘되지 못하는 경향이 있었다.

따라서 학문 중심의 교육과정이든, STS를 강조하는 교육과정이든, 과학 문화 교육과정이든 과학 수업에서 철학적 질문을 제기하고 아이들로 하여금 철학적으로 사고하는 습관을 길러줄 수 있는 기회는 많이 있다. 이러한 기회들을 인식하고 최대한 활용하는 것이 필요하다.

논리와 과학적 추리

마지막 장에서는 과학교육의 역사적인 차원의 이점들을 다루었다. 과학의 역사는 학생들에게 기본적인 논리를 소개하는 도구를 제공해 준다. 앞서 논의했던 광전 효과가 그 예이다. 광전 효과와 밀리컨의 실험은 교실에서 쉽게 보여줄 수 있다. 아인슈타인의 광양자 이론과 방정식이 광전 효과와 밀리컨 실험을 이어주는 과학적인 '왕도'로서 역할을 하는 대신에, 이로 인해서 예기치 못한 다른 어떤 것도 일어날 수 있다. 역사적인 면에서 볼 때, 위대한 과학자들도 그들의 생각을 제안하는 데 머뭇거리는 상황이 있음을 찾을 수 있다. 이는 데이터에 대한 올바르고 합리적인 해석이 어느 때라도 다양하게 제시될 수 있음을 보여준다. 그리고 결국 수학적 공식이나 모델은 물리적인 해석과는 분명하게 구별된다는 것을 알게 해준다.

20세기 초에는 광전자의 에너지 방출과 입사시킨 빛의 주파수 사이의 연관성에 대해서 다양한 가정들이 있었다. 철학은 그 실험 데이터가 어느 특정 이론을 증명할지와 어떻게 증명할지에 대해 의문을 제기했다. 다른 많은 이론들이나 공식도 같은 데이터를 끌어내고 있다. 이러한 데이터만으로는 단순하게 특정 그래프나 공식을 참이라고 결정짓지 못하며 특정한 공식의 물리적 해석은 더 결정하지 못한다. 만약 학생들이 이것을 평가해야 한다면 그들은 BC 4세기에 아리스토텔레스가 인식했던 오류 즉, 후건 긍정의 잘못된 추론 과정을 인식하게 될 것이다. 아리스토텔레스는 다음 형태의 논증이 타당하지 않음을 보여주었다.

*T*는 *O*를 내포한다(이론 *T*는 관찰 *O*를 내포한다)
*O*이다(관찰 *O*가 이루어졌다)
그러므로 *T*이다(이론 *T*는 참이다)

이 결론이 얻어지려면 *T*가 *O*를 내포하기 때문만이 아니라 알고 있는 또는 알려지지 않은 다른 이론들도 모두 똑같은 관찰을 내포해야 한다. 지난밤에 비가 내렸다는 가설은 길이 젖어 있을 것이라는 것을 내포한다. 그러나 청소차가 지나갔거나, 수도관이 터졌거나, 잔디에 물을 주는 수도관이 열려 있었다는 가설들도 모두 길이 젖어 있음을 똑같이 내포한다. 따라서 길이 젖었다는 단순 관찰만으로는 특정한 한 가지 가설을 증명하지 못한다.

이러한 단순한 논리는 아리스토텔레스 시대부터 현대에 이르기까지 경험주의자들이 자연 과학을 접근하는 데 걸림돌이 되었다. 일반적으로 사람들은 확실한 예상이 이론을 믿게 만드는 보증서라고 생각하지만, 실제로 확실한 예상이 이론의 진위를 확립할 수 없다. 그래서 확실한 예상이 수반하는 진리의 유형을 재음미할 필요가 있는 것이다. 중세 시대에 "현상을 구원한다."는 문제가 있었다.[12] 13세기 토마스 아퀴나스는 아리스토텔레스를 추종하였고 자연 세계는 두 가지의 확실성이 있다고 다음과 같이 말했다.

우리는 하나의 사물을 두 가지 방식으로 설명할 수 있다. 첫 번째 방식은 그 사물이 수반하는 원리가 옳다는 것을 충분히 보여주는 것이다. 예를 들어, 물리학은 천체의 운동이 통일성을 가지고 있음을 충분히 증명할 수 있는 이유를 제공한다. 두 번째 방식은 충분한 증명으로 원리를 보여주어 그 사물이 존재하는 것을 설명하지 않고 그 사물의 효과가 미리 세워 놓은 원리와 일치됨을 보여주는 것이다. 예를 들면, 천문학에서 편심 궤도eccentrics와 주전원을 설명한 근거는 천체 운동의 관찰 현상을 그 가설에 의해서 구원할 수 있다는 사실이다. 그러나 이것만으로는 증명하는 근거가 아닌데 그 이유는 천체의 운동의 겉모습은 다른 가설로도 구원할 수 있기 때문이다(Summa Theologica, Ia, xxxii, I, ad2, in Duhem 1908/1969, p. 42).

사실이 다양한 해석에 열려 있다는 기본적인 관점은 '뒤헴–콰인Duhem–Quine' 테제로 부르는데 일반적으로 과학 이론이 증거에 의해 확립됨을 말한다. 뒤헴Duhem은 1906년 《물리학의 목적과 구조*The Aim and Structure of Physical Theory*》라는 책에서 이 테제의 논리적 관점을 강조했고, 콰인Quine은 1953년 《논리적 관점으로부터*From a Logical Point of View*》라는 책에서 그 테제를 더욱 확장시켰다. 그 테제에는 두 가지 형태가 있다. 하나는 토마스 아퀴나스에 의해 언급된 것으로 예측의 긍정적 결과가 이론의 진리를 정립하는 데 이용될 수 없다는 것이고, 또 다른 하나의 형태는 뒤헴이 언급한 것으로 예측의 실패가 그 이론이 거짓이라고 결론을 내릴 수 없다는 것이다. 왜냐하면 그 예상이 지금 고려하고 있는 추리에 따른 이론에서만 나오는 것이 아니라 배경 정보가 그 이론과 합쳐지기 때문이다.[13]

과학을 전공하는 많은 학생들이 종종 아리스토텔레스와 아퀴나스의 추론에 실수를 범하기 때문에 과학 수업에서 이런 철학적인 문제를 다루지 말자는 설득력 있는 주장의 근거가 된다. 오스트레일리아의 코챠드(Cochaud 1989)는 학생들이 범하기 쉬운 이러한 과학 추론의 일반적인 형태와 그 문제점을 제시했다. 그는 호주의 대학교에 재학 중인 과학 전공 1학년 학생들에게 10개 문항의 간단한 논리 검사를 실시했다. 이 문항 중에 학생들이 결론 부분을 채우는 문항이 있었다.

은silver 용액에 염화 이온을 첨가하면, 하얀 침전물이 생긴다.
용액 *K*에 염화 이온을 첨가하니 하얀 침전물이 생겼다.
그러므로 ……

65명의 학생 중에서 48명이 용액 *K*에 은이 들어있다는 결론을 내렸다. 이처럼 최소 6년 이상 과학을 공부한, 고등학교 졸업생 상위권 성취도 그룹에서 3/4의 학생이 잘못 추리했다. 그들이 다음과 같은 논리적 오류에 쉽게 빠지는 것은 놀라운 일이 아니다.

공산주의자들은 노동조합주의를 지지한다.
프레드는 노동조합주의를 지지한다.
그러므로 프레드는 공산주의자다.

다른 문항에 대한 결과들도 놀라웠다. 학생들에게 다음의 삼단논법을 완성하게 했다.

만약 어떤 원소가 전기 친화도가 낮으면 그것은 금속이다.
나트륨 원소는 금속이다.
그러므로 ……

65명의 학생 중 59명의 학생들은 제공된 정보에 기초하여 나트륨이 전기 친화도가 낮았다는 결론을 내렸다. 그들의 결론은 정확하기는 하지만, 모두 주어진 정보에 기초했다고 보기 어렵다. 만약 첫 번째 전제가 "만약 오직 한 원소가…"라면 성립될 수도 있다. 이처럼 거의 상위권에 속하는 고등학교 졸업생의 90%가 기본적인 논리적 오류를 범하는 것으로 보인다. 다음과 같은 잘못된 추리도 흔히 일어난다.

만약 교활하고 남을 속이는 기질이 있는 사람들이 있다면, 그들은 복지비를 수령할 수 있다.
프레드는 복지비를 수령했다.
그러므로 프레드는 교활하고 남을 속이는 기질이 있다.

과학에서 추론 기능의 중요성은 교육과정에도 문서 형태로 제시되었다. 융워드(Jungwirth 1987)가 이 문제에 관한 연구를 수행하여 비판적 – 논리적 – 분석적 사고 기능과 관련된 교육과정 상의 진술문을 목록으로 작성했다. 그 내용은 다음과 같다.

- 학생들이 과학적 접근 방법을 이해하고, 논리적이고 체계적인 사고 습관을 기를 수 있도록 한다(고학년 생물Senior Biology, 남아프리카의 희망봉, 1977).

- 논증의 논리적 오류와 타당하지 않은 결론을 찾아내고 확인한다(퀸즈랜드 중등학교 위원회Queensland Board of Secondary School Studies, 호주, 1983).
- 과학적 소양을 갖춘 사람은 상당한 지식 기반과 … 과정 기능process skill을 갖추며, 개인이 … 논리적으로 사고한다(미국 과학교사 협회NSTA, 1982).

융워드는 3개국 6백 명의 초등학생, 4백 명의 예비교사(과학과 졸업)와 대학교 과학과 학생들의 추론 과정을 연구했다. 다음과 같은 학교 교육과정과 학교 밖 교육과정(실생활)의 잘못된 추론이 들어있는 검사 문항을 활용하였다.

1) 어떤 사건에 이어져 다른 사건이 뒤따라 일어나면 앞의 사건을 원인이라고 가정한다.
2) 부족한 사례수를 기반으로 결론을 내린다.
3) 대표성 없는 사례를 기반으로 결론을 내린다.
4) 특정 상황에서 참이라고 일반적인 상황에서도 참일 것이라고 가정한다.
5) 인과 관계를 상관관계로 본다.
6) 동어 반복의 추론을 한다.

이 결과는 과학에서뿐만 아니라 사회와 개인의 일상생활 맥락, 즉, 투표, 자동차 구입, 교육 위원회의 정책 결정, 빵이 잘못 구워졌을 때 무엇이 잘못되었는지를 알아내는 문제 등에서 추론할 때도 잘못을 범하기 때문에 큰 문제가 될 수 있다. 아래의 표는 위의 1)에서 4)까지의 추론 오류를 범하는 사람들의 비율을 보여준다.

융워드는 타당하지 않은 추론 5)와 6)의 결과도 이와 비슷했고 결론적으로 모든 문항의 전체 결과는 다음과 같다고 보고했다. 성인의 경우, 대학 졸업생이 50% 수준 이상을 보였을 뿐이고, 중등학교 졸업자는 그 수준보다 훨씬 낮았다. 그런데 일상생활 문항에서 2/3 수준 이상의 평균을 보인 성인 집단은 없었다. 학생들 중에는 교육과정 문항에서 25% 수준을 보인 집단도 없었지만 일상생활 문항의 점수는 거의 2배 정도 높았다. 융워드는 과학 수업에서 올바른 추론의 기초를 다루어야 하고, "예비교사 교육과 현직 교사 연수에서 '방대한 정보의 양을 모두 다루는 것'이 과학-교육의 유일한 부분도 아니며 모든 부분도 아니라는 메시지를 전달해야 한다."고 결론짓는다(p. 57).

융워드는 이런 추론 영역에서 무지는 무지를 낳는다는 사실에 주목했다. 이것은 막스Marx가 한 "교사를 누가 교육할 것인가?"라는 말과 깊은 관계가 있다. 그는 교사들

타당하지 않은 추론 종류	9~12학년		대학생	
	교육과정 상황	일상생활 상황	교육과정 상황	일상생활 상황
1)	40%	50%	30%	25%
2)	30%	40%	30%	40%
3)	15%	50%	60%	60%
4)	35%	50%	30%	60%

표 2 타당하지 않은 추론에서 오답 비율

의 사고 기술에 대한 조사를 했고, 어느 교사도 학생 사고 수준 이상을 넘지 못했다. 아론스Arons는 "우리는 많은 학생들에게 맹목적인 암기blind memorization를 시키며, … 주제들은 추상적 사고 능력을 갖추지 못한 학생들에게 부과된다. 그리고 그 학생들을 가르치는 교사들도 상당수가 추상적 사고력을 갖추지 못했다."고 지적한다(Arons 1974). 가넷과 토빈(Garnett & Tobin 1984)은 논리적 사고에 관한 검사를 실시했더니 "많은 교사들이 추론 능력을 갖추지 못했고 과학교육과정은 주로 능력을 개발하기 위한 것으로 구성되어 있다."고 결론 내렸다.

코샤드Cochaud와 융워드Jungwirth의 연구가 제안한 것은 형식적이거나 비형식적인 추론을 잘 구사하도록 과학 과목을 가르쳐야 한다는 것이다. 학생들은 학교 교재뿐만 아니라 일상적인 간행물에서도 흔히 볼 수 있는 아래와 같은 형식 논리의 오류를 받아보고 이러한 오류를 범하지 않게 훈련되어야 한다.

후건 긍정의 오류	만약 *P*이면 *Q*이다 *Q*이다 따라서 *P*이다
전건 부정의 오류	만약 P이면 *Q*이다 *P*가 아니다 따라서 *Q*가 아니다
대안 긍정(흑백 논리)의 오류	*P*또는 *Q*이다 *P*이다 따라서 *Q*가 아니다

역사적인 연구들은 좋은 추론의 원리를 밝힐 수 있는 맥락을 제공한다. 또한 동일한 역사적 사례를 통해서 학생들에게 과학의 '논리 외적' 차원을 보여 줄 수 있다. 이론과 연구 프로그램을 선택할 때 형이상학적 신념에 의존하는 경우이다. 간단한 학생용 실험으로 '암흑 상자black-box' 활동을 통해서 눈에 보이는 변인들의 숨겨진 연관성을 학생들에게 찾게 하면 대부분의 논리적 오류를 강조할 수 있고 같은 사건에 대해 서로 다른 해석이 존재함을 설명할 수 있다. 그러나 이런 활동만으로는 과학이 실제로 어떻게 진행되는지와 경쟁 이론이 어떻게 선택되는지에 관한 중요한 질문을 다루지는 못한다.

역사는 사고 기능을 더 광범위한 과학적 맥락에 자리매김하면서 훌륭한 과학적 추론이 형식 논리로 환원되지 않으며 형식 논리에 포착되지도 않는 것이 된다. 또한 비형식 논리의 규칙으로 압축되지도 않는다. 그러나 위대한 과학자의 역할에서 논리적 사고의 출발점을 찾아내는 능력은 근본적으로 형식적으로 옳고 논리적으로 타당한 사고를 인식하는 능력이다. 기초 논리에 관한 공부는 학교 프로그램의 비판적 사고와 추론 기술을 촉진한다.[14] 크로우(Linda Crow 1989)의 《과학에서 비판적 사고 증진*Enhancing Critical Thinking in the Sciences*》은 과학 수업에서 문제 해결, 의사 결정, 창의적 사고와 비판적 사고 기술을 모두 촉진하는 특별한 방략을 다루었다.

과학과 과학교육의 합리성

합리성은 과학 철학에서 핵심 주제이며 과학교육에서도 중요하다. 합리성에 대한 가장 오래된 입장은 과학을 합리적 탐구 분야를 대표하는 가장 뛰어난 학문으로 여기고 서로 경쟁하는 신념을 합리적으로 평가한다. 과학에서 합리적 사고를 벗어난 것은 유감스러운 이탈이라고 비난받았다. 이처럼 과학에 합리성을 받아들인 것이 계몽주의로 대표되며 더 일반적으로 현대의 과학 관점에도 나타난다. 그러나 지난 수십 년 동안 이런 합리주의자들의 해석은 공격을 받았다. 과학 철학 안에서도 과학 사회학자 혹은 포스트모더니즘의 프랑스 철학자들과 그 추종자들이 합리성을 공격한다.

이런 합리성에 대한 공격은 결과적으로 과학교육자들에게 과학교육의 이미지를 바꾸게 만들었으며, 과학교육의 정당성에 도전하는 결과를 가져온다. 다르게 말하자면 과학교육은 학생들에게 합리적 사고라는 영역을 소개하고 학교와 생활에서도 '전이되는' 기특한 효과를 갖고 있다. 그런데 만약 과학적 논쟁의 판단이 진정으로 '군중 심리mob psychology'의 문제에 불과하고 과학의 진보가 사회 집단의 판결의 문제일 뿐 인식으로서의 가치에 무관하다면 과학을 교육과정에 포함시키는 근거는 크게 축소될 것이다.

합리주의 과학 철학자들은 1962년에 쿤Kuhn의 《과학혁명의 구조》가 발표되면서 침체에서 깨어났다. 쿤은 과학의 전환에서 종종 군중심리에 깊게 의존하고 합리주의를 행할 때는 노령의 죽을 운명이며, 자연에 대한 진실의 고정된 목표를 향한 진보로써 구조화되어질 필요가 없다고 말하는 것으로 과학의 과정은 확대 해석하였다. 파이어아벤트Feyerabend는 방법에 반대하여 《방법에 반대하며*Against Method*》(1975)라는 책에서 이 논제를 확장시켰다. 이러한 비합리주의자들의 비판에 대해 과학 철학자는 모두 대답을 주었다.[15] 그러나 얼마 지나지 않아서 과학사회학자인 블루어Bloor, 반즈Barnes, 샤핀Shapin, 멀캐이Mulkay 등이 속한 에든버러Edinburgh 학파는 합리주의를 비판하면서 과학적 변화를 외적으로 설명하려는 소위 '강한 프로그램strong program'을 지식 사회학에서 제기했다.[16]

프랑스의 포스트모던주의 철학자들은 푸코Foucault의 연구를 바탕으로 과학을 포함하여 모든 관념 체계는 사회의 권력 분포의 결과라 여기며, 관념의 변화를 인식론적 요인으로 설명하지 않고 사회적 요인으로 설명하였다. "지식이 힘이다."라는 베이컨Bacon의 유명한 말을 푸코는 "힘이 지식이다."라고 뒤집어 주장하게 되었다.[17]

과학교사들과 교사 교육자들은 이러한 과학이 합리적이라는 가정에 대한 여러 방면의 공격을 인식할 필요가 있다. 그런 공격에는 더 많은 내용이 숨어 있으며 우리가 과학에서 어떻게 결정하고 과학 이론 변화가 실제로 어떻게 일어나는가를 더 깊게 이해해야 한다. 과학자 집단에서 엘리트의 역할과 출판을 통한 통제나 과학적 논증에서 수사학의 기능이나 연구 자금을 제공할 때 경제력과 흥미가 미치는 영향 및 탐구할 문제와 탐구하지 않을 문제를 결정하는 문제 등에 대하여 우리는 더 많은 설명을 해야 하며 과학 활동에 대한 더 풍부하고 실제적인 모습을 제공해 줄 것이다. 더 나아가서 합리성에 대한 개념이 시간이 지나면서 달라지고 있음을 지적한다. 즉, 아리스토텔레스의 이상은 영국의 경험주의자들의 이상과 다르고, 현대의 반증주의자falsificationists나 확률론자와도 다르다. 합리성에도 역사적인 차원이 있다. 그러나 과학적 합리성에 대한 공격은 근본적으로 잘못된 것이며 교육적으로도 해롭다.

가장 심한 수준의 문제는 특정한 사례로 일어난 것을 주장하는 일과 일반적으로 과학을 수행할 때도 일어나야 한다고 선언하는 일을 서로 혼동하는 것이다. 이미 17세기 초에 베이컨은 '정신의 우상The Idols of Mind'으로 부르면서 이런 문제를 경고하였다. 자연 세계를 이해하려는 노력을 방해하는 방식은 매우 다양하게 여러 가지가 있다. 가령 부적당한 언어로 생각하고 기록한다거나 자신만의 이익을 위해서 사람들이 믿고 싶어 하는 것을 믿게 하는 잘못된 노력에 의하거나 지배적 집단이 행사하는 사회적 권력에 의해서 일어날 수 있다. 현재의 과학사회학은 이런 초기 베이컨 학파의 연구를 확장한 것에 불과하다. 그러나 베이컨은 정확히 우상의 문제를 극복하기 위해서 '우상Idols'이 어떻게 작동하는지 찾아내려고 애를 썼다. 그것은 그가 지식을 찾으려고 할 때 무엇이 일어나는가와 무엇이 일어나야 하는가를 구별했다는 것이다. 사회학자들이 현재 시대의 우상이 작동하는 것을 찾으려고 하면, 예전 것에 새 옷을 입는 것처럼 다음 질문을 던지고 해답을 구해야 한다. 즉, 그런 구조나 절차 혹은 영향은 과학에 바람직한가? 그 중 후자의 질문은 과학철학자들에 의해 규정적으로 제기된 것이며 학생들 역시 그런 질문을 제기하도록 격려해야 한다. 그러나 계층, 성별, 민족, 개인 관심사 등 때문에 생겨난 결과라면, 과학적 노력에 반대되는 것으로 판정하고 어떤 관념이 이런 실패로 나타나게 했는지 판단하고 없애는 것이 합리적이다.

이제 과학적 변화에서 인식론적 고려나 증거를 고려하는 것이 결정적이었다는 사례가 발견되지 않는다면 합리적 원인을 찾는 일이 당혹스러울 것이다. 그러나 인식론적이지 않는 것이 결정적인 역할을 한 사례를 찾지 못한다고 합리적 원인을 당혹해 할 이유도 없다. 물론 이러한 문제는 이미 많은 훌륭한 책들이 다루고 있다. 즉, 지능 검사와 관련된 이론의 오래된 역사는 이제 지능이 전적으로 계층, 인종, 성별 흥미에 의해 길러진 것이며,[18] 수세기 동안 구 소련의 리센코 유전학 또는 반유전학antigenetics은 공산당의 관심에 양성화되거나 잘못된 형이상학적으로 생겨났다는 것이다. 그러나 이런 사례들은 식별 가능하였으며 우리의 관심을 받았지만 적당한 과학적 절차로 출발한 면이 있다.

나아가서 만약 우리에게 그런 규정적인 확신이 없다면 위에서 말한 탈선aberration을 불평할 아무런 자격이 없게 된다. 즉, 만약 힘이 지식이고 백인이 지배적인 계층이거나 공산당이 권력을 갖고 있다면, 이런 권력의 작용은 결국 지식으로 나타난다. 일부 소수 집단이나 권력이 없는 사람들은 이런 결론을 받아들이지 않을 것이다.

과학의 합리성이 과학교육에 적절한가에 관한 논쟁은 충분히 다루어졌다. 시겔(Siegel 1989b, 1993)은 합리성을 변호하면서 과학교육의 특징을 합리성에서 찾았다. 에거(Eger 1988, 1989b)는 어떻게 개념화가 책임commitment이나 성실함의 역할을 가능하게 하며 과학의 발달에서 중요한지에 대해 역설하였다. 성실함이나 철학적 약속이 반드시 비합리적일 필요는 없다. 그러한 약속은 과학적 혹은 실험적인 성취나 함의의 평가로 검증될 수 있다. 시겔(Siegel 1993)은 자연적 과학철학에 대한 탐구를 역설하면서 그러한 탐구가 성공한다면 과학의 합리성을 이해하는 데 그리고 학교 과학 수업에 영향을 줄 것이라고 하였다. 이런 문제에 대한 논쟁들이 교사 교육 프로그램에서 다루어져야 하며 학교 과학교육에 영향을 미칠 수 있을 것이다.

에른스트 마흐: 철학자, 과학자, 교육자

철학이 과학교육에 공헌할 수 있음을 체계적으로 다룬 최초의 인물이 바로 에른스트 마흐(Ernst Mach: 1838~1916)이다. 하지만 안타깝게도 과학교육에 대한 그의 공적은 영어권 국가에서 거의 그리고 전적으로 무시당하였다.[19] 이것이 유감스러운 이유는 과학교육의 실제와 이론에 대한 최근의 추세들이 과학 교수법의 목적, 지식에 대한 본질, 아이들을 위한 최적의 학습 조건 등 마흐가 100년 전에 한 주장들을 반복하기 때문이다. 다음 문장은 마흐를 회상하는 작가가 말한 것이다.

우리 독자들, 특히 젊은 독자들이 스쳐가는 누군가로서가 아니라 관심을 가져야 하는 사람이 바로 교육 전문가인 마흐이다. 물리학 교수법의 뿌리가 되는 씨를 뿌리고 실물 수업에 공헌하고 교육 정신으로 결실을 맺도록 했다(Höfler 1916, W. A. Suchting 번역).

마흐는 19세기에서 20세기로 바뀌는 시기의 위대한 철학자이자 과학자 중 하나였다. 그는 많은 유럽 국가의 언어들에 능통했으며 특히 그리스와 라틴의 고전에 열성적이었고 물리학자로서 전기학, 기체 역학, 열역학, 광학, 에너지 이론, 역학과 같은 분야에 중요한 공헌을 하였다. 과학사학자이자 철학자, 심리학자였으며, 프라하 독일 대학교의 총장, 오스트리아 의회 상원의원을 지내면서 알기 쉽게 산문을 쓰는 작가였다.[20] 그는 강한 성격과 신념의 소유자였고, 극단적 보수주의의 가톨릭 국가인 오스트리아-헝가리 제국에서 사회주의자인 동시에 거침없는 자유인본주의자였다. 아인슈타인은 마흐에 대해 "그는 관계의 이해 속에서 기쁨을 얻고 근심 없는 아이들의 호기심 가득한 눈으로 세상을 들여다보았다."라고 말했다(Hiebert 1976, p. vxxi).

500권의 마흐 출판물 중 첫 번째가 1859년에 발행되었고, 같은 해에 다윈의 《종의 기원*The Origin of Species*》이 발행되었다. 그의 마지막 출판물은 사망 후 5년이 지난 1921년에 발행되었는데, 그 때 아인슈타인의 《특수, 일반상대성이론*Relativity: The Special and General Theory*》이 발표된다. 물리학에서 그 자신의 공로들은 마흐의 띠, 마흐의 원리, 마흐 각, 마흐 수와 같은 용어들로 인정받았다. 그는 볼츠만, 맥스웰, 아인슈타인, 플랑크, 푸앵카레 그리고 하이젠베르크 등 현대 물리학 혁명의 바탕을 마련해 준 대부분의 선구적인 물리학자들의 지적 성과들에 공헌했다.[21] 철학에서 마흐의 공로 또한 철학 과학자들과 전문 철학자들 모두에게 영향을 미쳤을 정도로 대단하다. 후자 중 뛰어난 인물로는 루돌프 카르납, 필립 프랑크, 모리츠 슐릭, 오토 노이라트와 같은 비엔나 그룹(논리실증주의 수학자와 과학자들의 모임)의 창설자들이 있다. 마흐는 슈타이너Steiner의 행동주의 이론에도 중책을 담당하였다(Holton 1993a).

마흐의 교육적 공헌

마흐의 과학과 철학에 대한 식견은 그의 교육에 대한 생각과도 관련이 있었다. 마흐는 독일의 철학자이자 심리학자, 교육학자인 헤르바르트Herbart의 사상에 영향을 받았다. 마흐는 헤르바르트의 사상을 적용하여 '의대생을 위한 물리학'이라는 첫 번째 임무를 완수하고 이 과목에서 얻은 것을 바탕으로 《의대생을 위한 물리학 개론 *Compendium of Physics for Medical Students*》(1863)이라는 책을 썼다. 여기서 마흐의 관심은 '사고의 경제학'과 물리학의 개념적 형식을 일반적으로 개괄하여 서로의 교차점을 찾아서 물리학의 분과주의를 극복하려는 것이었다.

마흐는 오랜 기간 동안 심리학에도 관심을 가졌었다. 마흐는 15살이 되던 해 칸트의 《서문*Prologomena*》을 읽었고 그것은 나중에 실증주의에 대한 몰두로 나타났다. 그는 "사물 자체thing-in-itself의 역할이 가진 여분이 갑자기 내게 깨달음을 주었다."라고 하였다(Blackmore 1972, p. 11). 그의 교육학은 교수법과 심리학적 및 과학적인 관심들이 하나로 합쳐진 것이었다. 학생을 위한 수많은 과학 교재 중 첫 번째 책이 1886년에 출판되어 널리 활용되었고 여러 판을 거듭하여 출간되었다. 20세기 시작에 유럽의 물리학자들은 대부분 마흐의 교재로 과학을 배웠다. 이 과학 교재들은 논리적이고 역사적인 도입이 있었으며 학생들에게 물리학을 만든 위대한 과학자들의 사고 중에서도 가장 순수하고 단순하며 고전적인 관찰과 사고를 보여주는 것이었다(Pyenson 1983, p. 34). 그는 프라하 대학에 있는 동안 '학교 물리학 교수School Physics Teaching'라는 과목을 가르쳤다. 1887년에 《물리학과 화학 교육 학술지*Journal of Instruction in Physics and Chemistry*》라는 최초의 과학교육 학술지를 창간하고 공동 편집하였다. 1898년 발작으로 은퇴할 때까지 그는 이 학술지에 지속적으로 논문을 투고하는 공헌을 했다.

마흐는 교육적 이론이나 실제에 대해 체계적으로 저술하지는 않았으며, 그의 생각들은 그가 교재와 학술지에 게재한 글에서 흩어져 있지만 찾을 수 있다. 하지만 그의 강연 중에서 세 개의 강의가 교육적 쟁점들에 대한 것이었다. 그 강연 중의 하나가 교육을 일반적이면서도 체계적으로 다루면서, 특히 과학교육을 언급한 〈고전 물리학과 수리 물리학의 수업On Instruction in the Classics and the Mathematico-Physical Sciences〉(1886)으로서, 영어로 번역된 제목은 대중 과학 강연Popular Scientific Lectures(1893/1986)이다. 그 외의 다른 교육 관련 논문은 물리학과 화학교육 학술지의 제1권과 4권에 발표한 〈열 이론 교수법On Instruction Heat Theory〉(1887)과 〈과학 교수법의 심리적, 논리적 시간On the Psychological and Logical Moment in Scientific Instruction〉(1890)이다.

마흐는 교육에서의 지식과 실제에 대한 관심뿐만 아니라 교육 개혁에도 참여하였다. 그는 학교 교육과정의 변화에 대한 오스트리아 의회의 연설에서 교원 조직에 대하여 역설하였고, 독일의 김나지움식으로 언어와 고전 과목을 분리시킨 형태가 정착된 것처럼 과학과 수학을 분리된 분야로 전환시키는 데 앞장섰다. 마흐는 인문학과 자연과학을 통합시켜 가르치는 새로운 단위 학교Einheitsschule 형태를 창안하였다. 이처럼 교육에 광범위한 관심을 보인 과학자는 거의 없었다. 그럼에도 영어권 과학교육자들에게 상대적으로 관심을 덜 받은 불행한 상황이었다.

기초가 튼튼한 학교 과학교육과정과 교수 방법들은 두 가지 초석 – 과학의 본성과 과학의 범위에 대한 관점과 교육의 본성 및 실행에 대한 관점 – 을 기초로 한다. 물론 교육과정 작성 시 고려되어야 하는 다른 문제로서 정치적, 사회적, 심리적인 부분들도 있다. 하지만 과학에 대한 철학과 교육에 관한 철학을 어떻게 생각하고 있는지가 명백하게 혹은 암시적으로 과학교육과정의 형식을 결정한다. 과학교육에 대한 마흐의 제안은 그의 과학 이론과 헤르바르트의 교육 이론이 근간을 이룬다는 것이다. 과학철학의 몇 가지 주된 주제인 과학의 본질에 대한 마흐의 관점은 다음과 같다.

- 과학 이론은 경제적인 사고를 위한 지적 구성이며 거기에 경험을 결합시킨다.
- 과학도 실수를 범할 수 있으며 절대 진리를 제공하지 않는다.
- 과학은 역사적으로 조건화된 지적 활동이다.
- 과학 이론을 이해하려면 그에 대한 역사적 발달 과정을 이해해야 한다.

마흐의 교육적 생각들은 매우 단순하며 비교적 논란의 여지가 없다.

- 구체적인 자료로 수업을 시작하고 학생들이 논쟁이 되는 현상들에 완벽하게 익숙하게 만들어라.
- 교과에 대한 이해와 파악을 목표로 한다.
- 적게 가르치되, 잘 가르친다.
- 주제의 전개는 역사적 순서에 따른다.
- 학생들의 지적 수준과 학습 능력에 교수법을 맞춘다.
- 과학을 수반하고 과학적 지식을 불러일으키는 철학적 질문을 한다.
- 개별적 생각들이 발전되는 것처럼 과학적 생각들도 점검 받고 향상되는 것이 계속된다는 것을 보여준다.

• 학생들이 마음으로 참여하게 한다.

비록 마흐가 뛰어난 이론가였고 교육에서 사고의 경제성에 관심이 많았지만, 그는 과학 수업에서 추상화는, 헤겔의 철학처럼, 해질 무렵에 날아올라야 한다고 확고하게 믿었으며 "어린 학생들이 덜 익은 추상으로 망가지지 않도록 해야 하고, 순수하게 추론적인 방법을 구사하기 전에 일상생활의 장면에서 먼저 익숙해져야 한다."라고 하였다(Mach 1886/1986, p. 4). 간단하게 요점만 말한다면 보통 이것이 지켜지지 않는 사례를, 아론스도 안타까워했듯이, 다음에서 찾을 수 있다.

> 현재 물리학 교수법은 판에 박히고 융통성 없는 사례를 갖고 숫자 문제들만 잔뜩 풀게 하는 상황과 현상적인 사고나 추리가 매우 부족한 상황이 매우 심각한 불균형을 이루는 형국이다(Arons 1988, p. 18).

마흐의 또 다른 걱정은 교육과정의 내용을 넘치도록 채워 넣는 경향에 대한 것이었다. 교육의 주된 목표는 이해를 개발하고 사고력을 강화시키며 상상력을 촉진하는 것이었다. 그런데 가르칠 내용이 많은 교육과정은 이런 목표들을 가로막았다.

> 나는 너무 많이 배우는 불쌍한 아이들보다 더 최악의 경우는 없다고 생각한다. 그들이 얻은 것은 사고의 거미줄인데, 확실한 받침을 제공해 주기에는 너무도 약하고 혼란을 일으키도록 복잡할 뿐이다(Mach 1895/1986, p. 367).

마흐는 과학을 역사적으로 제시해야 한다고 생각했으며 그의 표현대로 교수는 다음과 같이 발생적 접근을 따라야 한다.

> 모든 학생은 몇 개의 수학적 혹은 과학적 발견에 대하여 생생하게 접촉하고 논리적인 순서를 따라야 한다. 그런 선택은 위대한 과학적 고전에서 주로 이루어지고 자연스럽게 연관된다. 몇 가지 소수의 강력하고 명쾌한 생각들이 마음속에 뿌리내리고 정교하게 수용되어야 한다(Mach 1895/1896, p. 368).

마흐의 교재 중에서 《역학》(1882), 《열학》(1869), 《광학》(1922)은 모두 발생적 설명 방법을 따르고 있다. 마흐는 어떤 주제의 논리가 반드시 제시된 논리 – 대부분의 교사들에게 잘 알려진 사항 – 와 일치될 필요가 없다는 것은 인식하고 있었다. 학문의 논리

와 교수법의 논리는 동일하지 않으며 뒤헴도 발생적 방법을 선호했다.[22]

사고 실험

과학교육에 대한 마흐의 관점에서 특별한 특징은 사고 실험Gedankenexperimente을 옹호했다는 점이다. 그는 사고실험에 대해 "생각으로 진행하는 사고 실험은 전문 연구자뿐만 아니라 지적인 발달에도 중요하다."고 말하였다. 학생뿐만 아니라 "교사도 이 방법으로 많은 것들을 얻을 수 있다"고 하였다(Mach 1896/1976, p. 143). 사고 실험은 교사로 하여금 학생들이 학문의 기초적인 개념을 가지고 있는지 알게 해 준다.

마흐는 학술지에 발표한 논문에서 독자들을 위해 사고 실험을 소개하였다. 예를 들어, 그는 저울 위에서 평형 상태를 유지하고 있는 물이 든 비커에 물체를 매달아서 그 물속에 담그면 (저울 눈금이) 어떻게 될까를 묻는다. 또 다른 문제로, 마개로 닫힌 병의 바닥에 파리 한 마리가 바닥에 붙은 채로 평형 상태에 있다가 날아오르면 무슨 일이 일어날까? 이런 예들은 예상 형태의 사고 실험으로 실제 수행할 수도 있다. 이런 예들은 정신적으로 생각하도록 만들고 탐구하려는 개념과 관련되어 학생이 생각하는 것을 드러나게 한다. 하지만 어떤 사고 실험들 – 뉴턴의 양동이 실험, 지구 중심부를 관통하는 갈릴레오의 우물 등 – 은 가정된 환경을 만들 수 없기 때문에 예상 형태보다는 이상화된 형태이다. 마흐는 이런 연습을 격려하였는데 인문학과 과학 사이의 틈을 이어주는 또 다른 방법인 상상력과 창의력에 도움이 된다고 생각하기 때문이었다. 그는 "하늘에 성을 건축하려고 계획하거나 기술적인 사회적 유토피아를 소설로 쓰는 사람들은 모두 사고적인 실험을 하는 것이다."라고 하였다(Mach 1896/1976, p. 136).

마흐의 사고 실험에 대한 옹호는 그 당시 과학교사들 사이에서 많은 지지를 얻지는 못했다. 상상력, 가설적 혹은 창의적인 사고는 19세기 후반의 과학교수법의 특징이 되지 못했다. 사고 실험을 현대 물리학의 중심에 올려놓은 아인슈타인은 그 자신의 학교 교육에 대해서 "내가 마지막 시험을 통과한 후에 1년을 꼬박 과학적 문제만을 생각하는 것이 나에게는 너무나 혐오스럽다는 것을 깨달았다." 그리고 "사실 현대적 수업방법이 탐구에 대한 신성한 호기심을 완전히 억누르지 않았다는 것은 아주 기적적이다."라고 말했다(Schilpp 1951, p. 17).

과학에서 사고 실험

과학의 역사에서 사고 실험은 중요한 역할을 해왔다. 갈릴레오, 라이프니츠, 뉴턴, 카르노 등이 많이 활용했고, 최근에는 아인슈타인, 슈뢰딩거, 하이젠베르크가 활용했다. 뉴턴이 생각한 '빈 우주 속에 돌고 있는 양동이' 사고 실험은 과학사에서 가장 영향력 있는 사고 실험 중 하나이다.[23] '수필 자서전'에서 아인슈타인은 10대였을 때 맥스웰의 전자기 공식에 대한 그 당시의 물리적 해석이 불편했음을 말하고 있다. 아인슈타인은 이런 불편함을 사고 실험으로 극복하였는데 광선 앞에서 (빛의 속도로) 달려가면서 뒤를 본다는 상상을 한 것이다.

> 내가 빛을 관찰하면 공간에서 진동하는 정지한 전자기장으로 보여야 한다. 하지만 경험으로 보든 맥스웰의 공식에 기초해서 보든 그렇게 보이지 않는다(Schilpp 1951, p. 53).

그는 "이 역설은 이미 특수 상대성 이론의 탄생을 포함하고 있다."고 말한다.

> 이런 중요한 관점을 발견하는 데 필요한 결정적인 추론은, 마흐의 철학적인 글을 읽으면서 발견되고 심화되었다(Schilpp 1951, p. 53).

마흐는 그의 저서 《역학》에서 과학사에서 가장 위대한 실험은 1638년 갈릴레오의 《두 개의 새로운 과학에 대한 대화*Discourses Concerning Two New Sciences*》라는 책의 첫째 날에 나오는 사고 실험이라고 지적하였다. 그 사고 실험은 물체가 자신의 무게에 비례하는 속도로 자유 낙하한다는 아리스토텔레스의 테제를 반박하기 위함이었다. 갈릴레오의 책에는 아리스토텔레스를 지지하는 심플리치오Simplicio가 "무게가 다른 물체는 한 가지 동일한 매질에서 운동할 때 무게만큼의 비율에 따라 다른 속도로 움직인다."고 한 기존의 관점[24]을 고수하고 있다(Galileo 1638/1954, p. 60). 이 관점에 따르면 쇠공과 깃털로 만든 공을 높은 곳에서 떨어뜨리는 실험을 하였을 때 땅에 닿기까지의 시간이 상당히 다르다는 잘못된 결론에 도달하게 된다. 아리스토텔레스의 입장을 반영한 심플리치오와 갈릴레오의 대변인 살비아티Salviatti의 대화는 계속된다.

> **살비아티:** 하지만 실험을 하지 않고 간단한 논증만으로도 무거운 물체가 같은 재료로 만든 가벼운 물체보다 더 빠르게 움직이지 않음을 확실하게 증명할 수 있습니다. 간단

히 말하면 아리스토텔레스가 말한 대로 되지 않습니다. 심플리치오, 당신이 말해 보시오. 낙하하는 물체는 자연적으로 정해진 속력을 가지며, 힘violenza이나 저항을 받지 않고는 속도가 빨라지거나 느려질 수 없다고 했지요.

심플리치오: 분명하게 한 물체가 한 가지 매질에서 움직인다면 그 물체는 정해진 속도를 갖게 되며 자연에 의해서 결정되고 그 속도는 운동량impeto이 더해지거나 늦추는 저항에 의해 줄어들지 않는다면 일정합니다.

살비아티: 만약 우리가 자연적 속도가 다른 두 가지 물체를 하나로 묶어 보면 더 빨랐던 물체는 느린 물체 때문에 일부 느려질 것이고, 느렸던 물체는 빠른 물체가 재촉하여 어느 정도 더 빨라질 것입니다. 이런 의견에 동의하지요?

심플리치오: 당신 말이 분명히 맞습니다.

살비아티: 그러나 만약 이것이 맞다면, 큰 돌이 가령 8의 속력으로 움직이고, 작은 돌은 4의 속력으로 움직일 때 그 두 개의 돌을 하나로 합쳤을 경우 8보다 느린 속도로 움직일 것입니다. 하지만 두 돌이 같이 묶여 있으므로 8의 속력으로 움직일 때보다는 더 큰 바위라고 생각할 수 있지요. 따라서 더 무거워진 돌이 (8의 속력인) 돌보다 느리게 움직이는 꼴이 되어 당신의 전제와는 모순되는 결과를 얻게 됩니다. 그러므로 무거운 것이 더 빠르게 움직인다는 당신의 가설로부터 나는 무거운 물체가 더 느리게 움직일 수도 있다는 걸 추론하였습니다.

심플리치오: 오리무중이기는 하지만, 작은 돌에 무게를 더했을 때 그 무게가 크게 증가하면 적어도 속도가 증가하는 것에 실패하거나 최소한 줄어들지 않아야 하는데 그렇지 않다니 당혹스럽군요.

갈릴레오의 논증은 짧지만 결정적이고 극도로 명쾌하기도 했다. 칼 포퍼는 이를 다음과 같이 묘사했다.

> 자연 철학의 역사에서 가장 중요한 사고 실험이었으며 인간의 역사상 온 우주를 통틀어 가장 간단하고 창의적인 논증이다(Popper 1934/1959, p. 442).

코이레Koyré는 갈릴레오의 이런 실험과 다른 사고 실험을 보고 즉 '실험을 하지 않고도 알아내는 장점을 가진 영광스러운 방법'이라고 주장할 정도였다(Koyré 1968, p. 75).

1686년 라이프니츠Leibniz가 운동량이 '운동의 힘' 혹은 에너지를 측정한 것이라는 데카르트 학파의 생각에 반박한 일도 과학사에서 큰 영향을 끼친 사고 실험 중 하나였기 때문에 가능했다.

라이프니츠가 자신의 사고 실험을 공식화할 때 다른 한편에서는 고전 물리학에서 중요한 보존 법칙이 공식화되기 시작했다. 세상에 주어진 물질의 양은 일정하며, 신은 이 세상을 단 한 번에 모두 창조하였기 때문이라는 신학적이고 철학적 입장을 믿었다. 이런 입장에 더해서 신은 물질을 창조하고 그 물질이 운동하게 했기 때문에 세상의 운동량 역시 일정하며, 완벽한 창조주인 신이 그의 피조물에게 운동량이 보존되지 않게 할 리가 없다고 생각했다. 그렇지만 이런 운동량은 어떻게 측정할 것인가? 데카르트는 운동량이 질량과 속도의 곱으로 측정된다고 제안하였다. 이런 제안은 수학적으로 의미가 있고 탁월하며 실제 시범과도 일치한다. 그 당시에 많이 사용되던 다섯 가지 도구(지레, 윈치, 도르래, 쐐기, 나사)를 활용한 실험에서 질량과 속도는 서로 (실험 오차와 비능률에 따라) 상쇄되었다. 라이프니츠는 간단하게 사고 실험으로 데카르트의 명제를 반증시켰다(Leibniz 1686/1969).

라이프니츠는 두 가지 가정된 명제에 의문을 품었다. 첫 번째 명제는 낙하하는 물체가 바닥에 도달할 때까지 얻은 운동의 양(혹은 운동의 힘)은 처음 출발점으로 돌아가는 데 충분하다는 명제이다. 두 번째 명제는 무게 1의 단위 물체를 4의 높이까지 끌어 올리는 데 필요한 힘은 무게가 4인 물체를 1의 높이까지 올리는 데 필요한 힘과 같다는 것이다. 이 두 가지 명제 모두 데카르트 학파에 의해 받아들여졌다.

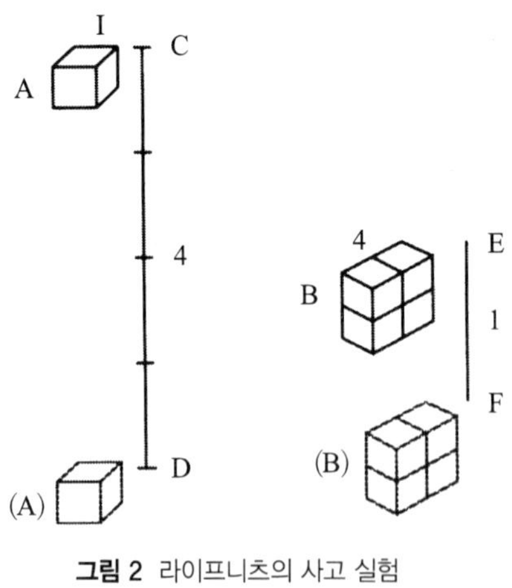

그림 2 라이프니츠의 사고 실험

라이프니츠는 질량 1의 물체가 거리 4만큼 떨어지는 것은 질량이 4인 물체가 1만큼 떨어지는 것과 같다는 점을 지적하였다. 하지만 갈릴레오는 물체가 거리 4를 낙하하면 거리 1을 낙하했을 때보다 속도가 2배가 된다는 것을 증명했다. 그러므로 데카르트의 가설인 운동의 힘이 물체의 질량과 속도의 곱으로 측정된다는 것을 가정하면 첫 번째 물체의 힘은 1×2가 되어 2이고, 두 번째 물체의 힘은 4×1, 즉 4이다. 하지만 두 경우에 운동의 힘이 같다는 가설과 맞지 않게 되므로, 운동의 힘은 질량과 속도를 곱한 값(운동량)이 아니고, 보존되는 힘의 양은 결국 질량과 속도의 제곱을 곱한 값(운동 에너지)일 수밖에 없다.

사고 실험은 역사적 맥락에서 실제 실험이 불가능하거나 어려울 때 어떤 명제가 성립되는지 알게 해 준다. 흔한 기계의 조작으로 운동량의 측정을 입증한 것은 우연적이었다. 왜냐하면 운동량이 보존된다는 가설을 실험적으로 검증하지 않고 실제 실험 혹은 관찰 과정을 통해 실험적 데이터를 수집하는 헴펠Hempel의 방식을 사용했기 때문이다.

갈릴레오는 사고 실험을 교실 수업에 적용하는 모델을 제시한다. 그는 친숙한 상황에서 시작하였고 친숙한 상황을 확장한다는 생각의 오래된 이론에서, 친숙한 상황을 개념화하고 오래된 개념화가 새로운 상황에 적합한지 보았다. 적합하지 않은 곳에 대해서는 새로운 개념화나 새로운 이론을 제안한다. 이는 철학적 탐구의 모형이기도 하며 하나의 거대한 모형으로 사고 실험은 지금도 계속되고 있다. 예를 들어 철학적 탐구에서 윤리적 구별이 적절한지, 그 응용 사례의 적합성을 탐구한다고 생각해 보자. 우리는 흔히 학생들에게 올바른 행동의 의미를 추측하게 하며, 도둑질과 비교시킨다. 그러면서 그들의 생각을 수정하거나 버려야 할 상황을 제안한다. 이런 철학적 사고 실험은 소크라테스 식 대화처럼 오래된 것이다. 사고 실험은 이미 받아들여진 개념 구조나 이론을 바꾸어야 하는 '파괴적' 사고 실험과 새로운 이론이나 기존 이론을 지지해주는 '구성적' 사고 실험으로 나눌 수 있다. 어떤 면에서 사고 실험은 세상의 속성을 말해주기도 하고 다른 면에서는 사고 혹은, 더 정확하게, 개념에 대한 속성을 말해주기도 한다. 이에 대해서는 미주 23의 문헌을 참고하기 바란다.

사고 실험과 과학교육

과학교사와 교과서는 사고 실험을 일반적으로 등한시 하는 편이다. 우리는 상식적으로 받아들이는 "물체는 질량에 비례하는 속도로 떨어진다."는 아리스토텔레스의 이론을 갈릴레오가 반박시킨 과정을 살펴보았다. 대부분의 과학 교과서는 갈릴레오의 업적을 칭송하지만 갈릴레오의 방법은 꾸며낸 이야기라고 볼 수 있다. 갈릴레오가 피사에 있는 기울어진 탑에 올라가서 쇠공과 돌을 동시에 떨어뜨렸고 "동시에 땅 위의 떨어져서 과학 혁명이 시작되었다."는 이야기를 반복한다. 1930년대 초에 언어와 문학 전공 교수인 레인 쿠퍼(Lane Copper 1935)는 '명백하게 틀린' 것으로 쉽게 반박될 것을 위대한 아리스토텔레스가 쉽게 믿었을지에 대해 고민하였다. 쿠퍼의 연구는 첫째, 갈릴레오가 아리스토텔레스의 입을 빌려 말했다는 점과 둘째, 아리스토텔레스가 취한 입장이 피사의 사탑에서 행한 공의 낙하로 반박된 것이 아니라는 점을 입증하였다. 그럼에도 불구하고 교과서 속 이야기는 과학교육을 경험주의에 빠지게 하는 강력한 미신으로써 지속적으로 작용해 왔다.

개념 변화는 분명히 사고 실험을 활용할 수 있는 부분이다. 마흐는 사고 실험이 교사로 하여금 학생들이 개념을 얼마나 잘 이해하는지를 알게 해준다고 했다. 예를 들어 아리스토텔레스 물리학에 들어있는 자연적 운동과 강제적 운동이 가진 차이를 생각해 보자. 자연적 운동은 물체가 자신의 '자연적' 위치를 향하여 운동하는 것인 반면에 강제적 운동은 물체의 자연적 위치를 벗어나는 운동이다. 행성의 경우는 원운동이 자연적 운동이며 지구상의 무거운 물체는 지구 중심으로 향하는 운동이 자연적 운동이 된다. 갈릴레오는 지구 중심을 관통하는 우물을 파는 실험을 추측하게 했다. 아리스토텔레스 관점을 가진 사람에게 그런 우물에 돌을 떨어뜨리면 어떻게 될지를 상상하게 하여 물어보았다. 분명히 그 돌은 '자연적으로' 지금 중심을 향해서 속도가 증가하는 운동을 할 것이다. 하지만 지구의 중심에 도달하면 어떻게 될까? 돌이 멈출까? 아니면 계속해서 '자연스럽게' 움직여서 중심에서 멀어질까? 그 돌이 어느 정도 강제적 운동으로 바뀌었는가? 바로 이런 사고 실험은 아리스토텔레스주의가 구별한 운동이 근본적으로 부적절하다는 것을 탐구하는 데 활용되었다. 물론 실제 실험이 수행될 수는 없지만, 그렇다고 낡은 물리학이 가진 개념적 문제가 밝혀지지 않은 것은 아니다.

어떤 물리학 교과서는 오래되거나 일상화된 개념을 새로운 영역으로 확장하기 위해 사고 실험을 사용한다. 그리고 몇몇 과학교육 논문에서 사고 실험을 논의했다.[25] 어떤 교과서에는 역사적 접근을 활용하여 열이 물질이며 유체나 실재이기 때문에 한 물체에서 다른 물체로 전달될 수 있다는 일상적 생각을 검증하게 했다. 학생들에게 물이 담긴 두 개의 비커에 온도계를 꽂고 외부와 열이 차단된 큰 용기 안에 들어있다고 상상하도록 한다. 큰 용기 안에서 한 비커를 분젠 가스 버너로 가열하고 다른 비커에 줄의 실험 장치처럼 수레바퀴를 담가 도르래를 거쳐 매달린 물체가 낙하하면서 수레바퀴를 돌리도록 했다(Wenham et al. 1972). 어느 쪽 비커의 온도가 올라갈지를 질문하고 양쪽 모두 온도가 올라간다면 어떤 의미인가를 추측하도록 했다.

컴퓨터를 활용하는 컴퓨터 보조 수업은 교실 수업에서 사고 실험을 적용할 때 더욱 도움이 된다. 컴퓨터는 정해 놓은 실험 과정을 학생이 실험하기만 하는 전형적인 문제를 극복할 수 있는 방안이 된다. 즉, 교사가 실험 모든 과정을 설계하고 계획하는 데 관여할 수 있기 때문이다(Hodson 1988). 시간, 장비, 안전 등의 문제로 인하여 교사가 사전에 계획했던 실험을 학생들이 실행하는 데 참여가 감소될 수 있다. 학생들은 중요한 조작적 기능도 배우지만, 훌륭한 과학의 특성인 개념적 기능과 창의적 기능을 배우지는 못한다. 컴퓨터가 가설의 생성과 검증에 장애가 되는 실제적인 문제를 없애주고, 이상화된 검사 환경에 외삽하는 일을 가능하게 하는 일은 사고 실험의 특성에 해당한다.

캐나다 온타리오 주의 어떤 학교의 교과목 중에는 과학 소설 주제를 사고 실험과 연결시켜 활용하는 경우도 있다. 가령 바이오닉 맨Bionic Man이 일정한 가속도 이상으로 빨리 달리면 발이 녹지 않을지 공부한다(Stinner 1990). 이런 유형의 '생각하는 물리학' 문제들은 교사와 학생에게 중력, 힘, 압력 등과 같은 기본 개념의 의미를 생각하게 하고, 그런 개념을 응용할 조건을 정확하게 이해하게 한다.

물리학에서 이런 접근을 택한 교과서 중에는 엡슈타인Epstein의 《생각하는 물리 *Thinking Physics*》(1979)가 있다. 그 안에는 아래와 같은 예들이 많이 있다.

- 인류 최초의 인공위성인 스푸트니크 1호가 지구로 되돌아 올 때 대기권에서 마찰로 인하여 느려졌다. 스푸트니크가 지구에 가까워지면서 궤도를 돌면 속도는 감소할까, 그

대로일까 아니면 증가할까(p. 157)?

- 수 세기 전 맥스웰Maxwell은 토성의 고리에 금속판 조각을 놓아두면 쪼개질 것이라고 계산하였다. 조석 장력과 토성 중력의 차이를 견딜 만큼 충분히 강하지 않아서 쪼개진다는 것이다. 그런데 더 두꺼우면서도 쇠로 만든 판을 놓아두면 쉽게 쪼개질지 추측해 보라. 두꺼운 철판이 얇은 금속판만큼 쉽게 잘라질까 아니면 두꺼운 금속판이 더 쉽게 잘라질까? 아니면 얇은 금속판만큼 잘라지지 않을까(p. 161)?

이러한 연습 예제들은 학생들이 현상을 묘사하는 데 사용된 개념의 의미를 생각하게 한다. 이런 예제는 마흐의 사고 실험의 전통을 따른 것이다. 그러한 것들은 경험적 실험에 대한 '요리책' 식 실험이나 단순한 계산이 실패한 방법으로 학습자의 마음을 사로잡는다. 이는 "사고 실험은 전문 연구자뿐만 아니라 그런 정신 발달을 위해서도 매우 중요하다."고 한 마흐의 주장을 뒷받침한다.

윤리와 과학교육

과학 수업에서 윤리적 질문이 증가하고 있다. 온실 효과, 공해, 종의 멸종, 유전학적 전문가, 군사적 기술, 방위산업에서 과학자의 고용, 과학적 연구의 비용과 방향, 핵에너지와 핵전쟁 등에 대하여 학생들이 문제를 제기하고 이러한 문제들은 새로운 과학교육과정에 등장한다. 주요 대학들은 대부분 윤리 위원회를 두어서 과학과 사회과학의 연구를 규제한다. 이제 과학적 실험을 위해서 동물을 자성 없이 무분별하게 이용하는 것은 문제가 되고 있으며 많은 곳에서 엄격하게 통제하고 있다. 뉴질랜드 과학 교수요목의 목표는 '동물에 대한 보살핌'과 동물의 권리에 대한 인식이다. 동시에 철학적으로 그런 문제들을 응용 윤리와 환경 윤리 과목에서 다룬다. 지금까지 과학교육에서 이런 문제들이 대부분 무시된 이유는 과학은 가치에 무관해야 한다는 신념 때문이었다. 실험용 쥐를 수업에서 일상적으로 죽이고, 핵융합과 핵분열에 대한 화학 수업에서는 핵폭탄에 이용할 것인지 전기 에너지에 이용할 것인지는 논의하지도 않는다. 또한 자원 채취 산업에 관련된 과학을 공부하면서 사회 정치적 이슈나 환경적 이슈에는 관심을 기울이지도 않는다.

자이먼Ziman과 수많은 다른 학자들이 정통의 과학교육은 지금까지 오랫동안 퍼져 있는 순박한 유물론naive materialism이나 원초적인 실증주의 혹은 기술 만능주의에 빠져 있음을 지적하였다. 그러나 이러한 입장들은 현재 지적으로 밀려나는 형국이다. 네덜란드의 PLON 프로젝트, 영국의 SISCON 프로젝트, 캐나다의 여러 가지 다양한 프로젝트(Aikenhead 1980), 미국의 2061 프로젝트와 STS 과목 등은 모두 과거에 비해 과학이 가치와 깊은 관련이 있다는 것을 인식한 교육계의 반응이다.

과학이 윤리와 긴밀하게 관련되어 있다는 것은 현재 추진되고 있는 인간 유전자 프로그램에서 분명하게 알 수 있다. 인간 유전자 프로젝트의 3조 달러 예산 중 3%인 9천만 달러가 윤리와 법률 영역 예산으로 배정되었다. 미국은 적어도 3개의 주와 국가수준 유전학 교육프로그램에서 인간 유전자 프로젝트가 가진 윤리적, 종교적 차원을 명백히 다루었다.[26] 생물 교육과정BSCS 프로그램에는 모든 미국의 생물 교사에게 94쪽 분량의 문서화된 규정을 발송했다. 인간 유전자 프로젝트의 과학적 연구에 덧붙여서 학생들에게 유전자 프로그램에서의 유전자 선별과 다른 기술들이 유발할 수 있는 윤리적 쟁점과 기술적 쟁점을 분석하고 토론에 참여시킨다. 가령 회사 고용주가 헌팅턴의 무도병 유전자를 가진 사람을 고용하지 않게 선별하는 일이 허용되는가? 알코올 중독에 빠질 수 있는 유전자를 가진 사람을 식별하여 그들에게 음주를 금지할 수 있는가? 이러한 상황을 상상해 보자.

> 개인이나 조직(학교, 직장을 포함한 여러 조직) 혹은 사회는 사람들의 이해가 앞서서 다른 사람이 피해 입는 상황을 다루어야 한다. 모든 사람의 이해가 앞설 수 없고 다른 사람의 희생을 요구한다면 누구의 이해관계가 먼저 다뤄져야 하는가? 윤리와 공공 정책은 '당위성'에 대한 문제를 다루어야 한다(BSCS 1992, p. 15).

교사가 과학적인 토론만큼 윤리적인 토론도 정교하게 만들어 진행하기를 희망한다. 그러기 위해서는 교사가 윤리적인 논쟁의 역사와 그 안의 주요 논증에 친숙해야 할 것이다. 모두는 아니지만 대중적인 문제를 개작하거나 주장함으로써 어느 정도 이런 문제를 해결할 수 있다. 결국 교사가 이러한 윤리적이고 사회적인 문제들을 깊이 다루게 되면 그 학급의 학생들 또한 지적으로 충만하게 된다.[27]

페미니즘과 과학교육

지난 30년 동안 여성들이 과학에 참여하는 비율이 매우 낮다는 문제가 지적되었다. '여성과 과학'이라는 프로젝트는 여학생들도 과학을 수행하는 데 방해가 되는 현실적 혹은 교육적 장벽에 초점을 맞추고 있다. 교사가 여학생들보다 남학생들에게 더 많은 관심을 보인다거나 교과서에서 여성의 역할 모델과 방향이 부족하다는 등 여러 가지 문제가 제기되었다. 그러나 이런 현실적인 혹은 경험적인 문제들을 뛰어넘어, 페미니스트들이 과학의 본성과 실제에서 찾을 수 있는 편견에 대한 논증을 계속 발전시켰다. 이런 선입견은 여학생들이 과학을 회피하거나 낮은 성취를 갖게 된 원인이라고 페미니스트들은 말한다.

페미니스트 과학 철학자들의 연구(Ruth Bleier 1984, Evelyn Fox Keller 1985, Sandra Harding 1986, Helen Longino 1989, Jane Roland Martin 1989)는 철학과 교육에 큰 영향을 끼치고 있다. 어떤 페미니스트들은 객관성이나 보편성에 대하여 의문을 제기하거나 거부하는 경우도 있고 또 다른 페미니스트인 하딩Harding은 객관성에 대한 더 나은 관점으로 여성과 다른 집단들의 인지적 관점을 추구한다. 하딩에 따르면 진보된 과학적 지식은

> 단일화된 지식을 추구하는 데 경험적 이해를 바탕으로 도덕적 이해와 정치적 이해를 결합한 것이다. 그리고 두뇌와 손에 의해서 얻은 그리고 두뇌와 손에 대한 지식을 마음에 의한 그리고 마음에 관한 지식에 통합시키려고 한다. 탐구를 단지 자연과 그 이외의 것들에 대한 기계적 관찰이 아닌 '자연의 신비는 밝혀질 수 없다는 것 없이' 정치적이고 도덕적인 계몽의 간섭(관여)을 포함하는 것으로 여긴다.

페미니스트의 비판 중에는 특정한 과학 연구 프로그램에 대한 것도 있다. 그런 비판은 사례별로 다루어져야 하며, 편견에 대한 주장이 적절한지를 판단하고, 만약 편견에 의한 것이라면 연구의 주장에 편견이 개입되어 있는지도 다루어 한다(왜냐하면 편견이 항상 진실을 방해하는 것은 아니기 때문이다). 마틴Martin처럼 과학의 주류 인식론이 남성적인 선입견에 쏠려 있다는 근본적인 질문들은 더 일반적이고 더 복잡하게 응답할 필요가 있다. 그러나 결국 과학교육자들이 극복해야 할 쟁점들이 페미니스트 문헌에 들어 있다.

어떤 일부 페미니스트들은 과학의 결과가 "객관적이고, 합리적이고 분석적인 행동을 촉구하는 학문으로 흔히 비춰지게 해서" 여학생들이 과학을 회피하게 했다고 본다(Bell 1988, p. 159). 이러한 논증은 처음에는 그럴듯했지만, 문제가 가득하다. 이런 비판은 많은 나라에서 여성들이 과학에서 충분히 두각을 나타내고 있는 것을 설명하지 못한다. 우리는 객관적이거나 합리적이거나 분석적 생각이 나쁘다고 말하지 않는다. 오히려 그런 특성은 바람직하며 사회적인 영역이나 정치적인 영역 안에서도 몹시 필요하다고 생각한다. 물론 합리적인rational 것보다 이성적인resonable 것이 더 낫고, 교육에서도 이성적임reasonableness을 길러주도록 노력하여야 한다(Burbules 1992). 그러나 이성은 합리성과 깊게 관련된다. 즉, 이성은 다른 여러 가지 고려사항 중에서 합리성을 가장 우선할 때의 앎의 과정으로 볼 수 있다(Siegel 1992).

더욱이 많은 여성은 객관주의, 합리주의, 분석적 생각이 여성에게 어울리지 않는다는 주장을 받아들이지 않는다. 뛰어난 과학철학자로 과학교육에 관한 글을 쓰는 코에지Koertge는 과학은 정통이 아닌 생각이 더 필요하며 더욱 다양한 접근이 요구된다고 주장한다(Koertge 1969). 이것이 포퍼의 표준적인 입장으로, 그 자체가 새로운 과학 인식론을 만들지는 못한다. 코에지는 페미니스트들에게 다음과 같이 경고한다.

> 만약 애국적 사고가 과학 혁명에서 결정적인 역할을 했을 뿐만 아니라 우리가 지금 알고 있는 과학 탐구를 진행하는 데도 필요하다는 생각이 증명된다면, 그것은 애국심에 대한 가장 강력한 논증이 될 것이라고 생각한다(Koertge 1981, p. 354).

그리고 그녀는 말을 이어나간다.

> 계속해서 나는 상류 계급의 백인 남성이 과학을 지배한다면 사람을 억압하는 가장 중요한 연합 중의 하나일 거라고 생각한다(Koertge 1981, p. 354).

결론

이 장에서는 과학과 철학의 상호 연결에 대해 논의하였고 과학 수업에서 학생들에게 이러한 상호작용의 측면을 소개할 것을 제안하였다. 이러한 부분이 과학의 본성에 관한 학습이며, 모든 과학교육과정에서 다루는 주제이다. 이것은 단지 '철학에 관한' 학습의 문제가 아니며, '철학을 행하는do philosophy' 기회를 제공하는 것이 중요하다. "무슨 의미인가?", "어떻게 알게 되었는가?"와 같은 의문을 제기하는 것이 철학의 시작이다. 학생들에게 과학교육의 각 단계에서 이러한 질문을 하도록 격려해야 한다. 이런 질문들이 논리의 영역으로 자연스럽게 이끌어 주고 논증을 인정하며, 학생들의 순박한 생각이 훈련되고 지식을 쌓도록 도움을 준다는 증거가 많이 있다. 1979년 에니스가 설명, 학문의 구조, 가치, 이론과 관찰, 과학적 방법 등을 언급했는데 이런 문제들은 과학교사들이 영원히 귀 기울여야 할 흥미로운 주제이며 학생들도 흥미롭게 만들 수 있다. 이번 장에서는 철학이 교육과정에서 분명한 역할을 하고 있는 현재의 다양한 영역을 드러내고 간단히 살펴보았다.

과학교육자들 사이의 이론적 논쟁이 발생하고, 교육과정의 내용을 넘어가는 문제 중에는 과학 철학이 기여하는 생생한 분야가 있다. 특히 구성주의에 대한 논쟁, 특히 구성주의의 인식론적 주장이 대표적인 분야로 7장에서 자세하게 다루게 될 것이다. 또한 다문화 과학교육에 관한 논쟁도 역시 과학 철학이 공헌할 영역이며 9장에서 다룰 것이다. 과학에 대한 페미니스트의 비판과 그에 따라 과학교육이 새로운 모습을 갖추려면 과학의 역사와 철학에 대한 지식이 매우 중요하게 된다. 왜냐하면 이런 비판들이 복합적이고 많은 논쟁을 불러일으키며 여기서 그 정당성을 확보하지 못할 수 있기 때문이다. 그리고 객관성, 합리성, 분석적 사고를 페미니스트가 거부한다고 해서 그런 문제가 해결되는 것도 아니다. 오히려 많은 여성 과학자들도 그(객관적이고 합리적이고 분석적이라는) 목표를 보증하고 있다. 과학교육자들은 이런 논증의 중요함을 올바르게 알려줄 책임이 있다. 그러기 위해서는 과학의 역사와 철학에 대한 지식을 가져야 한다.

1. 과학교육에 있어 철학의 유용함을 탐구하는 데 가장 많은 기여를 한 철학자는 마이클 마틴Michael Martin으로, 그는 연재 논문을 발표했으며(1971, 1974, 1979, 1986, 1994) 이 주제에 대해 《과학교육의 개념*Concepts of Science Education*》이라는 인기 있는 책을 집필했다. 탐구, 설명, 정의, 관찰과 목표를 다루는 이 책의 다섯 개의 장은 과학 과정에서 목표와 목적의 지도법, 교재, 서술의 향상을 위한 철학적 훈련의 유용성에 충분한 증거를 제공한다. 이 장에서 언급되지 않았지만 과학교육에 대해 집필한 다른 철학자들의 연구로는 부치달(Buchdahl 1993), 코헨(Cohen 1964), 하레(Harré 1983), 홀튼(Holton 1973, 1975), 코에지(Koertge 1970), 나겔(Nagel 1969), 서치팅(Suchting 1992, 1994)이 있다.
2. 이 책에 언급되지 않은 과학철학과 과학교육에 대한 수많은 논문 중 아빔볼라(Abimbola 1983), 알버리(Albury 1983), 카우쓰론과 로웰(Cawthron & Rowell 1978), 클레민슨(Cleminson 1990), 코넬리(Connelly 1969), 엘카나(Elkana 1970), 호슨(Hodson 1988), 노리스(Norris 1984), 로빈슨(Robinson 1968), 버블스와 린(Burbules & Linn 1991), 포지(Forge 1979), 테르하르트(Terhart 1988), 헤론(Herron 1972), 로저스(Rogers 1982), 헤르게트(Herget 1989, 1990), 힐스(Hills 1992)의 연구들을 참고할 수 있다.
3. 암스테르담스키(Amsterdamski 1975), 부치달(Buchdahl 1969), 버트(Burtt 1932), 예르첸(Gjertsen 1989), 와토프스키(Wartofsky 1968)는 과학과 형이상학 사이의 상호 연결에 대하여 논의하였다.
4. 피노치아로(Finocchiaro 1980, p. 149)는 갈릴레오의 두 개의 주요 우주 체계에 대한 대화에서 발견되는 14가지 철학적 주제의 표를 제공하였다.
5. 유감스럽게도 과학이 철학의 영향을 받지 않은 것처럼 쓰여진 과학사의 경향이 있어 왔고 다른 한편으로 과학이 철학적 발상에 영향을 미치지 못한 것처럼 쓰여진 철학사들의 경향이 있었다. 철학 과목에서 학생들은 일반적으로 베이컨, 로크, 데카르트, 레이비즈, 버클리, 홉스, 흄, 칸트, 헤겔, 듀이, 호셀, 포퍼 그리고 기타 철학자들을 다루며 과학적 발전에 대한 철학자들의 반응에 대해서는 매우 적은 관심을 가진다. 이 주제에 대해서는 매튜스(Matthews 1989)의 연구를 참고하라.
6. 스테빙Stebbing은 《물리학자와 철학*Philosophy and Physicist*》(1937)에서 에딩턴과 진Eddington & Jeans의 철학적 실수를 비평적으로 기술하였다. 많은 현대 문학에서 비슷한 비난이 있었다.
7. 울노프(Woolnough 1987)의 논문에서 과학교육에서 신념과 과학을 어떻게 다룰지에 대한 주제를 도입하였다.
8. 영국에서 제일 잘 알려진 STS 과목은 《사회적 맥락에서 과학*SISCON: Science in a Social Context*》이다(Solomon 1983, 1985). 화학 과목을 보충하기 위해서는 《사회에서 과학과 기술*SaTiS: Science and Technology in Society*》(Association for Science Education, 1986)을 참고하라.
9. 에이켈호프와 코트랜드(Eijkelhof & Kortland 1988)에서 묘사된 PLON 상급 물리 과정을 참고하라.
10. 대부분의 캐나다 지역은 STS 과목을 가지고 있다. 뉴 브런즈윅New Brunswick에 위치한 대서양 과학과정 프로젝트The Atlantic Science Curriculum Project가 그 중 하나이며(McFadden 1989), 알버타Alberta는 많은 프로그램을 가지고 있다(Alberta Education 1990). 초기 캐나다의 STS 계획들은 아이켄헤드(Aikenhead 1980)의 연구에 묘사되어 있다.

11. NSTA의 2개 연감인 《과학과 기술교육 재설계*Redesigning Science and Technology Education*》(Bybee et al. 1984)와 《과학, 기술, 사회*Science, Technology, Society*》(Bybee 1985) 그리고 《과학, 기술, 사회운동*The Science, Technology, Society Movement*》을 참고할 수 있다(Yager 1993).
12. 뒤헴Duhem의 《현상 구하기: 플라톤에서 갈릴레오까지 물리 이론의 발상에 대한 에세이*To Save the Phenomena: An Essay on the Idea of Physical Theory from Plato to Galileo*》(1908/1969)는 이러한 전통에 대한 우수한 자료집이다.
13. 뒤헴-콰인Duhem-Quine의 이론에 대한 좋은 논문들은 하딩(Harding 1976)의 연구을 참고하라.
14. 비판적 사고에 대한 일부 논의 즉 이것이 무엇이며 어떻게 증진하고 어떻게 일반화할 것인지에 대한 것은 바론과 스턴버그(Baron & Sternberg 1987), 레빈과 린(Levine & Linn 1977), 맥펙(Mcpeck 1981, 1990), 레스닉(Resnick 1987), 시겔(Siegel 1988, 1989a)의 연구를 참고하라. 마찬가지로 하거Hagar가 편집한 《교육적 철학과 이론*Educational Philosophy and Theory*》(23(1), 1991)의 특별호를 참고하라. 지에리(Giere 1984)의 연구가 좋은 과학 추론의 이론을 다루며 다수의 현실적인 학생 활동을 포함한다. 생활 과학을 다루는 비슷한 책으로는 스틴(Steen 1987)의 저서가 있다.
15. 이성주의와 과학의 진실 탐구 기능의 설득력 있는 방어의 예는 브라운(Brown 1994), 시모니(Shimony 1976), 샤피어(Shapere 1964, 1984), 셰플러(Scheffler 1982) 그리고 시겔(Siegel 1987)의 연구를 참고할 수 있다.
16. 효과적인 프로그램 이전에 선행된 것은 만하임(Mannheim 1936/1960)과 머턴(Merton 1957)의 연구를 포함한다. 부흥의 전조는 블루어Bloor의 《지식과 사회 형상화*Knowledge and Social Imagery*》(Routledge & Kegan Paul, London 1976)이었고, 그 이후 반즈Barnes의 《흥미와 지식의 성장*Interests and the Growth of Knowledge*》(Routledge & Kegan Paul, London 1977) 그리고 라투어와 울가Latour & Woolgar의 《실험 생활: 과학적 사실의 사회 구성*Laboratory Life: The Social Construction of Scientific Facts*》(Sage, London 1979)이 뒤를 이었다. 각각 수백 편의 논문을 언급한 사회학적 문헌의 첫 흐름에 대한 두 가지 평가는 멀케이(Mulkay 1982), 샤핀(Shapin 1982)의 연구이다. 효과적인 프로그램의 평론은 예를 들어 브라운(Brown 1984), 번지(Bunge 1991, 1992), 놀라(Nola 1991), 슬레작(Slezak 1994)의 연구를 참고할 수 있다. 마지막 것은 교육적 주제를 다룬다.
17. 어떤 해석자들은 푸코Foucault가 "지식이 힘이다."라는 자신의 이론을 사회과학과 인문학에만 적용하는 것을 고려하였고 자연과학에서는 다루지 않았다고 주장한다(Gutting 1989, p. 4).
18. 지능검사와 이론의 발달에 대한 설명은 매튜스(Matthews 1980)의 6장에서 찾을 수 있다.
19. 영국의 화학자이자 교육가였던 브래들리Bradley는 마흐의 원리에 대한 그의 화학교수법을 조직화하였고(Bradley 1963, p. 68), 마흐의 과학철학에 대해 유용한 책을 저술하였다(Bradley 1971). 마흐는 유럽 과학교육에 더 많은 영향을 끼쳤다. 릿Litt과 바겐샤인Wagenschein의 연구는 여기서 주목할 만하다. 릿은 '예증Paradigmatic'의 방법을 옹호하면서 이러한 방법으로 물리를 적게 가르치더라도 이해를 증진시킨다고 하였다. "내가 목표로 하는 모든 것은 어린이를 진정으로 이해시키는 것이며 이해를 이해하는 것이다."(Litt 1959, Walter Jung 번역) 바겐샤인Wagenschein은 역사적으로 발전된 물리교육의 옹호에 대해 방대한 양의 글을 저술했다. 이러한 전통은 융의 저서에서 논의되었다(Jung 1983, 1989, 1993). 마흐의 교육적 발상과 활동들에 대해서는 블랙모어(Blackmore 1972, 10장), 브뤼(Blüh 1970), 매튜스(Matthews 1990a), 피엔슨(Pyenson 1983, 4장)을 참고할 수 있다.

20. 마흐의 일생과 업적에 대한 설명은 《철학 백과사전*The Encyclopedia of Philosophy*》과 《과학 전기 사전*The Dictionary of Scientific Biography*》의 도입부에서 찾을 수 있다. 또한 블랙모어(Blackmore 1972), 브래들리(Bradley 1971), 코헨과 시거(Cohen & Seeger 1970), 힌띠까(Hintikka 1968)에서 찾을 수 있다.
21. 1947년에 베소Besso가 아인슈타인에게 보낸 편지에서 이러한 영향을 언급하였다. "과학사에 관한 한, 지난 50년 혹은 70년 동안의 발전의 중심에 마흐가 서 있는 것처럼 보인다."(Holton 1970, p. 169)
22. 그의 1906년 《물리 이론의 목적과 구성*Aim and Structure of Physical Theory*》에서 뒤헴은 다음과 같이 말했다.

 학생들이 물리 가설을 받아들이는 데 적합하고 확실하며 유익한 준비 방법은 역사를 활용한 방안이다. … 그것이 물리 연구에서 과학의 매우 복잡하고 살아 있는 조직체에 대해 정확하고 명석한 관점을 줄 수 있는 가장 좋으면서도 분명히 유일한 방법이다(Duhem 1906/1954, p. 268).

23. 과학사에서 사고 실험의 전형적인 처리의 예는 코이레(Koyré 1960), 쿤(Kuhn 1964), 마흐(Mach 1896/1976)에 있다. 최근에 그들의 역사적이고 철학적인 기능들은 브라운(Brown 1986), 소렌센(Sorensen 1992), 호로비츠와 마세이(Horowitz & Massey 1991)의 논문집에서 논의되었다.
24. 자주 혼동되는 아리스토텔레스의 '기존의 관점received view'을 구분하는 것은 중요하다. 일반적 관점은 아리스토텔레스의 철학이겠지만 렌Lane이 지적한 것처럼 아리스토텔레스의 결과로 보기에는 원문의 증거가 매우 빈약하다. 갈릴레오는 《신과학*New Sciences*》의 68쪽에서 "100브라시아의 높이에서 떨어지는 100파운드의 쇠공이 1파운드의 1브라시아의 높이에서 떨어지는 것보다 먼저 도달했다."는 것을 아리스토텔레스의 주장으로 보았다. 아무도 이런 글을 아리스토텔레스의 연구에서 찾을 수 없었다. 렌은 이를 갈릴레오에 의한 '순전한 발견sheer invention'이라고 칭했다. 브래큰리지(Brackenridge 1989)는 이러한 이야기를 논의하였다.
25. 특별히 유용한 두 가지 논문으로는 헬름 외(Helm et al. 1985)와 윈체스터(Winchester 1990)가 있다.
26. "인간 게놈의 지도화와 서열화: 과학, 윤리, 공공 정책"(BSCS 1992), "유전자 윤리 – 볼 주립 모델Ball State Model"(Ball State University, Muncie IN)과 "생물학에서의 교사 교육San Francisco State University, San Francisco CA"이 있다. 이 프로그램들은 블레이크(Blake 1994)의 연구에서 논의되었다.
27. 에거Eger, 헤세Hesse, 시모니Shimony 그리고 다른 연구자들(Zygon 23(3), 1988) 사이의 '과학과 윤리의 합리성'에 대한 교류는 최근 이러한 문제에 대해 약간의 철학적 교양을 얻기 위한 노력으로 발생하는 이점을 보여 주었다. 에거(Eger 1989a)는 하버마스Habermas의 업적과 프랑크푸르트 학교가 과학의 사회적 역할에 대한 이해, 학과목의 근본적인 구조에 취한 입장을 화제로 삼는 과학의 '흥미'에 대한 문제를 제기했다. 코르데로(Cordero 1992)와 마틴(Martin 1986)은 과학, 윤리 그리고 교육의 상호작용에 대한 통찰력 있고 잘 통제된 토론을 제공하였다. 과학교육에서 윤리에 대한 중요한 문헌들에 대한 안내는 무스첸가와 고슬링(Musschenga & Gosling 1992)의 공헌에서 찾아볼 수 있다. 여러 가지 화제들이 크로스와 프라이스(Cross & Price 1992)의 연구에서 논의되었다.

6장 교실에서 과학철학사: 진자운동의 사례

History and Philosophy in the Classroom: The case of Pendulum Motion

이 장은 진자 운동이라는 한 가지 주제로 과학교육에 대한 자유적 접근 또는 맥락적인 접근의 장점에 대해 주장하고 논의할 것이다. 이 주제가 거의 모든 과학 프로그램에서 중요한 위치를 차지하고 있고 상대적으로 보편적인 주제이기 때문이다. 진화, 유전자 조작, 산성비와 같은 최근에 대두되는 주제들에 대한 역사적이고 철학적인 고찰은 매우 유용하다. 만약 지루한 주제가 과학철학사를 통해 흥미로워진다면, 과학교육을 위한 HPS가 필요하다고 느낄 것이다. 그러므로 진자운동의 과학 학습은 이 책에서 언급된 중요한 일반적 주제들을 설명한다.

- 현대과학의 발전에서 수학, 관찰 및 실험의 상호작용
- 철학과 과학의 상호작용
- 물질 대상과 과학이 다루는 대상의 구분
- 과학적 주장의 정당화 또는 반증에 대한 경험적 증거의 애매한 역할
- 현대 과학적 개념화와 상식적 의미의 대조

이 사례 연구에서 보이어Boyer는 자신의 책인 《고등학교*High School*》(1983)를 추천하고 있다. 그는 코넌트Conant보다 40년 앞서서 과학교육에서 아주 잘 알려진 몇몇의 문제들을 정의하고 제안했다.

이 과목은 학생들에게 학습법을 능가하는 과학의 법칙을 이해하는 방법을 가르쳐 준

다. 일반적 과학의 법칙을 위한 연구는 엄밀하게 이루어진 것이 아니라 표면상의 수행이 될 수 있다. 그러나 신중히 고안된다면, 전문가와 비전문가 모두에게 학제간inter-disciplinary 관점이 모든 학생들에게 과학의 의미와 과학적 과정에 대한 더 큰 이해를 제공할 것이다(Boyer 1983, p. 107).

진자와 운동에 대한 과학

갈릴레오가 죽기 10년 전인 1632년의 문서에 그는 물리학의 성취를 정리하고 자유낙하 운동의 시간 측정을 위해서, 진자에 대한 자신의 기여와 실패를 기록하면서 "진자의 진동수, 큰지 작은지, 같은 시간 동안에 진자의 놀라운 특성으로부터 얻을 수 있을 것이다."라고 말했다(Drake 1978, p. 399). 시간의 경과를 측정하여 진자 운동을 사용하는 것은 중요한 업적이었고 자유낙하의 방법, 저항하는 매질을 통한 물체의 움직임, 운동량의 보전, 무겁고 가벼운 물체의 낙하율 등과 같은 갈릴레오의 연구의 중심에는 진자가 있었다. 그의 진자운동에 대한 분석은 아리스토텔레스적 물리학의 패배와 현대 운동학의 발전에 큰 역할을 했다. 역사학자 버터필드Butterfield는 아래와 같이 말했다.

지난 1500년 동안 인간의 정신이 직면하고 극복한 모든 지적 장애물들이 있다. 이것들은 특징이 매우 놀랍고 그것의 결과의 범위가 매우 굉장한 것으로 생각된다. 그것은 운동의 문제와 연관되어 있다(Butterfield 1949, p. 3).

진자는 과학 혁명에 주요한 역할을 하였다. 호이겐스Huygens는 1657년에 진자시계의 특허권을 얻었는데 이로 인해 정확한 시간 측정뿐 아니라 놀랍도록 정밀한 수준의 중력 상수$g = 9.82 m/s^2$를 구하였다. 뉴턴Newton은 그의 책 《프린키피아*Principia*》에서 지구 표면 위의 중력 가속도와 지구를 향하는 달의 구심의 가속도가 같은 종류의 가속도라는 것을 입증하기 위하여 이 값을 사용하였다. 뉴턴은 또 파동 운동을 분석하고 그 결과로 공기 중 소리의 속도를 규명하기 위하여 진자를 사용하였다. 뉴턴의 주요한 형이상학에서 규명된 진자 운동은 데카르트 학파에서 논쟁의 대상이 되었다. 주로 에테르aether의 존재에 대한 논쟁이다(Westfall 1980, p. 376). 과학과 철학에서 진자의 중요성은 상업, 항해, 탐험 그리고 서양의 발전이라는 엄청난 결과를 낳았다. 시간 경과를 편리하고 정확하게 측정하는 일은 바다에서 경도를 결정해야 하는 상업적 문제에 중대한 영향을 끼쳤고 일상의 사회적, 경제적 분야에도 마찬가지였다. 진자는 이 문제들의 답이었다.

갈릴레오와 교과서

교과서에서 진자 운동을 설명하는 표준적인 방식은 갈릴레오가 진자의 등시적인 움직임을 발견한 이야기를 소개하는 것이다. 대표적인 내용은 아래와 같다.

> 갈릴레오가 17살이 되었을 무렵, 그는 자신이 자란 피사의 한 교회에서 진자처럼 흔들리는 샹들리에를 무심히 관찰하였다. 반쯤 열린 교회 문으로 불어오는 산들바람 때문에 흔들린다는 것을 알게 되었다. 설교에 지루했던 그는 샹들리에를 주의 깊게 지켜보면서 손가락으로 손목 위에서 맥박을 세었고 놀라운 사실을 알아냈다. 때로 샹들리에는 심하게 흔들리거나 아니면 살짝 흔들리지만, 그럼에도 불구하고 모든 진폭에서 60번의 맥박에 맞아 떨어졌다(Wolf 1981, p. 33).

위의 이야기는 전 세계에서 가장 많이 사용되는 고등학교 물리 교과서PSSC: the Physical Science Study Committee's Physics의 서문에 쓰여 있다.

만약 교과서의 이야기가 사실이라면, 왜 진자의 등시성이 16세기가 되어서야 발견되었는지 의문을 던질 수 있다. 천재적이고 예리한 관찰력을 지닌 수많은 사람들이 수천 년 동안 그네 위의 아이를 밀면서, 흔들리는 전등과 추를 보면서, 음악의 조율 기구에 매달린 추를 사용했지만, 아무도 진자의 등시성을 발견하지 못했다. 과학적인 목적, 일상생활에서 활동과 사건의 기간 정하기, 항해술에서 중요한 바다의 경도 결정의 문제들 때문에 수세기 동안 사람들은 믿을 수 있는 시간 측정법을 고안하기 위해 고민해 왔다. 진자의 등시성이 이 모든 질문의 해답이지만 이렇게 명백해 보이는 무엇인가를 많은 사람들이 인식하지 못했다는 것은 많은 정보를 알려 준다. 이것은 지각의 문제뿐만 아니라 인식론자의 문제를 포함하는 더욱 깊은 문제가 있다는 것을 알려 준다.

14세기의 오렘Oresme은 진자 운동에 대해 논의했다. 그는《천체와 아리스토텔레스의 세계에 대한 책에 관하여*On the Book of the Heavens and the World of Aristotle*》에서 지구의 한쪽 면에서 지구 중심을 통과하여 다른 쪽으로 나오는 우물로 떨어진 물체에 대한 사고思考 실험 – 이 사고 실험은 1635년 갈릴레오가 쓴《두 가지 주요 세계의 체계에 관한 대화*Dialogues Concerning the Two Chief World Systems*》에서 재현되었다 – 을 생각하였다. 오렘은 이런 상상의 상황을 긴 끈에 매달린 추가 앞뒤로 흔들리면서 거의 처음 위치로 되돌아오는 상황으로 연결하였다(Clagett 1959, p. 570). 색소니의 알베르트Albert of Saxony, 타르탈리아Tartaglia와 베네데티Benedetti 모두 기동력 이론impetus theory의 맥락에서 같은 문제를 논의하였다. 가장 예리한 관찰자 레오나르도 다 빈치Leonardo da Vinci는 진자 운동의 다양한 상황을 다루었고 1490년대 후반에 2개의 진자를 스케치했는데, 하나는 왕복 운동을 하는 펌프이고, 다른 하나는 시계처럼 보이는 것이었다. 그는 갈릴레오의 현의 법칙에서 예상하는 것과 일치하는, 원의 호를 따라 아래로 생긴 경사면을 운동할 때가 더 짧은 현chord을 따르는 것보다 더 빠르다는 것을 알았다. 1569년 베송Besson은 톱, 풀무, 펌프 같은 도구나 광내는 기계를 조정하면서 진자의 활용에 관한 책을 리옹에서 출판하였다.[1]

만약 진자 운동의 등시성 발견이 교과서의 이야기대로 직접적으로 쉽게 이루어졌다면, 오렘, 레오나르도, 뷔리당Buridan, 베네데티뿐만 아니라, 운동과 진자 흔들림을 관찰하는 서양과 비서양의 모든 학생들과 관찰자들은 왜 갈릴레오가 보았던 것을 보지 못했는지 설명하는 것이 문제가 된다. 어떻게 갈릴레오는 진자 운동을 인식하고 그 법칙을 입증했는지에 대한 질문은 진자 주제를 가르치는 데 핵심적이다. 교사는 학생들이 주기가 질량과 진폭에는 무관하고 길이의 제곱근에 반비례한다는 진자 운동의 특성을 찾아내고 증명하기를 바랄 것이다. 이런 특성들이 처음에 발견된 방법은 진자 주제를 가르치고 학습하는 최근의 시도에 빛을 비춰준다.

갈릴레오의 진자운동의 설명

갈릴레오는 각각 다른 단계를 거쳐 진자 운동에 대해 네 가지 법칙을 주장했다.

1) 주기는 길이와 관계있다; 길이의 법칙
2) 주기는 진폭과 무관하다; 진폭 불변의 법칙
3) 주기는 질량과 무관하다; 질량 독립의 법칙
4) 모든 주기는 길이가 주어지면 진폭에 관계없이 동일하다; 등시성의 법칙

갈릴레오의 주장 4가지는 고등학교 교과서와 다르게 관찰 결과가 아니라 수학적인 것이다. 그리고 수학이 안내한 실험이 갈릴레오에게 진자 운동의 특성을 발견하고 증명하게 한다. 갈릴레오는 1588년 피사 대학교의 수학 강사로 지명 받은 후 '위대한 아르키메데스Superhuman Archimedes'의 수학과 역학에 빠져 들었고 경외심을 표시했다(Galileo 1590/1960, p. 67). 무엇보다 아르키메데스는 역학에 유클리드 기하학을 활용했다. 일반적인 기계인 지렛대, 도르래, 축바퀴, 경사면, 나사를 활용하는 실제적 문제를 기하학적으로 해결하였다.

피사에 있을 때 갈릴레오의 주요 업적은 《운동에 대하여*On Motion*》(1590/1960)를 저술한 것이다.[2] 그 책에서 갈릴레오는 자연 철학자들이 논의하는 운동에 대한 전반적인 문제, 즉, 자유 낙하, 저울의 운동, 경사면 운동과 원 운동을 모두 다루었다. 이런 논의를 할 때 물리적인 상황을 기하학적으로 그려 보고, 수학적 추리를 통해 결론에 도달하였다. 갈릴레오의 재능은 위의 모든 운동들이 모두 한 가지 기하학적인 구성물로 취급할 수 있으며 더 나아가 진자 운동도 기하학적으로 묘사했다. 세계에서 다르게 보이는 운동을 한 가지 공통의 방식으로 묘사하고 다루었다.

《운동에 대하여》의 14장에서 갈릴레오는 "왜 똑같은 무게의 물체가 여러 가지 평면에서 자연적인 운동을 할 때 … 수평선에서 직각에 가까울수록 더 빨리 움직이는가."의 문제를 다루고 있다. 갈릴레오는 이런 질문에 답하기 위해서는 먼저 "무거운 물체는 아래로 떨어지려고 하는데 그 물체를 들어 올리는 데 드는 힘만큼 아래로 떨어진다."는 것을 먼저 고려해야 한다고 말한다. 그렇게 되면 그 문제는 "만약 우리가 선분 *bd*를 따라 경사면을 따라 올라가면 힘이 많이 들고, 선분 *be*를 따라 경사면을 올라가

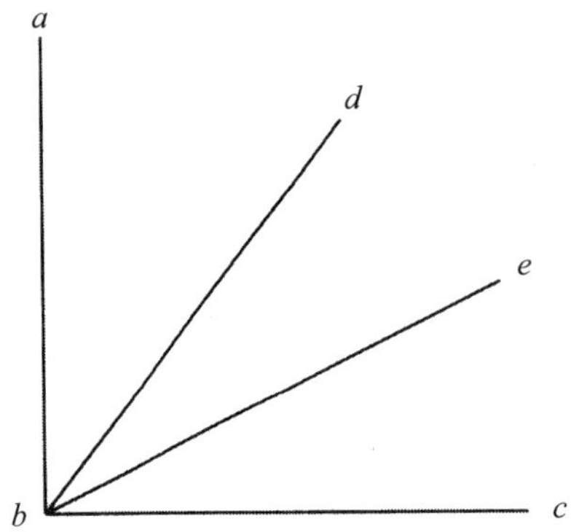

그림 3 갈릴레오의 경사면

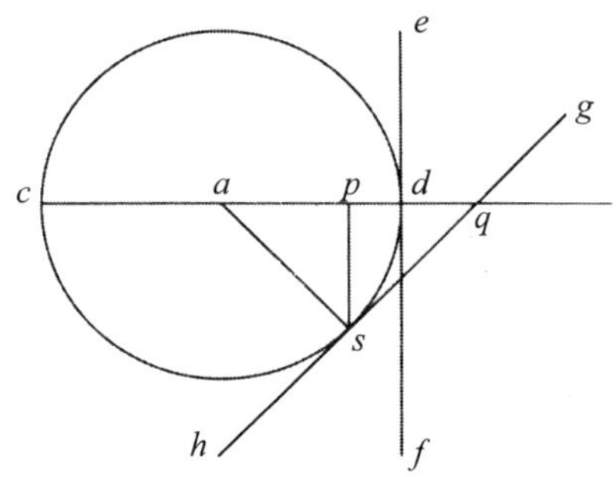

그림 4 갈릴레오의 경사면 구성

면 힘이 적게 들 것이다. 선분 *be*보다 선분 *bd*을 따라 물체가 더 빨리 떨어지는 이유는 더 많은 힘이 드는 것으로 알 수 있다."로 설명된다. 이 질문에 답을 하기 위해서 갈릴레오는 독자들에게 다음처럼 묻고 있다.

> 저울 *cd*에 중심이 *a*, 한 점 *c*에 추가 매달려 있고, 점 *d*에도 동일한 추가 매달려 있다. 선분 *ad*가 고정된 점 *a*를 중심으로 회전하면서 *s*로 움직이면, 처음 위치 *d*에 있던 물체의 낙하는 선분 *ef* 상에 있는 것과 같다.

이어서 그는 다음과 같이 말한다. "만약 그 물체가 점 *d*에서보다 점 *s*에서 덜 무겁다면, 선 *gh* 상의 운동보다 선 *ef*를 따라 운동하는 것이 더 느리다는 것을 증명할 수 있다." 갈릴레오는 회전 능률 이론theory of moment을 이용해서 다음처럼 결론을 내린다.

> 따라서 선 *ef* 상의 속도는 선 *gh* 상에서의 속도 중에 선 *da*에 대한 선 *pa*의 비율만큼 들어 있을 것이다. … 결과적으로 같은 무게의 물체는 경사면보다 수직으로 떨어지면 더 큰 힘을 받는데 경사면의 낙하 길이가 직선 낙하 길이보다 긴 만큼이다(Galileo 1590, p. 64).

그럼에도 갈릴레오는 아직 아리스토텔레스적인 물리학에 일부 빠져 있었다. 아리스토텔레스가 가정한 대로 낙하 속도는 무게에 비례한다는 것을 가정하고 있는 것을 보면 위대한 사람임에도 한 가지 개념적 구조에서 다른 개념 구조로 명확하게 전환되는 것이 아니다. 그림 4는 진자가 *a*지점에 매달려 있고 추의 길이가 *ad*인데 점 *d*, *s*를 움직인다고 생각할 수 있다. 갈릴레오는 그림 4를 이용해서 진자 운동의 특성을 증명한다. 갈릴레오가 이런 증명을 아래의 가정에서 했다는 것에 주목해야 한다.

> 그러나 이 증명은 우연한 저항(운동하는 물체의 거친 정도, 경사면이나 물체의 모양으로 인한)이 없다는 가정 아래 이해되어야 한다. 또한 우리는 운동하는 면이 섬세해서 또는 매우 매끄럽고 완전히 단단하다는 것을 가정하며 … 그리고 움직이는 물체도 단단한 물체임을 가정한다.

갈릴레오는 결정적인 이상화된 조건을 도입한 것이다. 갈릴레오의 새로운 과학은 세계가 어떻게 행동한다는 것이 아니고, 오히려 세계가 어떻게 행동해야 한다는 것이다. 자연 세계가 어떻게 행동하는가에 대해서 줄의 무게를 무시할 수 있어야 하며 추는 공기 저항을 유발하지 않아야 하고 마찰이 없다는 조건이 충족될 때 진자의 등시성이 설명된다. 다른 조건은 충족시킬 수 없지만 이런 조건을 일부 충족하는 통제된 실험이 갈릴레오의 과학에서는 매우 결정적이다.[3]

진자 운동에 대해 분석하는 갈릴레오에게 끈질지게 반대하는 세력 중에 아리스토텔레스의 관점을 가진 델 몬트del Monte가 있다. 델 몬트는 16세기의 위대한 수학자로 베니스 무기고의 감독관이자 갈릴레오 후원자 중의 한 명이었다.[4] 1602년 갈릴레오는 델 몬트에게 원의 호를 따라서 내려가는 진자의 추 운동에 대해 편지를 썼다. 그 편지에서 갈릴레오는 자신의 이론에 따라 "수직한 원의 현을 따라 최하점까지 내려가는 시간은 어떤 현을 따라 가더라도 걸리는 시간은 현의 길이나 경사면의 기울기에 상관없이 같다."고 서술하였다. 갈릴레오는 이것을 더 정교화해서 가장 낮은 사분원lowest quadrant의 호를 따라 낙하할 때 호의 길이에 무관하게 같은 시간이 걸린다는 결론을 이끌어 냈다(Drake 1978, p. 68). 이것이 진자의 등시성을 묘사한 것이다. 이에 대한 갈릴레오의 증명은 다음과 같다.

> 수평선에 수직인 원 BDA의 지름을 BA라 하자. 점 A로부터 원주 상에 선을 그으면 선 AF, AE, AD, AC가 그려진다. 수직선 BA를 따라 직선으로 낙하하거나 경사면인 선

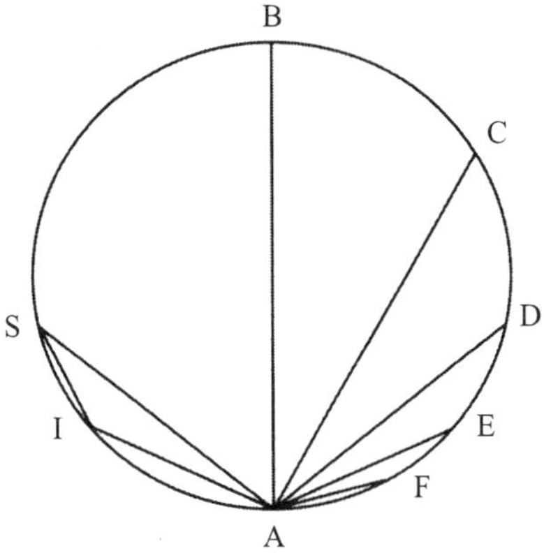

그림 5 갈릴레오의 현의 법칙

분 CA, DA, EA, FA를 따라 낙하하는 물체들은 모두 똑같은 시간에 떨어진다는 것을 증명하려고 한다. 그래서 점 B, C, D, E, F에서 같은 순간에 출발하게 되면 최하 지점 A에 동일한 순간에 도달하게 되는데, 선분 FA는 원하는 만큼 짧아질 수 있다.

이것은 등시성에 대한 증명과 비슷하지만 조금 다르다. 갈릴레오가 델 몬트에게 "호 SIA와 호 IA를 따라서 동일한 시간에 지나간다는 걸 보여줄 순 없지만, 계속 찾고 있다."고 말했다(Drake 1978, p. 71). 갈릴레오는 진자의 상황으로 옮겨서 6피트의 진자 두 개를 모두 천 번 진동하도록 했는데 한 개는 더 넓게 진동하고 다른 하나는 수직에 가깝게 아주 조금만 진동한다.

갈릴레오는 초기에 저술한 책인 《운동에 대하여》에서 등시성 운동을 수학적으로 증명하려고 했는데 이것이 현의 법칙Law of Chords이다. 지름 아래쪽 사분원의 어떤 길이의 현을 따라 내려가더라도 시간이 일정하다는 법칙이다. 그는 또 지름 아래쪽 사분원의 어떤 길이의 호를 따라 내려가더라도 낙하 시간이 일정하다는 호의 법칙Law of Arcs이 필요했지만 증명하지는 못했다. 1638년의 《대화*Dialogue*》에서 진자 법칙을 수학적으로 증명한다.

현의 법칙은 《담화*Discourse*》의 이론 Ⅵ에서 기하학적으로 증명된다. 그 이론은 다음과 같다.

> 수직한 원의 최고 지점에서 최하 지점으로 원주를 따라 임의의 경사면을 그릴 수 있는데, 그 현을 따라 낙하하는 시간은 항상 같다(Galileo 1638/1954, p. 188).

이런 현의 법칙은 진자 운동의 등시성을 증명한 것에 가깝다. 그 법칙은 경사면이 원 안에서 지름의 최고점에서 시작해서 최하점에서 끝나면, 경사면을 따라 낙하하는 시간이 같다는 것을 증명한 것이다. 이것은 진폭이 시간에 영향을 주지 않는다는 의미이다. 이것은 호의 법칙에도 중요한 제안이 되며, 호를 따라 낙하하는 시간이나 흔들리는 시간에 진폭은 영향을 미치지 않는다는 것을 의미한다. 나중에 이 법칙은《대화》의 이론 XXII으로 제시되면서 가장 빠른 자유 낙하의 빠른 시간이 가장 짧은 경로에 의한 것이 아니라는 다소 반직관적인 명제를 증명한다.

> 만약 수직한 원 C의 가장 아래 점으로부터, 현 CD를 사분원보다 더 크지 않은 호에 대하도록 그릴 수 있고 만약 그 현의 양 끝점에서 호 B 위에 어떤 점을 연결하는 두 개의 현을 그린다면, 현 DB, BC로 낙하하는 시간은 첫 번째 현 CD보다 짧게 걸리며, 나중의 현 중에서 아래에 있는 현 BC로 낙하하는 것보다도 동일한 양만큼 짧을 것이다(Galileo 1638/1954, p. 237).

이것은 갈릴레오가 최속 강하선brachistochrone 즉, 자유 낙하에서 가장 빨리 내려가는 선이 원의 호라는 걸 증명하기 시작한 것이다.

그러나 델 몬트는 이런 갈릴레오의 증명에 감명을 받지 못했는데, 갈릴레오를 물리학자보다 뛰어난 수학자라고 여기었다. 그 증명이 충분히 합리적이었지만 같은 길이의 줄에 매달린 물체가 다른 길이의 호를 지나거나 겨우 1센티미터를 움직이더라

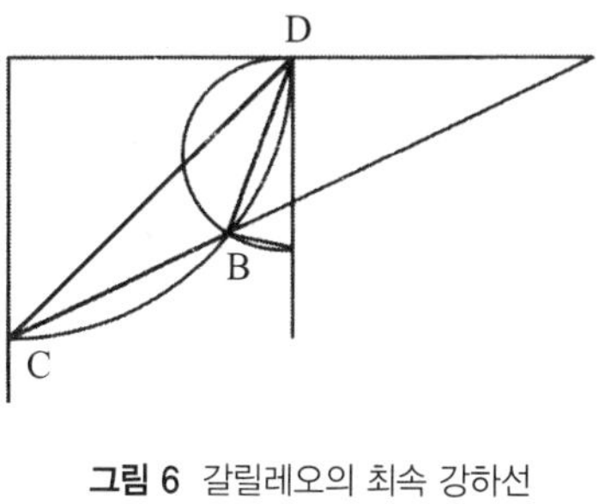

그림 6 갈릴레오의 최속 강하선

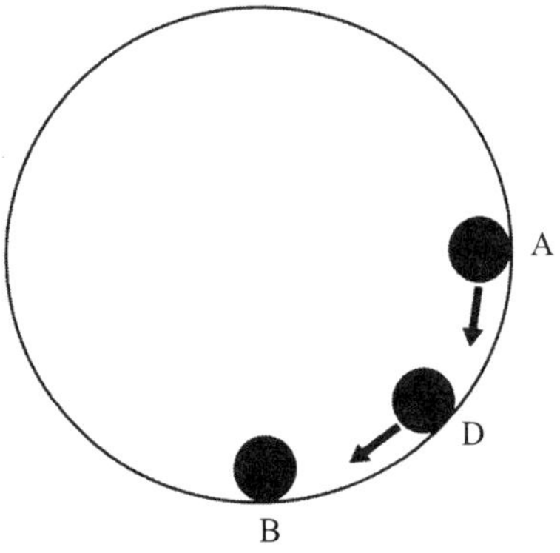

그림 7 고리에서의 공

도 모두 동일 시간 동안 움직인다고 믿기 어려웠다. 기계 역학자인 델 몬트는 쇠 고리 안에서 구르는 공으로 실험하여 갈릴레오의 주장이 잘못되었다는 것을 찾아냈다. 즉, 공을 쇠 고리의 사분원에서 각기 다른 지점에서 놓아두면 지름의 최하점에 도달한 시간이 달랐다. 그러나 갈릴레오는 이 반대에 동요하지 않았다. 그의 《두 가지 주요 세계의 체계에 대한 대화》(1633)에서 그는 다음과 같이 말한다.

> 매끄럽고 잘 다듬은 고리의 호를 원주 ADB의 곡률로 되어 있게 하고 그 안에서 둥글고 매끄러운 공을 자유롭게 굴려나간다(체의 테두리가 이 실험에서 적당할 것이다). 그 공을 B에서 가깝거나 아주 멀리 놓더라도 … 공이 B에 닿는 시간은 동일하다. … 이것은 매우 놀라운 현상이다(Galileo 1633/1953, p. 451).

역학에 있어서 갈릴레오의 가장 위대한 업적인 《두 가지 새로운 과학에 대한 대화 *Dialogues Concerning Two New Sciences*》(1638)에서 그는 아래와 같이 말한다.

> 진자가 호의 모양으로 180°, 160° 흔들리는 시간과 10°, 8° 흔들리는 시간이 똑같다는 것은 주목할 만하다. … 만약 두 사람이, 한 사람은 크게 움직이는 진동을 세고 다른 한 사람은 적게 움직이는 진동을 세어 본다면, 열 번이나 백 번을 세더라도 단 한 번의 진동 차이도 나지 않으며 한 번 진동의 일부분조차 차이가 없다(Galileo 1638/1954, p. 254).

후에 갈릴레오는 추를 사용하여 시계를 만들 수 있음을 제안했고, 그의 아들 빈센

치오Vincenzio가 그 제안을 스케치로 그려 보았다.[5]

갈릴레오 설명의 경험적 문제

갈릴레오의 이러한 놀라운 증명은 보편적으로 환영받지 못했고 다른 학자들이 경험적이고 철학적인 문제들을 재빠르게 지적하기 시작했다. 경험적인 문제 중에는 갈릴레오가 수학적으로 보여준 사건들이 실제 세계에서 '정확하게 대응'되지 않는 사례가 포함되었다. 솔직했던 갈릴레오는 사건들이 항상 이론과 대응되지 않을 수도 있다고 인정하였으며, 물질세계와 자신이 '종이 위의 세계'라고 불렀던 이론 세계가 서로 대응되지 않을 수 있다고 했다. 유명한 포물체의 포물선 운동을 수학적 법칙으로 입증한 직후에도 갈릴레오는 다음과 같이 언급하였다.

> 여기서 증명된 결론들은 구체적으로 적용되면 달라질 수 있으며, 수평 방향의 운동이 일정하지 않거나 자연적 가속도가 가정했던 비율로 작용하지 않거나 포물선 모양의 발사체 궤도가 아닌 정도에 따라서 오류가 있을 수 있음을 인정한다(Galileo 1638/1954, p. 251).

우리는 이런 특성이 제시되었을 때 델 몬트나 아리스토텔레스적 자연적 철학자들과 기계 기술자들이 어떤 반응을 보였을지 상상해 볼 수 있다. 우리가 살고 있는 세계에 관하여 말하려는 아리스토텔레스 학파와 과학에 대한 경험주의적 목적을 혼동에 빠뜨렸을 것이다. 포물선 운동의 법칙이 진실이라고 여겨지지만 우리가 경험하는 세계에서는 아닌 것이 되며, 이런 상황은 델 몬트가 이해하기 어려워한 만큼 지금 시대의 학생들에게도 어려울 것이다.

PSSC의 저자이며 유명한 과학 교과서의 저술가인 울프Wolf가 갈릴레오의 진자 운동의 법칙에 대하여 언급한 것을 보면 그 당시에 관찰을 하려는 사람은 남녀노소를 불문하고 아마 갈릴레오가 보여주려는 등시적 운동을 보려면 매우 주의 깊게 눈을 뜨고 있어야 함을 시사한다. 그러나 델 몬트와 다른 이들은 그렇게 하지 않았고 볼 수 없었다. 1636년 초 뛰어난 물리학자 메르센Mersenne도 갈릴레오의 실험을 재현했으며 델 몬트에 동의하지 않았다. 그러나 그도 갈릴레오가 실제 그런 실험을 수행했는지에 대해서는 의심을 갖고 있었다(Koyré 1968, pp. 113-117). 과학자 사회에서 영향력 있던 많은 사람들은 등시성에 대한 갈릴레오의 주장에 반대하였다. 그들은 종종 교과서에서 묘사되듯이 진실을 인정하지 않으려는 고집을 부리는 것은 아니었다.

현대 연구자들도 갈릴레오가 기술했던 실험 환경과 똑같이 실험을 반복하였으나 갈릴레오가 주장했던 결과를 얻지 못하였다(Ariotti 1968, Naylor 1974, 1980 and 1989). 그 중 네일러Naylor는 다음과 같은 사실을 찾아냈다.

> 두 개의 76인치 진자에 놋쇠 추와 코르크 추를 매달아서 처음에 30°의 호만큼 진동시켰을 때, 놋쇠 추가 25번을 진동한 후에는 코르크 추보다 1/4 진동만큼 앞서는 것을 볼 수 있다(Naylor 1974, p. 33).

델 몬트와 다른 이들은 진자가 갈릴레오 주장처럼 실제로 움직이지 않는다고 반복해서 지적하였다. 갈릴레오는 이상적인 진자가 수학적으로 유도한 법칙을 따를 것임을 말하는 것에 지치지 않았다. 델 몬트는 물리학은 우리 세계에 관한 것이며 가상의 수학적 세계에 관한 것이 아니라고 보고하였다. 물리학을 수학화하는 일mathematizing physics에 반대하는 것이 아리스토텔레스 학파나 경험주의자에게는 뿌리 깊은 확신이었다.[6] 영국의 경험주의자 허친슨Hutchinson은 뉴턴의 《프린키피아》가 기하학적으로 구성된 것에 대하여 '원과 선으로 이루어진 거미집으로 파리를 잡으려는' 것과 유사하다고 말했다(Cantor 1991, p. 219).

갈릴레오의 법칙을 경험적인 이유로 반대하는 것은 쉽게 이해된다. 가장 중요한 논증은 만약 그 법칙이 진실이라면 진자가 영원한 운동을 하겠지만, 분명히 그렇지는 않다. 등시적 진자는 처음 진동과 그 다음 후속 진동도 모두 같은 시간이 걸린다. 이것은 영구 운동임을 암시한다. 그러나 우리는 어떤 진자든 처음 진동을 시킨 후에 잠시 후에 멈추게 되어 나중 진동 시간이 처음 진동 시간과 동일하지 않게 된다는 걸 알고 있다. 게다가 코르크 진자와 놋쇠 진자가 약간 다른 진동수를 가지고 있으며, 같은 길이의 진자를 큰 진폭으로 진동시키면 작은 진폭의 진동보다 어느 정도 길게 걸린다는 것을 알 수 있다. 이런 것들은 모두 갈릴레오가 지적하고 있으며, 그는 아리스토텔레스의 근본적인 방법론적 주장인 세계를 이해하는 데 감각의 증거가 다른 증거보다 우선

해야 한다는 주장도 상기시켰다.

16세기 아리스토텔레스 학파들처럼 어린 아이들도 진자 운동의 속성을 알아보는 데 어려움을 겪는다. 심지어 매우 정교하게 만든 학교 실험실용 진자를 큰 진폭과 작은 진폭으로 진동시켜도 동시성을 보기 어려우며, 코르크 진자는 금방 진동을 멈추는 반면 놋쇠 진자는 그보다 오래 진동한다. 이런 경험적 증거들은 모두 진자 운동의 '법칙들'과 조화를 이루지 못한다. 이런 경우에 어린 아이들은 스스로가 어리석다고 생각하거나 권위에 모든 걸 맡겨야 한다고 생각하거나 아니면 최근 조사에서 독일 학생이 "물리학은 세계에 관한 것이 아니다."라고 한 것처럼 결론을 내리게 된다(Schecker 1992, p. 75). 이것은 어린 아이들을 과학의 초기 개척자의 위치에 두는 경우이다. 진자를 보는 것만으로는 등시성 운동을 밝혀낼 수 없으며, 관찰looking이 중요하긴 하지만 무언가 다른 것이 필요하다. 즉, 과학이 무엇이며 무슨 목적인가를 더 깊게 이해하는 것과 과학의 인식론이 필요하다. 역사학자인 딕스터우스Dijksterhuis는 자신이 관찰한 것에 대해 이런 인식을 가지고 있다.

> 지금까지 기초 물리학 수업을 배우는 학생들은 그 당시(17세기)에 극복해야 했던 오류나 오개념과 똑같이 싸워야 한다. … 이런 종류의 지식을 학교에서 배우는 일에서 역사는 매년 되풀이 된다(Dijksterhuis 1986, p. 30).

딕스터우스는 이런 근본적인 요점에서 더 나아가서 고전 역학은 경험으로 증명되지 않으며, 그런 직접적인 증명은 근본적으로 불가능하다고 주장한다. "누구도 질점을 무한한 빈 공간에 끼워 넣을 수 없으며, 질점에 작용하는 방향과 크기가 일정한 힘을 야기할 수도 없으며, 심지어 이런 형식화에 합리적인 의미를 붙이는 것도 불가능하다."는 것이다.

갈릴레오 설명의 철학적 문제

갈릴레오의 주장이 가진 경험적인 문제 말고도 델 몬트와 다른 사람들은 갈릴레오의 진자 운동의 설명에 대한 철학적인 문제를 제기하였다. 델 몬트는 갈릴레오의 지지자였으며 갈릴레오가 자신의 첫 번째 저서 《평형*La Bilancetta*》(1586)에서 보여준 놀라운 수학 실력을 인정하여 피사 대학교에서 수학을 가르치도록 해 준 인물이었다.[7] 그러나 델 몬트는 갈릴레오에게 과학자에 대하여 다음과 같은 주의를 주었다.

> 과학자들이 평형에 대한 이론이 실제로 역학적임에도 불구하고 순수 수학적인 방법으로만 탐구하면 속을 수 있으며, 또한 평형에 대한 진정한 운동과 평형의 무게 등은 완벽하게 물리적인 사물이기 때문에 그것들 없이는 성공적인 추론을 할 수 없다. 만약 그런 것들을 무시한다면 평형과 관련되어 일어날 수 있는 사건들의 진정한 원인을 찾아낼 수 없다(Drake & Drabkin 1969, p. 278).

1613년에 디 그라지아di Grazia도 이런 비판에 공감했다.

> 우리가 갈릴레오의 시범을 고려하기 전에 먼저 자연적인 사실을 수학적 추론을 수단으로 하여 증명하려는 사람들이 얼마나 진실에서 멀어져 있는지에 대해 증명할 필요가 있으며 내가 실수하는 게 아니라면, 갈릴레오도 그런 사람들 중 하나이다. 모든 과학과 예술은 고유의 원칙과 원인을 갖고 있어서 대상의 특성을 볼 수 있다. … 그러므로 수학적인 논증으로 자연적인 특성을 증명할 수 있다는 생각은 한마디로 미친 것이다. 왜냐하면 두 가지 과학은 매우 다르기 때문이다. 자연 과학자들은 자연적인 운동과 적당한 상태의 운동을 연구하지만 수학자들은 모든 운동으로 수학적 추상을 연구한다(Shea 1972, p. 34).

여기서 디 그라지아는 물리학이 수학을 사용하는 절차를 비판한 것이며, 갈릴레오의 운동에 대한 이해를 형이상학적으로 비판한 것이다. 절차적 비판의 핵심은 아리스토텔레스의 《물리학*Physics*》에서 인식했던 점과 일치한다. 그는 물체의 속도는 가해지는 힘에 따라 직접적으로 변하고, 운동하는 매질의 저항에 반비례한다고 생각하여 다음과 같은 공식을 제시했다.

$$V = K \times F/R$$ (속도는 저항 분의 힘에 따라 변한다)

아리스토텔레스는 다음과 같은 주의를 주었다. 왜냐하면, 예를 들어 만약 10명의 남자가 해변 건너편에서 일정한 속도로 한 개의 보트를 끌어당길 때와 한 명의 남자가 열 배의 속도로 한 개의 보트를 끌어당기는 경우에 대하여 위의 공식에 대입하여 결론을 낼 수 없기 때문이다. 실제로 한 남자가 한 개의 보트를 이동시킨다는 것은 전혀 불가능하긴 하다. 즉, 경험과는 관계없이, 수학적 공식은 우리가 세계에서 무슨 일이 일어날 것인지를 말할 수 없는 것과 같다.

디 그라지아의 두 번째 비판을 올바로 이해하기 위해 우리는 아리스토텔레스의 운동이 물체가 겪는 과정이므로 운동을 이해하려면 그 과정을 이해하는 것에 의존할 수밖에 없다는 것을 인정해야 한다. 수학자들은 물체에서 변화가 일어난다는 것을 고려하지 않고 모든 운동을 추상화하였는데, 이것은 오히려 우연한 운동만을 고려하게 되어 물체의 변위에 의한 시간과 위치만으로 모든 운동을 고려하는 형태이다. 아리스토텔레스 학파에 따르면 이러한 우연은 '문제의 핵심'을 찾아내지 못하게 한다.

아리스토텔레스의 운동에 대한 이해는 짧은 지면에서 담아내기는 어렵지만 그의 자연철학에서 중심적인 역할을 하고 있다.[8] 그는 자신의 책《물리학》의 3권 도입 부분에서 다음과 같이 이야기한다.

> 자연은 '운동과 변화의 원리'로서 정의될 수 있으며, 그것은 우리가 탐구하는 중요한 주제이다. 그러므로 우리는 '운동'의 의미를 이해해야 하며 만약 그 의미를 알지 못한다면 '자연'에 대한 의미도 모를 수밖에 없다.

운동 혹은 변화는 (부패하는 과일처럼) 물질에서 일어나거나 (색이 변하는 과일처럼) 질에서, 혹은 (점점 자라면서 커지는 과일처럼) 양에서 그리고 (나무에서 떨어지는 과일처럼) 위치에서 일어난다. 마지막의 변화를 '위치적 운동local motion'이라고 부르며 이것이 현재 운동으로 알고 있는 것이다. 아리스토텔레스도 다른 변화들은 운동이 아니라 단순히 변화라고 하였다. 아리스토텔레스는 운동을 다음과 같이 정의하였다.

> 어떤 것이 잠재적으로 존재하기 위한 충족 요건이 운동이며, 잠재적으로 존재하는 한 운동하고 있을 것이다(《물리학*Physics*》 3권, 201a, 10).

그러므로 운동은 물체가 겪는 과정이며 충족되어야 하는 잠재성을 가지는 과정이기 때문에 운동은 존재의 잠재성을 실현한 것이다. 운동은 단순히 한 물체에서 다른 물체로 옮겨 가는 것이 아니라 다른 물체의 영향을 받은 물체가 실현한 것이다. 그러므로 아리스토텔레스의 네 겹의 인과론fourfold causation이 위치적 운동에도 작동한다. 물질적 인과론(운동locomotion을 받는 물체), 형식적 인과론(실현성), 최종적 인과론(최종 상태) 및 효과적 인과론(변화를 일으킨 행위자)이 적용된다.

아리스토텔레스 학파들이 갈릴레오에 반대하는데, 그 이유는 갈릴레오의 수학적 공식화는 함수 관계만을 나타낼 뿐 운동을 연구하는 일에 인과론과 목적론을 궁극적으로 제외시키기 때문이다. 방정식은 변화 과정에서 무슨 일이 진행되는지를 말하지도 않으며, 그런 일이 왜 일어나는지도 설명해 주지 않는다. 심지어 함수 관계는 실제 측정에서는 일어나지 않으며 단지 이상적 측정에서만 성립된다. 뉴턴의 만유인력 방정식에 대한 데카르트의 반응을 볼 때 이런 걱정을 이해할 수 있다. 데카르트는 비록 그 방정식이 멋지게 보이지만 그것은 중력 작용이 어떻게 일어나는지, 그 인력이 얼마나 강력한지, 혹은 행성이 궤도를 유지하는 과정에 대해서 아무 것도 말해주지 않는다고 보았다. 아리스토텔레스 학파들도 운동에 대한 갈릴레오의 수식화를 보고 이와 유사한 걱정을 품고 있다.

아리스토텔레스 학파의 고민을 이해하는 또 다른 방법은 정량적 사회과학을 반대하는 현시대의 사람들과 비교하는 것이다. 어떤 면에서 그들은 통계학, 방정식, 함수 관계 등이 인간 행동에 결정적인 감정과 의도를 무시하고 있으므로 인간 행위의 본질에 도달하지 못한다고 주장한다.[9] 후설Husserl이 《유럽 학문의 위기와 초월적 현상학*The Crisis of European Sciences and Transcendental Phenomenology*》(1954/1970)에서 논의한 것도 이와 유사하게 수학이 현실의 의미를 추상화한 것이며 따라서 수학적 사회과학이란 불가능하다고 주장했다. 또한 현대 물리학이 경험의 비수학적 특성에 대하여 존경하지 않기 때문에 제한적이라고 하였다. 후설은 물리학에서의 갈릴레오의 이상화가 과학을 무너뜨린 원천이라고 주장하였다.

진자 운동에 대한 갈릴레오의 설명을, 특히 진자가 시간의 경과를 측정할 수 있다는 것을 형이상학에 근거를 두고 관찰까지 곁들여서 반대하는 주장에 따르면 진자의 운동은 비연속적이며 따라서 연속적인 시간의 흐름을 측정할 수 없다. 이런 주장은 아리스토텔레스의 자연적 운동과 강제적 운동의 구별로 되돌아가서, 자연스러운 운동은 물체의 본질이며 그 본질에 의하여 동력을 받은 혹은 동기화된 것이 강제적 운동으로 자연적 운동에 반대된다고 생각하는 것이다. 그렇게 되면 진자가 위로 향하는 진동은 비자연적 운동이고 아래로 내려오는 진동은 자연스러운 운동이며, 그 사이에 잠시 멈추는 일이 있어야 한다. 실제로 진자가 진동하는 최고 지점에서 멈추는 걸 볼 수 있다. 그 당시의 아리스토텔레스 학파들은 정지했다가 출발하는 운동으로는 일정하고 연속적인 어떤 것을 측정할 수 없다고 말한다. 갈릴레오 역시 진자가 정지하는 것처럼 보이지만, 실제로 그 운동은 연속적이라고 주장하였다. 대부분의 이 시대 학생들이 물체가 멈추는 것처럼 보이지만 실제로는 계속 움직이고, 멈추지 않고도 방향을 바꾸며 외관상으로 최고 높이에서 정지한 것으로 보이지만 모두 물체가 수직 아래로 가속이 되는 것이라고 이야기 할 때, 아리스토텔레스 학파의 물리학자들은 난처할 수밖에 없다.

버터필드Butterfield는 갈릴레오와 뉴턴이 구축해 놓은 그들의 새로운 과학에 다소 문제가 있음을 알렸다.

> 그들이 실제 세계에서 실제로 관찰할 수 있는 물체에 대하여 논의하는 것이 아니며, 저항과 중력 없는 세상에서 움직이는 기하학적인 물체들에 관하여 토의하는 모양새이다. 무한하게 빈 유클리드 공간에서 운동한다는 건 아리스토텔레스가 상상할 수도 없었다. 결국 우리는 여기에 근본적인 본질의 문제가 있으며, 고대 사상체계의 틀 안에서의 섬세한 관찰로는 문제를 해결할 수 없다는 것을 알아야 한다. 그것은 사고방식의 전환을 요구하기 때문이다(Butterfield 1949, p. 5).

과학에 대한 객관주의자의 해석은 사고 전환이 새로운 이론적인 대상이나 체계를 창안하는 것임을 강조한다. 심지어 갈릴레오도 진자가 진동할 때 최고점에서 멈추는 것처럼 보인다고 하였으며 운동을 계속하는 것은 단지 이론일 뿐이다.

갈릴레오 이후의 실험

그 후의 진자 운동의 과학적 발달은 수학과 실험의 상호작용을 보여주며 동시에 과학에서 이론적 체계의 개발과 개념적 틀이 자연을 해석하고 개척하는 데 중요한 역할을 한다는 것을 보여주게 된다. 이런 점은 진자 운동의 교육에서도 매우 중요하다.

메르센과 데카르트가 갈릴레오의 진자 이론에 대하여 장황할 정도로 대응하면서, 갈릴레오의 주장에도 불구하고 진자의 주기가 진폭과 무관하지 않다고 역설하였다. 메르센은 《조화로운 우주*Harmonie Universelle*》(1636)라는 책에서 2피트 진폭과 1인치 진폭으로 두 개의 동일한 진자가 흔들리는 실험을 설명한다. 그는 명제 XIX에서 30번 진동 후에는 2피트 진자가 한 번의 진동만큼 느려졌다고 주장한다. 그 다음 명제에서 8파운드의 진자와 1/2파운드의 진자의 주기는 달라졌다고 말했다. 데카르트는 진자의 진동은 등시적isochronous이지 않다고 의심을 품었다. 메르센에게 보낸 여러 장의 편지에서 그는 다음처럼 말했다.

> 나는 진동이 처음보다 끝 쪽으로 갈수록 약간 느려질 것이라 생각한다. 왜냐하면 힘이 줄어들어 운동이 공기의 방해를 쉽게 이겨내지 못하기 때문이다. 그러나 이것에 대해 완전하게 확신하진 못한다(《*Works*》 1권, p. 77).

이런 경험적 주장을 네덜란드의 수학자 호이겐스도 탐구하였고 갈릴레오의 이론적 물체가 그의 경험적 발견과 일치한다는 걸 재확인해 주었다. 그것이 호이겐스의 걸작인 《시계의 진동*Horologium Oscillatorium*》(1673) – 블랙웰Blackwell이 1986년에 번역함 – 이다. 그는 데카르트가 찾아낸 문제를 알고 있었다. "단진자는 자연스럽게 시간을 정확히 측정하지도 못하며 동일하게 측정하지도 못한다. 왜냐하면 진자의 넓은 운동은 좁은 운동보다 더 느리게 관찰되기 때문이다."(Blackwell 1986, p. 11) 갈릴레오의 이론적 물체의 두 가지 특성은 주기가 길이에 따라 변화하며 등시성 곡선 – 중력의 영향만을 받고 자유 낙하하는 물체의 곡선이 최하점에 도달하는 시간은 어느 지점에서 출발해도 무관하다 – 이 원이라고 하였는데, 이걸 호이겐스는 주기는 길이의 제곱근에 비례하며, 등시성 곡선이 사이클로이드cycloid(바퀴가 굴러갈 때 바퀴의 원주상의 한 점이 그리는 곡선)라는 것을 수학적으로 증명했다.[10] 그런 다음에 그는 (사이클로이드가 받침점을 얇게 자르도록 하면) 갈릴레오의 진자 운동이 만들어지는데 이 궤적이 원이 아니라 사이클로이드의 원호라는 것을 보여 주었다. 그럼으로써 주기가 진폭에 무관하다는 것이 분명해지고 그 방식을 통해 사이클로이드 진자의 길이와 진동의 중심을 효과적으로 측정하게 되었고 이는 믿을 만한 진자시계를 만들게 하였다.[11] 호이

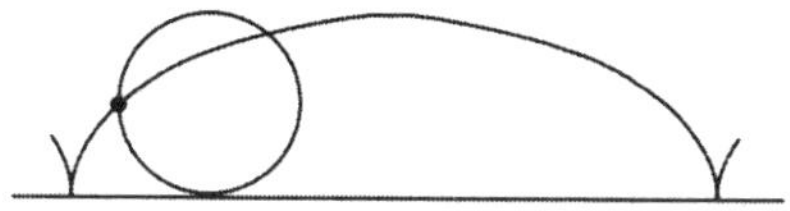

그림 8 사이클로이드 곡선

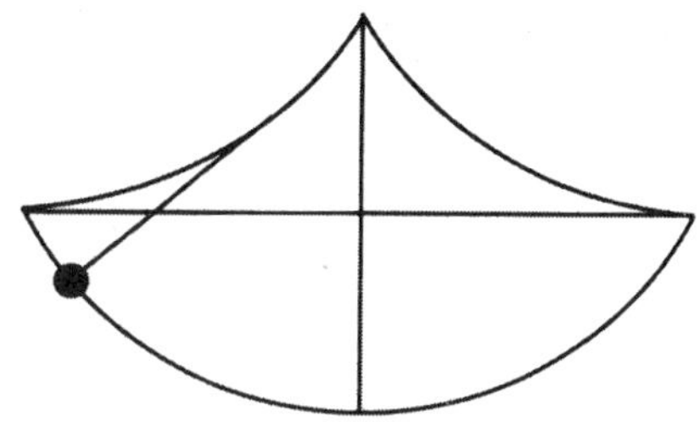

그림 9 호이겐스의 사이클로이드 추

겐스는 사이클로이드가 등시성 곡선이었음을 발견한 것을 다음처럼 설명하고 있다.

> 우리가 발견한 곡선은 진자에서 찾아본 동일성에 놀랍게 매우 합리적으로 맞는 곡면을 가진 곡선을 찾아냈다. 이 선이 공중에서 회전하는 바퀴의 지름에 고정된 못이 연속적으로 회전하면서 만들어내는 경로이다. 현대의 기하학자는 이 곡선을 사이클로이드라고 부르는데 다른 성질을 주의 깊게 살펴보아야 한다. 우리에게 흥미로운 점은 이 곡선이 시간을 측정하는 힘이 있다는 것이다. 이는 단순히 기대를 통해 발견된 것이 아니라 기하학의 자취를 밟아 나가며 찾은 것이다(Blackwell 1986, p. 11).

진자에 대한 호이겐스의 발전은 과학적 발달에 대한 객관주의적 설명에 잘 들어맞는 사례이다. 갈릴레오의 개인적 천재성에도 불구하고 그가 만들어낸 이론적 물체를 갈릴레오는 올바르게 인식하거나 활용하지 못한 것이다. 그 이론은 보지 못했던 것 혹은 의도하지 못한 결과를 가져왔으며 다른 사람들의 작업이나 발견이 필요했다. 중요한 등시성 곡선이 원이 아니라 사이클로이드임을 호이겐스가 발견한 것은 기하학의 절차를 따랐기 때문인데, 물리학에서 아리스토텔레스주의 철학자들이 불신한 방식이었다. 이러한 등시성 곡선의 발견은 감각적 입력과는 무관하였다. 또한 그 등시성 곡선의 정당화는 감각 자료 혹은 실증주의자들이 강조하던 신념에 대한 경험적 기초와도 관련이 적었다.

밀리컨과 에렌하프트의 비교

자신의 이론적 물체가 자연 세계의 근본적 특성을 찾아준다고 생각한 갈릴레오와 물질에 대한 사실에 근거를 두어야 한다는 경험주의자였던 델 몬트의 논쟁은 과학사에서 자주 반복되었다. 캘리포니아 공과대학교의 밀리컨Millikan과 비엔나 대학교의 에렌하프트Ehrenhaft의 20년의 논쟁도 이런 사례 중에서 매우 확실하고 잘 알려진 사례에 해당한다. 이 두 과학자 사이의 논쟁은 1908년에 전자의 기본 단위 전하에 대한 것으로 시작되었고, 전자의 전하를 e로 결정한 업적으로 밀리컨이 1927년 노벨상을 받으면서 끝이 났다.

밀리컨은 전하의 가장 작은 단위가 전자의 전하라고 가정하는 모델을 세웠다. 그의 모델은 원자론처럼 전자도 최소 단위가 있다는 형태인데 자연의 모든 물체에 구성단위의 최소 입자가 존재한다는 입장이다. 밀리컨은 전기에 대한 원자 단위에 대한 스토니Stoney의 가설을 받아들인 연구 전통을 받아들였다. 이런 연구 전통에 톰슨Thomson도 중요한 공헌을 하였으며, 음극선이 그런 원자 단위로 구성되어 있다는 것을 1897년에 증명하였다. 그 단위를 '미립자corpuscles'라고 부르며, 그것을 이용하여 e/m의 비율을 결정하였다.

반대로 에렌하프트는 전하의 최소 단위는 없으며 전하를 가진 입자들도 전자의 비율만큼 가지고 있다고 생각하였다. 그는 마흐의 상반된 원자론을 추종하였다. 그는 그것을 우리가 가진 제한된 생각에 자연을 맞추는 임의적 시도인, 자연에 중첩된 철학적 교리로 생각하였다. 델 몬트처럼 실험주의자였던 에렌하프트는 브라운 운동에 대한 유명한 연구를 주로 한 인물이었다. 그는 밀리컨의 초기 언급에 대하여 극단적으로 반대하였다.

> 나는 한 개의 전하를 띤 기름방울에 대한 관찰이 불확실하고 반복할 수 없기 때문에 받아들일 수 없다. 기름방울의 전하의 값은 최종적인 e값보다 약 30% 정도 적었다(Holton 1978b, p. 28).

에렌하프트와 그 동료들은 모든 비율의 전하값에 대한 실험을 모두 수행해야 했다. 그런 전자보다 적은 전하의 이름을 짓고 자연에 존재한다고 주장하고 이것이 실험 과정에서 인공적으로 만든 것이 아님을 주장하였다. 밀리컨도 유사한 범위로 결과를 얻었지만 이것이 자연이 스스로 보여준다고 생각하지 않았고, 갈릴레오와 같은 입장을 취하였다. 그는 결과 보고서에 다음과 같이 기록하였다.

> 무언가 잘못된 매우 낮은 값, … 이건 거의 정확히 맞았고, … 아마도 두 배 정도 되는 것, … 어떤 문제, … 매우 아름다운 결과 도출, … 온도계는 이상 없음(Holton 1978b, p. 70).

밀리컨이 노벨상을 받게 되고 과학사의 선구적인 물리학자로 인정을 받게 되었지만, 에렌하프트는 델 몬트와 같은 운명을 겪으면서 그의 연구는 위대한 인물의 성취에 대한 미천한 주석에 불과하게 되었다. 이런 사건으로부터 우리는 무엇을 배워야 하는가?

밀리컨의 기록을 본 일부 비평가는 그가 과학적이고 객관적이지 못했다고 비판을 할 것이다. 그러나 이런 비판은 과학의 원시 물리학 영역과 경험적 영역이 구별되지 못함을 인식하지 못한 것이다. 밀리컨의 경우는 경험적 물체를 지배하는 이론적 물체와 측정에 대한 해석을 분명하게 보여주는 사례가 된다. 이런 문제에 관하여 갈릴레오는 경험주의 전통을 따르지 않았을 뿐 비과학적이지 않았으며, 만약 그 전통에 따랐다면 갈릴레오나 밀리컨 대신에 델 몬트와 에렌하프트가 최후의 승자가 되었을 것이다.

인식론적 교훈

이 장의 도입 부분에서 말했듯이 갈릴레오의 진자 운동을 역사적으로, 철학적으로 분석해 보면 교육적인 문제들을 해결할 뿐만 아니라 과학의 중심적이고 인식론적인 논쟁들까지도 명확히 밝힐 수 있다. 즉, 진자 운동은 과학 혁명의 현상을 보는 창이다. 이제 교육적인 문제들로 넘어가기 전에, 인식론적 측면이 증폭되는 것을 실제 물체와 그것들의 표상을 구별하는 핵심적인 문제를 시작으로 살펴보자. 대체로 과학에 대한 경험론자의 설명과 비경험론자, 객관주의자의 설명이 가진 차이가 핵심이다. 이러한 구별은 실질적으로 수업의 문제와 인간의 학습이 가진 성격에 대한 논쟁을 밝혀 줄 것이다.

실재하는 물체와 이론적 물체

갈릴레오의 역학 이론은 운동량, 가속도, 평균 속도, 순간 속도, 무게, 임페투스, 힘, 질점 등의 핵심적인 개념들을 정의하고 있다. 이런 개념들은 많은 노력으로 얻어졌으며 그의 진자 운동에 대한 설명에 이용되었다. 예를 들어 가속도는 갈릴레오와 그의 모든 전임자들에 의하여 초기에는 진행한 거리에 대한 속도의 증가률로 정의되었다. 이는 가속되는 물체가 시간과 거리가 늘어날수록 속도를 증가시키고, 거리의 궤적이 더 측정가능하고 쉽게 시각과 감각으로 느낄 수 있다는 점을 고려하면 매우 충분히 자연스러운 것이었다. 갈릴레오는 중년이 되었을 때, 가속도를 시간 경과에 따른 속도 변화율이라는 현대적인 정의로 바꾸게 되었다. 이와 같은 수정이 없었다면 낙하의 법칙은 발견되지 않았을 것이다.

이렇게 연동되는 개념들이 갈릴레오 물리학의 개념적 구조conceptual structure를 만들었으며 핵심 용어들의 의미를 제공했다. 이것이 갈릴레오의 '종이 위의 세상' 또는 원형 이론적prototheoretical 시스템이다. 그러나 또한 물질과 다른 물체들이 실재하는 세계도 존재하는데 이는 그런 물질에 대한 그와 다른 사람들이 이론을 세우는 것과는 분리되어 있다. 그러나 갈릴레오의 실행을 통해 이론과 무생물 세계 사이에는 매우 중요한 상호작용의 층이 있음을 알게 되었으며 이것이 이론화된 물체의 영역이다. 이것은 적절한 이론적 개념들에 의해 지각되고 묘사되는 자연적 대상이다.

행성과 낙하하는 사과는 색깔, 조직, 불규칙한 표면, 열, 딱딱함 및 다른 수많은 특성들로 연관성을 가지고 있다. 그러나 그것들이 역학의 주제로 선택된다면 특정한 가속도를 가진 질점에 불과하게 된다. 이와 같이 무언가가 개념화되고 한계가 없어지면 그것은 더 이상 자연적인 물질이 아니라 이론적인 물체가 된다. 이와 비슷한 예를 든다면, 사과는 경제학자들에게 이론적 대상이자 상호교환적인 가치 물품이다. 이와는 다르게 식물학자들에게 사과는 그들만의 이론적인 물질일 것이다. 그에 반해 갈릴레오의 역학 이론에서는 공기 중에 흔들리는 줄 끝에 달린 구형의 물체가, 마찰이 없는 받침점에 무게가 없는 줄 끝에 달린 질점으로 생각되는 추가 되었다(Ziman 1978,

4장에 설명).

예로부터 개념적인 계획과 자연세계 사이의 추상적이고 이론적인 범위를 파악하는 것은 쉽지 않았다. 뒤헴Duhem은 이와 비슷한 개념 차이를 만들었으나 현실적이고 추상적인 물체들이었다. 그는 다음을 관찰하였다.

> 우리가 실험하기 원하는 이론들을 실험실 문 밖에 두는 것은 불가능하다. 이론이 없이는 단 하나의 기계를 규제하는 것 또는 하나의 문장을 해석하는 것조차 불가능하다. 우리가 물리학자들의 생각에서 살펴본 바와 같이 두 가지 종류의 기계가 있다. 한 가지는 유리와 금속으로 그들에 의해 만들어진 현실적인 기계이고 또 다른 하나는 이론이 결합체(기계)를 대신하는 도식적이고 추상적인 기계이다(Duhem 1906/1954, p. 182).

실험

중세의 과학자들이 물리적 계에 대한 모델을 수학적으로 구성한 뒤에 더 진전시키지 못했던 방식과는 다르게, 갈릴레오는 합리적인 역학 계를 만들었다.[12] 그들과 대조적으로 갈릴레오의 이론적 물체는 자연세계에 참여하는 수단인 동시에 자연세계를 다루는 수단이었다. 그에게 이론적 물체는 물질세계에 간섭하기 위한 계획을 제공하였고 필요할 때 이론적 세계의 이미지를 만드는 데 도움을 주었다. 델 몬트가 갈릴레오에게 쇠로 만든 둥근 테두리 안에 공을 운동시킨 실험에서 공이 갈릴레오의 주장과 다르다고 말하자, 갈릴레오는 "테가 충분히 매끄럽지 못했거나 공이 충분하게 완전한 구형이 아니었다."라고 대답하였다. 그 실험을 개선하기 위한 제안들은 갈릴레오가 이미 구성해 놓은 이론적 물체들에 근거하여 제시된다. 갈릴레오가 그 실험에서 수정해야 할 것을 알려준다. 만약에 이론적인 물체가 없었다면, 공의 색깔, 둥근 테의 재료나 직경, 공의 질량, 시간 등 수백 가지 요인 중에서 무엇을 올바르게 교정할지 모를 것이다. 이러한 갈릴레오의 업적은 칸트로 하여금 갈릴레오에게 있어 '한 줄기의 광명이 모든 자연 철학자들에게 비춰진 것'으로 표현되었다. 그는 다음에서 그 이유를 보여준다.

이성은 자신의 계획에 따라서 스스로 산출하는 것 밖에는 인식하지 못한다. … 이로써 자연과학은 수세기 동안 갈팡질팡하다가 비로소 학문의 안전한 길을 붙잡게 된 것이다(《순수이성 비판*Critique of Pure Reason*》 2판의 서문).

갈릴레오는 기술자이자 실험주의자였다. 그는 새로운 기술적 장치를 고안하고 제조하여 대중화시키는 데 많은 노력을 기울였다. 그는 맥박계pulsilogium, 저울bilancetta, 비율 컴퍼스compasso di proporzione, 온도계thermoscopium, 망원경 등을 발명했고 진자시계의 설계도를 그렸다(Bedini 1986). 또한 갈릴레오는 진자 운동을 측정하고 계산했다. 드레이크Drake는 이탈리아의 피렌체에서 발굴한 갈릴레오의 원고에서 이런 것들을 찾아냈다(Drake 1990, 1장). 그러나 갈릴레오의 측정과 실험은 방향이 잡혀 있으며, 자신의 이론적 개념화를 따르는 상황에서 일어난 것을 측정한 것이었다. 좀 더 나아가, 델몬트와의 논쟁에서 볼 수 있듯이, 이론적 개념화는 이상적인 것에서 '우연하게' 일탈한 것을 찾는 데 도움을 준다. 그리고 나서야 개념들에 대한 승인이 되었으며 실험들이 세밀히 구별될 수 있었다.

개념 발달

아리스토텔레스에 따르면 한 사람이 어떤 것 혹은 어떤 과정을 바라보면 마음은 그 현상을 정형화하거나 특성화하는 본질을 추상화한다. 이런 지적인 과정이 추상이다. 영국의 경험주의자 흄Hume과 로크Locke는 생각 혹은 개념의 기원을 논의하면서 아리스토텔레스의 이러한 설명을 수정하는데, 우리는 처음에는 감각을 가지고 나서 관념이나 개념에 대한 흐릿한 이미지를 그린다고 한다. 이것은 관념에 대한 아리스토텔레스의 추상 이론보다 더 반추적 이론reflection theory이다. 갈릴레오의 분석은 이런 체계에 들어맞지 않는다. 어떤 사람은 다음과 같이 비평했다.

말하자면 '일정한 질량을 가진 질점'이라는 개념은 사과 혹은 행성 및 포물체의 본질을 공통적으로 구성하지 않는다. 오히려 그 개념은 물리학의 개념적 체계에 속하는 다른 개념들과 함께 만들어진produced 것이며, 그런 실제 물체의 속성attributed을, 정확하게, 가지고 있어서 그 물체들의 운동을 설명할 수 있다(Baltas 1988, p. 216).

흄과 로크가 제안했듯이 진자의 추를 바라보는 것만으로 질점에 대한 희미한 이미지를 만들어 낼 수 없고, 가속하는 물체를 관찰한다고 해서 가속도 개념을 경과된 시간에 따른 속도 변화의 비율로 만들어 낼 수도 없다. 이러한 고려는 개념 습득과 개념 변화를 위한 교육적 결과를 포함했고, 일부는 쉐커의 연구(Schecker 1992)에서 논의되었다. 이런 문제는 포퍼의 인식과 유사하다.

> 과학에서는 지각보다는 관찰observation이 결정적인 역할을 한다. 그러나 관찰은 우리가 적극적으로 할 수 있는 능동적active 역할이며 … 관찰은 항상 특정한 흥미, 질문 혹은 문제 – 간단히 말해서, 어떠한 이론적인 것 – 에 뒤따른다(Popper 1972, p. 342).

귀납주의

진자 운동은 과학적인 방법으로서 귀납주의의 한계를 보여준다. 분명히 갈릴레오는 진자 운동의 '놀라운 특성', 즉, 법칙들을 유도하는 데 있어서 여러 가지 종류의 진자들(후프에 있던 공, 샹들리에, 그네, 기계 조절기, 줄에 매달린 코르크와 철로 된 추 등)을 관찰하지 않았고, 자신이 본 특정 사례로부터 보편적인 진술을 일반화했다. 귀납법의 열렬한 지지자는 다음과 같이 말했다.

> 갈릴레오는 (관찰을 바탕으로 한) 사실도 사실이며, 미리 알고 있던 관념과 연결되지 않는다고 생각하였다. … 관찰 사실이 우주에 대하여 알려진 체계에 들어맞거나 혹은 맞지 않을 수도 있지만, 갈릴레오의 견해에서 중요한 것은, 사실을 받아들이고 그 사실에 맞는 이론을 구축하는 것이다(H. D. Anthony; Chalmers 1976, p. 2).

그렇다면 이것은 오히려 아리스토텔레스 학파의 방법론이며, 그들은 경험적 사실을 과학의 시작점으로 여겼으며 갈릴레오가 그 사실에 대해 진실하도록 설득하는 데 성공하지 못했다. 또한 이것은 데카르트의 방법론으로, 그들은 사실들이 엉켜 있고 변덕스러워서 진자 운동에 대한 어떤 과학적 설명도 불가능하다고 결론을 내렸다. 세상에서 벌어지는 일을 관찰하는 일이 중요하지만, 그런 관찰 때문에 귀납주의가 중요해지는 것은 아니다. 이런 점은 드라킨Drabkin에 의해 인정받았고, 그는 아리스토텔레스의 역학에 대해 "충분하지 않은 관찰과 지나친 추측에 의해 방해를 받았지만, 관찰

자료에 과도하게 집착하였다. … 자연 현상을 고집하느라 이상적인 상황으로 추상화하는 일이 불가능해졌다."고 하였다(Drabkin 1938, pp. 69, 82).

반증주의

반증주의는 과학의 핵심을 이론이 사실에 모순되면 거부하는 것으로 보는 관점으로서, 포퍼Popper와 연관된 방법론적인 위치를 점하고 있다. 이러한 반응주의는 진자와 같은 사례를 다룰 때 귀납주의보다 더 그럴 듯해 보이진 않는다. 귀납주의와 반증주의는 경험주의라는 동전의 양면이기 때문에 한 면이 실패하면 다른 면도 실패할 수밖에 없다. 갈릴레오는 자신의 진자 법칙과 진자의 운동성 사이에 일관되지 못한 면이 있음을 알고 있었다. 그는 오스트레일리아 작가가 《삶의 모음*Web of Life*》이라는 교재에서 "과학자들은 아무리 아끼는 가설이 있더라도 가설에 반대되는 사실이 드러나면 곧장 그 가설을 포기해야 한다."고 말한 충고를 따르지 않았다. 포퍼의 입장을 순박하게 받아들인 추종자라면, 1870년에 뉴먼 추기경John Henry Cardinal Newman이 교황의 무오류성을 천명할 때처럼, "나는 그 교리를 믿지만, 역사적인 사실과 일치시킬 수는 없다."라고 말하는 게 차라리 낫다.

반증주의를 논할 때는 주의가 필요하다. 많은 사람들이 알고 있는 것처럼 포퍼는 순박한 반증주의자가 아니다. 그는 "자신의 의심스러운 관점에 대한 비판이 넓게 퍼져서 매우 성공했지만, 실제 관점에 대한 비판은 매우 드물다."라고 자주 말했다. 그의 첫 번째 책인 《과학적 발견의 논리*The Logic of Scientific Discovery*》(1934/1959)에서, 어떤 이론이 증거에 의해 명백히 반박을 받을 때 보조 가설을 만들어서 그 이론을 구해낸다는 것은 그 보조 가설들이 임시방편ad hoc이 아님을 전제하고 있다. 그는 1948년에 "검증이 진행되려면 검증하려는 이론을 받아들이고 가능한 모든 초기 조건들과 다른 이론들을 모두 결합시켜야 하며, 그로부터 예상된 것을 실재와 비교해야 한다."고 말했다(Popper 1972, p. 360). 하지만 반증 과정이 생각보다 더욱 복잡하다는 것을 인식한 후에 포퍼는 "반증에 대한 적절한 반응은 새로운 이론을 찾아내고 사실을 더 잘 이해하도록 해주는 이론을 찾는다."고 자신의 입장을 재차 주장했다(Popper 1972, p. 360).

이 관점이 갈릴레오의 진자 운동 분석에 적용되었을 때 최소 두 가지 의문이 제기된다. 첫 번째 질문은 이론에 대해 결정적인 사실들은 무엇인가에 대한 것이고, 두 번째 질문은 그런 결정적인 사실을 새로운 이론이 설명해 내야 하는지에 관한 것이다. 적절한 사실이 반드시 자연적으로 일어난 사건도 아니고 일화도 아니다. 왜냐하면 갈릴레오는 흔들리는 샹들리에를 만족스러운 이론 검사로 생각하지 않을 수 있으며, 반대로 그 샹들리에가, 델 몬트의 철로 만든 고리에서 굴러가는 공처럼, 부자연스러운 상황인 것도 아니다. 갈릴레오는 수많은 사실들을 – 진자를 크거나 작은 진폭(180도 혹은 5도)으로 수천 번 진동해도 '진동의 일부분'과 다르게 보이지 않는 사실들을 – 고안해 냈는데 이것은 포퍼가 생각해 내지 못한 것이다. 그러나 어떤 실험적인 상황에서도 겉으로 보면 갈릴레오의 설명이 반증되어야 했지만, 그런 결과에 비추어 자신의 이론을 교정하지 않은 것은 분명하다. 갈릴레오는 이론에 반대되는 사실들로부터 자신의 이론을 막기 위해서 "다른 것들이 동등하다면"이라는 구체적 문구를 사용하여 이론을 적용시켰다. 그래서 실제로 일어난 사실들은 매우 뛰어난 것이었으며, 그런 사실들은 분명하기보다는 항상 암시적이었는데, 궁극적으로는 그렇게 암시적이지도 못하게 되었다. 왜냐하면 대부분의 진자 운동의 경우, 수십 번의 진동 후에 진동이 멈춰진다는 단순한 사실 때문에 등시성 운동 법칙에 부합하지 않았기 때문이다.

또한 포퍼는 새로운 이론은 반증한 것으로 여겨지는 사실까지도 설명해야 한다고 주장했다. 그러나 이런 주장은 받아들여지지 않았는데, 만약 이를 받아들였더라도, 갈릴레오에서 시작되어 호이겐스로 이어지는 연구 프로그램은 초기 단계부터 방해를 받았을 것이다. 이론적인 발달과 실험은 서로 상호작용을 한다. 호이겐스는 갈릴레오의 이론에 맞지 않는 관찰에 비추어 수학적으로 갈릴레오의 이론을 일부 바꾸었고, 이런 변화는 그 이론을 – 등시성 곡선이 원이 아닌 사이클로이드cycloid라고 – 세련되게 하였다. 그런 후 관찰은 이전에 분명히 반박되었던 이론의 적용 결과와 일치되었다. 1972년에 포퍼가 쓴 《객관적인 지식*Objective Knowledge*》이라는 책에서 확실하게 반증주의를 수정하였는데 이것이 진자 운동의 분석에 대한 역사와 잘 들어맞는다. 라카토스Lakatos도 수정된 반증주의 입장을 과학 연구 프로그램의 방법이라고 하였는데, 진자 운동의 사례에 일치한다(Lakatos 1970).

과학적 법칙

과학적 법칙에 대한 일반적인 설명이 대중화된 것은 1739년에 흄이《인간 본성에 대한 논문*Treatise on Human Nature*》을 발표한 직후였는데, 여기서 그는 법칙에 대한 필연적인 견해를 뒤집었다. 흄에게는 과학적 법칙이 관찰 가능한 것들 사이의 일정한 관계를 진술하는 것이며, 일정하게 관찰되어야 할 것이 어떤 경우인지도 알려 주는 것이었다. 그런데 진자의 법칙은 법칙에 대한 흄의 설명에 중대한 문제를 제기하는 바가 있는데, 바로 규칙성이 일어나지 않는다는 문제이다. 매우 정교한 실험 상황에서는 – 즉, 작은 진동, 무거운 무게, 진자를 매단 곳이나 공기의 저항이 최소일 때 – 거의 규칙적일 수 있지만 '거의 일어나는' 규칙으로는 법칙을 충족하지 못한다. 이에 덧붙여서 법칙을 적용하기 위해서 근사치를 사용하는 것은 틀린 법칙으로 보이는 것을 진실이라고 받아들인 모습이다. 다시 말해서 법칙의 진위는 그 법칙에 대한 근사치를 찾고, 어떤 행동이 '거의 법칙처럼' 보이는가를 찾는 일종의 전제 조건이다. 그러나 과학적 법칙은 정교한 조건에서만 규칙적으로 보이는 '거의 법칙처럼' 일어나는 행동에 대한 것이 아니며, 어떤 일련의 조건들 중에서 충족시킬 수 없는 조건과 실제로 충족시킨 조건들 중에서 실제로 일어날 것을 대상으로 한다. 핸슨Hanson은 이 문제를 다음처럼 표현했다.

> 뉴턴, 맥스웰, 아인슈타인, 보어와 슈뢰딩거 등 유명한 사람들 사이에 일치된 점은 간결한 공식을 발견했다는 점이다. 그런 간결한 공식은 다양한 현상을 서술하고 설명하는 것이 가능하다. 그것들은 관찰될 수 없던 규칙성을 발견한 것이 아니다(Hanson 1959, p. 300).

객관주의

진자 운동에 대한 갈릴레오의 분석은 과학적 이론의 비경험주의의 관점을 지지한다. 알튀세르와 발리바르(Althusser & Balibar 1970), 발타스(Baltas 1988), 차머스(Chalmers 1976), 레빈(Lewin 1931), 미텔슈트라스(Mittelstrass 1972), 스니드(Sneed 1979), 자이먼(Ziman 1979), 서치팅(Suchting 1986)이 이런 비경험주의 관점을 견지한 사람들이다. 이들의 관점은 모두 과학적 이론에 대한 경험주의적 이해를 반대한다. 첫째로, 그들은 인지적 혹은 이론적 담화를 실제 세계와 분리할 것을 강조한다. (이상주의처럼) 세상은 담화에 의하여 만들어지지 않았고, (다양한 반영 이론처럼) 세상이 어느 정도 담화를 만들지도 않았고, (경험주의나 실증주의처럼) 담화를 정착시켜주거나 담화에 기초를 제공하지도 않았다. 이론적인 담화와 세상은 각각 자율적autonomous이다. 둘째로, 그 관점은 이론 안에서 (a), (b), (c)를 구별한다. 이 때 (a)는 이론적 용어와 관찰 용어의 정의들을 담고 있는 담화에서 (이론적 용어와 관찰 용어를 명확하게 구별할 수 없다는) 개념적 기초이며, (b)는 그 이론의 구조(갈릴레오의 명제와 정리들)를 만들어낸 (수학적인 또는 논리적인) 방식에 따라 기본 개념을 정교화하고 조작하는 이론의 개념적 구조이며, (c)는 실재하거나 아니면 그 이론이 서술하거나 인식하는 바에 의하여 상상으로 만들어진 물체처럼 그 이론의 이론적인 대상이다. (c)의 예를 들면 저울을 대등한 무게가 균일한 선에 매달린 것으로 다루거나 진자를 무게 없는 줄에 질점이 매달린 것으로 취급하는 경우이다.

어떤 이론적 체계의 개념들과 방식은 자연적 사건을 과학적 사건으로 만들어 주며, 과학적 사건이 되면 과학자들이 적절한 이론들에 일치하는지 고민하고 분석한다. 이론적 논쟁을 하는 데 필요한 자료 혹은 증거가 되는 것은 일상적인 겉모습을 걷어낸 과학적scientific 사건이다. 이런 이론적 대상이 가지는 특성은 그 이론의 개념적 기초(예를 들어 순간 속도, 운동량, 가속도 등)에서 유래한다. 마찬가지로 어떤 특성들은 나타나지 않는데, 왜냐하면 정교하게 발달된 개념적 기초가 그런 특성을 배제시키기 때문이며, 특정한 이론적 담화는 그 개념을 담고 있지 않는다. 따라서 갈릴레오의 담화는, 아리스토텔레스주의에서 물체의 기초적인 특성이었던, 가벼움levitas을 물체의 특성에서 배제시킨다. 절충주의자eclecticism는 개념적 기초를 발달시키지 못하는 문제를 갖는다. 왜냐하면 일상적이고 이상적인 개념을 과학의 개념적 기초로 가져왔기 때문에 (예를 들어 가속도, 종, 목적, 원자에 대한) 일상적인 생각을 과학에 활용하는 문제가 남는다.

이론적인 담화 혹은 라카토스의 연구 프로그램의 개념적 기초는 천천히 구축되며 이론적 산출 과정에서 다듬어진다. 그렇기 때문에 일반적으로 이전에 존재했던 개념적 구조의 요소, 가정 및 측면들과 일상적인 이해 요소까지 포함될 수 있다. 갈릴레오가 아리스토텔레스의 수많은 전통을 파괴했지만, 갈릴레오의 개념적 구조에도 자연운동(외부 힘이 없을 때 가속되는 운동)이라는 아리스토텔레스적 생각과 원형 관성은 유지되었다. 이론적 담화에서 모든 외적인 요소를 찾아내서 다시 정의하거나 폐기할 수 있으려면 이론적 담화가 성숙해야만 가능하다. 그리고 당연히 동일한 개념은 이론적 의미뿐만 아니라 일상적인 의미도 갖기 때문에 혼란이 일어나기도 한다. 발타스도 이런 문제를 지적한다.

> 개념은 동전처럼 두 면을 가진다. 예를 들어 '힘'은 '가속도'의 원인이며 우리가 누군가를 밀려고 할 때 느껴지는 것이며, '가속도'는 순간 속도를 시간으로 미분한 것이며 동시에 차가 빨라지면 느끼는 걸 동시에 의미한다(Baltas 1988, p. 214).

교육적으로는, 상식적인 개념을 과학적인 개념으로 대치replace하고자 노력해서는 안 된다(많은 구성주의자들과 '개념 변화' 수업이 범하는 잘못이다). 오히려 아이들에게 어떤 한 개념이 적절할 때와 다른 개념이 적절할 때를 인식시켜 주어야 한다. 예를 들어 동물에 대해 아이들은 대개 크고 다리가 넷이라고 생각한다. 과학적인 개념은 개미와 파리도 동물에 포함된다. 한 개념이 다른 개념에 비해 더 옳은 것이 아니며, 어떤 적절한 영역에서 다소 옳은 것이다. 텐트 안에 파리가 있는 걸 보고 "텐트 안에 동물이 있다."고 말했다고 과학적인 것은 아니며, 언제 과학적이어야 하는지 언제 일상적 개념이 필요한지를 오인한 것이다. 프랑스 철학자인 바슐라르Bachelard는 상식적 개념과 과학적 개념이 동일한 명칭을 사용하여 혼란된 문제를 논의했는데(Bachelard 1934/1984, 1940/1968), 그 문제는 마치 영국 사람과 미국 사람이 '공통의 언어를 사용하지만 나누어진 것'과 같다고 말한다. 바슐라르가 말한 이런 혼란은 과학의 발달에 '인식론적으로 장애'가 된다. 이런 문제가 교육에 주는 시사점은 수키(Souque 1988)에서 다루어졌다.

앞서 말한 이론적인 대상, 실험, 개념 발달, 귀납주의, 반증주의, 법칙, 객관주의에 대한 철학적 논의는 진자 운동에 대한 갈릴레오–호이겐스의 분석을 통해 과학철학의 주요 논쟁거리를 파악하게 하며 진자 일화를 통해 그 논쟁에서 어떤 입장이 다른 입장보다 더 지지되는가를 암시하려는 의도를 갖고 있다. 더욱이, 그런 철학적 논의는 진자 운동을 둘러싼 논쟁의 역사를 이해하는 데 중요한 철학적 교훈을 보여준다. 왜 어떤 사람이 그 입장을 취하며, 왜 어떤 증거는 어떤 사람은 납득시켰지만 다른 사람은 납득시키지 못했는지 알게 해준다. 마지막으로, 진자 운동에 대한 현재 시대의 과학을 수업할 때 진자 일화를 사용한다면 역사적 이해와 철학적 이해 모두가 필요하다는 것을 알아야 한다. 유전학, 연소 이론, 원자 구조, 천문학, 진화론 분야 등 다른 분야의 에피소드들도 다양하게 선택될 수 있다. 어떤 일화를 선택하더라도 관찰, 실험적 증거, 수학, 이론들의 상호작용에 대하여 동일하게 논의할 수 있어야 한다.

교육에 주는 시사점

갈릴레오의 노력으로 진자 운동을 설명한 것이 새로운 물리학을 구축하여, 상식적 관점의 지지와 교회 및 문화에 의해 확고했던 아리스토텔레스적인 세계관을 결국 코페르니쿠스적인 입장이 물리치고 승리를 얻는 데 중심적인 역할을 했다. 물리학이 없다면 지구가 정지되어 있다는 감각적 증거를 효과적으로 뒤엎지 못했을 것이다. 새로운 물리학 때문에 혁명적인 코페르니쿠스의 태양 중심의 천문학 체계가 만들어졌다. 이것이 결국에는 인간 문화와 우리 자신에 대한 이해를 현대적 세계관으로 전환시켰다.[13] 호이겐스는 진자를 더 정교하게 만들었고 오랫동안 시간의 경과를 정확하고 믿을 만하게 측정할 수 있었다. 진자시계를 활용하여 바다에서 경도를 정확하게 측정하게 되어 위대한 탐험이 시작되고 대륙 간에 무역과 소비의 발달이 일어났다. 시계를 편리하게 갖게 되면서 개인적, 사회적 생활뿐만 아니라 산업에도 큰 변화가 일어났다. 시계는 문학, 종교, 철학에 있어서 흔한 은유가 되었고 사람들의 세계관에 영향을 끼치기 시작했다.[14] 진자는 싸고 구하기 쉬웠기 때문에, 안개 상자, 전자 현미경, 선형 가속기 등과는 다르게, 최소한의 장치로도 연구가 가능했다. 이런 역사적, 문화적, 실질적인 바탕을 가졌기에 그 흔한 진자가 과학교육 프로그램에서 신기한 특성을 맘껏 뽐내길 기대할지도 모른다.

그러나 진자는 역사적인 그림자로 다뤄지고 있다. PSSC 물리학 교재도 갈릴레오가 교회에서 설교를 듣는 동안 샹들리에가 흔들리는 걸 보고 등시성을 찾아냈다는 이야기를 반복할 뿐이다. 그런 다음에는 진자가 흔적도 없이 사라진다. 맥락적인 교재로 탁월한 하버드 프로젝트 물리Harvard Project Physics 교재도 진자의 주기 단원에서

$$T = 2\pi\sqrt{l/g}$$

를 갑자기 소개하고는 학생들에게 "여러분은 이 공식이 어떻게 얻어지는지 나중에 물리학 강좌에서 배우게 될 것"이라고 말한다. 현재 미국과학교사협회NSTA가 펴낸 《영역, 계열, 조정*Scope, Sequence and Coordination*》이라는 교육과정 제안은 과학의 계열성과 조정에 대한 그들의 주장을 강조하기 위해 진자를 예로 들었지만, 그 보고서의 어디에도 진자에 대한 역사, 철학 혹은 기술을 논의하지 않았다![15]

그 역사적인 실험은 매우 쉽다. 학생들에게 본 것을 기록하고 해석하라고 하면, 그들은 델 몬트, 메르센, 데카르트가 보았던 것에서 약간 변형된 것을 본다. 즉, 진자가 멈추거나 무게가 다른 진자는 진동할 때 대칭되지 않는 일을 본다. 이런 자료로부터 위의 진자 공식을 얻는 과정은 매우 흥미롭고 많은 걸 알려준다. 또한 앞서 논의한 델 몬트와 갈릴레오의 논쟁의 역사를 소개해도 좋다. 학생들은 역사를 재연함으로써 중요한 두 인물의 논증을 이해하고 더 많이 배운다. 과학은 수학에, 특히 기하학에, 의존하고 있으며 철학과도 상호작용함을 깨닫는다.

또한 진자 운동의 사례는 아동의 학습과 사고 과정에 대한 방대한 연구들 – 대안적 사고틀(Hewson 1985), 선개념(Osborne & Freyberg 1985), 오개념(Novark 1983) – 이 과학교사에게 일으킨 쟁점을 명확하게 해 준다. 진자 사례에서 델 몬트, 메르센, 데카르트가 오개념을 가진 것일까? 어떤 면에서 오개념을 가지지 않았지만(진자가 그들이 말하는 것과 대략적으로 흔들리기 때문에), 다른 면에서는 확실하게 오개념(과학적 정설이 된 갈릴레오의 개념을 갖지 못했기 때문에)을 가졌다. 학생들에게 중요한 점은 갈릴레오와 현재 시대의 물리학이 서로 개념으로 담화하는 것을 도입시켜 주어야 한다는 면이다. 그들이 오개념을 가진다는 것은 이 담화에 비추어서 혹은 그 담화의 이론적 대상에 비추었기 때문이지 자연 세계의 모습에 비추어 말하는 것이 아니다. (델 몬트와) 학생들이 생각하는 것처럼 진자가 행동하기 때문에 그들에게 오개념이 없다고 말하는 혼란스러운 상황은 문제가 된다. 과학교육은 세계에 대한 상식적인 관점을 바

꾸려는 것이며, 이런 일이 쉬운 과제는 아니다.

학생들이 물체를 가지고 놀면 뉴턴적인 관점을 학습할 거라고 기대하는 일은 갈릴레오와 뉴턴에 의하여 시작된 인식론적 혁명을 낮춰 보는 것이며, 또한 학생들에게 고전적인 과학적 세계관을 이해시키는 일에서 생겨나는 교육적인 문제들을 평가 절하시킨 꼴이다. 갈릴레오의 개념적 체계는 물체를 가지고 놀면서 생겨나지 않으며, 개념을 빌려오고 학습한 논리적 혹은 수학적인 방식으로 지적인 생산을 거쳐야 생겨난다. 호킹Hawkings은 '곤경에 처하기messing about'를 제안했고, 마흐는 현상에 익숙해 질 것을 요구했고, 파인만Feynman은 작은 변화를 주는 것이 교육에서 중요한 역할을 한다고 하였다. 그러나 이런 곤경에 빠져 보는 일 자체가 현 시대의 과학적 개념과 이해를 만드는 역할을 하는 것은 아니다. 교육이 하는 것이다.

과학을 배우는 학생과 교사들이 진자 운동을 얼마나 이해하지 못하는지 잘 알고 있다. 대부분의 교사나 학생들은 네 가지 진자 운동의 법칙을 반복해서 외우지만, 진자 운동에 대한 개념이 매우 나약하다. 진자 운동 개념에 대해 레이프Reif는 흥미로운 연구를 했다. 학생과 교사에게 그림 10의 진자의 운동을 제시하면서 A, B, C, D, E 지점에서 추의 가속도를 표시하도록 했다. 물리학 강좌를 듣는 학생 중 80%가 오답을 적었다.[16] 그 질문에 대한 정답은 그림 11에 있다.

정답을 얻기 위해서 거쳐야 하는 지적인 문제를 찾을 수도 있다. 추의 높이가 가장 낮은 지점에서 접선 속도가 최대가 되고 그 때 가속도는 수직 위로 나타난다. 추가 가장 높은 지점에 서 순간적으로 멈추는 걸로 보이지만 그럼에도 그 호의 반경을 따라 가속된다. 첫 번째 그림은 실제 진자를 나타내고, 두 번째는 이론적인 진자, 혹은 이론

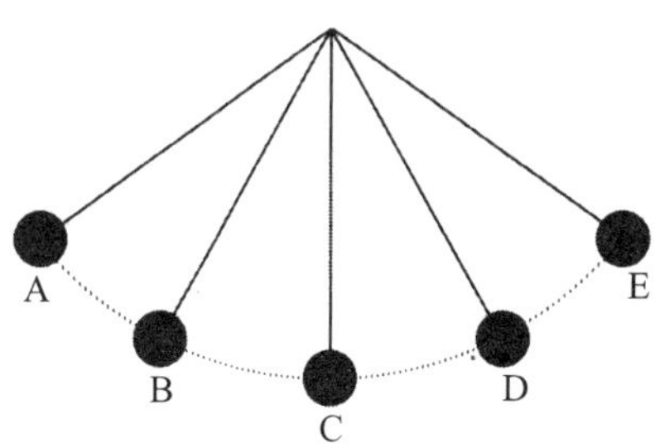

그림 10 움직이는 진자

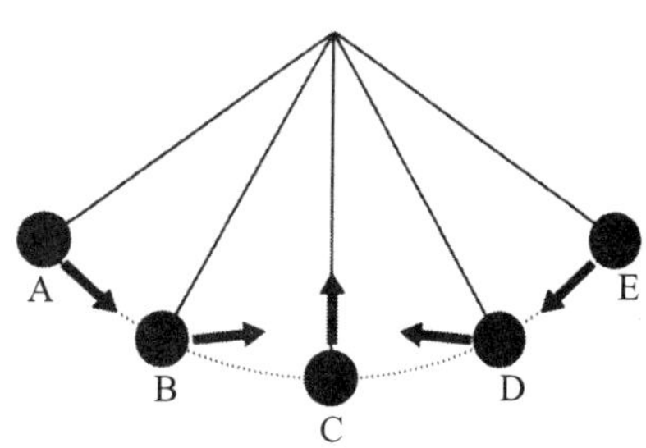

그림 11 추의 가속도

화된 진자를 나타낸다. 두 번째 그림을 정확하게 표현하려면 진자와 관련된 매우 복잡한 이론 체계를 이해해야 한다. 그런데 그 체계는 처음 그림을 쳐다보는 것으로 혹은 관찰로부터 생겨나지 않는다. 이러한 점에서, 일반적인 발견 학습이 실패하게 된다는 디 세사di Sessa의 지적과 연관된다.

> 많은 학생들 중에서 일상적 세계를 다루면서도 뉴턴적 특성을 배우는 경우는 매우 극소수에 불과한 것으로 보인다. … 그래서 '가지고 노는 것'보다 사고 실험이 오히려 더 유용하다(di Sessa 1982, p. 62).

과학의 이론적인 대상이 일상적인 물체의 경험과 맞지 않을 때 생겨나는 교실 수업 상황을 아래에 묘사했다. 교사는 가속도에 대한 개념을 이미 도입하였고 세 명의 학생이 위로 던진 물체의 운동 개념을 진자 상황에 적용하려고 애쓰고 있다.

교사: 내가 공을 이렇게 위로 던졌다고 가정해 보자(시범을 보인다). 경로의 최고 지점에 있을 때 공의 가속도는 얼마일까?

학생1: 0이요.

학생2: 네, 0이에요.

교사: 왜 0이지?

학생1: 음, 맨 위에서 공이 멈췄으니까요, 틀림없이 0이에요.

교사: 그래. 만약 공을 책상 위에 두면 공은 움직이지 않아, 공은 가속되고 있니?

학생2: 아니오. 움직이지 않아요.

교사: 선생님이 일정한 속도로 공을 굴리면 어떻게 될까(시범을 보인다)? 이 경우엔 공이 가속되고 있니?

학생1과 2: 네.

학생3: 아니에요. 만약에 공이 일정한 속도로 굴러간다면, 가속도는 전혀 없어요. 속도가 변하지 않기 때문이죠.

교사: 어떤 물체가 가속도라는 것은 그것이 정지해 있을 때가 일정한 속도로 움직일 때라는 거구나. 그럼 공이 경로의 최고 지점에 있을 때의 경우를 다시 생각해 보자(다시 시범을 보인다). 공이 제일 위에 있을 때 가속도는 얼마일까?

학생3: 공이 제일 위에 잠시 머물러 있기 때문에 0이에요. 움직이지 않고 방향을 바꾸어야 해요.

학생2: 제 생각엔 점점 더 빨라지니까 가속되고 있는 것 같아요.

학생1: 맞아요, 하지만 다시 움직일 때까지 일어나진 않을 거예요. 가만히 서 있는 건 가속되지 않으니까요(Mestre 1991, p. 58).

결론

진자 운동은 과학사와 과학철학뿐만 아니라 틀에 박힌 과학교육에 공헌할 수 있는 훌륭한 예시로 소개되었다. 진자 운동을 통해 과학 교과를 학습하는 동시에 과학에 관하여 학습할 수 있는 멋진 기회를 얻을 수 있다. 과학철학사를 도입한 진자 운동 수업은 학생들에게 아리스토텔레스적인 과학의 특징이었던 상식적이고 경험적인 설명에서 벗어나 과학 혁명의 특징이었던 추상적이고 이상화된 수학적 설명으로 전환시켜준다. 진자는 일상적이고 경험적인 사고로부터 벗어나서 과학적 사고방식으로 옮겨가는 데 매우 직접적이고 다루기 쉽고 이해하기 쉬운 방식이다. 또 과학적이고 이상화된 사고방식이 통제된 실험을 통해서 자연 세계와 연관되어 있음을 보여준다.

갈릴레오의 진자 분석에서 경험, 수학, 실험의 상호 작용은 포사체 운동에 대한 설명에도 그대로 반복된다. 사수gunner였던 레니에리Renieri는 갈릴레오의 이론을 활용하려고 시도했지만, 자신의 총이 갈릴레오의 예측대로 운동하지 않는다고 1647년 토리첼리에게 불만을 표시했다. 토리첼리는 자신의 스승이 기하학의 언어를 말하지만 그것이 경험적 결과와 일치하지는 않는다고 대답하였다(Segre 1991, p. 43). 레니에리도 델 몬트처럼 현대 과학과 과학 혁명에 대해 근본적인 질문을 제기한 것이다. 과학이 경험과 어떻게 연관되며 과학이 수학과 어떻게 연관되는가? 학생들도 이런 질문에 답하도록 격려해 볼 필요가 있다.

분명하게 여기서 제안한 것처럼 '맥락적' 과학이 심각하거나 딱딱한 과학에서 변절되어 나온 것이 아니라 그 반대였음이 분명해졌다. 과학사에서 일어난 일을 이해하려면 노력이 필요하다. 특히 학생들의 흥미를 끄는 노력이 필요하다. 똑똑한 아이들이 과학을 더 공부하고 싶어 하지 않는 이유 중 하나는 "과학이 너무 지겹고 문제만 푼다."는 것이다. 진자 운동을 이해하기 위한 인간의 노력의 역사는 지겹지 않다. 위대한 정신을 가진 사람들이 논쟁하는 역사는 복잡한 과학의 발달을 넘어서는 재미난 이야기거리가 된다. 과학을 더 깊게 이해하게 하면서 학생들을 맥락적인 방식으로 가르치면 진자 운동에 대한 공식은 잊어버리더라도 과학의 본성을 더 잘 이해하고 더 오래 기억할 것이다.

1. 중세시대에 추에 대한 충분한 기록이 없다. 화이트(Lynn White 1962, pp. 117, 172–173 / 1996, p. 108)는 주제에 대한 여러 관점들을 논하였다.
2. 드레이크(Drake 1976)와 프레데(Fredette 1972)는 이 작업을 논의하였다. 일부는 그것의 연구에서 '완전히 중세적'이라고 묘사하였다(Dijksterhius 1961/1986, p. 334).
3. 갈릴레오 물리의 필수적이며 이상적인 특성은 코에지(Koertge 1977)와 맥멀린(Mcmullin 1985)에 의해 논의되었다.
4. 드레이크와 드랍킨(Drake & Drabkin 1969)의 연구에서 16세기 최고의 기계공으로 묘사된 델 몬테del Monte's의 《기계학*Mechanics*》에 대한 드레이크의 번역을 참고할 수 있다.
5. 화이트(White 1966, p. 100)의 연구에서 논의와 참고문헌을 찾을 수 있다.
6. 이러한 주장은 아리스토텔레스가 그의 철학의 전통에 '혼합 과학mixed science'의 선명한 전통이 있다고 여긴 것처럼 미묘한 차이를 필요로 한다. 천문학과 광학에 수학이 광범위하게 사용되었지만 수학이 과학을 대체하지 못했다고 해서 현상들이 방정식으로 바뀌지는 않았다. 이러한 화제는 레녹스(Lennox 1986)의 연구를 참고할 수 있다.
7. 이것은 페르미와 베르나르디니(Fermi & Bernardini 1961)에 의하여 번역되었다.
8. 아리스토텔레스의 운동에 대한 개념의 설명을 위해서 버클리(Buckley 1971), 핸슨(Hanson 1965), 맥윌리엄스(McWilliams 1943), 멜센(Melsen 1959) 그리고 바이허(Weiher 1967)의 연구를 참조할 수 있다.
9. 아직 외면 받고 있긴 하지만, 사화과학에 대한 갈릴레오와 아리스토텔레스의 연구들의 전형적인 논의는 레빈(Kurt Lewin 1931)의 연구에 있다.
10. 갈릴레이와 그의 제자인 토리첼리는 원형 곡선을 연구하였다. 호이겐스는 큰 진폭에서, 파선이 이를 가능하게 하는 데 진자의 효과적인 길이는 진폭에 따라 짧아져야 하는 것을 알아내었다.
11. 이러한 일부 발전은 클라인(Kline 1959, 18장)의 연구에서 볼 수 있다.
12. 한 과학 기술 역사가는 다음과 같이 중세 과학을 요약했다. "사실 중세 과학은 일반적으로 실험보다는 추상적인 사고의 방법으로 수행되는 매우 책 중심의 일이었다. … 그것은 독립적 사변 활동autonomous speculative activity이었다."(White 1966, p. 101)
13. 코페르니쿠스와 현대 세계관의 기원에 대하여 많은 저술들이 있었다. 이 중 블룸버그(Blumenberg 1987), 보아스(Boas 1962)와 쿤(Kuhn 1957)의 연구들이 중요하다.
14. 문화와 철학에서 은유로서 시계watch에 대한 논의는 라우덴(Laudan 1981)을 참고하라.
15. 진자의 논의와 합리적인 교육과정의 제안을 위해 알드리지(Aldridge 1992)의 연구를 참고하라. 역사적이고 철학적인 숙고의 부재는 미국에서 과학교육자, 역사가 집단, 과학철학자들 사이의 유감스러운 격차를 반영한다.
16. 필자 또한 물리교사에게 수차례 검사를 실시하였지만 결과는 매번 레이프Reiff의 연구보다 나빴다.

7장

구성주의와 과학교육

Constructivism and Science Education

교황 요한 13세가 교회의 현대화(개혁)aggiornamento, renewal의 필요성에 대하여 언급했던 것처럼 과학교육에도 개혁의 필요성이 공감을 얻고 있다. 때로는 이런 개혁의 소리는 전술적 혹은 지역적 수준에서 들려오고, 때로는 전략적 혹은 전 지구적 수준에서 제기된다. 여러 시기에 과학교육을 둘러싼 다양한 교수법 문제나 참여 문제에 해답을 주기 위해 새로운 수업 방식(그룹 학습, 컴퓨터 보조 학습, 협동 학습, 탐구 학습), 새로운 교육 과정(과학과 기술 및 사회, 학문의 구조, 통합과정), 새로운 실험 과정 및 평가 방법들이 제시되었다. 구성주의가 현대화 개혁에 대한 요구에서 가장 중요한 흐름이며 다양한 전술적 수준에서의 개혁에 시사점을 주는 전략적 프로그램이 되었다. 1991년 미국 국립 과학교육 연구회NARST의 회장은 "사고, 연구, 교육과정 개발 및 교사 교육의 통합이 구성주의라는 이름 하에서 벌어지고 있으며 이곳에서는 극단적인 논쟁이 없다."고 했다(Yeany 1991, p. 1). 피터 펜샴Peter Fensham은 중립적인 관찰자적 입장에서 '1980년대 이후의 과학교육과정과 관련된 사고방식에서 가장 현저하게 영향을 준 것은 구성주의적 학습관'이라고 언급하였다(Fensham 1992, p. 801). 이 책의 전반적인 주장처럼 과학사와 과학 철학이 과학 수업의 이론과 실제에 기여하였으며, 구성주의는 과학사와 과학철학이 과학교육의 이론적 측면의 논쟁에 어떻게 기여하는가를 검토하게 될 것이다.

구성주의의 핵심은 인간의 과학적 지식의 본성에 관한 관점에 있다. 즉, 과학적 지식의 근원, 전달 과정, 타당화 절차들에 관한 관점이다. 역사적인 탐구와 철학적인 탐구는 구성주의적 주장에 광명을 비춰준다. 이 장은 구성주의에 대해 비판하지만 과학사와 과학철학이 구성주의 주장을 옹호하는 데 적절한relevant 것을 보여줌으로써 이 책의 주제를 확증할 수 있다. 이 책의 주제가 앞서 내린 비판적 결론에 동의하기를 요구하는 것은 아니다. 뛰어난 학식 있는 많은 구성주의자들이 그들의 인식론적 주장과 존재론적 주장을 확립하기 위하여 과학사와 과학철학을 이용한다. 핵심적인 문제는 과학철학사가 구성주의 논쟁의 양쪽 진영에서 중요하게 인식되어야 한다는 점이다.

구성주의는 무엇인가

구성주의는 근본적으로 두 가지 전통이 있다. 하나의 전통은 심리학적 구성주의이다. 이 전통은 피아제에서 유래하는 것으로 아동이 세계에서의 활동을 통해서 개인적, 개별적, 지적 구성 과정으로서 학습을 설명한다. 이런 전통은 다시 양분된다. 한 가지는 개인적이고 주관적인 전통으로서 폰 글라서스펠트의 연구에서 볼 수 있다. 또 한 가지는 러시아의 심리학자인 비고츠키와 그의 추종자들이 말하는 사회적 구성주의social constructivism이다. 후자의 전통은 덕워스(Duckworth 1987)와 레이브(Lave 1988)의 연구에서 찾을 수 있다.

두 번째 주요 전통은 사회학적 구성주의sociological constructivism로 뒤르켐Durkheim에서 유래하여 베르거Berger 등의 문화 사회학자로 이어지고 최근에 반즈Barnes, 블로어Bloor, 콜린스Collins, 라투어Latour 등의 에든버러 학파에 속하는 과학 사회학자들로 이어지고 있다. 이런 사회학적 전통은 과학적 지식이 사회적으로 구성되고 사회적으로 정당화된다고 보며 과학의 구성되는 상황 및 역동성을 탐구한다. 또한 피아제와 비고츠스키에 반대하여 신념 구성의 개인적이고 심리적인 과정을 무시하고 대신에 개인 간의 사회적 상황, 즉, 개인의 신념을 결정하는 상황에 초점을 맞춘다. 이런 전통에서 개인은 일종의 암흑 상자가 된다. 사회적 구성주의가 극단으로 나타난 형태는, 과학은 인간이 지적으로 구성한 것에 불과하며 예술 작품이나 문학 작품과 같을 뿐이고 특별히 진리를 주장하는 것이 아니라고 본다. 사회학적 구성주의의 주장과 과학교육에 대한 논쟁적이고 혁명적 시사점은 슬레자크(Slezak 1994)의 연구가 다루고 있다.

심리적 구성주의는 교육과정 개혁에 고무되어 교과서에 스며들었고 수많은 국제회의와 학술지 및 논문에 중요한 주제가 되었다. 1992년 문헌 목록에 따르면 500개 이상의 구성주의적 논문이 있었고 다른 문헌 리뷰에서는 2500개 이상의 출판물이 구성주의 정신을 담고 있다고 했다(Pfundt & Duit 1991). 이런 정신이 여러 나라 대학교의 연구 프로그램이기도 했다. 영국의 리즈대학교, 뉴질랜드의 와이카토대학교, 미국의 플로리다 주립대학교, 캐나다의 브리티시컬럼비아대학교에서 이런 연구 프로젝트가 수행되었다. 구성주의는 또한 아동의 과학 학습에 대한 엄청난 연구, 흔히 오개념 연구 혹은 다른 개념틀 연구에 영향을 주기도 했고 동시에 영향을 받기도 하였다. 이런 주제로 미국의 코넬대학교에서 열린 1차 국제회의에서는 60개의 논문이 발표되었는데 1987년 2차 회의에서는 160개, 1993년 3차 회의에서는 250개가 발표되었다.[1]

구성주의적 혹은 상호작용적 수업 방식은 이제 널리 받아들여지고 개발되고 있다.[2] 그들은 권위적, 교사중심적, 전달식 모형 그리고 프레이리Freire가 교육의 '저장모형banking model'이라고 부른 것들과 대조되며 또 한편으로는 1960년대 교육과정 개혁에서 옹호되었던 탐구법과도 대조된다. 구성주의적 방식은 과학 수업을 획기적으로 변화시킨다. 이런 입장을 옹호하는 글라서스펠트는 다음과 같이 주장했다.

> 구성주의가 바탕을 두고 있는 앎의 이론을 작업 가설로 받아들이면 일반적으로 행해지는 교육 실제에 커다란 변화가 일어날 수 있다(Glasersfeld 1989, p. 135).

구성주의는 이질적인 운동이다. 최근에는 상황적, 변증법적dialectical, 경험적, 정보처리적, 방법론적, 온건적, 피아제식, 후기 인식론적, 실용적, 급진적, 실재론적, 사회적, 사회 역사적 구성주의 등의 다양한 변종들이 있음이 밝혀졌다(Good, Wandersee and St Julien 1993). 이런 수식어 말고도 인간주의적 구성주의(Cheung & Taylor 1991), 지시적didactic 구성주의(Brink 1991)와 같은 것도 있다. 발달 심리학에서 유래한 구성주의는 많은 교육 탐구 분야에 퍼지고 있다. 구성주의에 대한 관심은 '구성주의적 학습관', '수업에 대한 구성주의적 관점', '과학에 대한 관점', '과학의 목적', '구성주의적 관점의 교육과정', '교육과정 개발에 대한 구성주의자 관점'과 같은 과학교육 논문의 부제에서 찾을 수 있다(Bell 1991). 많은 경우에 구성주의를 학습 이론이나 교육 이론보다는 다음과 같이 세계관 혹은 관념론Weltanschuung으로 보아야 한다.

> 구성주의자가 된다는 것은 사고와 행동에서 구성주의를 참고 기준으로 삼는 것이다. 말하자면 사고나 행동에서 구성주의와 관련된 신념을 다른 신념보다 더 높은 것임을 가정하였다. 여러 이유로 인하여 그런 과정은 쉽지 않다(Tobin, 1991, p. 1).

인식론적 입장

구성주의는 과학이 인간의 창의적인 노력으로 얻어진 것이며, 역사적으로뿐만 아니라 문화적으로 조건 지어져 있으며, 과학적 지식이 절대적이지 않다는 것을 강조한다. 사실 이런 주장은 대부분의 과학철학자들이 자명한 이치로서 공유하고 있지만, 다시 진술할 가치가 있다. 구성주의는 이런 공리를 넘어서 논란의 여지가 있는 인식론적 입장에 몰입하고 있으며 구성주의가 하나의 교조적 입장으로 교육에 널리 퍼지고 영향을 끼친다면 면밀하게 살펴볼 필요가 있다. 구성주의 핵심에는 인간의 지식, 특히 과학적 지식에 대하여 주관주의자, 경험주의자, 개인주의 방식의 이해가 포함되어 있다. 과학교육 및 수학교육에 영향을 끼친 구성주의는

> 지식은 개인 주관의 구성적 활동의 결과이지 개인 외부에 있는 것이 전달되거나 지각이나 언어적 의사소통에 의하여 전파되는 것이 아니다(Glasersfeld 1990, p. 37).

여러 문헌에서 인용한 것들을 보면 과학교육에서 구성주의가 취하는 인식론적 그리고 존재론적 관점을 찾아볼 수 있다. 그들은 모두 관찰자의 주관에 중점을 둔, 지식의 경험주의적 이론의 변종임을 알 수 있다.

> 과학 지식이 우리에게 적응하도록 해준다는 사실이 과학 지식이 절대적 실재에 상응하는 세계를 그려낸다는 믿음을 정당화하지는 않는다(Glasersfeld 1989, p. 135).

> 비록 우리가 외부 세계의 존재를 가정하지만 우리는 그 외부 세계에 직접 접근할 수

> 없다. 공적 지식으로서 과학은 주의 깊게 검사한 구성물이지 발견 이상의 것이 아니다(Driver & Oldham 1986, p. 109).

> 간단히 말하자면 구성주의는 본질적으로 인간 지식의 한계에 대한 이론이라고 말할 수 있다. 모든 지식은 필연적으로 우리 자신의 인지적 행동의 산물이라는 신념이기도 하다. 우리는 어떤 외부 실재나 객관적 실재를 매개되지 않은 채 직접적으로 지식을 가질 수 없다. 우리는 경험을 통하여 이해를 구성하며 우리 경험의 특성은 인지적 안경에 의하여 기본적으로 영향을 받게 된다(Confrey 1990, p. 108).

> 논리적으로 구성주의는 포스트 인식론의 입장이다. 이런 관점에서 인식론에 대한 기본적인 문제는 대답될 수 없으며 아예 합리적으로 제기되지도 않는다. 구성주의는 전통적인 인식론의 용어를 포기하는 것을 전제하고 있다(Noddings 1990, p. 18).

구성주의는 인식론을 거부하는 걸로 보이지만, 여전히 구성주의에서 인식론은 핵심적인 위치에 있다. 인식론이 구성주의적 교육 이론과 실제를 이끌고 있다. 구성주의는 후기 실증주의 과학철학의 인식론적 테제theses를 대부분 받아들이고 있다. 이런 명제는 브라운(Brown 1979)과 수페(Suppe 1977)에 의하여 잘 제시되었고 개리슨(Garrison 1986)이 요약하였다. 그 내용은 다음과 같다.

1) 관찰 진술은 특정한 이론 체계에 항상 의존하여 표현된다. '보는 것seeing'과 '…로서 보는 것seeing as'에는 차이가 있다. 후자는 명제적 지각propositional perception으로서 언어와 이론에 의존하고 있다.[3]
2) 한 이론 안에서 관찰 용어와 이론 용어의 구별은 실용적인 바탕에서 가능한 것이지 인식의 바탕에서는 불가능하다.[4]
3) 관찰 자체는 이론적으로 의존하며 또한 이론적으로 결정되어 있다. 사람들이 보는 것과 주목하는 것은 그가 보려고 원하는 것에 영향을 받거나 찾으려는 것과 관련 있는 것으로 생각되는지에 따라 달라진다.[5]
4) 이론은 경험적 증거에 의하여 항상 결정되는 것이며 얼마나 많은 양의 증거가 축적되어 있는지와는 무관하다. 어떤 자료들이든 어떤 이론이든 그런 자료를 함축하는 것으로 구성될 수 있고 그래프의 자료를 나타내는 어떤 점이든, 얼마나 많은 곡선이든 그들을 통해 이끌어 질 수 있다.[6]

5) 이론은 경험적 반증이나 반박으로부터 면역되어 있다. 불일치되는 증거에 순응하기 위해 그에 대한 예비가설을 위한 수정이 항상 가능하기 때문이다. 과학에서는 결정적인 실험이 없는 것이다.[7]

어떤 구성주의자는 후기 실증주의를 넘어서기도 한다. 그러나 여전히 후기 실증주의 철학자들은 진리에 대한 탐구를 믿는 리오타르Lyotard, 로티Rorty, 데리다Derrida, 바르트Barthes와 같은 포스트모던주의자의 입장에 있다. 그런 입장에서는 과학 철학이 대개 인정하듯이 진리의 가능성을 포기한다(Darusnikova 1992).

킬패트릭(Kilpatrick 1987)과 글라서스펠트Glasersfeld의 입장을 따르는 레먼(Lerman 1989)도 심리적 구성주의가 말하는 핵심적인 인식론적 명제들을 다음과 같이 말한다.

1) 지식은 인식하는 주체가 능동적으로 구성하는 것으로, 외부 환경으로부터 수동적으로 받아들이는 것이 아니다.
2) 알게 되는 것은 한 사람이 경험적 세계를 조직하는 적응 과정이다. 인식자의 정신 외부에 있는 독립적이고 미리 존재하는 세계는 발견하지 못한다.

위틀리Wheatley는 구성주의에서 인식론적 핵심을 위와 동일한 방식으로 정리하였다.

> 구성주의 이론은 두 가지 중요 원리에 바탕을 두고 있다. … 첫 번째 원리는 지식은 수동적으로 받아들여지지 않고 인식 주체가 능동적으로 구축한다. … 두 번째 원리는 인지의 기능은 적응적이며 경험 세계를 조직하는 역할을 한다. 존재하는 실재를 발견하는 것이 아니다. … 따라서 우리는 진리를 발견하는 것이 아니라, 우리 경험에 대하여 생생한 설명viable explanation을 구성한다(Wheatley 1991, p. 10).

존재론적 입장

구성주의는 이상주의자의 존재론을 받아들이거나 과학적 대상과 일상적 대상에 대한 존재론적 지위에 대해 이상주의적 이론을 가지고 있다. 이상주의 존재론은 세계가 인간 사고에 의하여 창조되었고 인간 사고에 의존하고 있음을 받아들인다. 글라서스펠트의 급진적 구성주의는 교육 상황에서 가장 잘 알려진 이상주의의 변종이다. 그는 다음과 같이 이야기한다.

> 실재론자는 존재 구조에 독립되어 반성하거나 반추하여 구성한다고 믿는 반면에 구성주의자는 경험자의 역할이 모든 구조의 기원이라고 인식하는 점이 다르다. … 구성주의자에게는 경험적 조각을 짜 맞추는 자신의 활동에 의하여 이루어진 것 외에는 다른 구조가 없다(Glasersfeld, 1987, p. 104).

그리고

> 급진적 구성주의가 급진적인radical 이유는 지식이 '객관적으로' 존재하는 실재를 반영한 것이라는 전통을 따르지 않고 우리 경험에 의하여 구성된 세계의 조직화를 배타적으로 인정하는 인식론을 가지기 때문이다. 급진적 구성주의는 최종적으로 '형이상학적 실재론metaphysical realism'을 포기하였다(Glasersfeld, 1987, p. 109).

존재론적 이상주의(관념론)는 심리적 구성주의자에 의하여 받아들여지고 새로운 형태의 포스트 머튼의 과학 사회학자, 특히 에든버러 학파와 관련된 곳에서 흔히 있는 그에 상응되는 이상주의에 의해 격려 받는다.[8] 사회학자로 유명한 뒤르켐은 오래전 다음의 글을 썼다.

> 만약 사고가 자유롭다면 그것은 대상을 창조한 사람일 것이다. 그리고 이런 목적을 달성하는 유일한 방법은 그것을 만들거나 구성해 낼 수 있는 실재에 일치되는 일이다. 따라서 사고는 그 자체의 목적을 가지고 있으며 주어진 실재를 재생하는 것이 아니고 미래 실재를 구성하는 것이 그 목적인 것이다. 아이디어의 가치는 대상에 비추어서 평가될 수 없고 그것의 유용성 정도, 즉, 어느 정도 유리한 특성인지에 의해 결정되어야 한다(Durkheim 1972, p. 251).

이런 이상주의는 에든버러 학파에 의하여 실현되었다. 라투르와 울가는 이런 면에서 '외재성out-there-ness'이 과학적 작업의 원인cause이라기보다는 결과consequence라는 점을 지적했다(Latour & Woolgar 1986, p. 182). 더 나아가 그들은 실재는 과학적 구성물의 원인이라기보다는 결과라고 말한다. 에든버러 프로그램에 기여한 사람 중 하나는 행성planets 같은 것을 '문화적 물체cultural objects'라고 했다(Lynch, Livingstone & Garkinkel 1983). 해리 콜린스Harry Collins는 "자연 세계는 과학적 지식을 구성하는 데 작은 혹은 존재하지 않는 역할을 가지고 있다."고 말한다(Collins, 1981, p. 3). 울가는 관념론을 포용하며 그의 연구 프로그램이 민속지학 방법ethnomethodology을 사용하는 관념론의 입장과 일치된다고 했는데 그 입장은 실재는 실재를 이해하기 위하여 사용되는 (책, 부호, 문서 등과 같은) 언어에 무관할 수 없다고 본다. 다시 말해서 실재는 담화discourse 안에서 구성되고 담화를 통하여 구성된다는 것이다(Woolgar 1986, p. 312).

어떤 사람은 실재하는 물체와 이론적 물체를 혼동할 수 있고, 물리적 활동과 지성적 활동을 서로 혼동할 수도 있다. 실재론자들은 모두 실재가 그 자체로 과학자나 관찰자의 마음속에 그대로 새겨지지 않는다는 것을 인정하고 있다. 과학은 실재하는 대상을 그대로 다루기는 어렵고 그 대신에 과학의 이론적 개념을 사용하여 그것이 묘사하는 실재하는 대상을 다룬다. 검은 색깔을 띤 공이 낙하하는 것을 질점이 특정한 가속도로 묘사하며, 완두콩이 특정한 표현형을 나타내며, 거품이 생기는 용액을 화학 방정식으로 취급한다. 과학자들의 전통에서는 그리고 개인 과학자의 지적 노력은 많은 부분이 힘, 질량, 세포, 종, 평형 상태와 같은 개념들을 가지고 이론적 물체를 만들어 내는 데 향해 있다. 이론적 개념은 인간이 구성한 것이라는 사실과 자연적인 물체가 오직 이론적인 방식으로 고려될 수 있다는 사실은 실재하는 물체가 인간이 창안한 것이며 혹은 실재하는 물체들이 그들에게 영향을 미치는 개념 구조의 가치에 대한 평가에 한 부분도 관여하지 않는다는 것을 시사하는 것은 아니다.

구성주의 이론에서는 공통적으로 받아들이고 있는 논쟁의 여지가 없는 자명한 전제가 있다. 즉, 지식은 인간이 창안한 것이며 역사적이고 문화적인 성격을 띠고 있으며 절대적이지 않고 따라서 지식에 대한 주장은 근거가 없다거나 상대적이라는 결론을 내리는 일이다. 여기에서는 이런 전제가 그로부터 유래한 결론에 도달하지 않음을 논증하려고 하며 더 나아가 가장 훌륭한 구성주의적 수업의 실제를 정당화하기 위한 근거로 그런 결론을 요구하지 않는다는 점을 보이려고 한다. 그러나 이러한 논박 이전에 구성주의적 수업의 실제에 대하여 논의하는 것이 필요하며 특히 구성주의적 수업의 실제와 방식이 지시적didactic 수업이나 발견 학습과 어떻게 다른지 비교하는 일이 필요하다.

구성주의적 수업 실제

구성주의적 수업 방법으로 매우 많은 방법이 다양하게 제시되었다. 그 중에서 드라이버와 올드햄(Driver & Oldham 1986)은 구성주의적 수업을 다음과 같은 단계 혹은 순서로서 그 특징을 지칭하였다.

1) **오리엔테이션:** 학생들에게 그 주제를 배우는 목적을 이해하고 학습 동기를 부여하기 위한 기회를 제공한다.
2) **개념 드러내기:** 학생들에게 학습하려는 주제에 대하여 자신이 현재 가지고 있는 생각을 명확하게 한다. 모둠별 토론과 포스터 그리기 혹은 쓰기 등의 다양한 활동으로 이루어질 수 있다.
3) **생각의 재구성:** 이 단계는 구성주의적 수업 절차의 핵심적인 부분이다. 여기에는 다음과 같은 여러 단계가 포함된다.

   명료화 및 교환 단계: 학생들이 자신의 의미와 언어를 다른 학생의 것과 대비시켜 더욱 세련되게 하는 동시에 다른 사람의 관점이나 교사의 관점과 갈등이 일어날 수 있다.

   새로운 생각 구성 단계: 앞의 토론과 시범을 통해서 새로운 생각을 구성한다. 학생은 어떤 현상이나 증거를 해석하는 방법이 여러 가지일 수 있음을 알게 된다.

   새로운 생각 평가 단계: 새로운 생각을 실험적으로 혹은 그 의미를 숙고함으로써 평가하는 단계이다. 학생들은 대안적 생각을 검사하는 가장 좋은 방법을 찾으려고 한다. 이런 단계에서 자신의 현재 개념에 불만족을 느낀다.
4) **생각의 적용:** 학생들이 개발한 자신의 생각을 친숙하거나 생소한 상황에 다양하게 적용하는 기회를 가지는 단계이다.
5) **복습:** 자신의 생각이 처음 수업 시작할 때와 수업이 끝날 즈음에 어떻게 변화했는지 비교하여 반성하는 마지막 단계이다.

드라이버와 올드햄은 마지막의 복습 단계에서 노박과 고윈Novak & Gowin이 주장한 학습에 대한 학습이 모든 수업의 일부분이어야 한다고 강조하였다. 즉, 학생들이 자료를 학습할 때는 효과적인 학습 과정에 대한 것을 동시에 학습해야 한다는 것이다. 보다 최근에는 '초인지'라고 부른다(White & Gunstone 1989). 구성주의적 방법은 학습과정에서 학생의 참여를 강조하며 이전 지식의 중요성 혹은 새로운 학습에 대한 개념을 강조하게 된다. 구성주의적 학습관은 드라이버와 벨(Driver & Bell 1986)에 의하여 다음과 같이 요약된다.

- 학습 결과는 학습 환경에 의존할 뿐만 아니라 학습자의 지식에도 의존한다.
- 학습에 의미를 구성하는 일이 관여된다. 학생들이 보거나 들은 것으로부터 구성한 의미는 원래 의도한 것과 일치하지 않을 수 있다. 의미를 구성하는 일에는 현재 지식에 큰 영향을 받는다.
- 의미 구성은 연속적이고 능동적인 과정이다.
- 학습자는 학습의 최종 책임자이다.
- 학생들이 구성한 의미에는 자연 언어를 통하거나 물리 세계의 경험을 공유하게 되어 일정한 유형이 있다.

구성주의적 교사가 계속해서 직면하는 쟁점 중의 하나는 학생이 구성한 의미가 교사가 가르치려고 의도하는 의미와 서로 다를 때 어떻게 해야 하는가의 문제이다. 이런 경우가 언제인지 확인하는 일은 중요하며 구성주의자들이 가르친 것을 모두 이해하는 것이 아니라는 점을 상기시킨다는 점에서 중요하다. 그러나 교육과 관련된 쟁점은 이러한 불일치가 있을 때 그 다음에 어떻게 해야 하는가에 대한 문제이다. 그런 불일치를 제거하기 위해서 수업을 해야 하는가 아니면 아동의 '오개념'이나 '대안적 사고틀', 아니면 보통 실수로 받아들일 것인가? 뛰어난 구성주의 교재는 수업에서 과학적 개념과 아동의 개념이 조화를 이루어야 하며 수업이 아동의 자아 존중감과 자신의 '의미 있는 설명을 이루고 있다는 느낌'을 강하게 갖게 될 때까지 계속 진행되어야 한다고 충고하고 있다(Osborne & Freyberg 1985, p. 90).

명확한 질문은 이러한 구성주의적 수업 방법과 학습에 대한 구성주의적 이해가 구성주의에만 유일한 것인가에 대하여 제기될 수 있다. 이 구성주의의 유일성에 대한 질문에 대한 답은 분명히 아니라는 것이다. 구성주의 수업 방법에서 가장 강조되는, 학습자가 자신의 학습 과정에 능동적으로 참여해야 한다는 점과 학생의 이전 신념과 개념에 주목해야 한다는 점도 모두 《메노*Meno*》에 나오는 노예 소년에 대한 소크라테스의 질문만큼 오래된 것이다. 몬테뉴Montaigne는 1590년 《아동의 교육*The Education of Children*》에 실린 자신의 에세이에서 다음과 같은 점을 말하고 있다.

> 모든 교사들은 우리 귀에 들려오는 소리를 멈추어서는 안 된다. 마치 깔때기에 물을 붓는 것과 같다. 우리 과제는 우리가 들은 것을 반복하는 것이다. 나는 교사들이 이런 실행을 교정하길 바란다. … 소크라테스와 후대의 아르케실라오스는 그들의 제자에게 먼저 말하는 것을 듣고 그 다음에 말하라고 하였다. 가르치는 사람의 권위는 때로 배우려는 사람들에게는 장애가 될 수 있다. … 그에게 수업에서 배운 말로 단순하게 설명할 것을 요구하지 말고 그 대신에 그의 의미와 본질로서 설명할 것을 요구하며 그의 기억을 증거로 판단하는 것보다는 그의 삶의 증거로 판단해야 한다(Montaigne 1580/1943, p. 11).

드라이버와 올드햄은 구성주의적 입장에서 교육과정을 계획하는 사람은 능동적인 교사가 수동적인 학생에게 교육과정을 전달시켜야 하는 것으로 바라보는 표준적인 모형을 적용할 수 없다는 주장을 한다. 이러한 상황에서 변화되어야 할 것은 두 가지가 있다. 첫째, 교육과정을 지식이나 기능의 체계로서 바라보는 것에서 그러한 지식이나 기능을 아마도 습득 가능하게 하는 활동들의 프로그램으로 보아야 한다. 둘째, 교육과정을 수업을 하기 전에 결정되는 지위(성인들 사이에서 타협되기는 하지만)에서 문제가 있는 지위로 보는 것으로 바꾸어야 한다.

이런 지적은 구성주의가 종종 지나치는 문제를 나타내 준다. 구성주의는 학습 과정에 대한 주장과 발달 심리학(구성주의의 근원적인 핵심인)의 주장을 이용하여 더 넓은 교육과 사회적 문제에 대한 입장을 구축하려고 한다. 그러나 예를 들어 교육과정은 학습 이론만으로 이루어지는 것은 아니다. 물론 학습 이론은 '어떻게' 가르쳐야 하는가에 대한 것을 알려줄 수는 있다. 그러나 내용을 '얼마나' 가르쳐야 하는지는 다른 고려 사항 혹은 추가적인 고려 사항에 따라서 결정된다. 그러한 고려사항 중에는 사회적 요구, 개인적 요구, 서로 다른 영역의 지식과 경험의 상대적 장점들이 있고 최종적으로는 정치적 의사 결정에 의하여 정해진다. 때로 구성주의자들은 그런 고려를 무시하거나 아니면 학습 이론을 교육과정 문제로 외삽시키고 더 일반적인 교육 이론으로 확장시킬 수 있다고 가정한다.

가령 드라이버와 올드햄은 교육과정 개발과 같은 어려운 문제에 대한 언급은 거의 하지 않고 있다. 그들이 말하는 것처럼 지식이나 기능의 체계로서 교육과정을 거부하고 그런 지식과 기능이 습득될 수 있는 일련의 활동 프로그램으로 교육과정을 만드는 일에도 그런 지식이나 기능을 규정하는 요구를 벗어날 수는 없다. 더 나아가서 교육과정을 문제가 있는 지위로 말하는 것도 모호하다. 어떤 특정한 성분이 교육과정에서 문제성이 있는 것인가는 문제가 있으며 이것은 또 교육과정의 내용에 대한 논쟁과 같은 일을 벌어지게 한다. 그러나 이런 논쟁으로부터 특정한 내용이 문제가 있는 것으로 생각되지 않는다. 가령 고등학교 수학에 기하학이 포함되어야 하는지 그 여부에는 문제성이 있지만 이것에서 기하학이 문제성이 있다는 것으로 생각되지는 않는 것이다.

다른 구성주의자들은 마이클 애플Michael Apple, 헨리 지로Henry Giroux나 다른 비판 이론가critical theorist들의 교육 이론들을 뒷받침하고 있다. 그러나 이것은 교육 철학에서 그들의 이론이 심각한 논쟁과 반대에 직면하고 있다는 점을 인식하지 못하는 경우가 대부분이다. 가령 길버트Gilbert는 "비판적 교육 이론의 문헌들과 구성주의적 학습에 대한 문헌들 사이에는 많은 유사점이 있다."고 하였다(Gilbert 1993 p. 35). 그 이유는 비판 이론가들이 "개인주의, 효율성, 합리성, 객관성과 같은 개념과 그 개념에 바탕을 두고 개발된 교육과정과 교육의 형식에 대하여 가치를 의문시하기" 때문이다(Gilbert 1993 p. 20). 이렇게 구성주의 학습 이론이 비판 이론을 채용한 것은 놀라운 일이 아니고 오히려 유감스럽다. 그 비판 이론의 철학이나 비판 이론의 정책 및 언어는 매우 심각하게 비판되어 오고 있기 때문이다.

구성주의와 탐구학습

구성주의는 교사가 중심이 된 수업 혹은 전통적인 지시적 교육 모형을 학생이 중심인 발견 학습 혹은 진보적인 교육 모형으로 바꾸려는 시도를 하고 있다. 이런 지시적인 양극은 비교적 명확하게 대비되는데 발견학습과 탐구학습의 대비는 명확하지 않다. 미국의 탐구 수업을 거시적 규모에서 다시 고찰하면 탐구 수업 모형을 알 수 있다.

> 탐구학습의 수업에는 … 토론, 탐구 실험, 학생이 스스로 하는 탐구, 강의, 논쟁 등 다양한 방법이 동원된다. 교사는 논쟁거리를 정교화하는 데, 가치를 조사하는 데, 실수를 받아들이는 데 그리고 학생이 무시해버리는 영역을 직면하는 것들에 대하여 모범을 보인다. 수업의 분위기는 탐구를 수행하도록 조성된다. 학생은 질문을 던질 수 있고 위험을 감수하는 일이 격려되고 학생의 반응을 주의 깊게 듣고, 그런 반응을 명확히 하고 학생과 학생의 상호작용transaction이 많이 일어나도록 정교화한다. 교실의 분위기는 물체와 사건을 완벽하고도 사려 깊은 탐구가 일어나도록 자극시킨다. 교과서를 끝까지 읽도록 하는 것은 지양된다. 따라서 탐구적 수업지도는 실행하는 데, 반성하는 데, 느끼는 데, 평가하는 데 시간이 주어진다(Welch 1981, p. 35).

이런 수업은 구성주의적 수업의 모형으로 볼 수도 있다.[9]

탐구 학습이 실패한 요인은 여러 가지가 있지만 교사 교육이나 자원의 지원, 학교와 사회의 기대, 평가 측면의 요구 및 탐구 학습의 실행 방안과 같은 외적인 이유도 있다.[10] 그러나 핵심적인 원인은 내적인 면에 있다. 즉, 탐구 학습의 지적인 바탕에서 오류를 범한 것이다. 시간이 지나가면 더 나아가 구성주의도 그런 오류를 반복할 위험이 있기 때문에 오류는 자세하게 논의될 필요가 있다. 탐구학습에서 겪은 핵심적인 철학적 문제는 여러 근원에서 살펴볼 수 있다. 가령 다음과 같은 면을 살펴보자.

> 탐구적 훈련은 … 아동에게 조작을 계획하도록 한다. 그럼으로써 교사나 다른 지식이 풍부한 성인이 설명해 준 것과 해석한 바에 의존하지 않고도 아동이 자신의 힘으로 물리적 변화의 원인을 발견하고 조절할 수 있도록 한다는 것이다. 아동은 가설을 세우고 통제된 실험의 형식으로 검증하고 결과를 해석하는 것을 배우게 된다. 마치 땅콩 껍질 안에서처럼 학생이 과학의 문제를 독립적이고 체계적이며 경험적이고 귀납적으로 접근하도록 하는 목적으로 짜여져 있다(Suchman, 1960; Sund & Trowbridge, 1967, p. 37에서 재인용).

여기서 여러 가지 중요한 진술을 찾아낼 수 있는데 그런 진술은 모두 발견 학습의 핵심적인 것이며 동시에 잘못되었거나 매우 의심스러운 것들이다.

1) 아동이 홀로 떨어진 채로 과학적 진리를 발견할 수 있고 이를 입증할 수 있다.
2) 가설을 발전시키는 데 필요한 언어와 개념은 교사와는 무관하게 혹은 더 일반적으로는 사회적 상호작용과 언어를 사용하는 사회와 독립되어 습득될 수 있다.
3) 가설을 검증하고 결과를 해석하는 일이 바로 이어지며 초등학교 아동에게도 쉽게 일어날 수 있을 정도로 단순하다.
4) 과학 개념은 특정 사례를 추상화하여 얻어질 수 있다.
5) 과학적 방법은 귀납적이다.

앞 장에서 추의 운동 법칙에 대한 갈릴레오의 발견에 대해 위의 주장들의 결점을 밝혀냈었다. 일반적으로 그런 주장은 현대 과학의 특성보다는 아리스토텔레스적인 입장에 가깝다. 아리스토텔레스의 입장을 반대한 앞의 논증을 여기서 되풀이하지는 않겠다. 단지 위의 주장이 다음과 같은 면을 인식하지 못함을 정리해 본다.

1) 개념은 감각적 경험에서 나온다고 가정해야 하는데 그렇지 않다. 이것은 아리스토텔레스가 범한 오류일 뿐만 아니라 로크, 흄 그리고 영국의 경험주의 전통이 범한 오류이기도 하다. 이런 문제는 여러 글이 다루는데 주로 "관찰의 이론 의존성"이라고 한다.
2) 과학적 가설은 과학적 논의에 대한 개념적 기초를 구축함으로써 형식화되고 이런 개념적 기초는 지시instruction와 참여participation에 의하여 얻어져야 한다. 프레이리Freire는 헤겔의 입장을 견지하면서 "'우리가 사고'하는 것이 '내가 사고'하는 것을 결정하지만 그 역은 아니다."라고 하였다.
3) 가설을 형식화하는 면에서 그리고 그 가설을 지지하는 면에서의 발견과 가설을 검증하는 면에서의 발견에는 질적으로 차이가 있다. 이것을 전통적으로 발견의 맥락과 정당화의 맥락이 가진 차이라고 불렀다. 후자는 공적인 논의를 요구하는 동시에 정당화의 핵심에 동의하는 것을 말하기 때문에 로빈슨 크루소의 문제와는 본질적으로 다르다.
4) 교육적으로 중요한 의미에서 발견은 다음과 같은 지식 주장을 함축한다. 결국 학생이 신념이나 가설에 대한 올바른 근거를 갖도록 하는 것을 함축하며, 이것을 또다시 올바른 근거가 무엇인가를 설명하는 것을 함축하고 결국에는 순전히 개인적으로 얻어질 수 없는 인식론적 입장을 요구하게 된다. 그런 인식론 혹은 포스트 인식론은 어느 정도 복잡한 사회적 상호작용에서 생겨나게 된다. 하나의 지식 주장은 처음에는 "내가 그것을 믿는다."를 근거로 하고 있는 모습이다. 그것은 다시 "나의 부모가 그렇게 말해 주었

다."로 바뀔 수 있으며 다시 "책에 쓰여 있다."고 말하고 결국 잘 알려진 이 책에는 그렇게 되어있다는 방식으로 계속 인식론적 복잡성이 늘어나게 된다.

1960년대에 과학교육 사회에서 귀납주의를 전폭적으로 받아들인 것은 불필요했을 뿐만 아니라 불행한 일이었다. 1960년대 중반까지 과학사와 과학철학에서는 탐구 학습의 그런 귀납적인 특징을 의심할 만큼 많은 연구가 있었다.[11] 이렇게 1960년대 과학교육과 과학사와 과학철학이 분리됨으로써 생겨난 분명하고도 불행한 결과는 그런 분리가 반복하는 일을 막는 일이라면 어느 것이라도 가능하다는 강력한 주장이 된 것이다.[12] 러더포드Rutherford가 1964년에 언급한 것처럼 교사는 자신의 과목을 잘 가르치기 위해서는 그 과목의 철학과 역사에 친숙해야 할 뿐만 아니라 그 과목을 실행하는데 필요한 다양한 주장과 정책 및 교육과정을 평가하기 위해서도 요구된다. 이러한 요구는 구성주의 영향이 커지는 시기에 적절한 것이며 과학철학에서 평범한 오류가 아닌 이론의 여지가 있는 주제에 구성주의가 자주 빠지기 때문에 더욱 그렇다.

급진적 구성주의 이론

폰 글라서스펠트[13]는 지난 10년 동안 수학교육과 과학교육에서 구성주의 이론이 발전하는 데 큰 영향을 끼쳤다. 100편 이상의 논문과 책의 장에서 수학교육과 과학교육 및 사이버네틱스, 의미론 및 인식론에 대한 분야를 다루고 있다. 그의 중요한 논문은 《지식의 구성*The Construction of Knowledge*》(1987)이라는 책에 모여 있다. 폰 글라서스펠트는 '급진적 구성주의'의 옹호자로 알려져 있다. 그 입장은 '언어 심리학, 인지 심리학의 실현과 피아제의 연구'에 바탕을 둔다(Glasersfeld, 1990, p. 1). 그는 1989년과 1992년 논문에서 교육 문헌에서 말하는 심리적 구성주의의 인식론적 기초와 존재론적 바탕을 가장 체계적으로 설명하였다. 이런 이유 때문에 그의 연구를 여기서 자세하게 살펴볼 것이다. 그로 인해 구성주의 이론이 가진 철학적 문제를 드러내고 과학철학과 과학사가 교육 이론에서 벌어지는 중요한 논쟁에 기여하는지 더욱 일반적으로 보여줄 수 있다.

폰 글라서스펠트는 자신을 구성주의 전통에 있다고 보면서 "최초의 구성주의자는 18세기 지암바티스타 비코Giambattista Vico에서 시작되어 최근에는 실비오 세카토Silvio Ceccato와 장 피아제Jean Piaget로 이어졌다."고 말한다. 이런 전통은 '지식과 실재의 관계에 대한 것'뿐만 아니라 '세계에 대한 전통적인 관점'을 크게 변화시키고 있다(Glasersfeld 1987, p. 193). 폰 글라서스펠트는 비코의 구성주의에 대한 논의를 다음과 같이 결론짓고 있다.

> '지식'이라는 말은 서구 철학 전통의 주요 흐름에서 추구하던 관찰자에 독립적인 세계를 객관적으로 표상한다는 것과는 매우 다른 입장을 지칭한다. 그런 의미의 지식보다는 오히려 인식 주체가 자신의 사고와 언어를 가지고 현재 경험의 범위 안에서 참viable이라고 생각하는 개념 구조를 말하는 것이다(Glasersfeld 1989, p. 124).

이것을 글라서스펠트의 원리 혹은 철학이라고 지칭할 수 있다. 그의 철학이 다음에 나오는 인식론과 존재론의 테제에 대한 배경을 이루고 있다.

1) 지식은 관찰자-독립적인 세계에 대한 것이 아니다.
2) 지식은 그런 세계를 표상하지 않으며 따라서 지식에 대한 대응 이론은 잘못된 것이다.
3) 지식은 개인의 역사적이고 문화적인 맥락에서 만들어지는 것이다.
4) 지식은 세계에 대한 것보다는 개인적 경험을 지칭하는 것이다.
5) 지식은 개인적 개념 구조에 의하여 구성된다.
6) 개념 구조는 개인이 자신의 경험에 관련되어 유용한 것으로 여겨지는 지식을 이루는 것으로 구성주의는 일종의 실용주의 형식을 가진다.

이렇게 형식화하는 일의 일부는 모호하고 명료하지 않지만 글라서스펠트 철학의 테제를 잘 보여주는 다른 진술들도 있다. 그는 이런 말을 한다.

> 우리 지식은 쓸모 있고, 적절하고, 유용한 것이며 혹은 평가 척도에서 양수값을 원하고 있다. 만약 그 척도가 경험을 견디고 우리가 예상하도록 해주며 일어날 현상이나 피해야 할 어떤 현상(즉, 모습, 사건, 경험)이 일어나는 경우라면, … 논리적으로 그것은 우리에게 객관적인 세계가 어떠해야 하는지에 대하여 전혀 단서를 제공하지 않는다. 그 대신 우리가 단지 우리의 경험 세계의 특정한 상황에서 선택한 목적을 달성할 수 있는

한 가지 유용한 방식을 알고 있다는 것을 의미한다. 그것은 우리에게 얼마나 다른 많은 방법이 가능한가에 대해서는 알려주지 않는다(Glasersfeld 1987, p. 199).

이것은 앞으로의 서술을 지지하고 앞의 진술에 내재된 후속 테제를 암시한다.

7) 어떤 특정한 인식적 개념 구조가 선호되지 않는다. 구성주의는 상대주의적 입장의 일종이기 때문이다.

그리고 마지막으로 많은 이상론자들이 제시한 흐름 안에서 폰 글라서스펠트는 인식론적 입장에서 존재론적 입장으로 옮겨가고 있다.

급진적 구성주의가 급진적인radical 이유는 규약을 깨고 지식이 '객관적objective'이고 존재론적인 실재를 반영하지 않으나 전적으로 우리 경험에 의하여 조직되는 세계에 대한 질서와 조직을 말하는 것이라고 여기는 지식론을 발달시키기 때문이다. 그런 급진적 구성주의는 '형이상학적 실재론metaphysical realism'을 완전히 소멸시킨다(Glasersfeld 1987, p. 199).

이런 주장은 폰 글라서스펠트의 두 가지 구성 테제를 더 제안하는 것이다.

8) 지식은 경험적 실재를 적절하게 조직ordering한 것이다.
9) 경험을 초월하여 합리적으로 접근 가능한 실재는 없다.

폰 글라서스펠트는 1989년 논문에서 플렉Fleck[14]과 로티Rorty의 글을 인용한다. 플렉의 글로부터 "우리의 지식 내용은 우리 문화의 자유로운 창조로서 고려되어야 한다. 그것은 전통적인 신화를 닮는다."고 하였고(p. 122), 로티의 글로부터 "실용주의자가 진리가 실재에 대응된다는 생각을 버리게 했으며 현대 과학이 부합하기 때문에 우리로 하여금 적응하게 하는 것이 아니라 현대 과학은 그저 우리가 적응하도록 하는 것뿐이다."라고 하였다(p. 124). 이런 뒷받침은 앞에서 제시한 폰 글라서스펠트 철학의 9가지 설명을 강화시켜 준다. 이 장의 앞에서 제시한 구성주의적 인식론 주장에 폰 글라서스펠트의 철학이 영향을 미치고 있음을 아는 것은 어렵지 않다. 폰 글라서스펠트 철학이 가진 몇 가지 문제를 경험주의, 과학의 실재적 대상과 이론적 대상을 혼동, 개인주의, 개념 습득에 대한 설명, 이상주의라는 다섯 가지 제목으로 논의하려고 한다.

글라서스펠트의 경험주의 문제

폰 글라서스펠트 철학의 기본 문제는 과학 혁명으로 폐기된 지식의 경험주의적 개념이 변종화된 것이라는 점이다. 폰 글라서스펠트의 철학은 경험주의의 모든 뿌리를 받아들이고 채용하고 있다. 즉, 지식을 개인이 창조하고 결정하는 것으로 보고, 경험을 지식 주장의 처음 자료라고 본다. 따라서 외부 세계를 직접적으로 인식하는 것이 불가능하며, 개인적인 인지적 활동을 인정하게 되면 인지적 주장은 타협될 수 있다고 가정하여 외적 실재에 대한 지식이 불가능해진다는 것이다. 폰 글라서스펠트 철학의 9개 테제는 모두 경험주의 인식론의 결과를 수용하는 동시에 정교하게 했다.

지식에 대한 문제를 한 물체를 바라보는 주체에 의하여 그리고 그 주체의 경험이나 감각이 그 물체의 본성이나 본질을 얼마나 잘 반영하는지 물어보는 방식에 의하여 형식화하는 인식론은, 비록 감각 경험이 그 물체의 성질을 전혀 반영하지 않는 결론을 내더라도, 그런 인식론은 모두 본질적으로 아리스토텔레스적인 입장 혹은 더 일반적으로 경험주의일 수밖에 없다. 아리스토텔레스주의자는 지각에 대하여 직접적인 실재론자이다. 즉, 지각의 대상이 바로 물체의 자료(또는 질료) 그 자체가 된다. 그에 이어지는 경험주의자는 크게 보아 간접적인 실재론자이다. 그 입장은 지각의 대상이 물체의 자료에 의하여 생성된 감각 인상sense impressions이라고 본다. 아리스토텔레스의 반대 입장에 섰던 로크는 이 문제를 자신의 에세이에서 "정신은 사고와 추론을 할 때 즉각적인 대상을 가질 수 없고, 그 대신 그 자신의 사고를 가지고 있으며 사고만으로 숙고하거나 숙고할 수 있다."고 말한다. 이런 입장을 변형하여 현대 구성주의의 형식화에 다시 생겨났다. 경험을 지식의 수단으로 여기기보다는 지식의 대상으로 보는 것이 차이이다. 그런데 이 점이 현대 구성주의에게 치명적인 약점이 된다. 잘 알다시피 로크의 지식의 문제에 대한 정식화는 버클리가 자신의 이상주의(관념론)와 상대주의를 지지하기 위하여 사용한 것이다. 버클리는 자신의 논문에서 간단하면서도 강렬하게 다음처럼 주장한다. "우리의 감각 덕분에, 우리는 감각을 통해 '우리가 감지한 것에 대해서만' 지식을 가지게 되며 감각에 의하여 직접적으로 지각될 수 있는 것을 사고라고 부른다." 그러나 그것이 우리에게 정신없이 혹은 지각되지 않고 사물이 존재한다는 것을 알려주지는 않는다. 현대 구성주의가 아리스토텔레스와 로크의 용어로 인식론의 문제(폰 글라서스펠트 철학의 테제 4와 8)를 정식화하고 그에 대한 버클리의 거친 비판을 수용하여 상대주의(폰 글라서스펠트 철학의 테제 7)로 이어지며 더욱 일관되게 이상주의(폰 글라서스펠트 철학의 테제 9)인 것은 결코 우연한 일이 아니다.

이런 아리스토텔레스적인 경험주의 전통 안에서는 정신이 인지에서 능동적인 역할을 한다는 점을 지적하게 되어 지식은 약화될 가능성이 있다. 지식의 가능성이 증발되는데 왜냐하면 지적 기구의 직접적인 대상이 자연 자체보다는 감각 인상이라는 것을 주장하기 때문이다. 자연 혹은 칸트의 말의 사물 자체thing-in-itself는 알기 불가능한 것이며 우리는 왜곡된 안경을 통해서만 보기 때문에 사고와 실재가 일치되는지 확인할 수 있는 방법에 대해 우위를 차지하지 못하게 된다.

현대 구성주의자들은 칸트, 피아제와 후기 실증주의 철학자들인 툴민, 쿤, 파이어아벤트, 로티 등을 추종하면서 개인이 지식 습득에서 능동적인 역할을 하기 때문에 외부 실재에 대한 지식은 불가능하다고 주장한다. 그들의 논증은 인식론적 상황을 관찰자가 실재를 직면하는 것으로 설정하고 그 다음에 관찰자가 지식을 만드는 데 기여하는 만큼 실재를 온전하게 담아내는 지식이 될 수 없다고 주장한다.

구성주의가 아리스토텔레스와 경험주의자들이 가졌던 인식론적 문제를 수용했다는 것은 폰 글라서스펠트가 "왜곡시키는 렌즈를 통해서 보고 그 렌즈를 통해서 본 것에 동의한다."고 이야기하는 것에서 찾을 수 있다. 또한 콘프리Confrey가 '인지적 렌즈'라는 말을 한 것이나 '이론 의존적인 특성을 가진 관찰에 의미를 가지는 것'이라는 데소텔스Desautels와 라로셸Larochelle의 말에서 찾을 수 있다. 이런 식으로 수많은 사람들이 지식의 문제를 쳐다보기looking, 바라보기seeing, 관찰하기observing 등의 용어에 의존해서 말하고 있다. 구성주의에서 경험주의를 가정하는 것은, 쿤과 핸슨이 관찰의 이론 의존성이라는 사실을 드러내주기 위해서 종종 모호한 그림 혹은 숨겨진 그림의 사례를 사용한 것에서 나타난다. 또는 형태 변이gestalt-switch라는 용어도 과학 혁명을 드러내기 위해서 사용된다. 한 주체가 렌즈를 통해서 보는 것이 명확한지 아닌지, 은유적으로 말한다면, 경험주의자의 인식론에 헌신하고 있다는 신호를 렌즈를 통해 보여주는 것이다.

인식론적 전제 중 "지식 습득에서 정신은 능동적이다."라는 첫 번째 논증에서 한 단계 나아간 "우리는 실재를 알 수 없다."라는 두 번째 인식론적 결론은 구성주의에만 있는 고유한 것이다. 레만Lerman은 이 두 가지 테제를 말하면서 가정 1과 2의 관계가 매우 튼튼해 보인다고 여러 번 지적하였다(Lerman 1989, p. 212).

그러나 이러한 결론은 단지 경험주의 전통이 지식의 문제를 올바르게 해결했다는 가정에서 나올 수 있다. 만약 한 주체가 물체를 바라보고 그 물체에 자신의 정신적 표상이 대응되는지 생각할 때 지식의 문제가 생긴다면 급진적 구성주의의 회의적 결론 – 우리는 실재를 알 수 없다는 결론 – 은 결코 내려질 수 없다. 지식에 대한 비경험주의자의 이론은 이러한 회의적 주장에 종속되지 않는다.

과학의 실재적 대상과 이론적 대상 혼동

앞의 문제와 관련되어 글라서스펠트 철학이 갖고 있는 기본적인 또 다른 문제는 5장에서 논의한 과학의 개념적 기초, 과학의 개념적 틀, 과학의 이론적 대상과 과학의 질료 혹은 자연적 대상과 같은 과학적 범주를 혼동하고 있다는 것이다. 구성주의가 이론적인theoretical 장치를 만들어내는 데 문화적으로 그리고 시간적으로 의존하고 있다는 측면을 강조하는 것은 올바르다. 따라서 과학의 이론적 대상도 문화와 시간에 관련되어 있지만 진리도 그렇다고 볼 수는 없다. 위틀리Wheatley는 이런 혼동의 사례를 지적한다.

> 구성주의 입장에서는 지식이 학습자가 대상object을 가지고 수행한 활동에서 유래한다고 본다. 그런데 대상은 이미 완성된 형태로 세계에 놓여 있는 것이 아니라 지적으로 구성된 것이다(Wheatley 1991, p. 10).

위틀리가 과학의 대상이 그대로 놓여 있는 것이라고 말한 것은 부분적으로 올바르다. 그를 포함한 대부분 구성주의자들이 아리스토텔레스와 경험주의 진영과 함께 잘못한 점은 과학의 이론적 대상을 과학의 실제적 대상과 구별하지 못한 데 있다. 과학의 이론적 대상은 주변에 놓여 있지 않지만 과학의 실제적 대상은 주변에 그냥 있고 사람들의 머리로 떨어진다. 낙하하는 실제 사과는 물리에서는 색깔이 없는 질점으로 표상되고 운동 방정식의 한 변수로 나타난다. 그리고 물리학에서 작동하는 것은 실제

낙하하는 사과가 아니라 그 변수를 나타내는 대상이 된다. 그러나 이것이 사과가 낙하하지 않는다는 것을 의미하거나 방정식(그리고 그 방정식을 만들어낸 이론적 장치)의 가치 판정을 궁극적으로 실제 사과가 땅에 떨어지는 시간과 위치에 맞는지에 따라 검증하는 것을 의미하지는 않는다.

중요한 점은 비록 그것이 꼭 주변에 놓여 있지 않더라도 이론적 대상은 한 번 생겨나면 실재라는 것이다. 이것이 포퍼가 자신의 "객관적 지식"에서 주목한 점이며 즉, 앎의 주체가 빠진 지식이다(Popper 1972, 3, 4장). 이런 면은 앨더서(Althusser & Balibar 1970)와 다른 객관주의자, 특히 독일의 '원시 물리protophysics' 학파가 강조하는 것이기도 하다(Butts & Brown 1989). 뉴턴의 역학, 다윈의 진화론, 멘델의 유전학은 모두 존재하며 후대의 사상자들에게 영향을 끼치고 이해될 수 있다. 그러나 그것들을 낙하하는 사과, 갈라파고스 제도의 거북, 완두콩 밭과 혼동해서는 안 되며 또한 뉴턴, 다윈, 멘델의 머릿속에 들어 있는 사고 과정과 혼동되어서도 안 된다. 뉴턴의 머릿속에는 명확한 것뿐만 아니라 불명확한 모든 사고들이 들어왔다 나가곤 했다. 뉴턴의 머릿속에 있던 생각이 올바르거나 틀린 것이 아니라, 명제나 진술의 형태로 표현된 사고의 내용이 올바르거나 틀린 것이다. 결국 그 명제들의 표현은 뉴턴의 이론적 역학 체계를 구성하는 정의들과 원리들의 체계에 의존하게 된다.

초기에는 과학이 창조적이고 구성적인 차원을 가진다고 강조되었다. 전자는 과학의 이론적 담화discourse를 만드는 차원이고, 후자는 과학의 개념적 기초를 받아들이고 그 개념적 틀을 정교하게 하는 차원이다. 글라서스펠트의 테제 3은 올바르지만 너무 뻔한 것이다. 과학자들은 특정한 성질이 있는 이론적 대상이나 과학적 대상의 체계를 만들어 내고 자연적 대상을 그 이론에 의하여 인식한다. 가령 완두콩 밭은 실재가 아니라 이론 안에 들어와서 유전 방정식이 되고 녹스는 철 막대는 화학 방정식이 된다. 다시 말한다면 글라서스펠트의 철학은 과학이 자연 세계나 물질 대상을 직접 감각하여 지식을 얻지 않는다는 것을 강조한 면은 부분적으로 옳지만, 글라서스펠트는 과학적 지식이 과학의 이론적 대상에 의하여 중재된다는 점을 알아채지 못하였다.

글라서스펠트 철학의 개인주의

글라서스펠트는 지식 문제를 분석하는 면에서 전적으로 개인주의적이다. 한 개인의 정신 상태 혹은 구조가 지식 저장소이며(글라서스펠트의 테제 4, 5) 지식 주장을 조절하는 것이 개인(글라서스펠트의 테제 6)이라고 하였다. 이런 개인주의는 '일상적 지식'을 논의할 때는 이해될 수 있다. 즉, 사람들이 저녁 식사를 하면서 떠올리는 지식으로 가령 주전자의 물이 끓고 있는지 말할 때 그러하다. 그러나 이러한 개인주의는 다른 지식으로서 과학적 지식이 적합한가를 논의할 때는 전적으로 적합하지 않다. 가령 가속도가 관성계에서 불변인가 그리고 왜 그러한가? 또 산성 마그마가 냉각되면서 광물이 결정으로 되는 순서는 무엇이며 그 이유는 무엇인가? 이런 경우에 개인의 인지는 공적인 인지에 달려 있다. 어린 아동은 관성계나 광물의 결정 속도에 대하여 아무 생각이 없을 수 있다. 왜냐하면 그들은 언어를 알지 못하며 그 언어를 알더라도 그 안의 과학적 내용을 전혀 포착하지 못할 것이기 때문이다. 실험심리학에서의 야생아동은 관성계에 대해서나 결정화 비에 대해 생각할 가능성이 없는데 이는 그들은 언어가 없거나 최소한 어떤 과학적 내용에 대해서 요약조차 할 수 없기 때문이다. 그들은 로크적인 경험과 자극은 많이 받을 수 있지만 그 중 어떤 것도 중력이나 산성 또는 관성 같은 개념을 불러일으키지는 못한다.

어느 정도 적절하게 흥미 있게 교육을 받는다면, 학생들은 마그마에서 광물이 되는 결정화 과정을 생각할 수 있게 된다. 그러나 그들은 지질학 담화에서 발달되어 온 결정, 광물, 산성 마그마와 같은 개념들에 대해서 사고할 것이다. 더욱이 그 학생들의 사고는 지식이 아니다. 왜냐하면 그것들이 의미가 통하고 사적으로 유효하기 때문이 아니라 적절하고 대중적으로 정당성이 입증된 개인외적extraindividual 지질학 담화의 일부분 – 이 경우에는 보웬의 반응 순서Bowen's Reaction Series 이론과 다양한 실험 결과가 해당 – 을 구체화했기 때문이다.

일단 이러한 점을 인식한다면 생산성, 정확성, 단순성, 유용성, 문제 해결력의 측면에서 지식 생성의 다른 방식들을 평가하는 필수적인 인식론 과제는 심사숙고된다. 개인주의와 그와 수반되는 상대주의는 이런 과제들을 단순화한다.

글라서스펠트 철학과 언어 및 개념 습득

글라서스펠트는 개인적 지식 주장이 언어로 형식화되어야 하며 말이 개념의 전제가 되고 말은 의미를 수반하며 의미가 언어 사용자 사회를 전제한다는 것을 인식하였다. 그가 언어와 개념 습득을 사적이고, 개인주의적이며 주관적으로 설명하는 것은 그가 몸담고 있는 피아제 전통에서 흔한 일이다. 물론 피아제도 한 아동의 지적 능력과 신념 발달에서 다른 주체의 중요성을 인식했지만 전반적으로 피아제와 글라서스펠트의 전통에서는 다른 사람을 한 아동의 환경의 일부분인 것으로 일축하는 경향이 있다. 글라서스펠트는 다음과 같이 이야기한다.

> 구성주의 관점에서 … 언어 사용자는 말, 구절, 문장, 텍스트의 의미를 개인적으로 구성한다. 이런 의미적 구성semantic construction이 무에서 시작되는 것이 아니라는 점은 말할 필요도 없다. 일단 어느 정도의 어휘와 결합 규칙(문법)을 특정한 언어를 사용하는 사람과 상호작용을 통해서 알아내면 학습자는 이런 유형을 이용하여 새로운 결합을 시도하고, 따라서 새로운 개념적 혼합을 시도한다. 그러나 개인의 개념 구조는 기본적인 요소와 그 요소들 사이의 관계로 이루어져 있기 때문에 한 사람의 언어 사용자에서 다른 언어 사용자에게 전달될 수 없는 것이다. … 개념 구조는 개인의 경험에 의하여 추상화되어야 하는 것이다(Glasersfeld 1989, p. 132).

이런 글라서스펠트의 말은 다음의 주장들로 추려볼 수 있다.

1) 의미 구성은 때로 무에서 시작될 수도 있다. 가령 고립된 개인이나 어린 아이가 사회적 접촉을 갖기 전에 여러 가지 개념과 그에 관련된 의미와 지시체를 구축할 수도 있다.[15]
2) 사회적 상호작용이 그런 과정을 가속시키지만 여전히 그런 과정은 근원적으로 개인적이다.
3) 언어가 담고 있는 생각, 개념, 말, 의미 등의 요소들은 한 사람에게서 다른 사람으로 전달될 수 없다.
4) 사회적 상호작용에도 불구하고 생각, 개념, 말, 의미 등의 요소들은 개인적 경험에 의하여 추상화되어야 한다.

이런 주장들이 잘못 되었다는 근거가 많이 있다. 가장 근본적인 오류는 개인적이고 추상적인 언어 습득 이론에 보증을 받고 있다는 점이다. 좀 더 강하게 말한다면 개인은 단어의 의미를 구성construct할 수 없으며, 단어의 의미를 학습하거나 잘못 학습mislearn하는 것이다. 이런 점이 비고츠키의 사회적 구성주의가 피아제의 개인적 구성주의에서 분리된 이유이다. 물론 하나의 언어를 학습하는 것은 개인이지만, 그렇다고 이렇게 뻔한 의미에서 개인이 언어를 구성한다고 말하는 것은 잘못된 용어를 사용한 것이다. 학습은 학습자에게 관심과 지적인 활동을 요구한다. 이런 면에서 지적인 구성 과정이 일어난다. 그러나 이런 구성이라는 의미가 어떤 개인이 완전히 구성한 것임을 의도하지는 않는다. 대부분의 개인은 의미를 학습하는 것이며 구성하는 것이 아니다.

의미 구성이 무에서 시작한다는 위의 첫 번째 주장은 사적 언어의 가능성을 반대하는 비트겐슈타인의 주장에 의하여 비판 대상이 된다. 언어는 말을 요구하며 아무 접촉이 없던 개인은 그 말을 가질 수 없다는 것이다. 또한 언어는 말에 대한 지시체의 안정성을 요구하는데 이것은 언어를 사용하는 사람의 집단 안에서만 알 수 있다. 그리고 비고츠키와 같은 언어 이론학자에 의하여 구성주의자의 일부가 언어 습득에 대한 개인주의적 설명을 포기하고 사회적 구성주의를 택하고 있다(Duckworth 1987, Lave 1988, Newman et al. 1989). 비고츠키를 따르는 러시아 언어학자 바실리 다비도프Vasili Davydov는 언어의 기원과 개념 형성에 대한 사적인 관점에 반대하고 사회적 관점을 주장하였다.

> 아동은 자신만의 말speech을 창조할 수 없고 자신만의 언어 의미verval meaning를 만들 수 없다. 또한 그 말의 대상의 속성 범위를 결정할 수 없다. 아동은 성인의 말을 숙달하고 그로부터 눈에 보이는 여러 대상을 받아들이게 되는데 그것은 이런 말에 붙어 있다(Davydov 1990, p. 179).

비고츠키와 다비도프가 강조한 경험이 가진 내재적으로 사회적이고 개념적인 차원은 막스Marx의 지식 이론의 기반이 되어 1844년 그의 《파리 소고*Paris Manuscripts*》와 1845년 《포이어바흐에 대한 테제*Theses on Feuerbach*》에서 강조되고 있다.[16]

이런 문제는 다시 과학교육과 수학교육에 관련이 있다. 모든 구성주의자들은 과학과 수학에는 공적이고, 상징적이고 창조된 세계가 있음을 인정한다. 그리고 그런 세계를 아동에게 소개해주어야 하며 그런 개념을 아동이 내면화해야 한다는 것도 인정한다. 또한 그들은 그런 개념과 개념 사이의 관련성을 아동이 사적인 탐구에 의하여 발견할 수는 없다는 점도 받아들인다. 가장 앞서가는 구성주의자는 "과학 학습은 본질적으로 전통 과학의 생각과 모형을 문화화하는 과정이다."라고 했다(Driver 1989, p. 103). 이런 인식은 학생이 자신의 의미를 창안하고 자신의 지식 주장을 조정한다는 개인주의적 구성주의에서 벗어나는 계기가 되었다. 이런 문화화enculturation는 교육과정 목표와 내용 및 수업 방법을 결정하는 데 관여하게 된다. 그러나 그 결정은 쉽지 않다. 사회적 요구, 문화적 가치, 인간의 목적, 학습 형태와 학습 능력, 교육 이론 및 경제적 요구 등을 고려해야 하기 때문이다. 아동에게 과학의 상징적 세계와 실제적 세계를 멀리하는 방식, 혼란스러운 방식, 과학적 세계를 완전하게 이해할 수 없는 것으로 만드는 방법은 수업과 교육에 아무런 의미를 주지 못한다. 따라서 구성주의자와 비구성주의자는 모두 이런 면에서는 동의한다. 구성주의자들은 아동들로 하여금 아동의 경험을 벗어날 뿐만 아니라 아동의 경험과 완전히 모순되어 보이는 그들의 원리를 어떻게 이해하고 믿게 하며 의미 있는 과학적 아이디어를 만들게 할 것인가에 관한 문제를 갖고 있다. 어떤 사람은 과학을 학습하는 것을 외국어를 학습하는 것에 비유한다. 전체 모습을 이해하고 언어를 비판적으로 구사하기 전까지 배워야 할 것이 너무나 많다는 것이다.

의미는 전달될 수 없다는 세 번째 주장은 어떤 면에서는 옳지만 역시 뻔한 진실이다. 왜냐하면 생각과 개념은 정신적인 (비록 그것이 해석되는 것이지만) 실재mental entities이며 따라서 그대로 전이될 수 없다. 수송이라는 말은 빵과 같은 물질은 손으로 건네는 실재적인 함축을 가지지만 생각이라는 말에는 의미가 통하지 않는다. 그러나 만약에 수송을 '가르칠 수' 있거나 '학습할 수' 있거나 '발전하도록 도와줄 수' 있다는 의미로 해석한다면 세 번째 주장이 옳다는 것을 증명하는 논증들은 일상적 경험에서 반박 당하게 된다. 가령 부모는 아동에게 오래 전부터 많은 것을 말해 오고 있다. 교사는 아동들에게 역사, 수학이나 과학과 같은 복잡한 문제를 가르쳐 왔다. 가르치는 일의 전문성을 훼손하는 이런 주장은 논증되지 못한다.[17]

글라서스펠트는 수업을 훈련으로 환원시키려는 시도를 종종 반대하였다. 그는 전이 불가능성 테제를 이용하여 훈련과 다른 것으로 수업을 변호하였는데, "언어는 교사로부터 학생에게 개념 구조를 전달시키는 수단을 의미하는 것이 아니라 오히려 여기저기에서 교사가 제한하는 것을 허용하여 학생의 인지 구조를 안내하는 상호작용 수단이다."라고 말한다(Glasersfeld 1990, p. 36). 물론 어떤 의미를 옮겨 주거나 전이시킬 수 없다면 어떻게 제약을 하고 안내할 것인가라는 문제는 아직 미결로 남아있다. 전이 가능성transferability이 손실 없이 전이되는 것을 의미하지 않는다. 가르친 것이 모두 받아들여지지 않으며, 만약 안내를 받거나 촉진되면 어떤 의미가 전이되어야 할 필요가 생긴다.

그의 마지막 주장은 의미가 개별적인 경험을 반드시 추상화해야 한다는 것인데 이 주장이 그의 언어 습득에 대한 설명이 가진 약점을 구체화한 것이다. 테제 4의 주장이 뛰어나기 위해서는 경험은 사회적이지 않은 방식으로 해석될 수 있거나 혹은 최소한 개념적이지 않은 방식으로 해석될 수 있어야 한다. 이 때 경험은, 실증주의자가 주장하는 것처럼, 순수한 경험이거나 감각 자료이어야 한다. 테제 4는 언어와 개념의 발달에 대한 로빈슨 크루소의 이론을 주장한 것이다. 그 주장이 부적절함을 보이기 위해서 이것을 더 명백히 할 필요가 있다. 월리스 서치팅Wallis Suchting은 글라서스펠트의 구성주의를 오랫동안 그리고 자세하게 비판한 사람으로, 그는 다음과 같은 면을 찾아냈다.

> 추상화 이론은 일반적으로 본질적인 순환론일 수밖에 없다. 왜냐하면 추상화 과정은 이미 그 과정의 결과로 형성된 개념을 미리 전제하기presuppose 때문이다. 가령 내가 '빨강red' 이라는 색깔의 의미를 배우는 경우를 생각해 보면 다양한 빨간 것들의 항목으로부터 공통적인 성질로 '붉음redness'이라는 것을 '추상화'한다면, 그 안에는 그런 추상화가 가능한 '빨간red' 사물의 유목을 이미 형성할 수 있다는 것을 전제하기 때문이다. … 이런 상황은 명시적 정의ostensive definition라는 과정이라고 해서 원칙적으로 달라지지는 않는다. … 모든 사물은 동시에 다른 개념의 예로 설명될 수 있기 때문에 무슨 의미인지 인식하고자 한다면 최소한 의도한 개념의 기본적인 명령은 반드시 갖고 있어야 한다(Suchting 1992, p. 239).

이런 생각은 일상적인 개념의 습득에도 마찬가지이다. 이를 준용하면mutatis mutandis 과학 개념의 습득에도 적용된다. 이론적 개념은 직접적인 경험에서 생겨나지도 않거니와 그런 경험에서 직접 지시되지도 않는다. 이런 사항은 5장에서 아리스토텔레스 철학에서 갈릴레오 철학으로의 이행으로 자세히 살펴보았다. 그런 예가 순간 속도 개념이다. 순간 속도 개념은 현대 역학에는 매우 중요한 특성을 가지고 있는데 경험만으로는 주어지지 않는다. 따라서 순간 속도를 거의 0에 가까운 시간으로 나눈 위치의 변위라는 개념을 지각할 수도 없고 인식하기도 어렵다. 이 점은 갈릴레오가 진자가 정점에 이른 순간에 순간적으로 정지한 것으로 보임에도 불구하고 진자가 계속 움직이고 있다고 말할 때 직면했던 문제의 일부분이다. 학생에게는 수학적 기호와 그래프를 이용하여 순간 속도의 의미를 t가 0에 접근할 때 ds/dt라고 가르친다. 순간 속도 개념은 언어 습득과 완벽하게 개념화된 일련의 학습 경험에 의하여 유도된다. 즉, 그런 경험은 개념과 함께 완성되며 경험이 풍부해지는 것은 그 경험을 포괄하는 개념enveloping concept이 풍부해지는 일에 달려있다.

경험을 학습하는 것이 먼저 일어나지 않고 명칭을 얻고 난 다음에 일어난다. 이것이 바로 발견 학습의 오류이다. 디 세사di Sessa가 "일상적 세계를 다루어 보다가 뉴턴적인 세계의 특징을 배우는 경우는 그 누구에게도 없다."는 것을 찾아낸 이유와 같다(di Sessa 1982, p. 62). 글라서스펠트 철학이 시사하는 바는 학생이 일상적 세계를 다룰 수 있는 뉴턴의 범주를 배워야 하고 배울 수 있다는 점이다. 글라서스펠트 철학을 반박하지 않고 논박할 수 없다는 사실은 글라서스펠트 철학과 개념 습득에 대한 사회적 설명의 차이를 해결하기 위해서 많은 글이 다시 쓰여지게 하였다. 이런 문제에 대하여 글라서스펠트는 피아제와 함께 숫자, 인과성 등을 포함하여 이론적 개념이 반성적 추상화에 의하여 생겨나며 따라서 이것에는 사회적 상호작용이 전제되어 있다는 입장을 견지하고 있다. 따라서 사회적 구성주의와 급진적 구성주의 사이에는 흐릿한 경계가 있다.

글라서스펠트 철학의 이상주의

글라서스펠트는 구성주의에서 중요한 쟁점으로 과학적 실재론에 대한 주장을 부각시켰다. 글라서스펠트 철학의 테제 9는 버클리 학파와 같이 경험을 넘어선 실재가 없다는 것을 주장한 점에서 관념론적이다. 그리고 세계에 대한 무신론atheism을 피할 수 있다면 최소한 불가지론agnosticism이 생길 여지가 있기 때문이다. 글라서스펠트는 이런 존재론적 면에 대하여 확실히 모호하다. 그러나 과학적 세계관이 우리에게 세계의 구성에 대하여 아무 것도 말해 주지 않는다는 그의 주장에는 모호함이 없다. 그렇다면 왜 우리는 그런 세계가 있다는 것을 믿어야 하는가? 엄밀하지는 않지만 이것을 인식론적 반실재론epistemological antirealism이라고 칭할 수 있다. 이런 반실재론의 입장은 폰 글라서스펠트의 글에 잘 표현되어 있고, 다음에서 언급하였다.

> 자신의 환경에 대한 유기체의 표상과 세계에 대한 지식은 어떠한 경우에도 자신만의 인지적 활동의 결과이다. 그가 구성하는 처음 자료는 '감각 데이터'인데, 구성주의자는 '경험의 조각'을 의도한다. 말하자면 어떤 '상호작용'이나 특정한 인과관계를 수반하지 않는 항목들이다. 유기체의 경험 경계면을 넘어서 이미 구조화된 '실재'의 일부분이다. … 우리가 '실재'라고 부르는 것을 위해서는 외현화가 필요한 조건이지만 이런 실재는 전적으로 우리의 구성물이고 철학자들이 '객관적' 실재라고 부르는 것을 표상하거나 반영하지 않는다. 그리고 어떤 유기체라도 그 자신이 만들 수 없는 구조에는 인지적으로 접근할 수 없다(Glasersfeld 1987, p. 113).

1992년 구성주의와 실재에 대하여 질문을 받았을 때 그는 다음처럼 응답했다.

> 가장 어려운 질문은 '존재한다'는 말에 대한 것이다. 우리 인간이 사용하는 의미로는 어떤 공간이나 시간 혹은 시공간 모두에서 어떤 위치를 가지는 것을 뜻한다. 그러나 시간과 공간은 우리의 경험적 구성물이기 때문에 '존재한다'는 것이 우리 경험 영역의 외부에서는 아무 의미가 없고, 따라서 독립적인 존재론적 실재가 가능하더라도 우리가 보거나 이해할 수 있는 것은 아니다(Glasersfeld 1992, p. 174).

이런 실재론에 대한 주장은 철학과 과학교육에서 매우 중요하다. 과학적 세계관이 실재를 지지하는가에 따라서 교육과정과 관련된 결정뿐만 아니라 어떻게 가르치는지에 대해서도 영향을 준다. 그것은 아동을 과학의 개념 구조와 활동에 입문시키려는 우리 자신, 부모, 사회 학생들에게 근거를 제공한다. 그리고 학생들에게는 과학을 학습하는 동기를 불러일으킬 것이다. 이런 쟁점은 다음 장에서 논의되겠지만 다른 문제, 특히 비서구 문화와 다문화 상황에서 과학을 가르치는 일과 관련된 다른 문제에 중요한 영향을 끼친다.

구성주의와 상대주의

구성주의 인식론은 충분하게 고려되지 못하고 있는, 중대한 교육적 의미와 문화적 의미로 가득하다. 구성주의는 과학에서뿐만 아니라 직접적으로 모든 종류의 상대주의를 이끌어간다. 분명히 수많은 것들이 인간에게 의미가 있으며 따라서 특정한 명제만이 의미가 통하거나 통하지 않는다는 것에 사람들은 동의하지 않을 것이다. 하나의 명제가 의미를 가지는 방식은 그 명제의 기준계와는 독립적이다. 그 명제의 진위 문제는 자유롭지 못하고 그 세계가 어떠한지에 달려 있다. 결과적으로 '의미를 부여하는' 것은 매우 불안정한 기반으로서 그것을 바탕으로 교육과정을 제안하거나 교육과정 내용에 대한 논쟁을 조정할 수는 없다.

더 나아가 대부분의 과학적 진보는 감각과는 말 그대로 반대되어 보이는 명제에 깊은 관련을 맺고 있다. 가령 코페르니쿠스의 지구 회전, 갈릴레오의 질점과 무색의 물체, 원칙적으로 경험할 수 없는 뉴턴의 관성계와 그의 원거리 작용에 대한 생각, 화석 기록과는 어긋나 보이는 다윈의 점진적인 진화론 가설, 아인슈타인의 질량과 에너지 등가성 등은 모두 감각과는 반대되는 것이었다. 앞서 보았듯이 실제로 진자 운동은 과학교육의 목적이자 방법으로 '감각'을 사용하는 일은 문제가 있다. 고전 역학의 이론적 대상으로 최고점에 도달한 진자는 정지하고 있지만 중력 가속도에 의하여 가속되며, 가장 최하점에 오면 접선 방향으로 최고 속도로 움직이지만 그 때 가속도는 위를 향하고 있다. 이런 명제들은 모두 즉각 감지될 수 없다. 그러나 물리 이론은 진자시계를 만들 수 있고 진자를 만든 실제 물질적인 대상의 행동을 성공적으로 예측하는 결과를 가져온다. 원운동 이론 안에서 그 명제는 '의미 있게' 된다. 그러나 그 이론은 감각에서 나오지 않으며, 경험으로 추적할 수도 없고, 어떤 경우는 즉각적인 경험과 모순되기도 하여 단지 세련된 실험적 경험과도 대략적으로 일치할 뿐이다. 이것이 월퍼트가 "어떤 것이 상식적인 감각과 잘 들어맞는다면 대부분은 과학이 아니다. … 우주가 작동하는 방식은 상식적 감각이 작동하는 방식이 아니다."라고 한 이유이다(Wolpert 1992, p. 11).

과학의 개념적 구조가 실제 세계를 지지한다면 그리고 그것이 세계에 대해 진실하게 진술하는 것을 목적으로 한다면 학생들의 과학적 오개념을 변화시키는 노력은 필요하다. 만약 과학이 실제 세계에 관한 것이 아니라면 그리고 어떤 면으로도 진실하다고 생각되지 않는다면, 학생들의 이해와 신념을 변화시키려는 노력의 정당화는 어려워진다. 학생들에게 자신감을 잃게 하거나 학부모의 정서와 반대되거나 중요한 문화적 가치와 갈등을 일으키는 경우에는 그런 이해와 신념의 변화가 정당하지 않게 된다. 학교에서 창조론에 대한 논쟁이나 영역 판결Scopes Trial은 이런 쟁점을 보여주는 사례이다.[18]

구성주의는 개인주의적 경험주의를 따르기 때문에 과학 발달의 사회적 측면을 무시할 수밖에 없게 된다. 개인은 다른 사람과 언어와 개념적 장치에 의존할 수밖에 없고 동시에 과학을 생각하는 한, 과학적 이해는 과학적 전통에 한 걸음씩 입문하는 것이다. 마치 질점과 순간 가속도를 의미 있게 여기는 전통을 받아들이는 것과 같다. 가치 있는 전통은 전수되어야 하는 것이며 각 세대마다 재창출되어야 하는 것은 아니다. 이런 전승시킬 가치를 지닌 전통과 그 전통을 전수하는 과정을 선택해야 하는 일에는 심각한 교육적 질문이 제기될 수 있다. 그러나 교육의 도제 차원을 인식할 때 그런 질문이 제기되며 지적되는 것이다. 주관주의적 혹은 심리적 구성주의는 이런 면을 어슴푸레하게 인식하고 있을 뿐이다. 반면에 사회적 구성주의는 그런 측면을 좀 더 명확하게 바라보지만 지식의 사회적 구성에서 인식론적 요소나 규정적 요소를 드러낼 필요가 있다.

아동의 사고는 사적이지만 그들의 개념은 공적이다. 특정한 사고가 지식을 구성하게 될지 여부는 개인이 결정하는 문제가 아니다. 오히려 개인이 그것을 결정한다면 그것은 공적인 기준에 반대된다. 교사는 학생과 이런 공적인 기준을 중재하는 사람이다. 그런 공적인 준거가 없다면 '지식knowledge'이라는 말은 '신념belief'이라는 말로 환원될 것이다. 지식을 이루고 있는 것과 지식을 만드는 것에 대한 문제는 인식론적으로 그리고 정치적으로 중요한 문제이다. 지식에 대한 개인적 구성주의 관점에서는 이런 문제가 증발된다. 사회적 구성주의에서도 역시 그 문제는 증발되지만 좀 천천히 증발될 뿐이다. 왜냐하면 어느 사회 집단이 동의한 명제가 지식이 될 것인가라는 문제가 있기 때문이다.

더욱이 이런 구성주의자의 생각은 문화에 대해서는 매우 복잡한 결과를 가져온다. 모든 문화는 전통과 전수할 가치가 있는 이해를 바탕으로 한다. 전통은 건전한 문화의 보증이다. 새로운 세대마다 의미를 부여하는 일을 할 때 완전히 새로 시작하지 않아도 된다. 극단적인 구성주의는 이런 전통을 쓸모없는 것으로 만든다. 구성주의자들이 교육과정을 제안할 때는 과학의 역사가 미미한 역할을 할 뿐이다.

한편, 사람들에게 수세기 동안 극심한 불공정과 거대한 악이 이해되어 왔다는 것은 널리 알려진 사실이다. 남성에 여성이 복종하는 것은 수많은 사람들과 대다수 사회에서 이해되었고 지금도 그렇다고 믿는다. 또한 병에 걸린 것을 사악한 정신이 들어 왔다고 설명하는 것도 많은 사람들에게는 잘 이해되어 왔다. 또한 특정 민족이 지능적으로 열등하다는 것도 그 당시의 가장 뛰어났던 사상가를 포함하여 수백만 사람들에게는 인정되었다. 특히 궤변적인 독일인은 유태 민족을 하위 인간으로 취급하고, 유태 민족을 제거하려는 프로그램을 만드는 생각을 가지고 있었다. 미국에서 인종 차별이 최근까지 있었듯이 남아프리카의 인종 차별 정책은 그들에게는 이치에 맞는 것이었다. 이렇게 어느 시기나 어떤 지역에서 타당화된 사악함이나 우매함을 보이는 이런 사례를 끝없이 나열할 수 있다. 감각에 호소하는 것만으로는 그런 관점을 반박하는 것은 충분하지 않다. 그러나 진리나 올바름에 호소하는 것은 인간 욕망이나 권력과는 독립적이기 때문에, 그런 의견이나 실제 일어났던 일을 반박할 수 있다. 권력이 진리라는 관점이 우선이라면 분명히 힘이 약하고 주변적인 사람은 발전할 수 없다. 반면에 진리가 권력이라는 관점을 갖고 있어야 소수의 권리가 발전할 것이다.

구성주의가 가진 상대주의와 주관주의는 특히 현대 세계가 직면하고 있는 복잡하고도 사회를 초월하는 문제를 다루기에는 적합하지 않다. 현재 환경적, 정치적 그리고 사회적 문제 – 아프리카나 발칸 반도의 정치적 상황에 대한 생각 – 를 다루기 위해서는 합리적 사고를 일관되게 적용하고 자기 이익은 거부하는 것이 요구된다. 칼 포퍼는 이렇게 구성주의가 사회적으로 부식시키는 측면을 인식하고 다음과 같이 적고 있다.

자유로운 것에 대한 신념 즉, 법률, 평등, 기본권, 자유 사회와 같은 가능성을 믿는 것은 판정이 전지전능하지 않을 수 있고 사실에 대한 오류를 만들 수 있다는 인식을 살아남게 한다. … 그러나 신념, 법률, 평등, 기본권, 자유 사회와 같은 가능성을 믿는 신념은 교사가 객관적인 사실이 없다는 인식론을 수용하는 것을 허락하지 않는다. 이것은 특정한 경우에서만이 아니라 모든 경우에서 그러하다(Popper 1963, p. 5).

결론

이 장에서는 현대 과학교육의 이론과 실제에서 심리적 구성주의가 끼칠 영향에 대해 살펴보았다. 구성주의를 옹호하는 사람들, 특히 폰 글라서스펠트가 주장하는 인식론과 존재론의 주장에 많은 관심을 기울였다. 여기서 내릴 수 있는 일반적인 결론은 인식론과 존재론에 대한 입장이 앞서 갈수록 약점을 가진 논증이 많다는 것이다. 구성주의는 과학에 대한 표준적인 경험주의자의 진술을 설명하고 있으며 따라서 잘 알려진 경험주의 이론의 오류를 범할 수 있다. 이 장의 앞부분에서 논의했듯이 어떤 구성주의자는 사회적 구성주의를 받아들여서 주관적 혹은 심리적 구성주의가 빠진 문제 일부를 피하려고 한다. 그러나 이런 방법 또한 인식론적으로 문제가 있다는 것을 연장시킬 뿐이다. 어느 집단이 그 지식이 맞는지의 여부를 판단하겠는가?

그러나 구성주의가 지지하던 상호작용적이고 비교조적인antidogmatic 수업 방법까지도 버릴 필요는 없다. 글라서스펠트는 "훌륭한 교사는 비록 명확한 지식 이론의 도움을 받지 않고, 구성주의가 제안한 것을 많이 연마한 사람이다. … 그들의 접근은 직관적이고 성공적이었다."는 점을 인정하였다(Glasersfeld 1989, p. 138). 다른 인식론이나 다른 교육 이론에서도 비판적 능력과 충분한 이해의 발달을 목표로 하는 수업을 위해서는 인간이 관여되며, 상호작용적이고 비교조적일 것을 제안하거나 요구한다. 소크라테스가 그런 수업이 가장 좋은 수업이라고 말한 이후에는 소크라테스와 실재론자, 비회의주의자들도 모두 학생들이 확고하게 가진 신념에 도전할 것을 강조하고 있다. 그런 학생의 신념은 엄청난 양의 상식적 경험에 의하여 강화되며 문화적 가치가 깊게 배어 있다. 그러나 진리를 비판의 근거로 사용할 수 없다면, 개인적 구성주의 수업이나 사회적 구성주의 수업 중 어느 것이 그런 도전을 가능하게 할지는 분명하지 않으며, 어떤 근거에서 그것이 가능한가도 명확하지 않다.

아마도 구성주의의 평가와 관련된 가장 중요한 기본적인 쟁점은 과학적 사고가 얼마나 자연적인가에 대한 것이다. 대개 구성주의는 과학적 사고가 자연적이라는 것을 가정한다. 가령 '촉진', '아동의 과학' 등과 같은 용어를 사용하는 것을 보면 그렇다. '과학의 자연성naturalness of science'에 대한 두 가지 근본적인 문제는 인간 역사에서 늦게 발달되었다. 농업이 발달한지 대략 만 년 이후이며, 고대 그리스의 지적 발달 이후로 이천 년이 지난 후에 과학이 자연적으로 나왔다는 문제이다. 또 다른 문제는 사고, 문학, 예술, 교육 및 상업에서 훨씬 앞섰던 다른 문명이 있었음에도 왜 서구 문화에서만 자연적으로 발전하였지에 대한 것이다. 이 책은 서구 과학이 자연적이지 않았으며, 따라서 아동이 과학을 접하거나 과학이라는 문화에 참여할 때 과학이 자동적으로 펼쳐지는 것이 아니라는 점을 논증한다. 과학적 이해와 과학적 사고방식은 학교에서 과학교사에 의하여 과학적 전통에 입문할 것을 요구한다.

1. 이 연구는 어린이들과 성인들이 과학적 개념을 오해하는 방식과 과학 수업에도 불구하고 어떻게 오개념과 대안적 믿음 체계가 지속되는지를 다룬다. 이 문헌에 대한 분석은 드라이버와 이즐리(Driver & Easley 1978), 길버트와 왓츠(Gilbert & Watts 1983), 그리고 듀잇(Duit 1995)의 연구에서 찾을 수 있다. 이런 문헌에 대한 축적된 색인은 펀트와 듀잇(Pfundt & Duit 1985, 1991)의 연구에 포함되어 있다.
2. 구성주의적 교생실습에 대한 설명은 헬름과 노박(Helm & Novak 1983), 노박(Novak 1987), 오스본과 프레이버그(Osborne & Freyberg 1985) 그리고 토빈(Tobin 1993)의 문헌에서 찾을 수 있다. 추가로 드라이버와 벨(Driver & Bell 1986)과 덕워스(Duckworth 1987)의 연구도 참고하라.
3. '보는 것'과 '…처럼 보는 것'의 차이점은 비트겐슈타인Wittgenstein의 《철학적 탐구*Philosophical Investigation*》(1969)에서 만들어졌다. 핸슨Hanson의 《발견의 유형*Patterns of Discovery*》(1958)은 과학철학의 뚜렷한 차이를 제공한다. 이전 장에서 언급된 포퍼Popper의 '통찰'과 '관찰'의 차이점은 다른 버전이다.
4. 이러한 주장은 진정한 과학적 주장이 순수한 감각이나 감각 자료에 의존한다는 경험주의와 실증주의의 주된 기반을 공격하였다. 카르납Carnap의 '원형 명제'는 실증주의 주장의 명료한 표현이었다(Carnap 1936). "모든 A는 B이다."와 비슷한 보편 명제는 항상 경험을 넘어서기 때문에 경험의 기반에서 세워질 수 없다고 포퍼가 1934년과 1959년 자신의 논문에서 비판하였다.
5. 베이컨Bacon은 자신의 《신기관*New Organon*》(1620)에서 관찰의 이러한 특징에 주목하고 있었고 정신의 우상에 대한 자신의 논의에 대한 몇 가지 결정들을 상세히 설명하였다. 포퍼Popper의 《과학적 발견의 원리*The Logic of Scientific Discovery*》(1934/1959)는 우리가 단순히 바라보지 않고, 항상 무엇인가를 찾는다는 사실을 재언급하였다.
6. 이것은 아리스토텔레스와 중세기까지 후건 긍정의 오류임을 인식한 논리적 관점이며, 아퀴나스와 다른 이들도 경험에서 파생된 과학적 주장이 확률적 지식의 반열에 오를 수 없다고 말한 이유이기도 하다.
7. 이것은 뒤헴 콰인Duhem-Quine의 논문이다. 콰인은 이러한 방법으로 이 문제를 서술하였다.

   > 과학은 경계 조건이 경험적인 역장과 비슷하다. 주변부에서 경험과의 충돌이 장의 내부 지역의 재조정을 야기한다. … 하지만 어떤 한 가지의 반대되는 경험의 관점에서 재평가를 위한 진술을 결정하는 데는 많은 선택의 자유가 있다(Quine 1953, p. 42).

8. 이러한 사회학자들의 이상주의는 이 부분에서 논의가 의존한 번지의 연구에서 잘 조사되었다(Bunge 1992).
9. 1960년대의 탐구 접근법에 대한 방대한 문헌연구들 중에서 브루너(Bruner 1961), 로메이(Romey 1968), 러더포드(Rutherford 1964), 슈왑(Schwab 1962) 그리고 슐만과 케이슬라(Shulman & Keislar 1966)의 연구는 유용하다.
10. 웰취Welch의 분석은 성공적 탐구지도를 위한 교사 양성의 중요한 역할과 현대 구성주의자들에 의해 공유된 관심에 대한 언급을 계속하였다.

    > 많은 교사들이 그들의 관점 혹은 또 다른 관점에서 학생들을 탐구학습으로 안내하는 것에 대해 제대로 준비하지 못했고 3분의 1 이상이 학생을 지도하는 데 적절한 지원을 받지 못했다고 느꼈다. 대부분의 교사들이 생산적 관찰이나 사려 깊은 학생들의 예리한 질문

에 직관적으로 답하는 훈련을 충분히 받지 못했다(Welch 1981, p. 37).

다른 여러 요인들과도 관련하여, 즉 예를 들어 미국 주州 중 절반의 주에 한 사람당 0.75명의 과학관리자가 배치되어 있다는 점에서, 이는 1960년대 말에는 오직 전체 초등학교의 30%, 전체 중학교의 60%만이 새 탐구 기반의 교육과정을 사용하고 있었고 이러한 학교들의 탐구 활동이 과학에 할당된 시간의 10%에 불과했다는 사실을 설명한다.

탐구 학습의 몇 가지 실수들과 어려움에 대한 논의는 아킨슨과 델라몬트(Atkinson & Delamont 1977), 디어든(Dearden 1967), 해리스와 테일러(Harris & Tayler 1983), 헤론(Herron 1971), 웰링턴(Wellington 1981), 슐만과 케이슬라(Shulman & Keislar 1966), 스트라이크(Strike 1975)의 논문을 참고하라.

11. 유럽에서는 뒤헴(Duhem 1906), 바슐라르(Bachelard 1934, 1940), 플렉(Fleck 1935), 포퍼(Popper 1934), 피아제(Piaget 1950)가; 영국에서는 콜링우드(Collingwood 1945), 툴민(Toulmin 1953), 폴라니(Polanyi 1958), 포퍼(Popper 1934/1959)가; 미국에서는 아인슈타인(Einstein 1944), 핸슨(Hanson 1958), 쿤(Kuhn 1962), 파이어아벤트(Feyerabend 1962)가 탐구 수업이 열정적으로 채택한 과학의 귀납적 모델에 반대하는 글을 설득력 있게 썼다.

12. 더쉴(Duschl 1985)은 미국에서 과학철학사와 과학교육이 분리된 간격에 대해 좋은 분석을 제공하였다.

13. 폰 글라서스펠트von Glasersfeld가 이 원고의 초안을 검토하면서 여러 가지 사실적이고 문체의 실수를 바로잡고 그의 관점을 확인할 부분을 지적해 준 것에 대하여 감사드린다. 그는 자신의 인식론과 존재론적 관점에 대한 나의 9가지 특성에 대체적으로 동의했다. 그 중 존재론에 대한 마지막 관점이 논쟁이 가장 심했다. 물론 그는 이러한 관점들에 대한 나의 비판에 반대하면서, 급진적 구성주의는 "진리 개념을 실용성viability 개념으로 대치할 것을 제안함"을 강조했다. 그와 피아제는 과학적 개념은 반성적인 추상에서 나온다고 생각하였다. 로크는 인상이 수동적인 정신에 희미한 개념적 이미지를 만든다는 것과는 다르다고 하였다. 그는 구성주의에서 의미의 비소통성noncommunicability of meaning이, 필자가 주장하는 것처럼, 교수가 해로운 결과를 초래하지 않음을 강조했다.

14. 제1·2차 세계대전 사이에 물리학자이자 세균학자였던 폴란드의 플렉Fleck은, 쿤이 선구자로 인정한 초기 사회적 구성주의자였다. 그의 주된 업적은 매독의 치료와 확진의 역사에 대한 연구로, 《과학적 사실의 발전과 기원*Genesis and Development of a Scientific Fact*》(1935/1979)을 저술하기도 하였다. 그는 "매독은 흔히 존재하지 않는다."라면서 "객관적 실재는 집단에 포함된 발상의 역사적 순서로 분석될 수 있다."고 하였다(p. 41). 플렉의 잘 알려지지 않은 연구와 그의 관점에 대한 논의는 코헨과 쉬넬레(Cohen & Schnelle 1986)의 연구에서 찾을 수 있다.

15. 위의 사적인 대화에서, 글라서스펠트는 그의 관점이 야생의 어린이는 개념 학습이 불가능함을 뜻하며, 이는 학습이 발생하기 위해서는 어린이의 경험이 말과 연관이 되어야 하는데, 인용문에서 "의미 구성은 백지에서 출발할 수 없다."를 말해 주기 때문이다.

16. 막스Marx의 인식론에 대한 주제는 매튜스(Matthews 1980, 6장), 서치팅(Suchting 1986, 1장)의 논문을 참조하라.

17. 글라서스펠트는 이 이론에 대해 지속적으로 관념의 전이 불가능, 더 정확하게 말하자면, 관념의 명제적인 내용이 전이될 수 없음을 주장했다. 그는 위의 1989년의 진술 이후 이렇게 썼다.

언어적 의미가 가진 필연적이고 피할 수 없는 주관성을 알게 되면, 우리는 단어가 생각이나 지식을 전한다는 기존의 생각을 유지할 수 없으며, 우리가 말한 것을 분명히 이해한 청취자가 말한 사람과 동일한 개념적 구조를 필수적으로 가질 것이라는 생각도 더 이상 유지할 수 없게 된다(Glasersfeld 1990, p. 36).

18. 마흐Mach를 선두로 하는 반실재적 인식론이 엄격한 과학교육을 확실히 지배하는지에 대한 교육적 문제는 명확하지 않다. 그들은 과학이 세상의 지식을 주는 것에 의존하지 않은 채로 추가적인 논증을 진행할 필요가 있다.

8장 과학이란 무엇인가: 실재론과 경험론

What is Science? Realism and Empiricism

구성주의에 대한 논의는 자연스럽게 과학사에서 제기되었던 실재론과 경험주의에 대한 논쟁거리를 토론하게 하고, 과학의 본성에 대한 문제와 깊은 관련을 맺게 한다. 이 논쟁을 살펴보는 일은 구성주의에 대한 논증을 명확하게 하려는 이유 때문만이 아니라 불완전한 과학교육에서 무시되기 쉬운 과학의 핵심이기 때문이다. 그런 논의는 교사와 학생 모두에 의하여 인식될 수 있고 모두에게 도움이 된다. 쟁점이 되는 것은 과학 탐구의 목적과 실재가 무엇인가에 대한 것이며 아니면 관찰 가능한 사건과 현상을 설명하기 위한 과학 이론에 가정되어 있는 이론적 실재와 작동 과정이 무엇인가에 대한 것이다.

고대 사회에서 어떤 철학자는 행성이 일정한 거리를 유지하면서 규칙적으로 움직이는 현상을 설명하는 기작으로 아리스토텔레스가 제안한 투명한 구crystalline spheres의 실재를 논박했다. 다른 철학자 중에는 행성의 복잡한 운동을 설명하는 프톨레마이오스의 주전원의 실재를 논박한 경우도 있다. 그것은 철학자가 원이나 주전원의 실재를 의심했다는 것이 아니라 어떤 사람은 완전한 원과 주전원의 이론을 단순한 수학적 장치 혹은 행성의 위치를 계산하는 유용한 이미지로 간주했다고 생각한다. 그것이 세계에 대한 존재론적 주장을 하려는 의미는 아니다. 이런 관점은 경험주의 혹은 도구주의로 알려져 있으며 나중에 실증주의로 알려진다. 다른 면에서 고대 세계는 주전원과 완전한 원이 천문학자에 의하여 실재하는 것으로 제안되며 행성의 운동을 설명하는 데 합리성을 부여한다. 어떤 사람은 특정한 설명 이론이 잘못되었다고 생각할 수도 있다. 가령 투명한 원은 없다거나 행성에 지능을 가진 존재는 없다고 생각한다. 그러나 그럼에도 과학의 업무 혹은 철학은 관찰 가능한 현상을 설명하는 실재real entities나 기작을 찾으려고 했다. 이러한 사람들이 과학에 대한 실재론자였다.

경험주의는 지식이 경험이나 현상의 세계에 국한된다는 강령을 취한다. 그리고 과학의 목적은 현상을 예측하는 이론을 만들어내는 것이며 여러 경험을 경제적으로 주로 수학적인 방법을 사용하여 연결하려는 것이다. 반대로 인식론적 실재론은 과학의 목적이 경험의 영역을 만들어 내는 인과적 기작을 밝혀내는 것으로 생각한다. 과학은 외부의 감각 세계에 대한 지식을 만들어내는 것이다. 완전한 원에 대한 고대의 논쟁으로부터 벨라민 주교Cardinal Bellarmine가 갈릴레오를 도구주의 입장으로 몰아붙인 것, 중력으로 인한 인력이 실재하는가에 대한 뉴턴과 데카르트의 격렬한 논쟁, 19세기 마흐와 다른 사람이 벌인 원자의 실재에 대한 뜨거운 논쟁, 실재론자인 아인슈타인과 도구주의자인 보어가 벌이는 양자역학에 대한 코펜하겐 학파의 해석에 대한 논쟁에 이르기까지 과학 이론에 대한 실재론과 경험론의 해석의 문제는 과학에 대한 철학적 논쟁의 핵심이었다.

실재론과 경험론을 구별하는 방법은 여러 가지이다. 근본적인 방법은 경험주의자는 과학의 주장을 우리가 경험할 수 있는 것으로 국한하고 경험의 영역을 넘어서는 주장은 감각적인 혹은 관찰 가능한 현상을 조정하기 위한 보조 도구, 모형 혹은 발견법으로 취급해 버린다. 경험론자는 어떤 이론에서 관찰 가능한 것과 구별되는 이론적 용어가 존재하는 실재를 지시하지도 않으며 지시하는 의미도 될 수 없다고 생각한다(관찰 가능한 용어도 지시할 수 있는지에 대해서는 앞으로 논의하겠지만, 논쟁거리가 된다). 중세시대 용어로 말한다면 경험주의는 과학의 목적이 현상을 구원하는, 즉, 현상에 일관되도록 현상을 예측하는 것이지 실재에 대한 관찰할 수 없는 특성을 사변하는 것이 아니라고 말할 수 있다. 중세의 유명론자 그리고 현재의 많은 구성주의자는 이런 면에서 경험주의이다.

이와 반대로 실재론자는 과학은 이론적 실재를 가정하고 그 가정의 정확성을 검증하는 것이라고 믿는다. 실재론자는 과학이 어느 시대에 가정하는 모든 것이 정확하다고 믿을 정도로 순박하지는 않다. 오히려 그들은 과학은 자연의 숨겨진 실재를 찾아내는 데 노력한다고 믿고 있다. 갈릴레오는 과학의 실재론적 관점을 다음과 같이 표현하였다.

> 자연은 인간의 뇌를 먼저 만든 다음에 이해할 수 있는 능력만큼 사물을 구성하지 않았다. 오히려 자연은 자기 방식대로 사물을 먼저 만들고 인간 이해를 구성하였다. 그래서 인간은 많은 노력을 기울여야 자연의 신비 일부를 찾아낼 수 있다(Burtt 1932, p. 68).

물론 경험주의에는 다양한 형태가 있으며 실재론도 다양한 형태를 띤다. 각 진영의 모든 사람이 과학과 실재에 대한 한 가지 명제 세트를 받아들이는 것도 아니다. 논쟁의 역사는 이런 다양한 형태를 보여준다. 따라서 과학교육의 문헌을 읽을 때 명료화는 중요하다. 왜냐하면 다른 저자들이 그런 용어를 다른 방식으로 사용하기 때문이다. 경험주의자와 실재론자라는 용어를 서로 바꾸어 쓰기도 한다. 그것이 구성주의에 반대되는 입장이기 때문이다. 또 도구주의를 경험주의와 동의어로 사용한다. 실증주의는 실재론의 입장을 기술하는 데 종종 사용되기도 한다.

플라톤적 경험주의와 아리스토텔레스적 실재론

플라톤은 형식forms에 관한 실재론자로서, 그 형식은 진리이면서 적절한 지식 주장의 대상이다. 그러나 플라톤은 과학 이론이나 과학적 장치에 대해 경험주의 혹은 도구주의적 진술을 최초로 했다. 심플리치오Simplicius는 플라톤에 대하여 다음과 같이 말한다.

> 천체의 운동은 원형이며 일정하고 영원히 규칙적이라는 원리를 내놓았다. 따라서 그는 다음 문제를 수학자들에게 제기한다. 원형으로 일정하고 영원히 규칙적으로 운동하는 어떤 운동이 행성이 보이는 외형을 구해낼 수 있는 가설을 받아들이도록 할 것인가(Duhem 1908/1969, p. 5)?

플라톤에 의하여 고대 수학자들은 천체의 운동 모형을 만들어서 천체 현상, 가령 행성이 뜨고 사라지는 시간, 행성의 역행 운동regression, 행성의 시기, 춘분과 추분equinoxes 등과 같은 것을 일치시키고 예측하였다. 그 모형이 실재에 일치하는 것을 뜻하지는 않는다. 단지 천문 사건들에 일관되고 예측하는 필요를 따랐을 뿐이다.

고대 천문학에는 이런 것에 반대되는 실재론 전통이 있어서 행성 운동의 기작을 찾아내려고 했다. 가령 에우독소스Eudoxus와 아리스토텔레스는 행성이 완전한 원으로 회전한다고 여겼다. 이런 기작은 행성의 운동, 공간, 규칙성을 모두 설명하지만 불행하게도 시간이 지날수록 그 이론은 천문 현상을 구하는 데 점점 성공하지 못하게 되었다. 프톨레마이오스는 처음으로 순수한 혈통의 경험주의적 설명을 했다. 그 때 실재론의 구속을 스스로 끊고 아리스토텔레스의 물리적 원리를 대부분 파괴하는 행성에 대한 원운동과 주전원 운동을 제안하게 된다. 가령 프톨레마이오스의 주전원은 투명한 구를 지나가는 것이며, 그 경로는 중심에서 벗어난 이심 궤도에 행성이 있고 중심은 비어 있는 궤도에서 행성이 원운동 한다는 것이다. 그러나 프톨레마이오스의 복잡하고 지구 중심적인 이론은 놀라울 정도로 천문 현상을 구원해낼 뿐만 아니라 계산 장치로도 잘 작동하였다.[1] 케스틀러Koestler는 이런 상황을 다음과 같이 묘사했다.

> 아리스토텔레스 이후에 천문학은 추상적인 하늘의 기하학이 되어 물리적 실재와는 떨어지게 된다. … 태양, 달, 행성의 운동을 표로 계산하는 방법으로 실용적인 목적을 제공하였다. 그러나 우주의 실재에 대한 본성에 대해서는 아무 말도 할 수 없었다(Koestler 1964, p. 77).

코페르니쿠스와 갈릴레오의 실재론과 오시안더의 경험주의

코페르니쿠스는《천체의 혁명에 관한 여섯 권의 책*Six Books concerning the Revolutions of the Heavenly Spheres*》(1543)에서 아리스토텔레스의 실재론 프로그램을 천문학에서 다시 일으킨다. 코페르니쿠스는 천문학과 물리학이 모두 현상을 구할 수 있는 가설을 제안할 뿐만 아니라 플라톤의 세계에 대한 개념과 일치된다고 믿었다. 이것을 위하여 그는 고대 세계를 되살렸지만 사모스Samos의 아르타르코스Aristarchus의 움직이는 지구

모형, 즉, 태양 중심설heliocentric 모형을 간과하게 된다. 코페르니쿠스는 자신의 봉헌식Dedication에서 프톨레마이오스의 전통에 대하여 다음처럼 말했다.

> 한편으로 중심에서 벗어난 이심 원eccentric circle의 체계를 고안한 사람은 비록 그들이 행성의 가현운동과 이런 편심 궤도가 잘 맞도록 계산하여 풀어내는 데 공헌을 했지만 그럼에도 그 운동의 일정하다는 첫째 원리와 모순되는 것들을 많이 도입하게 된다(Matthews 1989, p. 42).

코페르니쿠스가 죽은 후에 루터학파의 학자 오시안더Osiander는 코페르니쿠스의 책을 편집하는 책임을 맡았다. 그는 《혁명*Revolution*》의 서문에 과학 이론의 경험주의적 이해와 도구주의적 이해의 표현을 삽입하였다. 그 일부를 아래에 옮겼다.

> 천문학자의 일은 다음과 같다. 힘들고 능숙하게 관찰한 것을 천체 운동의 역사로 함께 모아서 – 그런 운동에 대한 진정한 원인을 사고를 통해 찾을 수 없기 때문에 – 어떤 가설을 생각하거나 구성하여 자신의 가설에 바탕을 두고 자기와 동일한 운동, 과거와 미래의 운동을 기하학의 원리로 계산할 수 있다는 것에 기뻐한다. … 이런 가설이 꼭 진실일 필요는 없다. 그 가설이 진실인 것도 동일하게 가능하다. 관찰 결과와 일치하도록 하는 계산이면 이것 하나로도 충분하다(Duhem 1908/1969, p. 66).

이런 도구주의적 서문은 글라서스펠트Ernst von Glasersfeld가 쓴 마지막 장에 인용했던 문장과 매우 유사하다. "우리의 지식이 경험에 지탱되고 예측하도록 한다면 그 지식은 유용하고, 적절하고 효과적이다. … 그것은 그런 '객관적인' 세계가 어떻게 되어 있는지에 대하여 단서를 주지는 않는다." 이렇게 유사하다는 것은 놀라운 일이 아니다. 왜냐하면 구성주의는 도구주의에 직접 이어지기 때문이다. 미국의 구성주의자인 보드너는 솔직하게 도구주의를 받아들였다고 말한다.

> 구성주의 모형은 지식에 대한 도구주의적 관점이다. 지식은 지식이 작동할 때만 그리고 우리의 목적을 달성하도록 할 때만 좋은 것이다(Bodner 1986, p. 874).

그리고 코페르니쿠스의 이론에 대한 오시안더의 해석에 손을 들어 준다. 구성주의자들은 아마도 과학교사들이 이런 대치 상황 속에서 코페르니쿠스와 갈릴레오 중 한

명을 결정하기를 기대하는 그들의 학생들에게 신중하게 설명해야 할 필요가 있다.

갈릴레오는 코페르니쿠스의 가설을 1600년경에 받아들였다. 물론 그 가설은 과학적으로 뿐만 아니라 신학적으로도 논란이 되었다.[2] 유명한 벨라민 주교는 1615년에 갈릴레오에게 일종의 경험주의와 도구주의를 제안하였는데, 그 입장은 오시안더가 코페르니쿠스에게 우회적으로 억지로 요구하던 것이었다. 주교는 다음과 같이 말했다.

> 내가 보기에 (당신은), 내가 항상 코페르니쿠스의 말을 믿은 것처럼, 자신에게 가상적이며 절대적이지 않게 말하도록 조심하는 것처럼 보인다. 왜냐하면 지구가 움직이고 태양이 정지해 있는 것을 가정하게 되면 동심원과 주전원을 가정하는 것보다 많은 현상을 더욱 잘 설명할 수 있고 수학적으로도 충분하다고 말해도 위험하지 않기 때문이다. 그러나 실제로 태양이 세계의 중심에 있다는 것을 확증하는 것은 다른 문제이다. … 이것은 매우 위험한 일이다(Finocchiaro 1989, p. 67).

그러나 갈릴레오는 벨라민이 제시한 도구주의적인 올리브 나뭇가지를 받아들이지 않았다. 그는 코페르니쿠스의 가설에 대하여 실재론을 굳게 유지했다. 갈릴레오는 《두 가지 주요 세계*Two Chief World Systems*》(1633)에서 프톨레마이오스에 반대하는 코페르니쿠스의 주장을 반복하고 있다.

> 천문학자는 단지 계산하는 사람으로서 만족할 수는 있지만 과학자로서 만족하거나 평화를 얻을 수 없다. … 비록 천체의 현상을 근본적으로 자연에 대한 잘못된 가정에 의해 설명할 수도 있지만 진실한 전제로부터 유도된다면 더욱 좋을 것이다(Galileo 1633/1953, p. 341).

뉴턴의 실재론과 버클리의 경험주의

뉴턴은 아리스토텔레스와 갈릴레오의 전통을 따르는 실재론자였다. 그는 중력에 의한 상호작용이라는 기작을 제안함으로써 케플러가 찾아낸 행성 운동에 대한 천체상의 법칙과 갈릴레오가 발견한 지구상의 법칙을 연결시켰다. 뉴턴의 실재론은 자신의 절대 시공간이 실재한다는 주장의 바탕이 되어 우리 경험의 시공간인, 오직 상대적인 시공간이 존재한다는 것을 주장하는 사람들에 반대하였다. 뉴턴은 '공간과 시간'에 대한 주석Scholium에서 다음처럼 말하고 있다.

> 그러나 우주의 일부는 볼 수도 없고 우리 감각으로 구별되지도 않기 때문에 대신 그것들에 대한 감지할 수 있는 방안을 사용한다. … 그리고 절대적인 장소와 운동 대신에 상대적인 장소와 운동을 이용한다. 그래도 일상적인 일에 대한 불편이 없다. 그러나 철학적인 논고라는 면에서 우리는 감각으로부터 추상화해야 하고 사물을 오직 그것들에 대해 감지할 수 있는 것들과는 별개로 그 자체로서 생각해야 한다(Newton 1729/1934, p. 8).

따라서 뉴턴의 체계에서 절대 공간과 시간은 이론적인 구성물이며, 자를 이용해 측정하고 시계의 눈금을 읽는 방식으로 관찰 가능한 용어로서의 공간과 시간에 대한 실제 측정과는 반대된다. 뉴턴이 절대 공간과 시간을 실제로 존재하는 것으로 간주한다는 사실이 그것들의 존재를 증명하지는 않음을 말하지 않을 수 없다. 오히려 뉴턴의 주장은 절대 시공간의 장점을 바탕으로 평가될 필요가 있다.

힘에 대해서도 뉴턴은 실재론자였다. 한 물체가 가속되면 그 물체에 작용하는 실재하는real 힘이 있으며 그것이 물체를 가속하게 만든다는 것이다. 힘은 움직이는 물체의 연속적인 위치를 연결시켜 주는 데 유용한 수학적 약속이나 편의가 아니다. 힘은 움직이는 물체에 대하여 책임진다. 그것은 움직인 물체와 동등한 존재론적 지위ontological status를 가진다. 비록 자유 낙하 운동과 행성의 운동에서는 가속되는 물체만을 관찰할 수 있지만 뉴턴은 보이지 않지만 실재하는 힘이 가속되는 물체에 책임을 지고 있다고 생각하였다. 힘은 관찰 가능한 사건을 설명하는 이론적인 구성물이다. 심리학에서 활용되는 방법론의 개념으로 설명한다면, 힘이 단지 수학적인 방식으로 변인들 간의 관계를 연결하는 중개 변인도 아니며(MacCorquodale & Meehl 1948) 또한, 마흐가 후에 주장했던, 경제적인 사고를 위한 편리함도 아니다.

비록 뉴턴이 중력이 실제로 존재하는 인력이라는 것을 믿고 있었음에도 그가 인력의 작동 방법에는 덜 확신하고 있었던 것에 주목할 필요가 있다. 잘 알려진 자신의 책

《프린키피아*Principia*》에 수록된 일반적인 주석에서 그는 다음과 같이 끝맺고 있다.

> 지금까지 우리는 하늘과 바다의 현상에 대하여 중력의 힘으로 설명했지만 중력의 이런 원인에 대하여는 아무 것도 알지 못했다. 힘이 태양과 행성의 중심까지 뚫고 들어가도 그 힘이 최소한 줄어들지 않으면서 작용하는 그 원인으로부터 반드시 진행될 것은 확실하다. … 그러나 지금까지 나는 이런 중력의 성질의 원인을 현상으로부터 발견하지 못했으며 어떤 가설도 제안할 수 없었다. … 우리에게는 중력이 실제로 존재하고 우리가 설명한 법칙에 따라 움직이는 사실만으로도 충분하며 이는 우리 지구상의 물체의 운동과 바다의 조석 운동에 대한 해석을 풍부하게 제공한다(Newton 1729/1934, p. 547).

뉴턴은 중력을 원거리 작용으로 여긴 자신의 추종자들의 해석에 반대했다. 중력이 원거리 작용이라는 것은 라이프니츠와 유럽의 데카르트 학파의 철학자뿐만 아니라 뉴턴에게도 마술 같은 충격이었다. 뉴턴의 물리학은 수학적으로 역제곱법칙으로 표현되는 것을 확신하였지만 중력에 의한 인력이 실제로 존재하는 힘의 작용이 어떻게 작용하는지 공표하는 데는 주저하였다. 1693년에 그가 자신을 따르는 벤틀리Bentley에게 보낸 편지에 이런 망설임이 나타나 있다.

> 그 중력은 물질이 내재적으로 타고난 본질적인 것이다. 그로 인해 한 물체가 다른 물체에 진공에서도 다른 어떤 것으로 매개되지 않더라도 멀리 떨어진 물체에 작용하는 것이 가능하며 힘은 한 물체에서 다른 물체로 전달되어 작용할 수 있다. 이것이 가진 철학적 문제는 나 역시도 터무니없는 모순으로 여겨지는데 어느 정도 사고 능력을 가진 사람이 이것을 믿는 일은 없을 것이다(McMullin 1978, p. 58).

뉴턴은 《프린키피아》의 1판과 2판 사이의 시기에 '중력'에 실재론의 살realist flesh을 붙이기 위해 노력을 기울였다. 우리가 중력이라고 부르는 인력의 가능한 원인으로 에테르, 빛, 어떤 능동적인 '매우 민감한 정령', 신이 있었으며 이 모두를 조사하였다. 뉴턴이 《프린키피아》의 1713년 2판에 특별 주석을 삽입하면서 그 문제는 쟁점이 되었다.

> 여기서 인력attraction이라는 말은 일반적인 어떤 노력을 뜻하는 것으로 사용한다. 물체가 서로 다른 물체에 접근할 때 만들어지는 것이며 그런 노력은 그 물체의 작용으로부

터 나오는 것으로 마치 서로를 향하고 있거나 정신이 방출되는 것 같이 서로를 뒤흔든다. 혹은 그런 노력은 공기나 에테르 혹은 어떤 매개물의 입자와 같은 것이든 비입자적인 것이든 무관하게 어떤 방식으로든 물체들이 서로를 향하게 하는 작용에서 나오는 것이다(Newton 1729/1934, p. 192).

그는 중력의 작용을 물리적으로physical 설명하기보다는 수학적으로mathematical 취급하는 것이라고 강조하고 있다. 《프린키피아》의 정의 도입부에서 그는 다음과 같이 말했다.

나는 단지 그런 힘을 수학적 개념으로 설명하려는 것일 뿐이다. 물리적 원인과 배경이 무엇인가는 고려하지 않는다. … (나는) 중심을 향하는 일종의 인력, 충격 혹은 경향이라는 말을 서로 뒤섞어 사용하며 다르지 않게 쓴다. 힘을 물리적으로 생각하기보다는 수학적으로 생각한다(Newton 1729/1934, p. 5).

그러나 뉴턴은 자신의 물리학에서 작용의 형태를 규정할 수 없는 것에 점점 더 곤란해진다. 어떻게 한 물체가 멀리 떨어져 있는 다른 물체에 빈 공간을 거쳐 인과적 영향을 끼칠 수 있는가? 그런 규정 없이 중력에 의한 인력은 갈릴레오가 아리스토텔레스적인 범주를 내용이 없는 이름이라고 말한 것과 똑같은 위험에 빠질 수 있다. 뉴턴의 중력은 그 현상을 구원하는 것처럼 보이며 수학적 계산에서는 매우 유용하지만, 아무런 실재를 가지지 못한다. 1716년 라이프니츠는 뉴턴 과학의 지지자였던 클라크Clarke 박사에게 다음과 같은 내용의 편지를 보냈다.

그러나 그가 의미하는 것이 무엇이며 그가 빈 공간을 통해서 지구를 끌어당기는 태양을 가지게 되는 것은 언제인가? 신 자신이 그런 일을 할 수 있는가? 그러나 만약 그렇게 된다면 이는 기적일 것이다. … 아니면 어떤 비물질의 본질 혹은 어떤 정신적인 빛 혹은 물질이 없는 우연 혹은 어떤 목적을 가진 것intentional species 아니면 내가 알지 못하는 어떤 것일텐데, 이것이 그런 일을 하는 수단을 의미하는 것인가? 사물의 일종이라면 그 스스로 충분히 설명하지 못한 채 그의 머릿속에 그 정보를 가지고 있을 것이고 … 그것은 영원한 기적일 수밖에 없고 만약에 기적이 아니라면 거짓인 것이다(Alexander 1956, p. 94).

교황 조지 버클리는 1721년 자신의 저서《운동에 대하여*De Motu*》에서 중력에 의한 인력의 실재에 대한 이런 경험주의적 공격을 계속하였으며 힘의 실재에 대하여 더 나아가 반대하기도 하였다. 버클리는 이렇게 말한다.

> 힘, 중력, 인력 및 이와 유사한 용어는 운동과 움직이는 물체에 대하여 사고하고 계산하는 목적에는 편리하지만 그것이 운동의 본성 자체를 이해한 것은 아니다(Berkeley 1721/1901, p. 506).

1710년《인간 지식의 원리*Principles of Human Knowledge*》는 그의 초기 연구를 확장하여 감각을 벗어난 존재가 실재하지 않는다는 이상주의적 논증을 펼쳤다.

> 하늘의 조화로운 소리와 땅의 만물, 즉, 세계의 거대한 틀을 구성하는 모든 물체는 그것의 존재를 지각하거나 알게 하는 정신mind 없이는 어떤 호구지책을 가지지 못한다. … 어떤 사람에게 색깔과 맛이 정신에서만 존재하는 것임을 정교하게 증명하는 논증을 고려하게 하면, 그는 같은 사물의 확장, 형태, 운동을 증명할 수 있는 동일한 힘을 찾으려고 할 것이다(Berkeley 1710/1962, pp. 67–71).

데이비드 흄David Hume은 버클리의 경험주의적 공격을 확장하여 힘의 개념에 대한 비판뿐만 아니라 더욱 일반적인 인과 관계의 개념을 공격하였다. 즉, 실재는 우리가 보는 것이며, 원인은 일련의 사건이 일정하게 결합된 것의 이상도 이하도 아니며, 앞서 일어난 사건을 원인이라고 단순히 지정할 뿐이라는 것이다. 그 원인은 아무런 능력도 없으며 결과에 대한 필연적 연결이 있지도 않다. 흄은 "우리가 인과성에 대하여 아는 것은 사물들 사이의 일정한 결합constant conjunction과 정신이 후속된 추론inference 뿐이다."라고 했다(Hume 1777/1902, p. 92). 마치 라이프니츠와 버클리에게 중력에 의한 인력이 마술이었던 것처럼, 인과적 능력과 필연적 연결 또한 흄에게 마술인 것이다.

플랑크의 실재론과 마흐의 경험주의

흄의 논문 발표 후 1세기가 지나고, 반실재론적 과학 관점이 물리학자이자 철학자인 마흐에 의해서 등장했다. 그는 중력에 의한 인력은 알 수 없는 것일 뿐만 아니라 존재하지도 않으며, 그런 것은 단지 인간의 구성물이자 경제적으로 사고하는 데 혹은 특정한 실험적 관계를 수학화하는 데 유용할 뿐이라고 했다. 마흐는 (비록 자신의 생각이 흄이나 버클리가 쓴 책을 읽기 전에 생겨났지만) 흄이 버클리와 유사한 철학자라고 인식한다. 마흐는 다음과 같이 말했다.

> 우리가 어떤 모습을 뒤에 숨긴 채 표상한 것은 이해 속에서만only 존재하며, 기억 방식memoria technica 또는 공식의 가치만을 갖는다. 그런데 이 공식은 임의적이고 관련성이 없으며 우리 문화의 기준에 따라 매우 쉽게 달라진다(Mach 1872/1911, p. 49).

마흐는 격렬한 과학적 전쟁 같았던 전환기에, 가령 원자는 실재하는지 아니면 실재하지 않는지 혹은 원자 가설이 의미 있는지 아니면 그렇지 않은지에 대해 경험주의의 기준을 세웠다. 이런 가설은 데모크리토스Democritus의 유물론 전통에 뿌리를 두고 있는데 그 전통에서는 모든 물질의 기본 성분은 원자이며, 원자가 없으면 아무 것도 없는 진공이 존재함을 인정한다. 보일Boyle은 1674년 《입자적 또는 역학적 철학의 기초*The Excellency and Grounds of the Corpuscular or Mechanical Philosophy*》를 발표하면서, 그런 철학적 개념을 과학적 개념으로 바꾸었다. 그는 다음과 같이 말했다.

> 화학적 물질은, 가령 황이나 다른 것은, 그 자체의 특성과 다른 특성이 감지할 수 없는 알갱이가 하나로 모여 있어 나타나는데, 크기, 형태, 운동 혹은 정지, 질감 등이 모두 다양하다(Matthews 1989, p. 118).

특정한 질량과 형태를 가지는 보일의 원자는 이미 알려진 화학적 규칙성과 화학 반응을 설명하기 위하여 가정된 이론적인 용어이다. 뉴턴은 《철학에서 추론의 규칙*Rules of Reasoning in Philosophy*》에서 원자론atomism의 가치를 인정하였다. 그로 인해 원자 가설은 과학과 철학에서 우여곡절을 겪게 된다.[3] 19세기 경험주의 철학자인 알렉산더 베인Alexander Bain은 원자 가설의 실재론적 해석을 다음과 같이 언급했다.

> 어떤 가설은 물체의 세밀한 구조와 작동에 대한 가정만으로 이루어져 있다. 이러한 가정들의 경우 그 특성 때문에 직접적인 방식으로 증명할 수 없다. 가정들의 장점은 현상을 적절하게 표현하는 데 있다. 그들은 대표적인 허구Representative Fictions이

다(Hacking 1984, p. 169).

마흐가 공식적으로 원자론을 반박하기 시작한 것은 1872년 《에너지 보존 원리의 역사와 근원*History and Root of the Principle of the Conservation of Energy*》을 통해서였다. 그 책에서 마흐는 원자 가설이 쓸모없으며 우리가 알고 있는 현상적 지식에 아무런 공헌도 하지 않는다고 하였다. 그의 주장은 헴펠Hempel의 〈이론 과학자의 딜레마The Theoretician's Dilemma〉(1958)라는 유명한 논문에서 실재론에 반대한 주장과 완전하게 일치한다.[4] 마흐는 다음과 같이 주장하였다.

> 그러나 잠시 모든 물리적 사건을 물질 입자(분자)의 공간상의 운동으로 환원시킬 수 있다고 가정해 보자. 우리가 그런 가정에서 무엇을 할 수 있는가? 우리는 상상에서만 존재하는 것을 보거나 만질 수 없기 때문에 우리가 그것을 이해하기 위해서는 만질 수 있는 것과의 연관성과 특성이 있어야 한다. 우리는 사고를 창안하는 것에 보이고 만질 수 있어야 한다는 제한을 두게 된다. … 완벽한 이론이 되려면 모든 세세한 현상에는 세세한 가설이 대응되어야 하며 이런 가설적 사물에 대한 규칙은 모두 현상에 직접적으로 전환될 수 있어야 한다. 그러나 분자는 단지 무가치한 모습일 뿐이다(Mach 1872/1911, p. 49).

이런 쓸모없는 존재를 넘어서서 마흐는 실재론자의 가설을 다음과 같이 말한다.

> 기계적 분자 이론의 경우처럼 주제는 감정에 호소될 수 없으며 따라서 검증될 수도 없다는 가설에서, 연구자는 사실을 목표로 하는 과학 그 이상의 일을 해 왔으며 그렇게 하길 요구되어 왔다. 이는 일종의 해악이다(Mach 1896, p. 57).

마흐에게 최대의 적은 플랑크였다. 그러나 플랑크는 그 당시의 물리학자들처럼 마흐의 경험주의 관점을 한동안 받아들이고 있었다(Heilbron 1986, pp. 44–46). 플랑크가 마흐의 관점을 받아들이고 있던 시기에는 그는 열역학 제2법칙에 대한 볼츠만의 원자적 해석에 반대 입장을 취하고 있었다. 흑체 복사에 대한 1900회의 연구 후 그는 실재론과 원자론으로 되돌아 왔다. 그는 대부분의 실재론자보다 훨씬 더 실재론자가 되어 원자는 행성들처럼 실재하는 것이며 단지 크기가 다를 뿐이지 동일하게 보인다고 생각하였다(Toulmin 1970, p. 24).

기체에 대한 분자 운동론은 실재론자와 경험론자의 전쟁이 일어난 영역이었다. 보일과 게이 뤼삭의 법칙은 오랫동안 잘 알려져 있었다. 볼츠만, 맥스웰 그리고 다른 이들은 그 법칙이 분자가 특정한 방식, 즉, 탄성 충돌하는 방식으로 움직인다는 가설에서 유도됨을 밝혀냈다. 마흐와 화학자 오스트발트Ostwald는 이것이 분자와 같은 실재가 있다는 신념을 보장하는 것임을 부정하였다. 결국 플랑크는 이에 동의하지 않았고 운동론이 분자가 실재한다는 신념을 보장하는 것을 확증한다고 말하였다.

브라운 운동에 대한 해석은 실재론과 경험주의 주장이 맞서는 또 하나의 분야였다. 식물학자 브라운Brown은 생기론자vitalist로, 꽃의 수술은 스스로 움직인다는 자신의 견해를 확증하기 위하여 1827년 매우 작은 꽃가루 입자가 용액에서 무질서하게 움직이는 현상을 기술하였다. 생물학에서 생기론이 사라지고 한참 후에야 원자 운동 이론을 지지하는 사람들은 브라운 운동이 움직임의 존재에 대한 명백한 증거이며 그 움직임은 스스로 움직이는 것이 아니라 눈에 보이지 않는 분자에 의한 것이라고 주장했다. 특수 상대성 이론이 발표된 1905년, 아인슈타인은 원자설을 가정하여 브라운 운동을 하는 입자를 위한 수학적 이론을 발견하였다. 그는 하나의 입자가 불규칙하게 움직이는 거리를 다음의 공식으로 구하였다.

$$X^2 = 2\,RTt/NA$$

X는 움직인 거리, R은 기체 상수, T는 절대 온도, N은 아보가드로 수, A는 마찰계수, t는 시간을 나타낸다. 1909년 페린Perrin은 이 공식을 실험적으로 확증하였고 간접적으로 원자 운동론에 근거를 두고 있음을 밝혀냈다. 브라운이 운동을 발견하고 1세기가 지난 후 페린은 노벨상을 받았다. 브라운이 확증하고자 한 미시 세계와 정반대되는 모습을 확립했다는 공로를 인정받은 것이다. 이것은 과학과 철학의 상호작용을 보여주는 예이다. 즉, 과학적 발달은 철학적 입장을 반박하고 다른 철학적 입장을 증명한다.

마흐의 의견에 대한 플랑크의 첫 반박은 로렌츠의 초대로 라이덴Leyden에서 이루어진 '물리적 세계상의 통일The Unity of the Physical World-Picture'이라는 1908년 강의에서 이루어졌다(Toulmin 1970에서 재인용). 플랑크는 마흐의 근본적인 주장에 반대하여 과학은 우리의 심리적 요인 혹은 경험에 뿌리를 두고 있어야 한다며 다음과 같이 말했다.

> 이제까지의 이론 물리학의 발전은 인간 동형적anthropomorphous 요인, 특히 감각적인 인상을 없애버렸기 때문에 성취된 통일성이라고 말할 수 있다(Toulmin 1970, p. 6).

플랑크는 마흐의 체계에 대해서는 다음과 같이 말하였다.

> 그것은 회의주의를 위협하는 측면에서, 모든 자연 과학의 합리적인 출발점을 감각 인상에서 재발견하는 데 충분한 가치를 가지고 있다. 그러나 전체 물리적 세계관을 기계적 모습으로 낮추는 일은 목표를 빗나간 것이다. … 모든 과학 연구의 두드러지는 특징은 시간과 사람으로부터 독립적인, 일정한 세계관에 대한 요구와 맞지 않는다는 것이다. … 이렇게 인간 개성(그리고 지성적 개성)에 무관하게 일정한 요인을 우리는 "실재The real"라고 한다(Toulmin 1970, p. 25).

그리고 그는 마흐가 쓴 유명한 물리학 역사서인 《역학*The Science of Mechanics*》의 핵심 주제를 비판하면서

> 위대한 정밀과학의 대가가 자신의 생각을 과학에 도입할 때, 니콜라스 코페르니쿠스가 우주의 중심이 지구가 아니라는 것을 알았을 때, … 뉴턴이 중력의 법칙을 발견하였을 때, … 패러데이가 전기역학의 기초를 만들어냈을 때, … "경제성"이라는 측면은 전통적인 태도와 권위에 반대하는 싸움에서 이런 위대한 인물을 튼튼히 지켜주는 마지막 보루였다. 아니다. 그것은 흔들리지 않는 신념이었다. 그러한 신념이 예술에 바탕을 둔 것이든, 종교에 바탕을 둔 것이든, 세계관의 실재에서 신념이었다(Toulmin 1970, p. 26).

플랑크는 과학의 역사가 진보하여 자연의 신비를 밝혀낼 것이라고 믿고 있으며 그는 중요하고 경제적어야 한다는 생각에 찬성하였기에 인식론에서 상대주의적 관점을 거의 받아들이지 않았다.

> 내가 보이려고 노력해 온 것은 진정한 자연 과학이 그 안의 모든 형식에서 일정하고 통일된 세계관을 가지고 계속 접근하고자 하는 분명한 목표를 가진다는 점이다. 그리고 물리학에서는 우리의 현재 세계관이 비록 연구자의 개성으로 인하여 매우 다양한 색깔을 띠고 있지만 그럼에도 불구하고 자연에서 혹은 인간 마음에서는 어떤 혁명으로도 지워질 수 없는 분명한 특징을 가진다(Toulmin 1970, p. 25).

플랑크는 자신의 강연에서 마흐의 경험주의가 과학 진보에 정반대되는 것이라고 결론지었다.

> 만약 마흐의 경제성의 원리가 인식론에서 가장 중심적인 것이 된다면 선두적인 지성의 사고 과정은 혼란에 빠질 수 있으며 그들의 상상력은 마비되어 결국 과학의 진보는 치명적으로 지연된다(Toulmin 1970, p. 26).

물론 이것은 선동적인 표현이지만 그럼에도 불구하고 72년에 걸쳐 마흐는 이에 대응했다. 《나의 과학 지식 이론에 대한 원리*The Guiding Principles of My Scientific Theory of Knowledge*》라는 그의 응답은 1910년에 출판되었고 마흐는 플랑크와 그의 추종자에게 논쟁 형식으로 다음과 같이 말한다(Toulmin 1970에서 재인용).

> 교회를 창설하려는 중인가 … 이것에 대한 나의 답은 간단하다. 만약 원자의 실재가 당신에게 그렇게 중요하다면 나는 물리학자적인 사고방식에서 스스로를 고립시키겠다. 나는 진정한 물리학자가 되려고 하는 것이 아니며 모든 과학적 존경을 포기하겠다. 간단히 말해서 나는 충실한 신자와의 친교를 정중하게 사양하고 사고의 자유를 택하겠다(Toulmin 1970, p. 37).

철학적 논의

이렇게 실재론과 경험주의의 논쟁의 역사와 역학의 발전에 대한 경험주의적 설명을 개괄적으로 다루는 것은 쟁점을 논의하는 데 있어서 차이가 중요하다는 점을 보여주기 때문이다. 즉, 주제에 대해 너무 제한적으로 접근하게 되면, 흑백의 대비는 역사의 뉘앙스nuance를 제대로 인식하도록 용납하지 않는다. 또한 이러한 개요는 이 책의 핵심 주제를 보여주기도 한다. 즉, 과학과 철학의 밀접한 관계를 보여주며 과학과 철학의 역사를 알기 위해서는 두 분야 모두both 이해하는 것의 중요성을 보여준다. 그 결과 과학사와 과학철학를 어떻게 연관 지을 것인가에 대한 질문이 뒤따르게 된다.

가령 원자론에 반대한 마흐의 경험주의, 마흐가 아인슈타인, 플랑크, 볼츠만과 벌였던 논쟁은 잘 알려져 있다.[5] 그 쟁점과 특성이 흥미롭고 중요한 만큼 매우 복잡하다는 점에서 그 논쟁으로부터 철학적 교훈을 얻는 데에 주의해야 한다. 물리학에서 이 시기에 받아들여진 역사들에 대하여 파이어아벤트Feyerabend는 "그 시기에 물리학에서 인정받은 내용은 정확하지 않을 뿐만 아니라 기술한 사건보다 … 훨씬 더 단순했다."고 현명하게 충고했다. 이를 마음에 새기고 몇 가지 유용한 것을 말할 수 있다. 마흐와 경험주의 전통은 과학을 경험적이고 특히 관찰의 바탕에 근접하게 유지하길 원했으며 이런 확고한 바탕을 넘어서는 구성물에 대해서는 회의주의를 나타냈다. 반면에 플랑크, 아인슈타인 그리고 실재론 전통은 감각을 넘어서는 실재를 이해하려고 하며 그들은 과학이 그런 실재의 특성을 점차로 밝혀낼 것이라 믿었다.

분명한 문제는 플랑크와 다른 실재론자들은 너무나 쉽게 과도기적인 과학 이론을 최종적인 것으로 받아들였다는 점이다. 가령 18세기와 19세기 원자론이 전자기학을 포함한 모든 물리적 현상을 기계적으로 해석할 수 있다는 희망이 환상에 불과하다는 것이 증명되었다. 마흐의 회의주의는 비록 모든 과학 이론에 대하여 회의를 품었다는 점에서 선견지명이라 할 수 있지만 이런 특정 사례에 대한 그의 회의주의를 그러하다고 말할 수는 없다. 예언자doomsayer가 결국에는 옳지만, 그렇다고 하여 그가 선견지명이 있다고 말하진 않는다. 19세기 후반과 20세기 초반의 실재론은 실재와 과학적 세계관에 대해 유행이 지난 기제로 종종 여겨졌으며 실재에 대한 진실로서 특정 기계론적 모습의 진리를 위해 맞서 싸웠다. 실재론자가 세계의 궁극적인 재료를 이루고 있는 것을 설명할 책임은 없다. 유물론은 실재론의 한 가지 유형이며 이원론은 또 다른 형태이다. 그들의 비물질적인 실재가 개인에 무관하게 존재하고 과학이 그런 비물질적인 본질의 성질을 알려고 시도하는 것이라면 존재론적 이상주의 유형조차도 실재론자가 될 수 있다.

서로 다른 역사적 인물들이 철학적 입장을 어떻게 다양하게 취하고 있는지 보여주는 것이 한 가지 일이며 물론 이것만으로 진리나 다른 실제 입장을 증명하는 것은 아니다. 구체적으로 우리는 실재론이나 경험주의가 다른 과학 이론에 의하여 수반되고 있는지, 한 이론의 진리를 다른 것과 비교하는 것은 독립적인 논증이 있는지 알 필요가 있다.

경험주의가 실재론을 반대하는 가장 강력한 논증은 다음과 같다. 첫째, 과학사에는 과거에는 최고의 과학으로 확고하게 여겨졌지만 결국 버려진 이론적 실재들의 사례가 많이 있다. 둘째, 이론적 용어는 항상 증거에 의해 결정되어야 하고, 하나의 증거가 잔존하거나 잠재적인 다른 이론적 실재도 지지한다는 것이다. 셋째, 과학 개념은 그 개념이 의도적으로 기술하는 실재에 의해 결정되는 동시에 그 개념이 지지하는 이론에 의해 결정된다. 이런 실재론에 대한 경험주의적, 구성주의적 도전은 파인(Fine 1984), 헤세(Hesse 1980), 쿤(Kuhn 1970), 라우든(Laudan 1977, 1984)과 같은 철학자들에 의해 구별되어 오고 있다.[6] 프라센(Fraassen 1980)은 실재론을 가장 폭넓게 비판한 사람으로 유용한 과학철학으로서 경험주의를 매우 정교한 형태로 만들어 재진술한 사람이다. 그는 다음과 같이 말한다.

> 경험주의자가 된다는 것은 실제로 관찰 가능한 현상을 넘어서는 것은 어떤 것이든 믿지 않으며, 자연에는 객관적인 정형modality이 없다는 것을 인식한다. … 그것은 실재하고 관찰 가능한 것을 넘어서는 실재에 대한 진리를 통해, 관찰 가능한 자연의 과정이 가진 규칙성을 설명하려는 요구를 단호히 거부한다(Fraassen 1980, p. 202).

실재론에 대한 경험주의자의 첫째 논증은 과학의 변화가 지식이 점차 증가하여 쌓이는 변화이기보다는 급격한 패러다임 변화라는 것인데 이것이 전통적으로 설득력을 얻고 있다. 이것은 흄에 대한 칸트의 반응에서도 반복되는 것으로 실재론자들이 빠진 독단의 잠에서 그들을 깨운 것이다. 플랑크는 이런 실재론자의 잠의 깊이에 대한 재미있는 이야기를 들려준다. 1924년 플랑크는 자신이 50년 전 과학 분야의 일을 시작하였던 뮌헨 대학교에서 연설을 했다. 그 연설에서 플랑크는 물리학이라는 학문이 이제 최종적으로 끝나고 있으며 더 이상 연구할 것이 없기 때문에 물리 분야를 진로로 택하지 말라고 조언 받았던 일을 회고했다.

> 내가 물리학 공부를 시작할 무렵, 나는 존경하는 필립 폰 졸리 선생님께 내가 공부할 분야의 상황과 전망에 대한 조언을 구했다. 그는 고도로 발달하여 거의 완전히 성숙한 과학으로 물리학을 묘사하였으며 에너지 보존 법칙의 발견으로 완성되고 따라서 곧 최종적인 안정 상태를 가정할 수 있다는 것이었다. 물론 여기저기에 더 탐구되고 적절한 위치를 찾을 먼지나 거품 정도의 문제가 남아 있었다. 그러나 그 체제는 전체적으로 확

고하게 구축되어 있었고 이론 물리는 분명히 기하학이 수세기 동안 누려왔던 완전함과 동일한 정도에 도달해 있었다(Melsen 1961, p. 208).

플랑크는 1870년대 널리 퍼져 있었던 과학에 대한 관점을 회고한 것이었으며 이것은 중세 아리스토텔레스 주의자의 관점과 견줄 만한 것으로 아리스토텔레스가 본질적으로 세계를 풀어내는 과제를 완수했고 따라서 남은 것은 그의 책을 살펴보는 것이라고 한 것과 동일하다. 그러나 수십 년 내에 물리학이 안정되었다는 생각은 플랑크의 성취와 아인슈타인과 다른 사람들에 의하여 도전을 받게 된다.

수많은 실재론자가 위에서 개관한 경험주의 논증에 반대하는 변호를 하면서 실재론의 여러 형태를 다듬기 시작했다.[7] 이안 해킹(Ian Hacking 1983)은 만약 과학이 단순히 세계를 나타낸 것에 불과하다는 것을 인식한다면 경험주의 주장은 실재론이 반박하지 못할 정도로 강력할 수 있다고 하였다. 그러나 실재론은 해킹이 찾으려고 했던 과학적 중재와 실험화가 성공한 것에 대한 새로운 형태의 정당화를 찾아야 한다. "전자가 실제로 저기 있지 않다면 전자를 뿌릴 수 없다."는 것이다.

실재론을 명확하게 하기 위하여 여러 가지 형태의 실재론을 구별하여 실재론의 이름으로 변호된 것과 그렇지 않은 것으로 나누어 보는 것이 유용하다. 레플린이 이런 포괄적인 목록을 만들어 다양한 실재론자의 철학적 입장을 구별하였다(Leplin 1984, p. 1). 그는 실재론자들이 약간씩 다른 다음의 테제들 중의 하나를 확증하고 있음을 지적하였다.

1) 현재 가장 훌륭한 과학 이론은 최소한 진리에 근사해 있다.
2) 현재 가장 훌륭한 이론의 중심 용어는 진정으로 지시적이다.
3) 과학 이론의 근사적인 진리는 그 이론이 예측하는 데 성공할 것을 충분히 설명한다.
4) 과학 이론의 근사적인 진리는 그 이론의 예측 성공을 유일하게 설명하는 것이다.
5) 하나의 과학 이론은 성공적으로 지시하지 못해도 근사적으로 참일 수 있다.
6) 최소한 성숙한 과학의 역사는 물리 세계를 진정으로 설명하는 것에 점진적으로 근사하는 것을 보여준다.
7) 과학 이론의 이론적 주장은 말 그대로 읽어야 하며 그렇게 읽은 것은 명확하게 참되거나 그릇된 것이다.

8) 과학 이론은 진정한 존재론적 주장을 만들어낸다.
9) 한 이론이 예측하는 데 성공하는 것은 그 이론의 중심 용어의 지시적 성공에 대한 증거이다.
10) 과학은 말 그대로 물리 세계의 진정한 설명을 목적으로 하며 그 일의 성공은 이 목표를 달성하는 쪽으로 전진하는 것으로 확인되어야 한다.

가령 실재론 중에서 강한 실재론은 테제 1), 2), 4), 7), 10)을 조합한 것을 받아들이고 있다. 온건한 실재론은 6), 8), 9)의 테제를 조합한 것일 수 있다. 온건한 실재론은 결과적으로 과학이 세계를 참되게 설명하는 것을 목표로 한다고 말하며 그것을 우리의 지적 상태를 넘어서는 독립된 것이라고 본다. 그렇다고 현재의 관점이 올바르다는 것을 받아들이지는 않는다. 여러 번에 걸쳐 증명되고 인정을 받은 과학이론이 증명되는 것은 세계가 어떻게 움직이는지에 대한 실존주의적인 주장을 만들기 때문이며 이러한 주장들은 근사적으로 참된 것이라고 말한다. 철학자들은 이런 진리에 대한 근사 혹은 포퍼가 '진리 근사치verisimilitude'라고 부르는 것에 대한 생각들로 문제를 제기한다. 그러나 이러한 문제 제기는 부합할 수 있고 지금까지도 부합해 왔다(Devitt 1991, Oddie 1986). 온건한 실재론은 계속 되기에 충분하며 경험주의와는 견줄 수 없는(역주: 혹은 양립할 수 없는)것이며 또한 구성주의와 급진적 구성주의의 이상주의적 형태와도 견줄 수 없는 것이다. 온건한 실재론은 실재론에서 표준적으로 받아들인 테제를 담고 있다.

- 과학의 이론적 용어는 어떤 실재를 지시하려고 시도attempt한다.
- 과학 이론은 확증 가능하다.
- 과학적 진보는, 최소한 성숙한 과학에서는, 진리가 점차 증가하기 때문이다.
- 크게 보면 과학이 서술하는 실재는 인간의 정신이나 사고에 독립적이다.

결론

과학적 이론의 지위에 대한 실재론자와 경험주의 사이의 논쟁 – 관찰 가능하지 않은 것에 대한 이론적 진술이 실제로 존재하는 실재인지, 그렇다면 어느 정도 지시하고 있는지 – 을 여기서 상세하게 살펴본 데는 여러 가지 이유가 있다. 첫째, 과학의 본성에 대한 철학적 반성의 역사에는 그 논쟁이 지배적이었으며 학교에서 과학의 본성을 논의하는 데 그런 측면이 부각되어야 한다. 둘째, 학교 교과서는 그런 관점들 중에서 하나만을 주로 다루고 있어서 그와 관련된 역사적 또는 철학적 쟁점을 이해하지 못한다. 영국과 남아프리카의 학교에서 널리 사용되는 17개의 과학교과서를 조사했더니 주로 귀납적이고 경험주의적인 과학관을 담고 있었다(Jacoby & Spargo 1989). 실재론과 경험주의의 논쟁에 교사가 익숙해져야 교과서에 대하여 더욱 비판적이 되고 이런 문제에 대한 학생의 인식도 넓어질 것이다. 진리에 대한 질문과 과학 수업에 대한 문제는 허드슨(Hodson 1982)과 노리스(Norris 1984)의 연구에서 논의되고 있다. 셋째, 구성주의는, 최소한 급진적 구성주의의 경우, 과학관과 과학 탐구의 목표에서 명확하게도 경험주의적이며, 사람들이 자신의 경험으로만 알 수 있다고 말하는 것은 실증주의이다. 이런 경험주의적 몰입이 학교의 교실 수업과 교육과정에 흘러 들어가서 '과학은 생물적인 세계, 물리적인 세계, 기술적인 세계를 사람들이 탐구하고 조사하는 것이며 그런 세계를 논리적이고 창의적인 방식으로 의미를 부여하는 것'이라는 진술이 흔히 발견된다(Bell 1990). 실재론자라면 이런 진술에 대하여 사람들이 주변 세계에 의미를 부여하는 논리적이고 창의적인 방식은 수없이 많다고 반응할 것이다. 과학은 세계에 대한 진리를 알려주는 방식을 찾는 데 관심을 두고 있다. 구성주의가 교육에 영향을 주고 있기 때문에 경험주의적 기초를 더 정교화할 필요가 있다.

이번 장은 과학의 목적에 대한 교리처럼 여겨졌던 경험주의의 역사를 개괄하였다. 경험주의에서 과학은 관찰 가능한 세계를 탐구하고, 마흐와 논쟁할 때처럼, 관찰 가능한 것 사이의 관계를 말하는 일이 한계를 보일 때를 제외하고는 관찰할 수 없는 것을 지시하는 일을 의도적으로 회피했다. 따라서 과학은 낙하하는 물체와 행성 운동의 법칙을 찾아서 관찰 가능한 관계로 설명하거나 중력에 의한 인력이라는 생각을 이용하여 경험 법칙을 요약하는 것을 편리한 방식으로 활용하지만, 실제로 중력이 있다고 가정하지 않는다. 마찬가지로 과학은 다양한 검사에서 개인적 수행 사이의 관계를 찾으려고 하며 그런 관계를 간단하게 요약하는 방식이 '지능'이라고 지시하지만, 지능의 존재를 주장하지는 않는다. 단지 지능이 높으면 다양하게 고안된 검사에서 수행을 잘하는 것이고 지능이 낮으면 수행을 저조하게 한다는 의미일 뿐이다. 심리학에서의 행동주의가 경험주의의 교리의 과학적인 표현일 것이다. 스키너는 경험주의 철학을 마흐를 읽으면서 배웠다. 경험주의자는 과학 안의 관찰 가능한 것을 존재론적으로 실재한다고 믿으며, 행성이나 떨어지는 사과뿐만 아니라 개인과 실험 책에도 실제로 존재한다고 생각하면서 인과적 관계를 찾는다. 버클리Berkeley에서 시작되어 실증주의와 급진적 구성주의로 이어진 경험주의는 과학이 단지 우리가 경험한 것에 대해서만 말해줄 뿐이며 외부의 객체에 대해서는 아무 것도 말해주지 않는다는 것을 내포하고 있다.

이론적 실재와 기작 중에서 투명한 구, 플로지스톤, 체액humours처럼 버려진 것이 실재론자에게 문제가 된다면 오랫동안 효과적이라고 자세하게 밝혀진 실재들은 경험주의자에게 더 큰 문제가 될 것이다. 한 때 이론적 실재였던 분자, 전자, 유전자, 염색체, 지구 내핵, 해왕성 등은 매우 중요하고 관찰 가능한 실재로 변했다. 경험주의의 강령에는 관찰 용어와 이론 용어를 구별하기 때문에 과학과 기술의 진보를 유지할 수 없게 만든다. 그래서 이런 경험주의의 강령은 원칙적으로 관찰 가능하지 않은 상상의putative 실재를 의심하는 회의주의 입장으로 축소되어 해석될 필요가 있다.

그러나 경험주의도 지식의 기초에 대한 인식론적 강령으로서 지식을 주장하려면 경험에 의하여 타당해지거나 실증주의자처럼 감각 자료에 의해 타당해져야 한다는 입장을 취한다. 이런 형태의 경험주의에는 보편적 진술이 경험을 초월하는 문제, 수학을 경험적 주장으로 환원시킬 수 없는 문제, 과학적 이상화는 사실적인 것과 반대되는 것과 같은 다른 문제들도 여전히 남아있다.

1. 톨레미Ptolemy의 체계는 천문학적 사건을 예상하였고 실제적인 목표를 잘 제공하여 서기 150년부터 16세기 초의 코페르니쿠스 시대까지 잘 받아 들여졌다. 톨레미Ptolemy의 일생, 시대, 업적에 대한 설명은 타우브(Taub 1993)의 연구를 참고하고 고대 천문학에 대한 좀 더 일반적인 설명은 크로와 오닐(Crowe & O'Neil 1986)의 연구를 참고하라.
2. 천문학에 대한 코페르니쿠스, 브라헤Brahe, 갈릴레오, 케플러의 설명은 코헨(Cohen 1961), 크로(Crowe 1990), 굿맨과 러셀(Goodman & Russel 1991), 코이레(Koyré 1957), 쿤(Kuhn 1957)의 연구를 참고하라.
3. 과학과 철학에서 원자론의 역사에 대한 논의는 하만(Harman 1982), 맥멀린(McMullin 1963), 멜센(Melsen 1952)의 연구에서 찾아볼 수 있다.
4. 헴펠Hempel은 모든 과학적인 용어를 식별할 수 있는 영역과 이론적인 영역에 속하는 것으로 간주하였다. 후자의 기능은 전자를 설명하거나 의무를 부과함으로써 하나의 관찰이 두 가지의 추측으로 이어지게 한다. 이 주제에 대해, 행동주의자인 헐Hull과 스키너Skinner를 인용한 후, 그는 다음과 같이 이론가의 딜레마를 제시하였다.

   > 만약 이론의 용어들과 원리들이 그들의 목적을 제공한다면 그들은 불필요해질 것이다. … 만약 그들이 그들의 목적을 제공하지 못한다면 그들은 완전히 불필요해질 것이다. 하지만 주어진 어떤 이론, 그것의 용어 그리고 원리들은 그들의 목적을 제공할 수도 있고 그렇지 않을 수도 있다. 그러므로 어떤 이론이든 그것의 용어와 원리는 불필요하다(Hempel 1958/1965, p. 186).

5. 블랙모어(Blackmore 1985, 1989), 브레들리(Bradley 1971), 브러쉬(Brush 1968), 파이어아벤트(Feyerabend 1980, 1981, 1987), 홀튼(Holton 1970, 1993b), 로덴(Laudan 1981)의 연구에서 그 예를 찾을 수 있다.
6. 논쟁의 양측에 대한 문헌은 처치랜드와 후커(Churchland & Hooker 1985), 레플린(Leplin 1984)의 연구를 참고하라.
7. 보이드(Boyd 1984), 뱌스카(Bhaskar 1975), 브라운(Brown 1994), 글리무어(Glymour 1985), 하레(Harré 1970), 후커(Hooker 1985), 맥멀린(McMullin 1984), 슐라겔(Schlagel 1986)의 연구에서 그 예를 찾을 수 있다.

9장

다문화 과학교육

Multicultural Science Education

과학사와 과학철학은 과학교육 안에서 과학교육에 관한 논쟁이 되었던 쟁점들, 가령 구성주의, 발견 학습, 과학의 가치, 아동의 개념, 페미니스트의 과학에 대한 비판에 관한 여러 논쟁들에 기여하고 있다. 이런 문제에 대한 논쟁은 과학의 본성에 대한 개념에 의존하고 있다. 과학의 목적, 과학의 방법, 과학의 한계와 성취에 대한 개념에 달려 있는 것이다. 이 장에서는 그런 논쟁 중에서 과학교육에서 매우 중요하게 여기는 다문화 과학교육에 대한 문제를 다루려고 한다. 지난 십 년 동안 많은 사람들은 정통 과학은 문화적으로 편향되어 있으며 우리 학교는 자연을 좀 더 다양하게 이해해야 한다고 주장하였다. 또한 비서구 문화에서 과학교육은 서구와는 달라질 필요가 있는 것으로 널리 알려져 있다. 완벽하게 민족 과학일 수 없다면 어느 정도 다문화적일 필요가 있다는 의미이다. 이런 논쟁에 관련된 수업적 부분은 철학적으로는 문제가 없지만 비서구적 이해와 기술에 대한 그리고 서구의 전통과 철학을 공유하고 있지 못한 문화에서 과학을 효과적이고 예민하게 가르치는 인식이 늦어진 점은 우려스럽다. 이 논쟁에 대한 철학적 논쟁 부분은 과학으로서 타당하고 좋은 과학은 여러 가지가 동등하게 가능하다는 것을 주장한 것에서 시작되며 서구 과학과 민족 과학이 학교에서 동일한 지위를 가지고 있어야 한다는 주장에서 더 나아가 어떤 상황에서는 지역적인 민족 과학이 학교 과학으로서 서구 과학을 대신하여야 한다는 주장에서 논쟁이 시작된다.[1]

과학교육에 대한 비판

다문화 과학교육에 대한 논쟁은 서구에서 더 큰 논쟁이었던 학교와 문화 사이의 문제 중 일부분이다. 1960년대 학교에 대한 비판은 주로 학교의 불평등, 접근, 학교의 이데올로기와 정치적 기능에 대한 쟁점에 집중하였다. 좀 더 최근의 비판은 교육과정의 문제에 대한 것이며 공적 지식을 만들어 내는 데 있어서의 학교의 역할에 초점을 맞추었다. 어떤 사람은 교육과정에서 전수되어야 하는 것으로 정해진 공적 지식은 실제로는 패거리partisan 지식이라고 주장한다. 즉, 특정한 집단에 의하여 만들어지고 그 집단의 관심을 넓혀주는 지식이라는 것이다. 이것은 많은 대학교에서 다루어진 '정치적 정당성political correctness'에 대한 논쟁에서 찾아볼 수 있다.[2]

1960년대로부터, 모든 사회에서 학교 구조, 규제regulation, 수업 방법 및 교육과정들이 지배적인 문화 집단에게 유리한 반면 소수 문화에는 불리하면서 침묵할 것을 요구하는 방식이 매우 다양하게 존재하고 있다는 것을 인식하게 되었다. 교육에서 성별, 계급적, 민족적 편파는 그동안 자세하게 지적되었으며 이는 교육 체계의 정치적 기능이기도 하였다. 그런 수천 개의 연구 중에서 가장 중요한 것으로, 베블런(Veblen 1969)은 고등 교육에서 계급적 편파를 지적했으며 사이먼(Simon 1971)은 지능 검사와 학교 계열school streaming에서 계급과 민족적 편파가 있다고 했다. 또한 영(Young 1972)은 교육과정이 사회적으로 조직된 지식이라는 것에 대하여, 프레이리(Freire 1972)는 식민 교육에서 원주민 문화의 지배에 대한 것을, 젠크스(Jencks 1972)는 교육에서 불평등에 대하여, 보울스와 긴티스(Bowles & Gintis 1976)는 학교 성취에서 경제적 결정에 관하여, 애플(Apple 1979)은 학교 교육과정의 이데올로기적 기능에 대하여 지적하였다.[3]

이런 급진적 전통에 있는 사람은 학교 과학이 지배와 복종에 공헌하는 방식을 특정하게 지적하는 경우도 있다. 레이턴(Layton 1973)은 이론적이고 비실용적인 과학교육과정의 탈숙련화와 소외효과deskilling and alienating effect를 지적하였다. 영(Young 1976)은 학교 과학에서 실증주의 문화와 과학을 문지기로 기능하도록 하여, 과학적 지식에 접근하는 것을 제한하고 대중을 과학적으로 무지하도록 내버려둔 채 일반적으로 중산층, 백인, 전문 엘리트에게 의존하도록 한 것에 대하여 지적했다. 많은 연구에서 여성과 소수 민족 중 매우 낮은 비율만이 과학에 종사하는 것을 지적하였다. 학교 과학을 이수하는 수도 매우 적으며, 대학교와 이공계 계열에서 과학을 수강하는 비율이 급격하게 낮아지고 있다는 것도 함께 보고되고 있다.[4]

1960년대와 1970년대의 주된 비판은 데소텔스Desautels가 잘 요약하였다.

> 수년 동안 교육과정이 지나치게 부담스러워짐으로써 대부분의 학생들은 지적 발달에 거의 적응하지 못하고 그 체계는 결국 매우 소수가 과학적 진로를 택하는 것만을 보장하고 있다. 주로 논리와 학문에 따라 교육과정 내용을 결정함으로써 과학사에 대한 것은 관심도 없어서 삽입된 일화parenthetical anecdotes를 제외시켜 버렸고 학생들은 그 결과 '과학을 비판적인 관점'으로 흡수하지 못하게 되었다. 교육과정 내용을 일상적 혹은 문화적 실재와 분리시킴으로써 습득한 지식은 개인의 일상 행동에는 쓸모없는 것이 되어 버렸다. 과학과 기술의 분리로써 분업을 위한 체제가 이미 준비되었다. 과학과 기술 발전에 관련된 사회적 문제가 통합되지 못하도록 함으로써 새로운 세대들은 진보로 통하는 것들을 수동적이고 순박하게 받아들이도록 준비되었다(Aikenhead 1985, p. 135).

과학교육에 대한 이런 비판은 과학은 인식론적으로는 문제가 없다고 가정하는 것이다. 문제가 되는 것은 실용적인 문제로서, 과학을 어떻게 잘 가르칠 수 있는가, 여성과 소수 민족 및 하층민을 소외시키거나 실망시키지 않도록 교육과 학교 구조를 어떻게 만들어 내는가에 있다고 생각하였다. 그러나 현재의 다문화 과학교육에 대한 논쟁은 그 당시와는 다르게 포스트모더니스트라는 지적 환경에서 일어나고 있고 이런 환경에서는 서구 과학의 진리에 대한 지위가 도전을 받고 있으며 과학적 이해에 대한 그것의 독점이 만약 부정되지 않더라도 최소한 의문은 제기되고 있다. 어떤 사람은 이런 문제를 다음과 같이 지적한다.

> 포스트모던의 관점은 세계가 의미를 만들어 내는 무한하게 많은 기관으로 구성되어 있다고 본다. 그 기관들은 비교적 자기 충족적이고 자율적인 동시에 각각 독특한 논리를 따르며 진리를 타당하게 만드는 장치로 무장되어 있다(Bauman 1988, p. 799).

과학교사가 직면한 문제는 문학과 사회과학에 대한 문화적 비판과 포스트모던적 비판이 서구의 자연과학에도 그대로 적용되는지, 적용된다면 얼마나 그러한지에 관한 것이다. 서구 과학이 다른 지역의 과학들과 동등하게 타당하고 진실한가? 그 여러 과학들이 사실 확인을 위한 각각의 논리와 시선들을 가지는가? 과학에 대한 포스트모던적인 인식론적 평가가 올바른 정도까지, 다문화 과학교육에 대한 인식론적 논의가 진행되는 정도가 발전될 것이다. 역으로 말하면 그런 논의가 잘못된 것이라면 다문화 과학교육에 대한 인식론적 논의는 약화될 것이다. 인간의 존재와 교육의 질에 대한 문제는 이런 질문을 만족시키는 대답에 달려 있다. 남태평양 지역의 한 교육부 장관은 학교에서 서구 과학을 전통적인 과학으로 대치하는 일을 다문화적 기초에서 제안하고 있다. 포틀랜드의 아프리카계 미국인의 기본 에세이Portand African -American Baseline Essays 교육과정 권고안은 미국의 애틀랜타, 볼티모어, 디트로이트, 인디애나폴리스와 같은 많은 주요 교육 자치구에서 받아들여졌다.[5]

보편주의 전통

보편주의는 서구의 과학에서 주요 흐름과 관련된 인식론적 입장이다. 이런 관점은 1921년 캠벨Campbell이 "과학은 보편적인 동의를 얻을 수 있을지 판단하는 분야의 학문이다."(Campbell 1921/1952, p. 27)라고 말한 데서 찾아볼 수 있다. 그 다음 해 첫 과학사 전문 잡지 《아이시스*Isis*》의 창간 편집장인 사튼Sarton은 다음과 같이 말했다.

> 지식의 발달은 정치적 경계나 인종적 경계를 넘어선다. 지식의 발달이야말로 진정으로 국제적일 수 있다. 우리가 지구상의 사람들을 함께 하기를 원한다면 우리의 관심을 공통의 가보heirlooms인 보물을 하나로 만드는 것에 관심을 기울여야 하지 않을까? 진리에 대한 의문의 역사는 한 나라의 역사가 아니다. 그것은 인류의 역사이다(Pyenson 1992, p. 96).

보편주의자는 과학을 진리를 찾기 위해 이루어지는 지적 활동으로 여겨 국가나 계급, 민족 혹은 다른 차이에 따라 영향을 받지 않는다고 생각한다. 과학이 인간의 그런 차이를 초월한다는 것이다. 과학은 문화, 종교, 민족을 가로지르는 공통의 참여 수단으로 매우 성공적이다. 이런 보편주의자의 관점은 문화의 측면이 과학에 영향을 준다는 것을 인정하면서도 그럼에도 문화적인 고려가 과학의 진리 주장을 결정하는 것은 아니라고 생각한다.

막스 플랑크Max Planck는 이런 보편주의적 교리를 받아들인 많은 사람 중 하나이다. 그는 가열된 흑체(공동)에서 복사되어 나오는 에너지 분포에 대한 플랑크의 공식을 생각할 때 그것은 어느 시기, 어느 문화, 심지어 이곳이 아니고 인간이 아닌 경우에도 필연적으로 그것의 중요성을 유지하고 있는 것으로 여겼다(Heilbron 1986, p. 6). 이것은 과학적 진리가 모든 인간의 관심이나 인간 이외의 관심에도 무관할 수 있다는 것을 널리 알리는 것이다. 아인슈타인도 인간주의자로서 과학의 문화적 뿌리와 과학이 문화에 미치는 영향을 정확하게 간파하였음에도 불구하고 과학의 근본 목적이 자연 세계에 대한 모습이 따로 떨어진 개별적인 지성성에서 완전하게 자유로워지는 것이라는 플랑크의 관점을 근본적으로 받아들이고 있다(Holton 1975, p. 107). 이런 태도는 프랑스 물리학자이자 철학자인 뒤헴Duhem도 공감하고 있다. 그는 과학이 다른 국가의 특징에 의하여 어떤 영향을 받았는가를 추적하는 데 관심을 기울였다. 그러나 그도 제1차 세계대전 당시에 작성된 독일 과학을 포함한 다양한 작업들을 마치고 다음과 같이 말했다.

> 완벽한 형태를 생각한다면 과학은 절대적으로 인간적이지 않아야 한다. 과학의 발견이 이루어진 것에 발견자의 표시가 들어있는 게 아니며 어느 나라에서 발견된 것인지는 중요하지 않게 된다. 뉴턴에게는 영국의 정신의 흔적을 찾을 수 없으며 가우스나 헬름홀츠에게 독일의 정신을 찾을 수 없다. 그런 과학의 업적은 더 이상 그들 국가의 우수성을 예언하지 않으며 인간의 우수성을 예언한다(Duhem 1916/1991, p. 80).

보편주의자의 핵심적인 생각은 물질세계가 세계에 대한 설명의 적절성을 궁극적으로 판단한다는 것이다. 과학자들이 어떤 설명을 제안하면 논쟁을 거친 후에 궁극적으로 타협하고 결국 마지막 판단은 세계에 의해 결정된다. 자연세계의 특성은 인간의 관심이나 문화 혹은 인종이나 성별에 관련되지 않는다. 궁극적으로 그 개념은 그 대상에 의하여 판단을 받는 것이지 다른 방식으로 판정받지는 않는다. 마치 화산 폭발이 일어나는 지역이 인종이나 성별에 따라 다르지 않고 흑인이든, 백인이든, 남자든, 여자든, 종교를 가진 사람이든, 그렇지 않은 사람이든 용암이 동등하게 목숨을 빼앗듯 화산유암의 과학은 모두에게 동일할 것이다. 보편주의자에게 있어서 화산의 과학은 증거와 정당화로 협상된 규칙을 통해 분명히 인간이 구성한 것이지만, 우리의 화산학에 대한 적절성은 화산의 행동이 결정하는 것이지 화산학이 화산의 행동을 결정하는 것이 아닌 것이다.

보편주의와 제국주의

의심의 여지없이 보편주의는 정치적 목적과 이데올로기적 목적으로 이용된다. 보편주의는 서구 과학을 가르치는 것을 정당화하고 근거를 제공한다. 서구 과학이 확장하여 미국, 아시아, 아프리카, 태평양 지역의 원주민의 문화를 예속시켰다. 외부 문화를 과학적으로 이해시키는 것이 문명화 임무를 수행하는 역할을 한다고 분명하게 진술한다. 과학을 가르치는 것은 백인의 짐white man's burden의 일부로서 종교를 가르치는 데 대하여 이차적인 것이 된다.

피엔슨Pyenson은 식민지 과학에 대한 책을 시리즈로 발간하면서 과학이 가진 문명화의 임무가 반복적으로 나타나는 것에 주목하게 되었다(Pyenson 1985, 1989, 1992). 그가 모은 과학을 과도하게 치장한 많은 설명 중 몇몇은 과학에 주어진 문명화의 희망을 옹호하는 데 충분하다. 에콰도르의 19세기 천문학자인 메넨Menen은 "일반적으로 과학은 신성한 선물로 불린다. 그리고 과학을 통해서 특별히 인간에게 일반적으로 사회에 발전과 진보를 가져왔다고 말하는 것은 합당하다."고 했다(Pyenson 1992, p. 87). 1920년대 하노이의 프랑스 물리학자인 베르나르Bernard는 과학사를 대학교 교육과정에 포함시킬 것을 주장하면서 과학자들이 아름답고 조화로운 생각을 제안하여 인류에게 즉각적인 것을 넘어 실용적인 흥미를 불러 일으켜서 도덕적 진보에 공헌하기 때문이라고 하였다(Pyenson 1992, p. 88). 또 1920년대 자바의 네덜란드 물리학자이자 철학자인 클레이Clay는 인도네시아 학생들이 그리스의 기적과 갈릴레오에 의한 그것의 활용에 대하여 학습해야 한다고 주장했다. 왜냐하면 갈릴레오의 성취는 인류 역사상 가장 위대한 기적이기 때문에 서구 과학의 고전을 공부하는 것은 인도네시아 사람에게 더 높은 문명을 달성하는 데 특히 탁월한 방법 중 하나이기 때문이다(Pyenson 1992, p. 90). 과학은 매우 가치 있는 것이다.

피엔슨이 찾아낸 것은 식민지 과학교육의 역사를 공부하는 대부분의 사람에게서 다시 반복되고 있다. 가령 다트와 프라단Dart & Pradhan은 다음과 같이 기록하였다.

> 초기에는 종교 학교에서 시작되어 식민지 학교 시기까지 계속 이루어진 서구 교육에 대한 태도와 의도는 초기 문명 혹은 쇠퇴하는 문명을 더 현대적이고 더 나은 것으로 바꾸는 것이 되었다. 그런 태도는 식민지 시기가 끝났음에도 계속되는 경향이 있었으며 특히 과학교육에서는 더욱 강하게 남아 있다. 과학교육은 서구 세계의 매우 독특하고도 강력한 제안으로 간주된다(Dart & Pradhan, 1976, p. 655).

두 차례의 세계대전과 수많은 국지 전쟁에서 드러난 기술에 대한 공포는, 가령 원격으로 유도된 사막의 폭풍 작전에서 카메라를 부착한 미사일이 인명을 살상하고 신체를 불구로 만들고 삶의 터전을 파괴한 장면은 전 세계 거실로 전달되었고 과학이 발전하면 인간의 고통이 없어질 것이라는 순박한 생각을 가진 사람들의 열망을 위협하게 되었다. 또한 산성비에 의한 삼림 파괴clear-felling와 고래의 레이더 유도 추적 살상 및 해양의 어족 자원 고갈drift-net fishing, 체르노빌 원전 사고 또한 그런 경우이다. 전략 방위 구상Strategic Defense Initiative을 위하여 3백억 달러를 낭비하고 미국 정부가 재정 지원하는 과학 연구가 전쟁과 관련된 프로젝트에 집중하고 있다는 것도 알게 된다. 서구인의 문명화 기능과 과학과 기술이 가진 장점은 더 이상 이전에 생각했던 것처럼 명확하지 않으며 논란의 여지가 없는 것도 아니다. 이는 인지적 주장에 영향을 주지 않는다.

급진적 과학교육 개혁을 지지하거나 다문화 과학교육을 주장하는 사람은 과학과 관련된 재앙이 서구인의 특정한 이익에만 우연하게 연결된 것이 아니라 서구 과학이 가진 정신에서 기원한다고 말한다. 그들은 서구 과학 혹은 주요 흐름이 되는 과학이 물질주의와 환원주의에 내적으로 연결되어 있으며 따라서 도구주의적이고 기술적인 이유에 의해 지배되고 오염되었다고 주장한다. 다문화 과학교육에 대한 정신적 기원에 대한 논쟁의 핵심은 정통 과학이 서구 문화와 불가피하게 연결되어 있는지, 서구 과학에서 주장하는 진리 주장이 철학적 틀에 대하여, 더 폭넓게 말하자면 철학적 관심에 대하여 상대적인지에 관한 문제이다.

인식론과 다문화 과학교육

다문화 혹은 이중 문화의 상황에서 과학교사가 선택할 수 있는 대안들의 연속적 분포는 다음과 같다.

제국주의자Imperialist: 자연과 현상에 대한 전통적인 이해가 무시되고 서구 과학은 이것이 대도시 중심metropolitan centres에 있는 것처럼 가르쳐진다. 폴리네시아에서의 PSSC 물리, 뉴펀들랜드(캐나다 동쪽 섬)에서의 너필드 물리, 컬럼비아에서의 CBA 화학 등이 대표적인 경우이다. 전통적인 신념과 체계는 이전의 지식을 대신할 새로운 지식의 기초를 준비하는 것에만 관심을 기울인다.

통합주의자Integrationist: 자연에 대한 대안적 이해와 사고방식이 인정되고 존중되고 사용되었지만 최후의 수단으로써 오직 학생이 서구 과학을 배우는 효과적인 방법으로 알려지게 되었다. 민족 과학은 인류문화적인 방식으로 다루어지며 다른 문화가 자신 문화의 신념을 가지는 이유를 강조하게 된다. 서구 과학의 이해를 용이하게 하기 위해 서구 과학 이해의 측면에서 전통적인 신념과 실행을 해석하려는 노력이 이루어졌다.

강경주의Robust **혹은 비개입주의자**Interventionist: 민족 과학 혹은 전통 과학을 서구 과학에 대해 지적으로 적당한 대안으로 인식하였고 민족 과학 혹은 전통 과학은 서구 과학과 기술의 변화 정도와 마찬가지로 그 고유의 방식으로 개척하였다. 어떤 경우에는 전통 과학과 서구 과학을 모두 가르치기도 하고 두 가지 과학에서 가장 좋은 것을 취하는 접근을 하기도 하며, 다른 경우에는 전통적인 과학만을 가르치기도 한다.

강경주의 관점은 윤리적이고 정치적인 고심에 의해 부분적으로 지지되는데 현재의 신념 체계와 문화는 존중될 필요가 있고 내적으로 일어난instigated 변화만이 승인되어야 한다고 여긴다. 한 아프리카 교육자는 다음과 같이 말한다.

> 더 낫다고 여겨지는 무언가로 대체하기 위해 아프리카 교육의 목적이 우리의 문명이나 문화를 파괴하지 않아야 한다. 그런 방향이나 그런 암묵적 태도는 아프리카 과학교육에 불필요한 어려움을 야기한다(Urevbu 1988, p. 8).

이는 여기에서 강경한 다문화주의를 위한 복잡한 문화적, 윤리적, 정치적 논증을 찬양하려는 의도가 아니며 단지 그런 입장에서 나타난proffered 인식론적 주장을 살펴보려는 것이다.[6]

비개입주의자의 핵심적이고 인식론적인 논증은 지식론에 대한 보편주의 – 혹은 교육 문헌에 종종 언급되는 객관주의 – 에 대한 거부이다. 보편주의는, 다른 지식 체계가 동등하게 타당하며 그렇기 때문에 서구 과학을 전통 문화에 도입해야 할 인지적인 이유가 없다고 여기는 상대주의를 지지하지 않는다. 다문화 과학교육에 대한 문헌에서 이에 대한 다양한 진술을 찾을 수 있다. 예는 다음과 같다.

> 과학은 앎의 방식의 하나이며 자연 현상에 대한 믿을 만한 지식을 만들어 내는 과정 중 하나이다. 다른 문화에서도 자연 현상에 대하여 믿을 만한 지식을 만들어 내며 따라서 이것은 다른 문화가 다른 과학을 가질 수 있다는 가능성을 설명하는 이유가 된다. 그러나 이러한 다양성을 받아들이려는 과학 교사는 서구 과학의 문화적 전통에서 형식주의tokenism보다 겨우 조금 나은 다른 문화의 과학을 조사하는 것을 합법화하는 방법론이 부족하다고 주입되어 왔다(Pomeroy 1992, p. 257).

> 다문화 과학교육에 대한 미국의 접근에는 문제가 있다. 내게는 그런 흐름이 다양한 과학multi-science의 가능성을 고려하지도 않은 채 '모든 미국인을 위한 보편적 과학universal science'을 조장하는 것으로 보인다(Ogawa 1989).

> 마오리Maori족의 지식과 체계도 동등한 타당성을 가지며 역으로 서구 과학 지식이 우월하고 더 과학적이며 따라서 더욱 합리적이라고 주장하는 이데올로기에 빠져있음을 비판할 이유가 있다(Smith 1992, p. 7).

> 새로운 과학교육과정 자료를 개발할 때 자연에 대한 아프리카의 세계관이 그 기초를 이루어야 한다. 서구 과학적 관점과 전통적 관점이 서로 조화되어 공존하는 것이 보장되는 방식으로 개념이 구조화되어야 한다(Jegede 1989, p. 192).

철학적 공존과 심리적 공존

서구 과학적 세계관과 전통적 세계관이 서로 공존할 가능성은 다문화 과학교육에서 제기된 문제이다. 서구 과학적 관점과 전통적 관점이 서로 조화되어 공존할 가능성이 있는가? 그리고 만약 그런 조화가 이루어진다면 지적인 가치와 교육적인 가치가 높은가? 그러나 불행하게도 조화라는 의미에는 체계적인 모호함이 있다. 한 개인에서 주관적으로 서로 일관되지 않는 모든 종류의 세계관이 공존 가능하다는 것에는 의심의 여지가 없다. 개인은 종종 그런 모순을 알지 못한다. 지적인 책임intellectual commitment이 명백히 서로 모순되더라도, 개인은 상당한 양의 인지적 불일치에서도 살아갈 수 있다.

명백한 모순을 개인적으로 조절한 경우를 보여주는 사례는 매우 많다. 가령 천문학과 점성술은 수많은 미국 과학 전공자에게도 별다른 문제없이 공존하고 있다. 근본주의 기독교Fundamentalist Christianity는 고도의 기술과 우주 연구 – 1981년 알칸사스 법정에서 창조주의에 대한 배심원witness은 모두 과학자였고 반대로 창조주의에 반대하는 배심원은 모두 신학자나 철학자였다! – 의 핵심에서 번성한다. 잘 훈련된 근본주의 과학자는 공룡과 인간의 발자국이 지층에서 나란히 발견되었다고 주장하거나 터키의 산속에서 노아의 방주를 찾으면서 시간을 보낸다. 아시아에서, 정령에 대한 믿음은 생물학 연구에 장애가 되지 않는다. 기독교와 마르크스주의는 수많은 지성인의 머릿속에서 공존해 왔다.

뛰어난 과학자는 이상주의자나 종교적으로 독실한 기독교도, 유대교도, 이슬람교도, 힌두교도를 포함하며 유물론자이거나 강한 반종교주의자militantly antireligious이기도 하다. 아이작 뉴턴은 독실한 기독교도unconventional Christian였지만 그의 서고에는 연금술alchemy에 대한 책이 138권이나 있었고 그 주제에 대하여 65만 단어 분량의 글을 썼다. 패러데이는 빅토리안 산데마니안Victorian Sandemanian의 독실한devout 회원이었다. 다윈은 무신론자atheist였는데 다윈이 정신적으로 영감을 얻었다고 인정한 라엘은 유신론자theist였다. 물리학자 피에르 뒤헴은 로마 카톨릭의 종신 회원이었고 그와 같은 시대의 물리학자이자 철학자로 뛰어났던 에른스트 마흐도 무신론자였으며 사회주의자이자 실증주의자였다. 노벨 물리학상 수상자인 필립 레너드와 요한네스 스탁은 나치 당원이자 반유대주의자였고 동시대 수상자인 알버트 아인슈타인은 유대교도이자 반나치주의자였다. 수학자 라마누잔Ramanujan은 나마기리 여신Goddess Namagiri에 매일 기도를 드렸고 힌두의 사자신 나라심하Narasimha의 숭배자consort였다. 슈뢰딩거는 비기독교주의적 이상주의자여서 정신과 물질은 동등하다고 생각하였으며 1956년 자신의 저서 끝에 "생명의 근원ATHMAN = 브라만BRAHMAN"이라는 등식을 써놓았다. 이는 개인의 자아는 전능하고 모든 것을 이해하는 영원한 자아라는 의미이다.

이렇게 매우 정교한 과학에서도 화폭과 같이 다양한 신념이 공존하고 있다는 것은 어떤 세계관이 현재 과학교육의 주류에 상응하는 것이며 어떤 것이 그렇지 않은지 말하는 것에 대한 경고이다. 물론 어떤 한계가 있을 수 있지만 그 한계는 처음에 생각한 것보다 훨씬 더 폭이 넓을 것이다. 중요한 문제는 과학교육이 어떻게 세계관 혹은 형이상학과 관련되어야 하는가이다. 많은 경우, 점성학에 대한 신념이 미국 과학 학위 이수에 의해서도 영향을 받지 않는다는 것을 보면, 우리는 그들의 과학교육이 적절하지 않았다고 느끼게 된다. 어떤 종류의 과학교육이 졸업생으로 하여금 점성술을 믿게 한다는 말인가? 그러나 천문학적 신념을 유지하는 것이 하나의 과학 프로그램에 대한 적합성이나 효율성에 불리하게 간주된다면, 새 시대New Age의 아이디어, 근본주의적 종교, 정통 종교, 미신 등은 어떻게 되었는가? 우리가 과학이 세계관과 연결되어야 한다고 말하는 것은 어떤 세계관과 어떻게 연결되는지 이야기할 필요가 있는 것이다.[7]

전통적인 비서구적 형이상학

여기서 집중할 문제는 서로 상충하는 세계관이 개인에 의해 조절되는 심리적 가능성에 대한 것이 아니라 그런 세계관이 객관적으로 공존할 수 있는가에 대한 문제이다. 즉, 과학 주류에서 존재론적이고 인식론적인 가정이 다른 세계관의 존재론적이고 인식론적인 가정과 형식 논리적으로 모순이 있는가? 아프리카 과학교육자를 대표하는 제게데Jegede는 다문화주의를 강력하게 받아들면서 다음과 같이 말한다.

> 아프리카 내의 전통적인 사람의 요구를 충족하기 위하여 아프리카의 자연관과 사회 문화적 요소 그리고 아프리카의 형이상학에 깔려있는 논리적인 변증법적 사고와 잘 들어맞도록 과학교육과정을 고안할 필요가 있다(Jegede 1989, p. 192).

현대 과학에서 그런 관점이 부응하는지는 문제이다. 제게데는 모든 아프리카 지역사회에 공통되고 과학교육이 뿌리를 두어야 할 세계관이 어떤 것인가를 다음과 같이 논의하고 있다.

1) (천둥, 불, 철의) 신과 조상을 통하여 독립된 존재에게도 정신적 힘이 방출된다는 신념
2) 죽음 이후 환생과 삶의 지속
3) 전통적인 아프리카의 사고방식에서 우주의 중심으로서의 인간
4) 인과론(Jegede 1989, p. 193)

제게데는 이제 아프리카의 자연관이 서구 과학의 기계적 자연관과 반대로 인간 중심적anthropomorphic이라는 입장을 확증하는 13명의 인류학자와 교육학자의 연구를 인용하였다.

알래스카 인디언을 연구하는 포머로이Pomeroy는 다문화적 과학교육의 강력한 입장을 대표하고 있다. 그녀는 다른 문화의 과학과 의미 있는 비교를 전개시키기 위해 교사를 초청하고 그로 인해 학생들은 자연 현상에 대한 지식을 다른 방식으로 탐색하고 타당하게 하는 연구에 참여할 수 있게 된다(Pomeroy 1992, p. 258). 이것은 다른 문화와 전통에 대한 존중의 필요 때문만이 아니라 오늘날의 사람들이 "서구의 전통적인 문제 해결 방식이 오늘날 세계가 직면한 엄청나게 복잡한 문제에 부적절한 것이다."라는 일반적인 의미를 찾아냈기 때문이다(p. 257).

포머로이는 원주민의 문화가 우리에게 관찰, 꿈, 감각, 신비의 지식을 가장 가치 있는 것으로 인식되는 전통을 보여준다고 인디언의 인식론을 특징지었다(p. 260). 알래스카 문화가 반실험주의적antiexperimentalist인 이유는 자연에 통제를 가하는 것을 믿지 않기 때문이다. 따라서 지식을 모으는 과정은 더 오래 걸리고 더 복잡하지만 그렇게 얻은 지식은 풍부하고 자연의 복잡함과 상호작용하는 모든 변인을 담는다(p. 262). 전통적인 알래스카 인디언은 자연에서 살고 자연과 살아가면서 정신이 깃든spirit-imbued 동물의 행동을 관찰하기 위해 매우 조심스럽게 관심을 기울이고 시간을 쏟으며 이런 경험의 힘은 종종 소리로 발현된다. 이 경우, 지식에 대한 검증은 관찰의 외적 일관성, 정신세계의 일치communion, 때로는 동물 인간의 형태로 나타난다(p. 262).

알래스카 원주민의 존재론은 "바위, 동물, 식물을 포함한 모든 것에 정신이 있다."고 여기는 것이다. 이런 정신들 때문에 동물들은 인간이 갖지 못한 지식을 가지며 인

간이 그 지식을 얻기 위해서는 반드시 동물의 정신을 수용해야 한다(p. 261). 그 문화도 자연에 대한 이해를 내포하고 전달하지만 서구의 전통과는 다른 방식으로 이루어진다. "신성한indigenous 사람들이 알래스카 해안의 암면 조각petroglyphs과 같이 의미 있는 학습 장소를 건설했으며 이런 장소는 서구의 대학교나 도서관 같은 장소에 견줄 수 있지만 직접 눈으로 볼 수 있도록 나타내는 방식으로 만들어졌다."(p. 263).

이곳이 현재의 문화를 활성화하고 그들의 과학을 알리는 수많은 비서구적 세계관을 철저하게 조사하는canvass 장소는 아니다. 셀린(Selin 1992)은 이 문헌에 대해 유익한 정보를 제공했다. 그곳이 동물의 생활, 천문학, 원예학horticulture, 기술에 대해서 전통적인 사회가 가지고 있는 풍부하고도 경험적인 지식을 조사하는 장소 또한 아니라는 것이다. 여기에서는 전통 신념 체계가 가진 세계관 혹은 이론적 측면에 집중하려고 한다. 제게데와 포머로이의 관찰은 여기서 말하고자 하는 논증의 핵심을 보여주기에 충분하다. 즉, 서구 과학이 가진 인식론적, 존재론적 핵심 가정은 어떤 전통적인 신념 체계의 핵심 가정과 실재적인 갈등을 일으킬 수 있다는 것이다. 만약 그렇다면 사려 깊은 교육적 반응이 요구된다.

존재론적 주장의 문제는 다음과 같다.

1) 세상은 인간의 이해를 도와주도록 만들어져 있는가?
2) 세상은 목적론적 과정인가? 즉, 사건과 행위들이 마지막 상태에 맞추어서 일어나도록 되어 있는가?
3) 살아있지 않거나 무생물적inanimate이고 인간 이외의 생물적nonhuman animate 과정은 정신적 영향에 의하여 활성화되고 통제되는가?

서구 과학의 전통은 수세기 동안 탐구와 요란한tumultuous 논쟁을 거친 후에야 위의 문제들에 대하여 "아니다."라고 대답하게 되었으며 전통적인 신념 체계는 그런 명제를 모두 혹은 일부 확증하고 있다. 소크라테스 이전의 철학자들이 위에서 말한 인간중심적, 물활론적, 목적론적 차원으로 특징지어지는 미신적 세계관으로 둘러싸인 세계에 대한 그들의 생각에 관여하지 않는 것을 천천히 대범하게 시도하였다는 것을 알 수 있다. 서구 과학은 이런 특성을 버리는 과정을 서서히 계속하였고 따라서 자기중심적인 것에서 벗어날 수 있게 되었다.[8]

인식론적 주장의 근본 문제는 다음과 같은 것이었다.

1) 지식은 자연 상태에 있는 사물을 관찰하는 것으로부터 비롯되는가?
2) 지식 주장은 예측이 성공적이면 정당화되는가?
3) 특정 계급이나 권위가 지식을 정의하거나 지식의 관리자custodian가 되는가?
4) 지식은 고정되어 변하지 않는 체계인가?

서구 과학은 이런 문제에 대하여 역시 수세기 동안의 논쟁을 거쳐 "아니다."라고 대답하였고 반면에 전통적인 사회는 위의 질문에 대하여 전부 혹은 일부를 확증하고 있다. 물론 자연 상태, 예측, 지식의 제도화institutionalization, 지식의 증대와 혁명 간의 대립 – 지식이 쌓이면서 발전하는지 아니면 혁명적으로 발전하는지 – 에 대한 이러한 문제들에는 논란의 여지가 남아 있다. 더욱 미묘하게 동화되었음에도 불구하고 과학적 존재론과 인식론, 전통적 존재론과 인식론의 충돌은 여전히 분명하다. 이것은 호턴Horton의 관점과 같은데 그의 관점은 1971년 아프리카와 서구 과학의 연구에서 드러난다. 아프리카와 서구 과학의 유사점을 개관한 후 그는 깊은 차이가 있다고 결론지었다.

> 가장 핵심적인 차이는 매우 간단한 것이다. 전통적인 문화에서는 이미 확립된 이론적인 원리tenet에 대한 대안에 조금의 관심도 나타나지 않는 것에 비해 과학적으로 편향된 문화에서는 그런 대안이 고도로 발전되었다. 우리는 이런 차이에 따라 전통적인 문화는 폐쇄적이라고 하며 반면 과학적으로 편향된 문화는 개방적이라고 한다(Horton 1971, p. 153).

서구 과학을 전통적인 사회에서 가르치는 일을 염려하는 가장 중요한 이유는 서구 과학이 가진 갈등이 다른 영역으로 매우 빠르게 퍼지기 때문이다. 모든 비평가들은 서구에서 나타나는 것과는 달리 전통 과학이 다른 중요한 문화적 체계와 훨씬 더 통합되어 있음을 지적한다. 전통 과학은 종교, 건강, 정치, 사회 관습 등과 연결되어 있다. 서구 과학은 전통 과학을 뒤엎을subvert 뿐만 아니라 다른 중요한 사회적 기관과 신념과 같은 넓은 범위까지도 전복시키는 결과를 초래한다는 점에서 우려된다. 안타깝게도 카메룬의 여성이 대학교 과정까지 과학 공부를 계속하는 경우가 거의 없음을 연구한 우드하우스와 동코Woodhouse & Ndongko의 연구에서 이러한 사례를 찾을 수 있다. 몇 안 되는 여성 대학 졸업자는 아래와 같이 말하였다.

> 나는 여자가 모유를 수유하는 기간에 남편과 성적 관계를 가져서는 안 된다는 전통적인 신념을 따르는 것이 상당히 비실용적임을 알게 되었다. 그 결과로 나는 더 이상 이런 관습을 따르지 않기로 했다(Woodhouse & Ndongko 1993, p. 144).

이런 경우처럼 서구 과학이 전통적인 문화와 제도를 파괴할 가능성에 대한 걱정은 때로는 적절하지 않으며 온정주의적paternalist 태도를 나타내기도 한다. 가령 다른 문화는 너무 나약하여 현대 과학에 비추어 수용될 것과 수용되지 않아야 할 것을 결정하는데 지적이고 사려 깊게 결정할 수 없을 정도라고 가정하는 것이다. 앞서 말한 카메룬의 여성은 서구 과학 지식을 수용함으로써 더 이상 그들 문화의 구성원이 아니게 된 것이다.

좋은 과학이란 무엇인가?

포머로이는 지식에 대한 관점으로서 믿을 만한 신념이 지식을 구성한다는 관점을 취하며 이는 강경한 다문화주의 지지자들에 의해 광범위하게 채택되었다. 위에서 인용한 구절처럼 과학은 자연 현상에 대한 신뢰할 만한 지식을 알게 하고 발생시키는 하나의 방식이며 다른 문화들은 자연 현상에 대한 믿을 만한 지식을 만들어 왔다. 따라서 이는 다른 문화가 다른 과학을 가질 수 있는 가능성을 탐구하는 이유가 된다.

널리 알려진 다문화적 입장에는 두 가지 문제가 있다. 첫째, 예측의 성공이 지식을 보장guarantor of knowledge하는가? 둘째, 예측이 성공하여 지식을 만든다면, 우리가 다른 지식 체계가 존재한다는 사실에서 다른 지식 체계 역시 동등하게 타당하다는 입장으로 나아갈 수 있는가? 그 다문화적 입장은 두 가지 측면 모두에서 오류에 빠진 것으로 보인다.

첫 번째 문제의 중대성은 이론이 설명한 예측 가능성의 세부 사항이나 그 정도에 따라 다르다. 밤이 시작되면 대부분의 사람들은 약 12시간이 지난 후에는 아침이 시작될 것이라 곧바로 예측할 수 있다. 그리고 추운 계절일수록 아침이 되기까지 더 오래 걸린다고 생각한다. 그러나 이런 예측이 성공했다고 해서 행성 운동에 대한 지식을 분명히 보여주는 것은 아니다. 마찬가지로 번개의 관찰로 천둥이 곧 이어질 것이라는 예측은 쉽고 믿을 만한 것으로 여겨지지만 이것이 대기의 전기 상태를 아는 것과는 다른 것이다. 오래 전 플라톤이 깨달았듯이, 지식에 대해 주장하려면 성공적인 예측뿐만 아니라 예측의 성공을 설명할 수 있는 이유까지 필요하다. 충분한 이유 없이 단지 믿을 만한 추론만으로는 진정한 의미의 지식을 발생시킬 수 없다. 이런 첫 번째 문제는 이론적 지식과 경험적 지식을 구별하지 못한 데서 생겨난다. 포머로이가 설명한 것에 따르면 경험적 지식으로 설명하는 것은 기껏해야 사건 사이의 규칙성을 알고 있는 것이다. 그러나 이런 '표면적 수준'의 지식은 이론적 지식과는 다른 것이며 여기에는 그렇게 나타난 규칙성을 어떤 인과적인 기작으로 설명하는 것이 상정되어 있다.

가령 아스피린의 발견을 예로 들어 보자. 서구에서는 아스피린을 영국의 목사 스톤Reverend Stone이 발견했다고 한다. 그는 1758년 고열이 발병하여 고통 받는 동안 하얀 버들가지salix alba를 씹고 있었다. 그 후에 상태가 나아지는 걸 느꼈고 그는 곧바로 그 버들의 나뭇가지를 벗기고 말려서 가루로 만들어 화학자에게 그 성분을 확인하도록 하였다. 한 세기 후 독일의 화학자 호프만Hoffman은 그 약을 아세틸 그룹에 고정시켜 활성화된 살리실산의 형태로 만들어 사용할 수 있게 만들었다. 1897년 바이엘Bayer이라는 회사가 첫 번째 아스피린 약품을 상업화하였다. 수세기 전 라틴 아메리카의 히스패닉계Hispanic 사람들은 데이지 물망초Daisy Fleabane로 만든 차가 많은 질병에 효능이 있다는 것을 알고 있었다. 이런 방법은 약사healer 특히 신앙 요법자curanderos들이 널리 처방하는 방법이었다. 유효성분으로서 살리실산을 가진다는 것이 알려지게 되었다. 어떤 면에서 이런 아스피린의 발견은 아주 오래 전 라틴 아메리카인들에 의해서 혹은 그보다 나중이지만 역시 오래 전에 스톤이 발견한 것으로 말할 수도 있다. 그러나 어느 경우도 아스피린을 과학적으로 발견한 것은 아니었다. 이런 성취는 매우 중요한 것임에 불구하고 과학적 성취는 아니었고 기껏해야 낮은 수준의 과학적 성취였다. 전통 과학과 기술의 측면에서 전형적인 성공을 보인 대부분의 것은 이런 것이었다.

지식 체계의 비교

우리는 수학, 실험, 이론, 개방적인 의사 교환, 공적인 검증이 과학의 주요 흐름에서 중요한 역할을 하고 있음을 기억해야 한다. 이것은 단지 서구 과학만이 가진 특성이 아니라 그런 특성이 없다면 다른 문화의 과학도 서구 과학과 병합lumped되어서는 안 된다는 것을 의미한다. 모든 민족의 과학이 다른 사물을 믿었다는 것을 제외하고는 나머지는 모두 서구 과학과 유사해야 한다고 주장하는 것이 아님을 명백하게 하고 싶다. 어떤 민족의 과학은 다른 과학보다 좀 더 서구 과학과 유사한 모습일 수 있지만, 서구 과학과 비서구 과학 모두, 사건을 통제할 수 있는 능력을 갖추었는지, 밝혀지지 않은 것을 성공적으로 예측하고 진리를 찾아낼 수 있는지에 따라서 비교될 수 있다.

과학교육의 다문화주의를 강하게 추종하는 사람은 서구 과학과 전통 과학을 비교할 수 없다고 주장할 것이다. 이것은 서구 과학과 전통 과학이 가진 차이점에 대하여 포머로이가 언급한 정형화의 두 번째 문제이다. 가령 농업이나 의학에 있어서 전통적인 설명이 잘 이루어졌다고 가정한다고 해서 이것이 자동적으로 가장 유용한 지식available knowledge으로 연결되는 것은 아니다. 잘 형식화되고, 성공적이고 믿을 만하더라도 완전히 잘못된 것일 수 있다. 예를 들어 프톨레마이오스의 천문학이 천 년 이상 유지되었던 것처럼 말이다. 혹은 잘 형식화되어 정확해지더라도 동일한 현상을 설명하는 다른 설명 체계에 비하여 부적절할 수도 있다.

일반적으로, 교육적으로 긴요한 것은 알려진 것 중에서 가장 좋은 것을 가르치는 것이다. 두 번째로 좋은 것이나 버려진 것은 가르치지 않는다. 물론 이러한 긴요함은 학생들의 이해와 성취 수준에 연관되어 있기는 하지만 틀린 것이나 부적절한 이해라는 것을 알면서도 그것을 가르치는 것은 교육에서 이상한 것으로 여겨진다. 따라서 교육자들에게는, 특히 폭넓은 교양을 가르쳐야 한다는 이상liberal ideal을 가지는 교육자라면 가르치기 전에 현상에 대한 이해나 이론의 추정상 체제를 비교하고 평가하도록 요구된다. 플로지스톤 이론phlogiston theory은, 과학사에서 특정한 것을 분명히 보여주거나 연소에 대한 대안적인 산소 이론을 보여주거나 산소 이론의 학습을 촉진시키기 위해서 과학 프로그램 안에 유용하게 포함될 수 있다. 그러나 그 이론이 매우 믿을 만하고 예측을 잘하며 지적으로 매우 뛰어난 사람들도 그 당시에는 그것을 믿게 되었음에도 불구하고 플로지스톤 이론이 연소에 관한 과학적 이론으로서 포함될 수 있는 것은 아니다. 따라서 다른 과학의 존재를 인정하는 것에서 다른 과학을 가르치는 것이 필요하거나 바람직하다고 여기는 보편적인 움직임은, 학생들에게 매력적이고 학생들을 이해시킬 수 있는 방법 중 최선의 것을 확인하고 가르치고자 하는 교육적인 필요를 무시하는 것이 된다. 이는 정당화될 필요가 있는 이상에서 벗어난다. 앞에서 말한 것은 그런 일탈을 정당화할 인식론적 이유가 없다는 것을 암시한다. 따라서 정치적, 윤리적 혹은 문화적 이유를 더 따져볼 필요는 있지만 이것을 인식론으로 꾸며서는 안 된다.

과학사와 다문화주의

과학사는 다문화주의를 강하게 지지하는 인식론적 논증을 보여주는 데 유용하다. 더 나아가 서구에서는 과학과 문화 사이의 갈등과 조절의 오래된 전통이 있다. 이는 비서구 문화에서 과학을 가르치는 데 있어서 교훈이 된다.

과학사는 유럽 과학이 유럽 이외의 문화가 이루어낸 성취에 얼마나 의존해 왔는지 보여준다. 아르키메데스를 재발견하지 않았다면 – 갈릴레오는 그의 이름은 경외감이 있을 때를 제외하고는 언급되어서는 안 된다고 하였다 – 갈릴레오 물리학이나 과학혁명은 일어날 수 없었을 것이다. 아르키메데스의 기하학은 유클리드에 기원을 두고 있으며 이것은 북아프리카의 전통에 기원을 두고 있기 때문이다. 기본을 십으로 두고 십진수라는 수의 체계, 0이라는 숫자와 같은 서구 과학 발전의 모든 것은 사실 유럽에서 창안된 것이 아니다. 과학이라는 사고방식은 유대교가 아니거나non-Hebrew, 기독교가 아닌non-Christian 고대 그리스 사고방식에 기원을 두고 있다.

좋은 과학사는 유럽에서의 과학과 수학에서 이루어 낸 성취가 비유럽적이며 또한 서구가 아닌 문화에서 일어난 과학적 성취와 기술적 성취가 매우 다양함을 보여준다. 디암브로시오D'Ambrosio는 브라질의 상파울루São Paulo에서 민족 과학과 민족 수학에 대한 연구 프로젝트 책임자를 맡고 있다. 이 중에서 민족 수학은 과학사 위원회의 연구 분야가 되었다.[9] 크루글리 스몰스카(Krugly-Smolska 1992)는 인도, 중국, 이슬람 과학에 대한 저작의 근원을 보여준다. 셀린Selin은 비서구 과학에 대한 800권 이상의 책을 안내하는 서적을 발간하였고(Selin 1993) 최근에는 비서구 과학과 기술에 대한 사전을 편집하고 있다.

학생들에게 기술, 의학, 천문학, 원예 및 전통 사회의 과학적 이해를 풍부하게 전달하는 다양한 책들이 있다. 그런 정보는 다른 문화에 대한 학생들의 이해를 확장하는 동시에 대조적으로 자신의 문화가 이룬 성취와 가설을 더 깊이 이해하도록 한다. 그러나 전통 과학과 기술의 인상적인 성취가 그 자체로 이런 성취를 현대의 성취와 비교할 수 없다거나 과학의 주요 흐름으로 가르쳐야 한다는 것을 의미하지는 않는다. 이런 후자의 주장을 펼치기 위해서는 먼저 비교 불가능성에 대한 논증이 일반적으로 부족하며 둘째로는 과학교육이 자연에 대한 최적의 이해를 전달할 필요는 없다는 논증이 필요하다. 물론 지역 과학이 지역적 요구에 적절하여 그 논쟁은 약화되지만 민족 과학은 라디오가 어떻게 작동하며, 왜 달이 궤도에 머무는지, 왜 수십만의 아프리카 사람이 에이즈로 죽어가는지에 대해서 충분하게 설명하지 못할 것이다. 물론 주류 과학 또한 위의 질문에 대하여 완전한 답을 제공하지 못하겠지만 다른 과학보다는 좀 더 나은 해답을 제공할 것이다.

과학과 사회적 영향

과학사와 과학사회학은 과학 발달에 대한 개인적, 사회적, 성별 그리고 문화적 관심에 따른 영향을 보여준다. 이러한 영향들을 인식하는 것이 좋은 과학교육의 중요한 구성요소이다. 이런 주장이 분명해지는 것은 역사적 관점 혹은 다른 문화적 관점에서만 가능하다. 마흐는 그의 《역학의 역사*History of Mechanics*》(1883)에서 이 생각에 대하여 다음과 같이 잘 표현하였다.

> 그 안에 들어 있는 과학의 원리가 일부만 이해되거나 혹은 더욱 악화되어, 편견의 체계로 되어 있지 않도록 하기 위해 과학의 발달에 대한 역사적인 탐구가 가장 필요하다. 역사적 탐구는 현재에 대한 이해를 촉진할 뿐만 아니라 우리에게 새로운 가능성을 보여준다(Mach 1883/1960, p. 316).

과학에 영향을 미치는 개인적, 사회적, 문화적 요인을 인식한 것은 매우 오래되었다. 베이컨Bacon은 1620년 《*Novum Organum*》에서 마음의 우상에 대하여 설명하면서 심리적, 언어적, 경제적, 문화적 영향으로 인하여 이해하는 일이 왜곡될 수 있음을 지적하였다.

과학의 객관성을 기준이나 목표로서 보는 것을 거부하는 많은 사람은 모든 편견이 과학을 손상시킬 수 있으며 더 나아가 그런 편견은 고쳐질 수 없다는 것을 시사한다. 페미니스트인 과학사학자는 다음과 같이 말한다.

> 문화적 경험을 민족, 성별, 종교, 계급으로 범주화하는 것은 과학의 제도 자체에 배어있게 될 것이다. 그렇게 되면 과학의 구조, 이론, 개념, 가치, 이데올로기, 과학 실재에서 과학자들은 그 문제를 접근할 때 신념과 판단을 보류하는 것이 불가능해진다 (Bleier 1984).

이런 입장과 다르게 마흐, 뒤헴, 베이컨에 따르면 뿌리 깊은 문화적 가정assumption과 그 외의 다른 가정의 작동을 인식할 수 있지만 과학의 과제는 그런 가정을 찾아내고 적절한지 검사하는 것이라고 말했다. 이러한 가정 중 일부는 과학적 발달을 저해하며 반대로 어떤 가정은 과학에 유리하게 작용한다. 일반적으로 서구 과학 혹은 특정한 서구 연구 전통 혹은 특정한 과학자가 성별, 민족, 계급, 종교와 같은 요인에 영향을 받아서 그 결과로 과학이 손상될 수밖에 없었다는 주장이 종종 펼쳐진다.

이런 주장을 인식론적 결함으로 생각하는 것은 타당하지 않다. 에티오피아의 마라톤 주자가 고지대 환경뿐만 아니라 유전적 요인에 의해 영향을 받는 것이 마라톤 주자로서 그들의 능력을 부족하게 만드는 것은 아니다. 일본 학생들이 학교생활을 잘하도록 그들의 부모와 문화에 의해 영향을 받는 것은 그들의 학업 성취에 대하여 의구심을 가지지 않게 한다. 어떤 사람은 프로테스탄트가 과학 혁명이 일어날 수 있는 지적인 면에서 영향을 끼쳤다고 주장한다(Hooykaas 1972, p. 161). 이런 주장은 논쟁이 일어날 가능성이 높으며, 그러나 만약 그것이 진실이었다고 해도 뉴턴, 보일, 그 밖의 다른 사람들의 성취에 영향을 주지는 못했을 것이다. '영향을 끼친 것은 결함influence therefore deficit'이라는 주장은 교육에서 특별하다. 학습과 성취를 증진시키기 위하여 어떤 영향을 주었는가를 찾아내고 그 영향을 준 것을 개선하려는 노력까지도 교육에서는 중요하기 때문이다.

'영향을 끼친 것은 장점influence means merit'이라는 더욱 도전적인 형태의 주장은 과학의 인식론을 결정하는 것이 외적 요인이라고 주장한다. 왜냐하면 그런 외적 요인이 어떤 주장이 참인지 거짓인지 판단하는 준거를 결정하기 때문이다. 위의 사례는 에티오피아 사람이 올림픽 경기에서 마라톤 종목만 채택되도록 결정할 수 있는 힘을 가지는 것과 같은 것이다. 이런 주장은 마틴(Martin 1989)과 같은, 과학에 대한 여성주의 비평가의 주장에 의해 펼쳐진다.

이와 같은 영향에 대한 주장이 가진 일반적인 문제는 과학 안에 내재한 가정은 합리적이며 따라서 과학의 밖에 있는 가정은 비합리적이라는 것이 결코 명확하지 않다는 점이다. 실증주의자는 모든 철학적 입장이 과학에 외재해 있는 것이며 따라서 문화적 가정은 제거되어야 할 것으로 취급한다. 그러나 이것은 결코 명확한 것이 아니다. 많은 사람들이 갈릴레오가 가진 종교가 과학에 대하여 외재한 것으로 보았지만 결코 명확한 것은 아니다. 갈릴레오는 교회가 다양한 문제에 대하여 권위를 가지고 합리적인 가르침을 제공하는 역할을 해야 한다고 생각하고 있었다. 그리고 자연이라는 교과서는 신이 쓴 것이기 때문에 수리 철학자에 의하여 읽힐 수 있다고 생각하였다. 과학에서 외적 요인을 내적 요인에서 분리하여 제거하려는 일은 복잡하다. 따라서 타당하지 않은 과학에서 타당한 과학을 분리하려는 시도는 그 자체가 편견에 의한 것이므로 어려움을 가질 수밖에 없다.[10]

과학자들이 문화적 영향을 받는다는 사실이 과학적 발견이 주관적이라거나 과학자들의 업적이 지적으로 손상을 입었다는 것을 의미하지는 않는다. 수세기 동안 과학자들은 다양한 문화적, 민족적, 종교적 환경에서 다른 문화나 이전 세기의 과학자들의 업적으로부터 결과를 이끌어냈다. 오늘날 '서구' 과학은 지구 전체 곳곳의 과학자들이 공헌한 것이다. 실제로 비서구적 문화는 서구 과학교육에 대하여 영국과 미국보다 더 많은 노력을 기울이고 더 많은 성공을 거두었다. 이런 사실은 과학에 대한 구조주의자나 객관주의자의 이론, 즉, 과학은 어떤 과학자의 특정 경험에 의존하지 않으며 일반적으로 과학자의 경험이 과학의 상태를 결정하기보다 역으로 과학의 상태가 과학자의 경험을 결정하다는 주장과 일치한다(Chalmers 1990). 중요한 개인적 과학 성취는 객관적인 상황에서 일어난다.

과학과 문화 사이의 갈등

과학이 상식적인 생각과 반대되고 반직관적인 방식으로 보이는 중요한 질문을 다룬다는 사실은 전통적인 신념 체계와 갈등을 빚는 일을 불가피하게 만든다. 서구 과학의 역사에서 종교와 과학의 극적인 갈등이 일어난 순간들이 바로 이러한 갈등에 해당한다. 서구 문화는 과학과 문화 사이의 갈등도 공유하고 있다. 코페르니쿠스의 새로운 천문학과 물리학이 중세 사회에 미친 영향, 19세기에 다윈의 자연주의와 진화론이 종에 끼친 영향은 근본적인 문화의 가치와 과학이 빚어낸 갈등의 전형이며 이로 인하여 많은 집단이 고통을 받았고 근본적인 신념 체계가 재조정되었다.[11] 그러나 어느 누구도 그런 고통이 이루어낸 것이 없다고 말하지 않는다.

갈릴레오는 새로운 과학을 이루어냈지만 그는 오거스틴Augustine과 아퀴나스Aquinas의 전통 안에 있었고 그런 전통 안에서 문화와 종교를 과학적 이해로 연결하는 일에 매우 조심스러워 했다.[12] 오거스틴은 "누구도 복음the Gospel 안에서 신the Lord을 읽을 수 없다. 내가 그대에게 중재자Paraclete를 보내는 것은 그가 태양과 달에 대하여 가르침을 줄 것이기 때문이다. 그리하여 그가 그대들을 수학자가 아닌 기독교도로 만들 것이다."라고 했다(Langford 1966, p. 65). 그리고 아퀴나스도 이런 점을 다음과 같이 다시 말한다. "성경Holy Scripture은 다양한 감각에 의하여 설명될 수 있기 때문에 어떤 감각을 사용한 측정에서 특정한 설명만을 고집하여 확실하게 그것이 오류라는 것이 증명된다면 포기할 수 있어야 한다."(Langford 1966, p. 66). 이런 오거스틴의 전통은 과학이 세계를 이해하는 데 탁월함primacy을 인정하였다. 과학에 이어서 문화와 신학이 과학이 확고하게 세운 기초에 맞추어져야 한다고 생각한 것이다. 물론 과학이 얼마나 확고한 기초를 세웠는지에 대한 문제는 또 다른 문제이다.

서구 사회는 갈릴레오 시대 이후에 엄청난 변화를 겪었다. 주로 과학적 신념에 대한 변화에 관련된 것이 대부분이다. 지난 세기 혹은 그 전에는 이런 변화의 비율이 서구뿐만 아니라 모든 국가에서 놀라울 정도로 급격히 증가하였다. 그러나 서구 과학을 전적으로 수용하였다면 특유의 문화적 성취나 신뢰감의 상실은 없었을 것이다. 신념의 변화가 꼭 문화를 해칠 필요는 없다. 만약 다른 사회적 문제, 경제적 문제 혹은 문화적 문제가 질서정연하다면 그 사회는 회복력이 크다. 과학과 문화는 매우 복잡한 상호 작용이다. 하나가 다른 하나에 우선권을 갖는다는 것은 대개 합리적인 대안이 아니다.

다중과학 주제

다문화적 과학교육에 대한 인식론적 논증의 핵심에는 다중과학multiscience이라는 논제가 있다. 즉, 다중과학은 인식론적 보편주의와 객관성을 지적 활동의 바람직하거나 달성 가능한 목표로 간주하는 것을 거부한다. 이런 논제는 다문화 과학을 둘러싼 논쟁에만 국한된 것이 아니다. 즉, 마르크스 주의의 전통에서 두 가지 학설의 형식은 오랜 역사를 갖고 있다. 마르크스주의의 두 가지 과학 학설이 가진 약점은 이제 어느 정도 명확하게 드러났고 다중과학 학설과는 반대된다. 그것의 기원은 마르크스의 《독일 이데올로기*German Ideology*》라는 책에서 찾을 수 있다.

> 인간의 뇌에서 형성된 환상 또한 필연적으로 그들의 삶의 과정을 바람직한 방향으로 승화시키고 … 도덕성, 종교, 형이상학 및 나머지 이데올로기와 그에 상응하는 의식의 형식은 독립성의 외양을 갖지 못한다. … 삶은 의식에 의하여 결정되지 않지만 의식은 삶에 의해 결정된다.

이와 같은 역사적 유물론을 형식화하면 경제적 삶이 한 사회에서 발전하는 철학, 도덕성, 종교의 형식을 결정하고 그렇게 되면 틀림없이 발전하는 과학의 형식마저도 결정하게 된다.[13]

두 과학의 테제는 프롤레타리아의 수학, 화학, 생물학 등을 증진시키기 위한 스탈린의 노력에 그 기원을 두고 있다. 수학, 화학, 생물학이 프롤레타리아의 요구와 관심에 도움이 될 뿐만 아니라 부르주아 과학을 대신할 수 있는 성숙한 대안 과학으로서 작용한다. 이런 계획이 가장 잘 표현된 문서는 1927년부터 1964년까지 소비에트 연방에서 멘델 유전학과 유전 형질에 미치는 환경의 영향에 대한 리센코 이론 사이에 일어난 다툼에 대한 것이다.[14] 리센코의 이론은 문화적으로 (최소한 공적인 이데올로기에 의하여) 지지 받았으며 정치적으로 (그가 농부였으며 자신의 연구를 농업 전환에 초점을 두었기에) 옳았다. 그의 입장은 열정적으로 추앙받았고 반대자는 많은 경우, 죽고 나서도 무시당했다.

불행하게도 문화적으로 의미 있고 정치적으로 매우 올바른 것임에도 불구하고 리센코의 주장은 틀렸다. 자연 세계는, 특히 유전 형질의 과정은, 그가 기술한 방식이 아니었으며 그가 원하던 방식 또한 아니었다. 정치적으로 잘못된 과학자와 엄청난 결과물의 실패라는 고통을 치르면서 소비에트 연방이 배운 것은 이데올로기와 과학은 자연 세계의 방식과 일치되어야 한다는 것이었다.[15] 이것이 바로 과학적 사실에 대한 사회적 구성을 옹호하는 사람들이 배워야할 교훈이다. 즉, 리센코 주의자들은 확실하게 널리 퍼져 있던 과학적 협의를 구성하거나 강요하였다. 그러나 소련이 얻은 수확물은 이러한 동의를 보장받지 못했다.

나치도 보편주의를 반대하였고 다중과학 학설을 옹호하였다.[16] 1936년 하이델베르크 대학교의 기념식에서 과학과 교육의 나치 장관인 번하드 러스트 박사는 다음과 같이 말했다.

> 과학에서 추상적인 지적 노력의 최고 권위에 바탕을 둔 오랜 아이디어는 영원할 것이다. 새로운 과학은 지금까지 이상적이었던 진리를 무제한적으로 찾는 탐구를 반대한다. 진정한 과학의 자유는 그 상태를 지지하는 것이며 그것의 고결함을 공유하고 진리를 찾는 것이 이러한 목표를 보조하도록 만드는 것이다(Taylor 1941, p. 39).

그보다 앞서, 노벨상 수상자인 필립 레너드 교수는 다음과 같이 말했다.

> 우리는 유대인을 지적으로 추종하는 독일인이 있을 수 없다는 것을 반드시 알아야 한다. 자연과학은 소위 아리안 기원이라고 불리며 오늘날의 독일인들은 그 알려지지 않은 것에 대하여 자신들만의 방도를 찾아야만 한다. 히틀러 만세(Taylor 1941, p. 39)!

다중과학의 침대에 올라가기 전에 혹은 다중과학이라는 유행bandwagon에 뛰어들기 전에 교육자를 포함한 다른 사람들은 주의를 기울여서 그 침대 안에 누가 있는지 혹은 그 유행 주위에 누가 더 숨어 있는지 살펴보아야 한다. 어떤 경우는 침대 위에 함께 누워 있는 사람이나 유행을 따르는 사람이 부도덕적일 수 있다. 이것은 연관성만으로 적절하지 못하게 유죄 혐의를 두는 것이 아니다. 그 주의가 힘을 가지는 것은 그런 불쾌한 추종자들이 다중과학 학설의 핵심에 의해 제재 받기 때문이다. 다중과학을 주장하는 입장은 보편주의와 객관성을 과학의 이상으로 보는 것을 반대한다. 그런 입장은 인식론적 중재자epistemological arbiter의 위치에 대한 관심을 높이며, 그 결과, 민족, 계급, 성별, 종교, 정치, 성적 기호, 연령 등 관심을 결정하는 것은 무엇이든지 증가시킨다. 이런 상황에서, 진리의 결정은 가장 강력하고 정치적으로 옳은 자의 관심을 감소시킨다. 그리고 이런 포스트모던 관점에서 보면 스탈린주의자와 나치주의자가 과학자 혹은 연구 프로그램의 요소로 계급이나 민족에 초점을 맞추는 것이 합법적일 수 있으며 그것이 주요 요소가 아니라면 과학자나 과학 프로그램을 평가하는 데 이용될 수도 있는 것이다.

스탈린주의자와 나치주의자를 떠나서, 그 반대론은 사실상 편파적인 주류 과학이며 보편주의는 특정한 관심을 보이지 않게 하는 가면일 뿐이라는 것을 스스로 인식하지 못한다. 포스트모던주의자는 이런 논증을 실체화할 필요가 있으며 물질적 관심뿐만 아니라 지적 혹은 인지적인 당파심과 관심이 확립되어야 한다는 것을 명심할 필요가 있다. 후자의 주장은 논의의 여지가 없다.

결론

물론 한 국가나 사회는 자신이 선호하는 교육 형태를 결정할 수 있다. 그러나 교육은 개인적 차원과 사회적 차원 모두에서 비용이 매우 많이 든다. 사회적 계층과 성별은 한 사회 안의 다른 집단에 대한 적절한 교육이 어떤 것인지 결정하는 바탕으로 사용된다. 자유주의 전통은 이와 반대되며 가장 좋은 교육이 모든 사람에게 이루어져야 한다고 생각하는 경향이 있다. 좋은 교육이 무엇인가를 결정하는 또 다른 바탕은 민족성ethnicity이다. 한 집단은 자신의 문화적 성향을 최우선적으로 중요하게 생각하며 자신의 문화적 전통을 교육에 있어서 가장 탁월한 것으로 여기고자 한다. 그런 결정을 내리는 데 국민이 권리를 가지고 있는 것에 이의를 제기하는 사람은 거의 없지만 모든 의사 결정을 내릴 때에는 공식적으로 알릴 필요가 있으며 그 결과를 고려하여 결정하여야 한다. 민족 과학ethno-science이 서구 과학에 인지적으로 동등하다는 것에 바탕을 두고 결정을 내리는 것은 실수이다. 이런 결정에는 다른 토대가 있으며, 이런 동등성에 바탕을 둔 주장은 교육 문제와 수업의 쟁점을 가리고 있기 때문이다. 역설적으로 현대의 교육과 기술이 가진 능력은 일부 전통적 문화와 인간이 생존하는 데도 필요할지 모른다. 우리의 사회는 변화하는 신념들에 적응해야 하지만 빈곤, 강도, 무력함, 사회적 무시 등의 문제는 해결하기 어려운 문제이다.

학습에 대하여 충분히 알게 되었고, 문화적 신념이 무엇을 가르칠 것인가에 대한 이해에 영향을 주며, 교사는 아동들이 수업에 임할 때 어떤 생각을 갖고 있는 지를 알아야 할 필요도 인정하고 있다. 이것은 전통적인 과학이 다중 문화적 상황에서 인정받을 필요가 있음을 암시하는 것이다. 그러나 전통적인 과학을 과학으로서 개척되어야 한다고 제안하는 것은 완전히 다른 문제이다. 아프리카의 교육자 오귀니Ogunniyi는 다음과 같이 말했다.

> 교육의 목적이 전통 문화를 탈취하거나 훼손하는 것은 아니며 사람들로 하여금 현대의 문제에 직면할 때 돕는 것이다(Ogunniyi 1988, p. 8).

전통적인 삶의 형태가 가진 문제와 구별되는 현대의 문제가 가져올 도전은 현대의 과학으로 해결하는 것이 가장 좋을 것이다. 이러한 과학을 다문화 맥락에서 어떻게 효과적으로 가르칠 것인지가 도전이며, 다중과학의 교리doctrine로 우회하거나 의문스러운 상대주의를 수용한다고 해서 이러한 도전에 해결되지는 않을 것이다.[17]

1. 이 논의에 있어서 용어 문제는 중요하다. 흔히 서구 과학이라는 용어가 사용되지만, 이는 정통 과학 혹은 주류 과학으로 부르는 것이 옳을 것이다. 비록 서구 과학은 그 기원이 서유럽이지만, 아프리카, 아시아, 동유럽을 비롯한 다른 지역들도 오랫동안 공헌했기 때문이다.
2. 이런 주장과 문제들은 버만(Berman 1992)의 연구를 참고하라.
3. 이러한 학교교육의 급진적 비판은 매튜스(Matthews 1980)의 연구에서 논의되었다.
4. 미국 교육 위원회는 상위 교육의 소수자들에 대한 연차 보고서를 출판하였다. 이는 과학, 수학, 공학 기술의 참여 정도를 나타내었다. 이 보고서는 ACE(1 Dupont Circle, Washington DC 20036, US)에서 확인할 수 있다.
5. 포트랜드 기초 에세이Portland Baseline Essay는 여러 과목의 교육과정에서 '여러 민족과 문화적 배경을 지닌 사람들을 위한 인식, 존중 그리고 극복'을 개발하는 것에 목적을 두었다(O'Neil 1991, p. 24). 과학 분야의 에세이는 아담스Adams가 집필했다. 이러한 글과 교육과정에 동조하는 비평가는 그것에 대하여 "합법한 과학으로서 사이비 과학적 개념의 제시에 의해 엄격하게 타협되었다."(Martel 1991, p. 22)고 하였다. 다른 이들은 이러한 글을 지적으로 하찮다고 여겼다. 이것은 교사들이 교육과정 집필진에 의해 제기된 인식론적 주장을 판단하는 기준을 가져야 할 필요성을 단순히 강조하였다.
6. 이 문제에 있어서, 수많은 교육적, 정치적 논란과 마찬가지로, 어느 정도 자기 잇속을 챙길 준비가 되었고, 지적 분석은 어느 정도 요점을 벗어나 있었다. 문화와 사회 기관은 그들의 인지적 주장 없이 존중받을 수 있었고 지원까지도 받을 수 있었다. 민족 과학의 지지자들은 민족적 논쟁에 의지했을 것이다.
7. 코번Cobern은 과학교육에서의 세계관의 상호 효과에 대하여 연구하였다(Cobern 1993).
8. 형이상학이 서구 과학과 양립할 수 없다는 것을 우리가 아는 것은 서양 과학을 위해 형이상학적 체계에 대한 합의가 있다는 것을 말하기 위한 것이 아니다. 예를 들어, 세틀(Settle 1990)은 현대 과학의 형이상학이 되기 위한 물리주의자들의 주장을 반박하고 이러한 형이상학적 주제들이 과학교사들에게 미친 영향을 논의하였다.
9. 디암브로시오D'Ambrosio는 과학교육 증진센터Centre for the Improvement of Science Education (UNICAMP, Caixa Postal 6063, 13081 Campinas, SP, Brazil)로 연락하면 된다.
10. 맥멀린(McMullin 1984)은 과학의 외적요인으로부터 내적 요인들의 분리하는 문제에 대하여 좋은 논의를 제공하였다.
11. 무어(Moore 1979)는 다윈에 대한 종교적 반응에 대하여 훌륭한 논의를 제시하였다. '갈릴레오 문제'는 피노치아로(Finocchiaro 1989)의 연구에 문서화되었다. 이것은 랭포드(Langford 1966), 포우파드(Poupard 1987), 레돈디(Redondi 1988)의 연구에서 논의되었다. 브루크(Brooke 1991), 푼켄스테인(Funkenstein 1986), 호이카스(Hooykaas 1972), 마스칼(Mascall 1956)의 연구는 서구 과학과 종교 사이의 상호작용에 대한 네 가지 일반적인 논의이다.
12. 중요한 문헌은 드레이크(Drake 1957)의 연구에서 1615년 갈릴레오가 크리스티나 대공작부인에게 보낸 편지를 참고하라.
13. 일부 사람들은 비록 그 문제가 논쟁을 초래하더라도, 마르크스가 이러한 입장을 단언하는 것을 끝냈다고 주장하였다. 이 주제에 대한 문헌은 폴(Paul 1979)의 연구를 참고하라.

14. 갈릴레오와 다윈의 에피소드처럼, 리센코Lysenko의 에피소드는 눈에 보이는 것보다 더욱 복잡하다. 요라브스키(Joravsky 1970), 리코트(Lecourt 1977), 르원틴과 레빈스(Lewontin & Levins 1976)는 연관된 과학적, 철학적, 정치적 화제들에 대해 논의하였다.

15. 알튀세르Althusser는 이 두 가지 과학 전통의 쇠퇴를 언급하였다. 1969년 집필한 《마르크스를 위하여*For Marx*》의 도입에서 그는 다음과 같이 말하였다.

> 우리의 철학적 기억에서, 1950년대는 지식인들로 무장되고 모든 숨겨진 곳에서 오류를 찾아낸 시기로 남아 있다. … 우리는 문헌들과는 전혀 상관없는 정치를 만들고 있었고, 단칼에 예술, 문학, 철학, 냉혹한 수업의 경계와 함께한 과학들로 우리의 세계를 작게 나누어 버렸다.

16. 나치 과학에 대해서는 바이어센(Beyerchen 1977)을 참고하라. 제3제국 중반, 한 위대한 과학자가 다방면으로의 헌신을 위해 노력한 것은 플랑크Planck에 대한 헤일브론Heilbron의 전기를 참고하라(Heilbron 1986).

17. 현대 과학을 무비판적으로 가르쳐야 한다고 말하는 이는 없다. 이 책의 전체적인 요지는 과학의 비판적이고 맥락적인 교육에 대한 논쟁이다. 역사는 우리에게 서구과학의 성공뿐만 아니라 실패, 성과, 왜곡까지도 보여준다. 바라건대 우리는 이것으로부터 배울 수 있을 것이다.

10장 교사 교육

Teacher Education

모두가 훌륭한 교육을 위해 아동에게 관심을 기울이며 창의적으로 학급을 운영하고 가르치는, 이지적이며 아는 것이 많고 매력적인 교사가 매우 중요하다는 것에 동의할 것이다. 더 나아가 교사는 점점 더 가르치는 것 이상을 해야 한다. 즉, 교사는 학교에 맞는 지역적 교육과정을 개발하거나 국가교육과정이나 지역청의 교육과정을 해석하여 자신의 학교에서 활용할 수 있어야 한다. 또한 학교 운영governance에 참여하거나 학교에서 가르치는 교과목과 관련된 정책 결정에도 참여해야 한다. 그리고 학생에 알맞게 가르치기 위해 과목의 수준을 결정할 수 있어야 한다. 이와 같은 일은 매우 복잡하고 중요한 과제이기 때문에 교사가 많은 준비를 해야 한다. 그러나 어떤 방법으로 교사들을 준비시킬 것인가에 대해서는 동의를 얻지 못하고 있다(Yager & Penick 1990). 이런 문제는 오랫동안 논쟁되어 왔으며 전문적이고 학문적 관심뿐만 아니라 정책 결정을 흐리게 하는 정치적, 경제적인 편의 위주로 다뤄지기도 한다. 물론 가장 중요한 문제는 과학교사를 어떻게 공급(양성, 발령, 수급)하는 가에 대한 것이다. 여기에는 경제적 요인, 문화 가치의 요인, 산업적 문제와 기타 교육이외의 외적 요인이 작용하는 데 이는 교사가 되고자 하는 사람들의 열망에 영향을 미친다. 미국 물리학회에서 "대학이나 대학원을 졸업한 후 고등학교나 중학교에서 물리 교사가 되려는 젊은이들은 곧 사라지게 될 것이다."라고 경고한 것처럼 교사 채용 문제는 점점 심각한 문제가 되고 있다(APS 1986, p. 1033).[1]

1986년 미국에서는 교사 교육에 대한 두 가지 보고서가 출판되었고 이는 이 문제에 대한 논쟁을 다시 부활시켰다. 카네기 재단의 《준비된 국가*A Nation Prepared*》와 홈즈 그룹의 《미래의 교사*Tomorrow's Teachers*》가 그것이다.[2] 교사 양성 프로그램을 조직하는 데에는 다양한 관점이 있다. 어떤 사람은 교사를 훈련시키는 것을 반대한다. 즉, 과학 분야의 대학원을 졸업한 학생 중에 관심이 있는 사람에게 수업을 맡기면 된다거나 교사는 도제apprenticeship의 역할을 수행하면 된다고 생각하는 것이다. 영국 정부는 부분적으로 대학교의 교사 양성을 우회적인 방식으로 바꾸어서 19세기 학교 도제 방식의 훈련을 선호하는 쪽으로 흐르고 있다. 뉴질랜드에서는 교사 훈련 요건이 줄어들었고 교사 훈련을 받지 않았더라도 고용 주체는 누구나 채용할 수 있다. 물론 좀 더 일반적인 경우는 형식적인 교사 훈련을 요구한다. 예비 교사에게 교육학을 수강하도록 하는 경우에 그 안의 내용은 논쟁의 여지가 있다. 교육학 과목은 대개 이론적인 혹은 기초적인 과목(대개 교육철학, 교육 심리학, 교육 사회학)과 응용적인 혹은 교육학pedagogic 과목(대개 교육과정, 교수방법, 교육 실습)[3]으로 이루어져 있다. 나쁘게 말한다면, 훈련을 받은 교사들은 기초 과목을 교사 교육 프로그램에서 가장 관련이 없는 것으로 생각한다. 이번 장에서는 과학철학사를 기반으로 한 철학과 심리학 프로그램이 그런 기초 과목을 대치하거나 풍부하게 할 수 있으며 '비적합성irrelevance'을 분명하게 불식시킬 수 있다고 제안한다. 더 나아가 과학철학사는 표준적인 방법이나 교육과정과 교수법 과목을 풍부하게 할 것이다.

교사 교육에서 과학사와 과학철학

HPS가 과학교사 교육의 일부여야 한다고 주장하는 영국의 톰슨 보고서는 "과학사와 과학철학에 대한 지식은 중등학교 과학교사들에게 지적인 도구의 일부가 될 것이다."라고 하였다. 캐나다의 과학 위원회도 과학교육과정에 과학사와 과학철학에 대한 문제에 대한 관심이 증대되자 "비록 아동이나 성인에게 과학철학을 훈련시킬 필요는 없지만 과학교사는 이런 영역을 훈련시켜야 한다."라고 하였다. 1981년 영국에서는 과학교사 교육에서 과학철학의 위치를 고찰하면서 다음과 같이 말했다.

> 이런 철학적인 기초는 교사들에게 필요한 것이며 과학교사들이 과학 수업을 더 잘 이해하고 능숙한 방식으로 처리하는 데 도움을 줄 것이다. 또한 학생에게 과학에 대하여 일관된 모습을 길러주도록 하는 데도 효과적이다(Manuel 1981, p. 771).

폴라니Polanyi는 과학사와 과학철학이 과학교사 교육에서 중요한 부분이 되어야 하는 것은 문학 비평과 음악 비평이 문학교육과 음악교육에서 그 일부가 되고 있는 것만큼 중요하다고 했다. 또한 과학교사가 그 과목의 학문(과학)에 관련된 용어, 예를 들어 원인, 법칙, 설명, 모형, 이론, 사실 등에 대하여 아무런 지식이 없다는 것을 매우 이상하게 여겼다. 과학에 대한 목표로서 관찰한다, 통제한다, 이해한다와 같이 서로 갈등을 일으키는 목표에 대하여 알지 못하고 있는 것이 이상하다는 것이다. 과학의 문화적 차원과 역사적 차원에 대하여 지식이 없다는 것은 갈릴레오의 심판에 관련된 중대한 문제나 다윈 이론의 문화적 영향에 대하여 알지 못한다는 것이며 파스퇴르와 제너의 발견이 가져다준 삶의 질에 대한 전환이나 유전 공학에 의한 도전을 이해하지 못한다는 의미이다. 과학교사 교육 프로그램에 과학사와 과학철학을 포함시키는 것의 장점을 지적한 경우도 있다(Eger 1987, Robinson 1969, Summers 1982).

HPS는 특정한 과학교육과정의 주제를 다루는 자극적이고 비판적인 과학 수업이 더욱 좋아지고 일관되도록 기여할 수 있으며, 과학 수업에 참여율을 높일 수도 있다. 이런 교육적 하한선educational bottom line의 사례는 강제적이지만 그것만이 유일한 것은 아니다. 교사는 전문가로서 자신이 가르쳐야 할 과목에 대한 역사적, 철학적 지식을 가져야 한다. 그것이 학교 수업에서 그 지식이 어떻게 직접 활용될 수 있는가에 무관하더라도 말이다. 교사는 자신이 그 과목을 가르치는 데 필요한 것 이상으로 그 과목에 대하여 더 많이 알아야 한다. 교사는 학교 울타리를 넘어서 볼 수 있는 전문가로서 책임이 있다. 교사는 아동의 마음이 형성되도록 하며 존 듀이가 인류의 지적 대화intellectual conversation of mankind라고 칭한 것을 아동에게 소개해야 한다. 특히 과학교사는 아동에게 풍성하고 복잡한 동시에 인류에 영향을 끼친 문화적 의의를 가진 전통을 소개해야 한다. 교사는 훈련 하사관이나 정치적 전도사와는 상반되게 그들의 전통에 대하여 어떤 관점을 가져야만 한다. 교사는 사회, 전문성에 대한 책임뿐만 아니라 아동이 과학을 이해하고 과학을 역사적, 철학적, 문화적 맥락에서 폭넓게 바라보도록 하는 데 책임감을 가져야 한다.

과학교사를 위한 1929년 교과서의 도입 부분에서는 성공적인 과학교사를 다음과 같이 묘사하고 있다.

> 자신이 가르칠 과목을 알고 … 다른 과학 분야에 대해 폭넓게 읽고 … 가르치는 방법을 알고 … 자신을 명료하게 표현할 수 있고, 조작에 능숙하고, 다양한 시범 실험대에 실험 자료가 풍부하고 … 철저히 논리적이고 … 일종의 철학자이며 … 갈릴레오, 뉴턴, 패러데이, 다윈 같은 뛰어난 과학자의 (천문학에서의) 개인 오차personal equation와 생애 및 업적을 학생에게 말해줄 수 있는 역사가이다. 또한 교사는 자신의 이런 특별한 일에 대하여 열정을 가지고 신념을 가진 사람이다(Westaway 1929, p. 3).

웨스터웨이Westaway는 성공적인 과학교사의 이상적인 모습에 너무 남성적인 용어를 사용하긴 했지만 그의 생각은 시기적절했다. 앞서 언급한 것처럼 영국, 미국, 덴마크 등 다른 나라에서 새로 개발되어 시행된 교육과정에 과학사의 일화나 과학의 본성(철학)에 대한 질문이 포함되어 성공적으로 교육되기 위해서는 그런 우수한 교사가 필요하다.

스탠포드 대학과 카네기재단의 지원을 받은 슐만Schulman은 미국 과학교육 평가 프로젝트에서 미국의 교사 평가 프로그램이 그동안 행동주의적이고 경영적으로 교사의 능력을 평가하는 것을 거부한다고 밝히고 있다. 그는 '잃어버린 패러다임missing paradigm'에 대해 지적하면서 교과목의 요구, 학생들이 교과목을 쉽게 이해하도록 만드는 능력 등에 대하여 질문하였다. 슐만은 다음과 같이 말했다.

> 교사는 한 영역에서 인정된 진리를 학생에게 정의하는 능력만 있어서는 안 되며, 그 교과목의 안과 밖에서 왜 하나의 특정한 명제가 타당한 것으로 보이는지, 왜 알아야 할 필요가 있는지, 다른 명제가 어떻게 관련되는지를 이론적으로 뿐만 아니라 실제적으로 설명할 수 있어야 한다(Shulman 1986, p. 9).

하나의 특정한 명제, 가령 유전 형질에 대한 명제나 에너지 보존 혹은 나트륨의 전자가에 대한 명제가 타당한 것으로 보이는 이유를 설명하는 일은 과학의 인식론을 가정하고 있다. 기본적인 인식론에 관련된 질문을 통해서 생각하는 교사는 왜 그런 명제가 타당한가에 대해 철학적으로 훈련받지 않은 사람보다 더욱 잘 설명할 수 있어야 한다. 수업에서 학생들이 실험한 결과나 관찰한 결과가 그들이 받아들여야 할 신념과 종종 다를 수 있는데 이런 경우에 그런 명제에 대한 신념을 설명할 필요가 있다.

슐만의 아이디어는 《교사는 무엇을 알아야 하며 무엇을 할 수 있는가*What Teachers Should Know and Be Able to Do*》(1989)라는 교수 표준 위원회National Board for Professional Teaching Standards의 보고서에 반영되어 있다. 생물 교사를 위한 평가 체계는 카네기 프로젝트의 일환으로 개발되었는데 그 체계는 특히 교사가 과학의 본성, 과학의 과정과 결정 요인determinants을 어떻게 이해하고 있는가를 평가하려고 한다. 그 보고서에는 다음과 같은 질문들이 실려 있다. "교사가 과학 활동scientific enterprise을 한 영역의 사실, 법칙, 이론이 상호작용하는 것으로서 그리고 과학 활동이 그 지식을 구성하기 위한 기술을 숙달하는 것으로 충분히 이해하는가? 그리고 교사들은 이러한 과학 지식이 인간 사회에 영향을 주고 또 이로부터 영향을 받는다는 것을 인식하는가?"(Collins 1989, p. 64)

교사 교육 과목의 형태

최근의 연구에서 과학교사의 양성과 실습에 과학철학사 과목이 포함된 수가 보고되었다.[4] 일반적으로 예비 교사 훈련 과정에서는 그 과목이 응용 과목 혹은 실험 과목으로 정해진다. 교육과 학생을 철학과에 보내서 '과학철학사1'이라는 과목을 듣게 하는 것이 좋은 방법은 아니다. 교사를 위한 과학철학사 과목은 교사가 자신의 전문성 개발과 관련된 문제나 문헌 혹은 자료에서 출발해서 과학철학사를 다루는 수업 자료와 학습 프로그램을 개발하는 것이 좋다. 이런 과목 중에는 역사와 과학교사를 함께 참여시켜 교육 자료를 개발하는 것을 목표로 삼기도 하는데 이런 결과는 매우 긍정적이었다.[5]

바커Bakker와 클라크Clark는 설명explanation 개념에 맞춰 교과서(1988)와 과목(1989)을 설계하였다. 학생들은 과학이라는 것이 사물을 설명하는 것임을 받아들이게 되었고 수업도 사물을 설명하는 것에 관한 것이라는 것을 알게 되었다. 이러한 아이디어는 역사적, 철학적, 심리적 문제를 논의할 수 있는 교육적으로 적절한 방향을 제공한다. 그들은 과학과 비과학을 구별하고, 설명과 기술을 설명하고, 설명에 대한 법칙 모형covering law model of explanation 및 과학적 설명과 종교적 설명에 대한 다른 모형을 구별하였다. 과학을 배우는 학생들은 그들의 과학과 관련성을 이해하기 때문에 그들은 자발적으로 그런 글을 읽고 문제들을 생각하게 된다. 또한 현대의 과학적 설명에 대한 철학적 논쟁으로 키헤르와 새먼(Kitcher & Salmon 1989)의 논의를 다루었다. 교사 양성 과정에 있는 사람들은 누군가에게 무언가를 설명하는 일과 학생에게 무언가를 이해시키는 일의 목적을 생각하게 되었다. 이해, 설명, 사고와 같은 개념은 교육 철학자 피터스Peters의 《윤리학과 교육*Ethics and Education*》(1966)에서 핵심적인 것이다. 그런 개념은 훈련이나 주입식에 대비되는 자유 교육liberal education(Dewey 1916, Democracy and Education)을 보증한다. 이런 주제에 대하여 학생들에게 소개해 줄 많은 교육 철학 문헌들이 있다.[6]

굿과 완더시(Good & Wandersee 1992)는 과학교사를 양성하는 대학원에서 과학철학사 과목 개발하였다. 그 과목은 (1) 과학사는 과학철학을 도입하는 역할을 하고 (2) 과학철학을 전문적이지 않은 방식으로 소개해야 하며 (3) 과학철학과 과학사는 과학 수업에 직접적으로 연관된다는 것을 핵심으로 하였다. 그 과목에서 가장 중요한 질문은 과학적 진보는 어떻게 이루어지는가에 관한 것이다. 그 과목은 다윈의 《비글호의 탐험*Voyage of the Beagle*》으로 시작되는데, 굿과 완더시는 이 책에서 학생들이 확인하거나 학생들에게 제시된 철학적 쟁점과 방법론적 쟁점을 20가지나 찾아내었다. 그리고 나서 학생들은 라우든Laudan의 《과학과 상대주의*Science and Relativism*》(1990)를 공부하게 된다. 그 책에서는 실용주의자, 상대주의자 그리고 실증주의자가 갈릴레오식 대화를 한다. 학생들은 과학에 대하여 더 풍부하게 이해할 수 있었고 수업을 위해서 과학철학사에 기반을 둔 단원을 개발하였다.

스티너와 윌리엄스Stinner & Williams도 '과학사를 통해서 과학의 성취와 과학자의 실행'을 공부하는 과학교육 과목을 개발하였다. 그 과목을 배우는 학생들은 과학에서 중요한 획기적 사건마다 한 가지의 과학 스토리를 고안하여 수업에서 사용하도록 하였다(Stinner & Williams 1993).

필자의 과목(Matthews 1990b)도 과학사에서 일어난 두 가지 에피소드를 다루면서 성공을 거두었다. 17세기 천문학과 물리학의 혁명과 19세기 생물학의 혁명이 그것이다. 이 과목에서 갈릴레오, 보일, 뉴턴, 호이겐스, 다윈이 쓴 글을 선정하여 공부한다.[7] 그들은 과학의 위대한 '영웅'이지만 실제로 그것을 가르치는 교사들은 그 책들을 거의 읽지 못했다.[8] 당연하게도 교사들은 그들의 업적을 읽을 기회를 갖게 된 것에 감탄하게 되었다. 한 교사는 "교사는 이런 지식을 갈망합니다."라고 말했을 정도였다. 실재론, 도구주의, 권위, 환원주의, 인과성, 설명, 이상화와 같은 철학적 문제는 그 책을 읽으면서 자연스럽게 다루어진다. 또한 그 책은 과학을 맥락적으로 이해할 기회를 준다. 과학을 지성적 맥락, 경제적 맥락, 종교적 맥락 및 이데올로기적 맥락에서 논의하게 된다. 과학과 이런 맥락들 사이의 상호작용을 고려하게 된 것이다.[9] 내적 과학사와 외적 과학사의 문제 그리고 과학사회학의 문제들을 다룰 기회가 많아진 것이다. 이런 생각은 과학역사가나 과학철학자를 만들기 위함이 아니며 교사에게 과학 과목에 대한 흥미를 자극하여 교과서와 교육과정으로 진행되는 수업에서 발생하는 과학철학적 문제를 확인하는 충분한 훈련을 주기 위한 것이다.

이런 과학 수업을 위한 과학철학사 과목은 과학교사 교육 프로그램에서 정통적으로 배워 왔던 교육 철학philosophy-of-education 과목을 대체하게 될 것이다. 불행하게도 정통 철학 과목은 과학교사가 되고자 하는 사람이 수강할 수 없으며 과학교사의 실제 과학 수업에서 연관성을 찾지도 못한다. 과학철학사 과목의 적절함은 너무도 분명하다. 혹은 최소한 과목 서술에서 이는 너무나 분명하기 때문에 만족스러운 진전을 위한 이러한 첫 번째 문제는 쉽게 해결될 것이다. 과학철학자이자 교육철학자인 셰플러(Scheffler 1970)는 자신의 논문에서 바로 이런 점을 주로 지적하고 있다.[10]

교사의 인식론

교사와 학생에게 철학적 질문을 던지는 것은 과학만의 주제가 아니라 맥락, 수업의 실행 그리고 교육과정 개발의 문제이기도 하다. 교사는 과학이 무엇이며, 과학의 본질이 무엇인가를 알아야 하며 수업에서 전달해 주어야 할 과학에 대한 이미지를 가지고 있어야 한다. 그런 것들은 또한 교과서, 교육과정, 수업 준비, 평가 및 수업 방법과 관련된 문제에 대하여 판단하는 데 많은 것을 알려주는 역할을 하게 된다. 노박Novak은 "과학의 내용을 가르치려는 시도에서 복잡한 개념적 그물망conceptual web을 고려하지 않고, 또 그것이 진화하는 성격을 고려하지 않은 채 기계적으로 외우지 않는 의미 있는 학습을 일어나게 하려는 시도는 모두 실패하게 될 수밖에 없다고 했다(Good & Wandersee 1992). 과학에 대한 이미지는 교사들에게 자신의 일에 대한 배경적 지식에서 중요한 부분이다. 그 이미지는 슐만Shulman이 수업에서 가장 중요하다고 했던 '교과 교육 지식pedagogical content knowledge'을 구성한다. 철학적 교육에 의해 좀 더 잘 이해되는 의미인 특별한 개념을 넘어서는 것은 다음과 같은 폭넓은 질문을 던진다. 우리가 부르는 과학이라는 것이 무엇인가? 과학적 방법의 전형은 무엇인가? 과학의 본성은 시간이 지나도 그대로 남아있는가? 과학의 인식론은 변하는가? 진리를 주장하기 위한 특징적인 검증은 무엇인가? 과학이 다른 지적인 작업과 어떻게 다른가? 과학을 수행하는 데 적절한 관찰과 사고는 무엇인가? 윤리와 정치학이 과학에 들어올 수 있는가? 과학에서 권위의 역할은 무엇인가? 훌륭한 과학자를 특징짓고 학생들에게 권할 만한 특정한 과학적 태도가 있는가? 교사의 인식론이나 과학론은 과학 수업 시간에 배운 세세한 것을 잃어버린 후에도 학생들이 간직하고 있는 과학에 대한 이해에 영향을 준다.

앞서 제기한 이런 질문들과 다른 질문에 대한 답변은 교사가 수업에서 학생에게 전달하는 과학의 본성에 대한 관점을 이루고 있다. 학생들은 4년 혹은 그 이상 과학 수업을 받고 나면 교사가 심어준 과학의 이미지에서 어느 정도 멀어지게 된다. 따라서 이런 상황 속에서 과학의 이미지는 되도록 정교하고 실제적이어야 한다. 교사의 과학의 본성에 대한 이론 즉, 자신의 인식론은 수업에서 드러날 수도 있고 아니면 암묵적으로 전달되기도 한다. 이런 인식론은 교사의 수업 행동에 영향을 준다. 교사의 인식

론이 어떻게 형성되며 수업 행동에 어떤 효과를 주는가에 대하여 많은 연구가 수행되고 있다.[11]

교사의 인식론이 부수적인 것으로 간주된다는 것은 잘 알려져 있다. 1989년 호주의 과학교사 양성 과정을 담당하는 약 55개의 기관 중 과학철학사 과목을 개설한 곳은 단지 네 군데에 불과했다. 1990년 미국의 과학교사 양성 기관 중 핵심적 역할을 하는 곳은 15개로 그 중 절반만이 과학철학 이수를 요구할 뿐 나머지 수백 개의 기관은 그보다 훨씬 낮은 비율일 것이다(Loving 1991). 영국에서도 마찬가지이다. 이런 상황이라면 교사의 인식론은 대부분 과학교육 강의 경험을 통해 다뤄질 뿐, 의식적으로 검토되거나 세련되게 다듬어지는 기회는 없다. 이것은 실제 수업 행동에 영향을 미치는 어떤 변인을 형성하는 데 바람직하지 못하며 동시에 전문성 개발에도 충분하지 못하다. 교육과와 철학과가 유익하게 협동할 수 있는 분명한 기회인 것이다.

비유, 은유와 과학적 사고

비유와 은유는 교과서에 자주 사용되며 교사가 학생에게 과학을 이해하도록 설명하는 데에도 자주 활용된다. 능숙한 은유는 수업에서 성공의 열쇠가 되기도 한다. 과학교육 강의의 많은 부분이 과학 수업에 은유와 모형을 실제로 사용하도록 가르친다. 교과 교육 지식을 정교화한 슐만Shulman은 다음처럼 말한다.

> 교과 교육 지식은 하나의 교과 영역에서 가르치는 주제에 덧붙여서 그런 생각을 표상하는 유용한 형태, 강력한 비유, 예화, 사례, 설명, 시범 등을 포함해야 한다. 다른 말로 하면 다른 사람에게 이해될 수 있도록 그 교과의 내용을 표상하고 형식화하는 방식이다. 또한 그 지식에는 특정 개념을 학습하는 데 쉽게 혹은 어렵게 만드는 것을 이해하는 것이 포함된다(Shulman 1986, p. 9).

과학교육에서 은유와 비유를 활용하는 것에 대한 연구가 증가하고 있다(Duit 1991, Lawson 1993). 이러한 연구에서 자주 간과되는 것은 과학적 이론의 내용에 은유가 어느 정도 포함되는가에 대한 것이다. 은유를 사용하지 않은 과학 내용을, 은유를 통해 쉽게 이해할 수 있도록 만들어야 한다는 것이 아니며 비유와 은유는 과학 안에 존재하는 것이다. 과학과 교육 양쪽 측면에서 모두 은유를 사용하는 것은 교사 교육에 권장될 만한 흥미로운 인식론적 질문을 불러일으킨다. 이것은 반성적이고 박식한 과학교사 교육에 철학이 공헌할 수 있는 또 다른 방법이다. 이러한 문제에 대해 몇 가지 예를 살펴보자.

뉴턴의 《프린키피아*Principia*》는 과학에서 은유의 문제를 보여준다. 뉴턴은 서론 부분에서 운동을 수학적으로 취급하는 것에 대하여 많은 부분을 할애하여 설명하였다.

> 힘을 나타내는 '인력', '충격' 혹은 중심을 향하는 '성향'과 같은 말들이 크게 다르지 않으며 서로 바꾸어가며 사용되는데 이런 힘이 물리적인 것뿐만 아니라 수학적인 것으로 고려해야 한다. 독자는 이런 종류의 단어를 어떤 종류 혹은 방식의 작용이나 물리적 원인 혹은 이유를 정의하는 데 사용한 것이 아니라면 크게 구별하지 말기 바란다.

뉴턴은 물체들 사이의 수학적 연관을 유도하면서 상식적으로 사용하던 '인력'이라는 말을 사용한다. 그 이유는 그런 연관성을 이해하도록 하는 유일한 방법이며 이런 은유를 통하여 이해되기를 강조했기 때문이다. 뉴턴을 추종하는 사람과 입자적 세계관을 만들어낸 사람들조차도 뉴턴의 설명이 가진 은유적 성질을 알지 못하였다는 것은 잘 알려져 있다. 보일 강의Boyle lecturer를 처음으로 한 벤틀리Bentley에 대해 뉴턴은 자신의 《프린키피아》에 나오는 정의를 벤틀리가 수학적이지 않게 인문학적으로 해석하는 것을 걱정하면서 다음과 같이 충고하였다.

> 여러분은 중력을 말할 때 물체에 본질적이고 내재적인 것으로 말한다. 그런 생각을 내게 귀속시키려 하지 말라. 왜냐하면 나는 중력의 원인을 알고 있다고 가장하지도 않으며 따라서 중력의 원인에 대해서는 생각할 시간이 더 필요하다(Thayer 1953, p. 53).

로크(John Locke, 1632–1704)는 뉴턴 철학의 옹호자로 스스로를 뉴턴의 정원에서 일하는 '하인underlaborer'이라고 말하면서 벤틀리와 동일한 문제를 가지고 고민하였다. 로크는 자신의 유명한 《인간 이해에 대한 에세이*Essay concerning Human Understanding*》(1690, 1694, 1695)에서 역학적 세계관의 근본 체계를 밝혀내면서 "한 물체는 다른 물체에게 충격에 의하여 서로 작동하는 것 이상이 아니다."라고 분명히 말했다. 그는 이러한 교리들과 1687년에 출판된《프린키피아》의 기초 사이에는 모순이 있다는 것을 점진적으로 인식하게 되었다. 스틸링플릿Stillingfleet에게 보내는 편지에서 그는 다음과 같이 인정했다.

> 내가 "물체는 충격에 의하여 작동하는 것 이상이 아니다."라고 말한 것은 사실이다. 그리고 이것을 쓰면서 든 생각은, 이런 작동 이외의 다른 방법은 생각할 수가 없다는 것이다. 나는 뉴턴의 비할 데 없이 뛰어난 저서에 설득되었다. 그것은 – 좁은 개념을 가지고 있는 나에게는 – 신의 능력을 제한하기에 너무나도 대범한 추정이었다.
> 나로서는 상상조차 할 수 없는 방법인 물체와 물체 사이의 만유인력은, 신God이 물체에 대해 우리의 생각에서 파생된 것이나 우리가 알고 있는 것으로 설명할 수 있는 것을 넘어서길 원한다면 그는 그렇게 할 수 있다는 설명일 뿐만 아니라, 그가 이미 그렇게 해 왔음을 보여주는 사례이다. 그 사례는 의문의 여지가 없으며 어디에서나 찾아볼 수 있다. 그러므로 나는 다음의 수정판에서 그 구절을 정정하는 것을 고려할 것이다(Stein 1990, p. 32).

로크의《에세이*Essay*》네 번째 판 제2권(1770)에는 이런 변화가 담겨 있는데 이는 현대과학에 의해 철학적 원자론이나 역학적 세계관에서 도모된 첫 번째 변화였다. 그것은 이 책이 다루어 온 물리학과 형이상학의 상호작용 사례였다.[12]

뉴턴이 17세기에 봉착하였던 문제는 19세기와 20세기 초의 과학적 진보 이후에 더욱 중요하게 다루어졌다. 1928년 에딩턴Eddington은 다음과 같이 말했다.

> 우리 자신을 물리적 세계로 순전히 상징화시켜 다루도록 가르치는 것은 어렵다. 우리는 항상 의식 세계에서 얻은 조화되지 않는 개념을, 상징을 사용하여 원래로 되돌리고 섞어버린다. 오랜 경험으로부터 우리는 그림자 같은 성격을 받아들이기보다는 그림자를 잡기 위해서 손을 뻗는 것을 배우게 된다. 실제로 우리가 스스로를 수학적 상징에 속박하지 않는다면 우리의 상징을 거짓 옷감으로 입히는 것을 피할 수 없다. 전자를 생각할 때면 내 마음에는 단단하고 빨간 작은 공이 떠오른다(Eddington 1928/1978, p. xvii).

이 글은 에딩턴의 이상주의적 세계관의 맥락에서 만들어진 것이다. 그러나 알지 못하는 것을 편안하고 익숙한 의상으로 옷 입히는 문제는 은유적으로 말하는 문제이며 실재론자에게 압박을 가하는 것이다. 그런 개념적 문제를 풀 수 있는 방법 중의 하나는 자연 세계의 영역과 과학이 다루는 이론화된 세계를 구분하는 것이다. 에딩턴은 후자의 수학적 성격을 미리 가정된 전자의 수학적 성격과 혼동하였다. 그의 비판은 아리스토텔레스가 갈릴레오의 과학의 수학화에 대하여 반대할 때 주장한 비판을 상기시킨다. 즉, 수학은 물리학이 이해할 수 있는 물질적인 과정을 추상화한 것이라는 비판이다.

다윈의 이론은 '생존을 위한 투쟁', '자연의 전쟁', '생물의 나무', '적자생존' 등 다양하게 은유적으로 표현되는데 이런 것들이 다윈 이론을 이해하는 데 도움을 주기도 하지만 왜곡시키기도 한다. 다윈은 점진적인 발달을 가정하면서도 화석의 기록에서 연속적이지 않고 급격하게 변하는 것을 해결하기 위해 마치 책에서 한 장이 없어지거나, 한 쪽 혹은 한 구절, 한 문장 혹은 한 단어가 없어진 것과 같다고 비유하였다. 이것은 과학에서 뛰어난 비유 중의 하나이다.

얼마나 많은 과학이 은유 없이 전진할 수 있는가에 대해서는 의문의 여지가 있다. 마흐는 은유를 과학의 성장과 의사소통에서 필수적이지만 이해의 보조 도구로 이해한 다음에는 버려야 하는 것으로 여겼다.

> 어떤 사실 A가 한 가지 특성에서만이 아니라 많은 혹은 거의 모든 특성에서도 오랫동안 잘 알아온 사실 B와 비슷하게 행동한다고 말할 수 있다면 얼마나 단순하겠는가. … 파동 운동이나 전기장 진동과 같은 빛, 중력의 영향을 받는 유체에 놓인 자석 등이 이에 속한다(Mach 1893/1986, p. 240).

마흐는 이론이 더 일반적이게 되면 은유적 서술이 어떤 진리로서 가치를 가지게 된다는 것을 부정했다. 그는 은유적 서술이 단지 발견법으로서 가치를 가질 뿐이라고 보았다. 블랙Black도 유사한 관점을 가지고 "아마 모든 과학은 은유로 시작해서 수학으로 끝나며 은유가 없다면 어떤 수학도 없었을 것이다."라고 했다(Black 1962, p. 242). 이에 대한 대안적 관점은 기술, 표현, 묘사로 구분되는 연속선과 기술, 모형, 은유, 비유, 이론 등으로 구분되는 또 다른 연속선으로 위치시키는 것이다. 그것은 모두 세계에 대한 어떤 것을 나타내는 방식이며 따라서 어느 정도 세계에 대한 진리를 주장할 수 있다. 이것은 와토프스키(Wartofsky 1979)의 온건한 실재론과 일관된다.

따라서 과학은 은유와 비유를 활용하게 되었고 그것들은 모두 일상적 개념 혹은 전

과학적 개념에 의존하고 있다.[13] 교사와 학생에게 계속되는 문제는 개념의 전문적 혹은 과학적 의미를 유지하면서 그 전문적 이미지가 이해되도록 일상적 이미지를 어떻게 이용하는가에 대한 것이다. 교사 교육에서 과학철학사는 교과서와 수업에서 은유적으로 그리고 비유를 사용하여 대화하는 것에서 생겨나는 수많은 인식론적, 존재론적, 심리적 문제를 고려할 수 있게 한다. 또한 과학철학사는 효과적인 은유를 찾으며, 좀 더 표준적인 교육의 관심사에도 기여하였다.

과학사와 학습 심리학

지금까지 교사 교육에서의 과학철학사에 대한 논쟁은, 특정 과목에 대한 과학철학사의 공헌의 측면에서 만들어졌다. 과학철학사는 과학과 다른 학문–역사, 수학, 기술 및 문학–을 통합하며 교사 자신의 직업으로서 전문적인 이해에 있어서 중요하다. 그러나 과학철학사는 또한 과학을 학습하는 문제에 대해서도 관련성을 보이고 있다.

최근의 과학철학사와 과학교육에 대한 중요한 부분은 과학철학사와 학습 심리가 결합되는 것에 관한 것이다. 역사와 관련해서는, 개인의 인지적 발달의 역사와 인간의 역사적 개념 발달의 과정이 어떻게 서로를 설명할 것인가의 문제이다. 이 문제는 매우 오랜 역사를 가진 문제이며 인지과학의 개념과 이론이 과학과 과학의 과정들을 연구하는 데 사용되어 오고 있다는 측면에서, 과학의 인지 이론들로부터 새로운 활력을 얻고 관심 받고 있다(Giere 1987, Jung 1993).

이런 관점은 피아제의 글에 가장 중요하게 드러나 있다. 실제로 그런 관점이 인지적 발달을 설명하는 기초가 된다. 쿤은 과학철학자와 과학사학자 사이에 "인지적 개체 발생은 과학적 계통 발생을 반복한다."는 명제를 퍼뜨린 사람이다. 그는 다음과 같이 말했다.

> 이미 죽은 과학자들에게 질문하는 방법 중 하나는 살아 있는 아동에게 피아제가 실시한 질문interrogation을 검토하는 것이다(Kuhn 1977, p. 21).

역으로 과학사학자인 코이레Koyré는 피아제의 아동 연구에 도움을 준 것이 아리스토텔레스의 물리학이었다고 하였다. 철학자 키헤르(Kitcher 1988)는 최근 발달 심리학자들이 어린 아동의 언어적 발달이 과학사에 전이를 발생시킨 것을 연구함으로써 새로운 통찰을 얻을 수 있고 과학철학자와 과학사학자가 아동 심리학의 실험적 결과와 분석에서 많은 것을 배울 수 있다고 단언하였다.

누스바움(Nussbaum 1983)은 개인의 학습에 대한 과학교육 문헌과 과학사를 재검토하였다. 이런 분야의 연구는 고울드(Gauld 1991), 네르세시안(Nersessian 1989), 니더러(Niedderer 1992), 완더시(Wandersee 1985)에 의해 이루어졌다. 이런 연구 전통의 모형적 연구는 스타인버그 외의 연구(Steinberg and others 1990)로, 임페투스 이론에서 1687년《프린키피아》의 관성 역학으로 느리게 발달하는 뉴턴의 개념을 통해 현대의 학생들로 하여금 자신의 비관성적 오개념을 성숙한 뉴턴의 역학으로 이해하게 하는 개념적 여행을 안내했다. 그루버(Gruber 1974)는 다윈의 개념적 발달에 대한 피아제의 연구를 제시하였다.

더 일반적으로 개인의 과학적 개념 변화, 즉, 과학 학습에 대한 중요한 연구는 역사적, 철학적 논제를 활용한다. 휴슨(Hewson 1981)은 과학 학습에 대한 개념 변화 모형을 초기에 서술하면서 쿤과 라카토스의 이론 변화 조건을 인용하여 "개인의 개념 변화에 영향을 미치는 중요한 개념 중에는 … 그가 가지고 있는 형이상학적 (그리고 인식론적) 관점이 있다."고 하였다(Hewson 1981, p. 391). 휴슨도 기여한, 〈과학 개념의 조절: 개념 변화 이론〉이라는 제목의 포스너 외의 연구(Posner et al. 1982)는 매우 중요한 논문으로 쿤, 툴민, 라카토스의 과학적 이론 변화에 대한 설명을 따르고 있다. 그들은 개인의 개념 변화 혹은 학습이 일어나기 위해서는 네 가지 조건이 만족되어야 한다고 하였다.

1) 현재 개념에 대한 불만족이 있어야 한다.
2) 새롭게 대치하려는 개념은 지적으로 이해되어야 한다.
3) 새로운 개념은 처음에 그럴듯하게 보여야 한다.
4) 새로운 개념은 오래된 문제와 새로운 문제를 해결할 수 있어야 한다. 또한 유용한 연구 프로그램의 가능성을 암시해야 한다.

스트라이크와 포스너는 처음에 제안했던 개념 변화 이론은 심리적 이론이 아닌 주로 인식론적 이론이었으며 합리적 사고라고 간주되는 것에 대한 개념에 뿌리를 두고 있다고 하였다(Strike & Posner 1992, p. 150). 그들의 원래 이론은 '합리적 신념의 형성'(p. 152)에 관한 것이었으며 '학생들의 마음이나 학습에 대한 법칙'을 다룬 것은 아니었다(p. 155). 개인의 학습에 대한 그들의 이론은 과학적 변화에 대한 쿤과 툴민의 역사적, 철학적 분석에 의존하고 있다.[14] 결과적으로 과학교육에서 스트라이크와 포스너의 논제를 능숙하게 이해하고 판단하기 위해서는 학생들이 이러한 분석에 대한 지식을 가져야 하는 것이다.

심리학자 캐리Carey는 과학을 배우는 학생이 개념 변화의 복잡성을 성공적으로 이해하기 위해서는 "인지과학자와 과학교육자의 공동 작업이 필요하며 그들은 과학사학자와 과학철학자에 의해 제공된 과학에 대한 이해를 인식해야 한다."고 제안했다(Carey 1986, p. 1125). 과학교육자 더쉴Duschl, 인지 심리학자 해밀턴Hamilton, 과학철학자 그랜디Grandy는 캐리의 제안을 받아들여 과학자들의 이론 발달 과정을 자세하게 검토하고 자연 세계에 대한 개인의 지식 습득과 비교하였다(Duschl et al. 1992). 그들은 과학에 대한 인지적 연구에 의존하면서 인식론과 학습 이론을 연관시켰다.[15]

모든 사람이 이러한 인지 심리학과 과학사의 상호작용이 유용하다고 보는 것은 아니다. 키치너Kitchener는 피아제의 연구 프로그램에 대한 철학적 반응의 논평에서 "불행하게도 피아제의 발생론적 인식론이 철학자들에게 학문적인 방식으로 체계적인 평가를 받지 못하고 널리 논의되지 못하였다."라고 지적하였다(Kitchener 1985, p. 4).[16] 그는 갈릴레오의 이상화 방법에 근본적으로 의존하는 피아제의 이론을 규정적으로 해석하였다. 즉, 인식론적 문제와 심리적 문제로 확연하게 구분하여 피아제 이론과 과학교육에 적용한 것을 평가하려는 입장이었다(Kitchener 1992, 1993).

피아제의 연구는 한 가지 분명한 탐구 영역을 이끌어낸다. 아동의 직관적인 개념이 다른 영역에서 과학적 이해에 대한 발달의 초기 단계를 반영하는가? 단순화 단계에서 답을 한다면 그렇다고 할 수 있다. 아동은 수업 전에 이해를 하고 있는 것으로 보이며 순박한 신념은 초기 과학적 혹은 과학 이전의 생각과 동등하다.[17] 이런 예는 역학 분야에서 찾을 수 있는데 아동과 성인은 아리스토텔레스 역학을 거쳐 임페투스 이론을 지나는 경로를 갖고 있다.[18] 바르토프Bartov는 생물 과정에도 직관적인 개념이 매우 목적론적임을 보였다. 다른 사람들은 아동이 유전에 대하여 라마르크적인 설명을 한다는 것을 지적하기도 하였다(Bartov 1978, Brumby 1979). 마스, 페레즈 그리고 해리스(Mas, Perez and Harris 1987)는 화학에 대한 청소년의 신념을 연구하였는데 그 대상은 학교에서 화학을 5년 이상 공부한 학생들이었다. 기체에 대한 원자설을 반복적으로 가르쳤음에도 불구하고 상당한 비율의 학생들이 기체는 질량이 없다는 아리스토텔레스적인 신념을 그대로 유지하였다.

과학 지도의 측면에서 직관적이거나 순박한 신념이 교사, 심리학자, 철학자, 과학사학자들 사이에, 캐리가 말한 유형의 생산적인 교환productive exchange을 만들어 왔다. 맥클로스키(McCloskey 1983a, b)는 대학교에서 물리를 배우는 학생 중 80%는 수업에도 불구하고 임페투스에 대한 신념을 계속 고수하고 있다는 것을 찾아냈다. 파인골드와 고르스키(Finegold and Gorsky 1988), 고울드(Gauld 1989), 린(Linn 1983), 오스본(Osborne 1983)의 연구들은 이런 직관적인 생각이 수업에 저항한다는 것을 보고하였다. 하버드대학교 졸업식에서 촬영한, 곤혹스러운 영화 '사적인 우주A Private Universe'에는 미국에서 가장 뛰어난 학생들이 계절의 원인에 대하여 터무니없는 말을 자신 있게 하는 모습이 담겨 있다. 이 영화는 직관적인 신념의 견고함이나 지도의 미약함을 선명하게 확인시켰다(Schneps 1987). 에거Eger는 여러 논문들을 통해, 의미 습득에 대한 이러한 문제들을 이해하는 것에 해석적 분석이 유용하며, 혹은 더 일반적으로는 과학 학습에서 해석적 역할의 이해 또한 유용하다는 것을 보여 주었다(Eger 1992, 1993a, b).

과학 학습에 대한 중요한 연구 프로그램은 과학철학과 과학사에 대한 가정에 바탕을 두고 있으며 그와 관련된 논의가 많다. 따라서 학습 심리학 분야의 과학 교사의 사전교육이나 연수교육에는 과학사와 과학철학에 대한 학습이 포함되거나 증가되어야 한다. 그런 교육이 없이도 학생과 교사는 쿤, 툴민, 라카토스와 같은 철학자들의 관점을 신뢰하고 그 관점에 익숙해져야 한다. 이것은 합리적 탐구에 대한 전문가가 되는 데 만족스러운 요건에 불과하다.

과학에서 이상화와 과학학습

과학에서 이상화는 유의미한 과학 학습을 막는 주요 장애물 중의 하나로 인식되고 있다. 왜냐하면 부분적으로 직관적인 신념이 일상적이고 구체적인 경험에 많은 영향을 받기 때문이다. 월퍼트Wolpert는 《과학의 자연스럽지 않은 본성*The Unnatural Nature of Science*》(1992)에서 이 점을 정확하게 지적하였다.

> 과학적 사고는 거의 예외 없이 반직관적이다. 현상을 단순하게 관망하는 것으로는 얻어질 수 없으며 일상적인 경험에서 동떨어져 있다. … 과학을 행하는 데에는 자연적인 사고의 단점을 의식적으로 인식하는 것이 요구된다(Wolpert 1992, p.xi).

그는 상식적인 기초과학교육에 대해 경고하면서, 뒤헴이 세기의 전환기에 이야기한 것을 반복해서 지적하였다.[19] 생소한 것은 과학의 내용만이 아니라 과학의 방법도 마찬가지다.

HPS는 이런 근본적인 문제를 이해하는 데 있어서 예비교사에게 중요한 역할을 한다. 쉐커(Schecker 1992)는 이런 질문들을 흥미로운 방식으로 지적하였다. 그는 254명의 고등학생에게 다음과 같은 글을 읽고 토론하게 하였다.

> 물리 시간에는 종종 실제 실험으로는 구현할 수 없는 가정들 혹은 사고 실험들이 있다. 가령 공기 저항을 완전히 제거하거나 마찰이 없는 경우라고 가정하여 무한 직선 운동을 한다고 가정하는 경우이다.

학생들에게 이런 방법이 유용한지에 대해 물어 보았다. 학생 중 11%가 쓸모없는 것이라고 하면서 "왜 있지도 않은 것을 생각해야 하나요?"라고 물었다. 50%는 "실재하는 모든 것을 언급할 필요는 없다고 생각해요. 단지 나는 물리학에 관심이 있을 뿐이에요."라고 말하며 물리학이 실재를 다루지 않기 때문에 물리학자에게는 유용하다고 했다. 샴페인 외의 연구는 이런 문제에 대해 "역학을 학습하는 일은 학생들의 사고가 한 패러다임에서 다른 패러다임으로 전이할 때 요구되는 노력만큼이나 어렵다. 과학에서뿐만 아니라 학생들의 마음에서도 패러다임 전이는 쉽게 이루어지지 않는다."고 하였다(Champagne et al. 1980, p. 1077).

플로덴(Floden et al. 1987)과 브랜든(Brandon 1989)은 과학교육이 일상적 경험과 단절될 때 나타나는 수업 문제를 논의하였다. 개리슨과 벤틀리(Garrison & Bentley 1990)는 영향력 있는 포스너 등의 개념 변화 이론에 대한 논의에 있는 주제를 발달시켰다. 지네프Ginev는 "이상화 과정을 과학의 인식론적 '특정한 본질적 차이differentia specifica'로 고려해야 한다."라는 인식을 바탕에 둔 과학 과정의 정교한 해석을 제공하였다(Ginev 1990, p. 65).

과학철학과 과학사는 과학의 이상화를 좀 더 이해하기 쉽게 만들며 복잡하고 구체적인 세계를 탐구하는 과학적 도구 혹은 기구임을 설명할 수 있다. 스패너, 거품기, 망원경 같은 물질적 도구가 어느 정도 유용하며 다소 우아한 것처럼 과학에서 특정한 이상화 또한 그렇다. 행성을 질점으로 표현하고 궤도를 타원으로 나타내는 것은 행성의 운동에 대한 뉴턴의 수학적 분석을 완성하는 선결조건이다. 정제된 측정과 관찰들을 참고로, 초기의 가정들은 변경될 수 있고 행성 운동의 모습은 좀 더 실제적이고 구체적이게 되는 것이다. 결국 이상화는 사람으로 하여금 로켓을 타고 달 표면을 걷도록 한다. 학생들에게 '과학의 세계'를 소개하는 데에 있어서 이것에 대한 이해가 중요하다. 무엇이 이상화이고 어느 것이 아닌지에 대해 제대로 인식하지 못한 것이 반과학적 비판antiscience criticism에 있어 많은 근거를 제공해 왔다. 물론 뉴턴의 이상화는 낭만주의적 반응에 직접적으로 반대되는 것이었다. 키츠Keats, 괴테Gorthe 등의 사람들에게 살아 있는 경험의 세계가 색깔 없는 뉴턴의 질점으로 포착되지는 않을 것이다.[20] 20세기에 마르쿠제Marcuse, 훗설Husserl, 틸리치Tillich와 같은 사람들은 이런 문제를 다시 지적하고 있다. 제2차 세계대전이 끝날 무렵 헉슬리Huxley는 이 문제에 대하여 다음과 같이 언급했다.

> 세계에 대한 과학적 모습은 부적당하다. 왜냐하면 과학이 전체적인 경험을 다루고 있지 못할 뿐만 아니라 어떤 상황에서 특정한 면을 다루기 때문이다. 이 모든 것은 보다 철학적인 태도를 가지는 과학자에 의해서만 분명하게 이해될 수 있다. … (불행하게도) 우리 시대에는 '단지 불과한nothing but' 사고라고 부르는 많은 요소들이 있다(Huxley 1947, p. 28).

독일의 뛰어난 과학교육자 바겐샤인Wagenschein은 과학교육의 핵심에서 이런 이분

법에 대하여 다음과 같이 지적하였다.

> 내게 가장 강력한 원동력은 자연에서 편안하게 느끼는 것과 물리학과 수학에 의한 강한 매력 사이의 간극이며 일찍이 학교에서 시작되어 과학에 의해 인간과 자연의 소외가 커감에 따라 이어지는 자극에 의한 것이다. 따라서 그런 것들을 피할 수 있다면 더욱 좋겠지만, 나의 교육적 목적은 인간 중심적 물리 교수를 통해 그 간극을 극복하는 것이다(Wagenschein 1962, p. 9, W. Jung을 번역).

과학철학사에 대한 소양을 갖춘 과학교사는 학생들로 하여금 그들이 살아가는 실제의 주관적인 세계를 과학이 어떻게 포착하고 어떻게 포착하지 않는지 깨닫는 것을 도울 수 있다. 반면에 과학철학사에 대한 소양을 갖추지 못한 교사는 학생들에게 자신의 세계는 환상일 뿐 자신의 것이 아니라고 하거나 과학의 세계를 환상으로 여겨 거부하게 만들 것이다.[21] 서튼(Sutton 1992)도 이런 문제를 분명히 하였다.

결론

과학 교사의 사전교육이나 연수교육에서 과학사와 과학철학사가 학습되어야 할 이유는 많다. 학교 과학에서는 과학에 관련된 역사적, 철학적, 윤리적, 문화적 문제가 더욱 더 제기되고 있고 따라서 그러한 교육과정을 가르치는 교사에게 과학철학사의 지식이 필요하다는 것은 명백하다. 그런 지식 없이는, 교육과정을 단절된 방식으로 제시하거나 언급된 주제에 대한 무비판적인 잡담만 반복하게 된다. 두 가지 방식 모두 학생들에게는 해롭다. 반면 그러한 교육과정에 과학의 본성과 같은 부분이 포함되어 있지 않더라도 과학철학사는 과학을 좀 더 흥미롭고 비판적으로 가르치는 데 기여할 것이다.

교사 교육의 과학철학사에는 이러한 '실질적'인 주장을 넘어, 강력한 '전문적' 주장이 있다. 교사는 자신이 가르치는 것 이상을 알아야 한다. 교육자로서 교사는 자신이 가르치는 지식 체계에 관한 것을 알아야 하고 그 지식이 어떻게 발생했는지, 그 지식이 어떻게 정당화되었는지, 그 한계에 대해서도 알아야 한다. 교사는 탐구의 전통을 인식하고 학생들을 탐구에 입문시켜야 한다. 과학철학사는 바로 이것을 위함이다.

이 책에서 과학철학과 과학사가 매우 복잡할 뿐만 아니라 논쟁의 여지가 있는 문제를 많이 가지고 있음을 충분히 다루었다. 여전히 중요한 문제는 결론이 나지 않았다. 교사의 임무는 자신이 가르치는 학생을 정교하게 판단하는 것이며 과학을 당혹스럽지 않게 이해시키는 것이다. 학생들은 '최첨단의cutting-edge' 질문을 접하기 전에, 전통에 먼저 친숙해질 필요가 있다. 교사가 다양한 과학철학사의 쟁점에 대해 탄탄한 의견을 가져야 하지만, 그러나 교육은 학생들의 마음을 개발시키는 것이므로, 학생들이 지식을 쌓고 식견 있는 의견을 가지도록 해야 한다. 만약 과학 수업에서 과학철학사를 교리 문답식catechism으로 가르친다면, 중요한 목적을 달성할 수 없다. 교사 교육 프로그램에서 과학철학사는 교사의 안목을 넓히는 것이며, 학생들로 하여금 과학적 능력이라는 목적지에 도달하는 것뿐만 아니라 다른 관점을 갖고 더 넓은 지평에 도달하도록 여행을 돕는 것이다. 결국 이런 과정은 과학의 건강함, 사회의 건강함에 기여할 것이다.

교육계는 우리의 문화 유산 중 최고를 찾아내고 전수해 줄 책임이 있다. 과학은 이런 유산 중에서 가장 중요한 부분이다. 과학철학과 과학사는 과학교사들이 자신의 사회적이고 전문적인 책임감이 성취와 지적 지향성이라는 거대한 전통의 일부임을 더욱 잘 이해하도록 한다.

1. 미국에서 이 문제의 규모는, 1993년 당시 전체 뉴욕 주에 교사를 위한 물리 대학원 연수과정이 12개에 불과했고 루이지애나 주에는 5개 미만의 과정뿐이었다는 사실로 추정할 수 있다. 이것은 미국에만 국한된 것이 아니었다. 호주에서도 모든 대학교 교과 과정 중 교사교육이 가장 낮은 선호도를 보였다.
2. 홈즈Holmes 그룹은 미국의 주요 교육대학교의 학장들로 이루어져 있다. 그 그룹의 보고서인 《미래의 교사*Tomorrow's Teachers*》(1986)와 《미래의 학교*Tomorrow's Schools*》(1990)는 홈즈 그룹의 비서실(501 Erickson Hall, East Lansing, MI 48824-1034, US)을 통해 10달러의 비용으로 얻을 수 있다. 카네기Carnegie와 홈즈의 보고서는 프레이저(Fraser 1992)의 연구에서 논의되었다.
3. 교사교육에 대한 기초 연구의 위치에 대한 논쟁은 토저 외(Tozer et al 1990)의 연구에서 찾을 수 있다.
4. 이러한 과정들은 바커와 클라크(Bakker & Clark 1989), 브릭하우스(Brickhouse 1990), 바이비(Bybee 1990), 에거(Eger 1987), 매튜스(Metthews 1990b), 루즈(Ruse 1990)의 연구에서 묘사되었다.
5. 미국 국립 인문학 재단National Endowment for the Humanities은 이러한 프로그램을 지원하였다. 2년 과정의 프로그램에서 제공된 100가지 수업계획안을 담은 책은 프로그램 담당자인 해치Hatch 박사로부터 구할 수 있다(Professor Robert A. Hatch, History Department, University of Florida, Gainesville, Florida, US).
6. 그린(Green 1971), 할스테드(Halstead 1975), 마틴(Martin 1970), 왁스(Waks 1968)의 연구를 참고하라.
7. 대부분의 과학적 혁명의 문헌들은 매튜스(Matthews 1989)에, 다윈의 문헌들은 애플맨(Appleman 1970)에 수록되었고 HPS와 과학교육에 대한 두 번째 논문들은 매튜스(Matthews 1991)의 연구에 있다.
8. 20년 동안 수백명의 생물 전공자를 지도하는 동안 다윈의 연구를 한 가지라도 읽어본 학생은 10명이었으나 물리 전공자 중 갈릴레오의 연구에 대해 읽어본 학생은 한 명도 없었다.
9. 사회적 맥락에서 현대과학의 발달을 다룬, 도해가 잘 구성된 훌륭한 교재는 굿맨과 러셀(Goodman & Russell 1991)의 연구에서 다루어졌다.
10. 《과학과 교육*Science & Education*》(1992)에 재판되었다.
11. 예를 들어 아벨(Abell 1989), 아킨데인(Akindehin 1988), 빌레와 하산(Billeh & Hasan 1975), 갤레거(Gallagher 1991), 자코비와 스파고(Jacoby & Spargo 1989), 쿨라이디스와 오그본(Koulaidis & Ogborn 1989), 레더먼과 자이들러(Lederman & Zeidler 1987), 맥케이(Mackay 1971), 프로퍼 외(Proper et al 1988), 로빈슨(Robinson 1969), 로웰과 카우스론(Rowell & Cawthorn 1982)의 연구를 참고하라.
12. 원자론의 발달과 쇠락에서의 과학과 철학의 상호작용에 대한 역사는 아인슈타인과 인펠프(Einstein & Infeld 1938/1966), 하만(Harman 1982), 멜센(Melsen 1952)의 연구를 참고할 수 있다.
13. 과학에서의 은유와 비유 그리고 분석에 대한 논의는 블랙(Black 1962), 헤세(Hesse 1966), 리더데일과 와토프스키(Leatherdale & Wartofsky 1974)를 참고하라.
14. 스트라이크와 포스너Strike & Posner의 이론이 과학교육에서 매우 영향력이 있었음에도 불구하고 그들은 다음과 같이 말했다. "우리는 개념 변화의 4가지 요소들을 수업의 4단계로 전환시

키는 것은 잘못된 해석이라고 생각한다(Strike & Posner 1992, p. 172). 그들은 규범적인 이론에서 교실의 실제로 직접 이동할 수 없음을 알게 되었다.

15. 인식론과 심리학 사이의 유용한 연결에 대한 정확한 본성들은 많이 논의되어 왔다. 전통적 철학의 관점에는 인식론적으로 유용한 연결이 존재하지 않았다. 루이스Lewis는 이러한 관점을 다음과 같이 표현하였다. "인식론은 정신 상태에 대한 심리적 묘사가 아니라, 그것은 그들의 인지적 주장에 대한 비평이다. 즉 진실성과 타당성에 대한 평가, 그리고 증명된 그런 기준들로 이러한 주장들을 이끌어 내게 된다."(In Siegel 1979, p. 63) 포퍼Popper는 그의 저서 《과학과 주관성*Science and Subjectivity*》(1982)에서, 셰플러Scheffler와 같이, 이러한 관점을 인정하였다. 한 수준에서 그것은 평범하고 옳다. 심리학은 학습에 대한 연구로서 그러한 것이 아니라, 진실이나 또는 그 반대로 무엇을 배웠는지를 선언하는 권한을 가진다. 아마도 같은 메커니즘이 오류 학습에 관여하는 것처럼 진리 학습과 연관되어 있다. 이는 많은 구성주의 쓰기에서 혼란의 문제가 된다. 하지만 전통적 지위의 관점은 순화된 인식론을 제안하는 콰인(Quine 1969)과 여러 다른 학자들에 의하여 도전되어 왔다. 이 연구에서 콘블리스(Kornblith 1985)의 공헌을 참고하라. 순화된 인식론의 비평, 합리성과 과학교육을 위한 그것의 영향에 대한 논의는 시겔(Siegel 1993)의 연구를 참고할 수 있다.

16. 이러한 주제는 키치너(Kitchener 1985)가 학술지 《*Synthese*》의 특별호에서 피아제에 대한 철학적 문헌 목록을 발표했다.

17. 물론 그것은 어린이들은 정말로 과학적 주제의 문제들에 대하여 미리 가르쳐진 신념이 있다는 것을 보여준 피아제의 주목할 만한 공헌이었다. 그것은 종종 과학교사들에 의하여 채워져야 하는 '빈 그릇' 혹은 백지 상태로 가정되었다. 오스벨Ausbel에 의하여 증명되었고 노박Novak에 의하여 유명해진 이러한 순수한 개념들은 어떻게 새로운 과학적 개념들이 내면화 되는지에 대하여 영향을 주었다. 만약 교사들이 그것들을 무시하거나 그것들을 몰랐다면, 학생들이 완전히 다른 것들을 듣고 있을 때 그들은 자주 학생들에게 한 가지 것들을 말하는 관점을 가졌을 것이다.

18. 클레멘트(Clement 1983), 샴페인 외(Champagne et al 1980), 디 세사(di Sessa 1982), 드라이버와 이슬리(Driver & Easley 1978), 맥클로스키(McCloskey 1983a, b), 맥더모트(McDermott 1984), 로빈 & 올슨(Robin & Ohlsson 1989) 그리고 휘태커(Whitaker 1983)는 아리스토텔레스의 역학의 기본을 반영하는 힘과 운동의 순수한 개념들을 제시하는 소수의 연구자들이었다. 피아제와 가르시아(Piaget & Garcia 1989)는 뉴턴 역학의 역사와 학생들의 인지 발달과 이의 관련에 대한 분석을 제공하였다.

19. 듀헴Duhem은 다음과 같이 언급하였다.

> 작용하는 어떤 힘이 없을 때 물체가 직선에서 등속으로 운동한다는 것이나 일정 중량이 낙하하는 물체를 등가속시킨다는 것이 상식적으로 간단하게 명확한가? 반면 어떤 견해들은 상식적 지식과 현저하게 괴리되어 있고, 이런 것들에 원인을 제공하기 위해 2000년 동안 역학을 다루어 온 모든 천재들의 축적된 지식을 선택했었다(Duhem 1906/1954 p. 263).

과학에서 논리의 이상화에 대한 대규모의 처치는 노박(Nowak 1980)에 의하여 제공되었다. 그는 과학적 이상화가 간단한 귀납주의, 경험주의, 그리고 반증주의 과학 이론을 제공한다는 문제점을 끌어냈다. 이것은 폴란드의 포즈난 그룹Polish Poznan Group에 의해 광범위하게 연구되어 온 주제였고, 일부 작업은 크라예프스키(Krajewski 1982)의 연구에서 찾을 수 있다. 레이먼(Laymon 1985) 또한 이 주제에 대하여 집필하였다.

20. 서구에서 시와 과학의 상호작용에 대한 논의는 부시(Bush 1967) 그리고 히스–스툽과 살만(Heath–Stubbs & Salman 1984)의 연구를 참고할 수 있다.

21. 이러한 문제들은 에거(Eger 1972), 홀튼(Holton 1993c), 융(Jung 1989), 페스모어(Passmore 1978)의 연구에서 논의되었다.

참고문헌

한국어판 서문

Bevilacqua, F., Giannetto, E. & Matthews, M. R. (eds.): 2001, *Science Education and Culture: The Role of History and Philosophy of Science*, Kluwer, Dordrecht.

Davis, B. & Sumara, D.: 2003, 'Constructivist Discourses and the Field of Education: Problems and Possibilities', *Educational Theory* 52(4), 409-428.

Kirschner, P., Sweller, J. & Clark, R. E.: 2006, 'Why Minimally Guided Learning Does Not Work: An Analysis of the Failure of Discovery Learning, Problem-Based Learning, Experiential Learning and Inquiry-Based Learning', *Educational Psychologist* 41(2), 75-96.

Lederman, N., Abd-el-Khalick, F., Bell, R. L. & Schwartz, R. S.: 2002, 'Views of Nature of Science Questionnaire: Towards Valid and Meaningful Assessment of Learners' Conceptions of the Nature of Science' *Journal of Research in Science Teaching* 39, 497-521.

Lederman, N. G., Kuerbis, P. J., Loving, C. C., Ramey-Gassert, L., Roychoudhury, A. & Spector, B. S.: 1997, 'Professional Knowledge Standards for Science Teacher Educators', *Journal of Science Teacher Education* 8(4), 233-240.

Matthews, M. R. (ed.): 1998, *Constructivism in Science Education: A Philosophical Examination*, Kluwer Academic Publishers, Dordrecht.

Matthews, M. R.: 2000, 'Constructivism in Science and Mathematics Education'. In D. C. Phillips (ed.) *National Society for the Study of Education 99th Yearbook*, National Society for the Study of Education, Chicago, pp. 161-192.

Matthews, M. R.: 2009a, 'Teaching the Philosophical and Worldview Dimension of Science', *Science & Education* 18(6-7), 697-728.

Matthews, M. R. (ed.): 2009b, Science, *Worldviews and Education*, Springer, Dordrecht.

Matthews, M. R.: 2009c, 'Science and Worldviews in the Classroom: Joseph Priestley and Photosynthesis', *Science & Education* 18(6-7), 929-960.

Matthews, M. R.: 2011, 'From Nature Of Science (NOS) to Features Of Science (FOS)'. In M. S. Khine (ed.) *Advances in the Nature of Science Research: Concepts and Methodologies*, Springer, Dordrecht, pp. 1-26.

Matthews, M. R., Gauld, C. F. & Stinner, A. (eds.): 2005, *The Pendulum: Scientific, Historical, Philosophical and Educational Perspectives*, Springer, Dordrecht.

Mayer, R. E.: 2004, 'Should there be a Three-Strikes Rule Against Pure Discovery Learning? The Case for Guided Methods of Instruction', *American Psychologist* 59(1), 14-19.

National Research Council (NRC): 1996, *National Science Education Standards*, National Academy Press, Washington.

Prasad, R.: 1982, 'The Debate on Scientific Temper', *Social Scientist* 10(1), 56-60.

Sweller, J.: 2009, 'What human cognitive architecture tells us about constructivism', In S. Tobias & M. Thomas (ed.) *Constructivist Instruction: Success or Failure?* pp. 127-143.

Tobin, K.: 2000, 'Constructivism in Science Education: Moving On', In D. C. Phillips (ed.) *Constructivism in Education*, National Society for the Study of Education, Chicago, pp. 227-253.

Tobias, S. & Duffy, T. M. (eds): 2009, *Constructivist Instruction: Success or Failure?* Routledge, New York.

Abell, S. K.: 1989, "The Nature of Science as Portrayed to Preservice Elementary Teachers via Methods Textbooks." In D. E. Herget (ed.), *The History and Philosophy of Science in Science Teaching*, Florida State University, Tallahassee, FL, pp. 1-11.

Abimbola, I. O.: 1983, "The Relevance of the 'New' Philosophy of Science for the Science Curriculum." *School Science and Mathematics* 83(3), 181-193.

Achilles, M.: 1986, "History of Physics and the Historical Experiment." In P. V. Thomsen (ed.), *Science Education and the History of Physics*, University of Aarhus, Denmark, pp. 222-234.

Adler, M. J.: 1978, *Aristotle for Everybody*, Macmillan, New York.

Aikenhead, G. S.: 1974, "Course evaluation Ⅱ: interpretation of student performance on evaluation tests," *Journal of Research in Science Teaching* 11, 23-30.

———— : 1985, "Science Curricula and Preparation for Social Responsibility." In R. Bybee (ed.), *Science, Technology, Society: 1985 Yearbook of the National Science Teachers Association*, NSTA, Washington, DC, pp. 129-143.

———— : 1980, *Science in Social Issues: Implications for Teaching*, Science Council of Canada, Ottawa.

Akeroyd, F. M.: 1989, "Philosophy of Science in a National Curriculum." In D. E. Herget (ed.), *The History and Philosophy of Science in Science Teaching*, Florida State University, Tallahassee, FL, pp. 15-22.

Akindehin, F.: 1988, "Effect of an Instructional Package on Preservice Science Teachers' Understanding of the Nature of Science and the Acquisition of Science-Related Attitudes," *Science Education* 72(1), 73-82.

Alberta Education: 1990, *Unifying the Goals of Science Education*, Curriculum Support Branch, Alberta, Canada.

Albury, R.: 1983, "Science Teaching or Science Preaching? Critical Reflections on School Science," In R. W. Home (ed.), *Science Under Scrutiny*, Reidel, Dordrecht, The Netherlands.

Aldridge, B. G.: 1992, "Project on *Scope, Sequence, and Coordination*: A New Synthesis for Improving Science Education," *Journal of Science Education and Technology* 1(1), 13-21.

Alexander, H. G. (ed.): 1956, *The Leibniz-Clarke Correspondence*, Manchester University Press, Manchester, UK.
Althusser, L. & Balibar, E.: 1970, *Reading Capital*, New Left Books, London.
———— : 1969, *For Marx*, Penguin, Harmondsworth, UK.
American Association for the Advancement of Science (AAAS): 1989, *Project 2061: Science for All Americans*, AAAS, Washington, DC.
———— : 1990, *The Liberal Art of science: Agenda for Action*, AAAS, Washington, DC.
———— : 1993, *Benchmarks for Science Literacy: Draft*, AAAS, Washington, DC.
American Physical Society (APS): 1986, "Report of the Committee on Education—1985," *Bulletin of the American Physical Society* 31(6), 1033-1034.
Amsterdaniski, S.: 1975, *Between Experience and metaphysics*, Reidel, Dordrecht, The Netherlands.
Apple, M. W.: 1979, *Ideology and Curriculum*, Routledge & Kegan Paul, London.
Appleman, P. (ed.): 1970, *Darwin*, Norton, New York.
Ariotti, P.: 1968, "Galileo on the Isochrony of the Pendulum," *Isis* 59, 414-426.
Armstrong, H. E.: 1903, *The Teaching of Scientific Method*, Macmillan, London.
Arons, A. B.: 1965, *Development of Concepts of Physics*, Addison-Wesley, Reading, MA.
———— : 1977, *The Various Language: An Inquiry Approach to the Physical Sciences*, Oxford University Press, New York.
———— : 1983, "Achieving Wider Scientific Literacy," *Daedalus* 112(2), 91-122.
———— : 1988, "Historical and Philosophical Perspectives Attainable in Introductory Physics Courses," *Educational Philosophy and Theory* 20(2), 13-23.
———— : 1989, "What Science Should We Teach?" In *Curriculum Development in the Year 2000*, BSCS, Colorado Springs, CO.
———— : 1974, 'Education Through Science," *Journal of College Science Teaching* 13, 210-220.
Association for Science Education (ASE): 1963, *Training of Graduate Science Teachers*, ASE, Hatfield, Herts, UK.
———— : 1979, *Alternatives for Science Education*, ASE, Hatfield, Herts, UK.
———— : 1981, *Education Through Science*, ASE, Hatfield, Herts, UK.
———— : 1986, *SaTiS: Science and Technology in Society*, ASE, Hatfield, Herts, UK.
Atkinson, P. & Delamont, S.: 1977, "Mock-ups & Cock-ups." In M. Hammersley & P. Woods (eds.), *The Process of Schooling*, Routledge, London, pp. 87-108.
Bachelard, G.: 1934/1984, *The New Scientific Spirit*, Beacon Books, Boston.
———— : 1940/1968, *The Philosophy of No*, The Orion Press, New York.
Bakker, G. R. & Clark, L.: 1988, *Explanation: An Introduction to the Philosophy of Science*, Mayfield Publishing Company, Mountain View, CA.
———— : 1989, "The Concept of Explanation: Teaching the Philosophy of Science to Science Majors." In D. E. Herget (ed.), *The History and Philosophy of Science in Science Teaching*, Florida State University, Tallahassee, FL, pp. 23-29.
Baltas, A.: 1988, "On the Structure of Physics as a Science." In D. Batens & J. P. van Bendegens

(eds.), *Theory and Experiment*, Reidel, Dordrecht, The Netherlands, pp. 207-225.

Bantock, G. H.: 1981, *The Parochialism of the Present*, Routledge & Kegan Paul, London.

Baron, J. & Stemberg, R. (eds.): 1987, *Teaching Thinking Skills: Theory and Practice*, Freeman, New York.

Barrow, R. & Woods, R.: 1988, *An Introduction to Philosophy of Education*, Routledge, London, 3rd ed.

Bartov, H.: 1978, "Can Students be Taught to Distinguish Between Teleological and Causal Explanations?" *Journal of research in Science Teaching* 15, 567-572.

Bauer, H. H.: 1992, *Scientific Literacy and the Myth of the Scientific Method*, University of Illinois Press, Urbana, IL.

Bauman, Z.: 1988, "Sociology and Postmodernity," *Sociological Review* 36, 790-823.

Beardsley, T.: 1992, "Teaching Real Science," *Scientific American* October, 78-86.

Bedini, S. A.: 1986, "Galileo and Scientific Instrumentation." In W. A. Wallace (ed.), *Reinterpreting Galileo*, Catholic University of America Press, Washington, DC, pp. 127-154.

Bell, B.: 1988, "Girls and Science." In S. Middleton (ed.), *Women and Education in Aotearoa*, Allen & Unwin, Auckland, pp. 153-160.

——— : 1990, *Draft Forms 1-5 Science Syllabus for Schools*, Ministry of Education, Wellington, New Zealand.

——— : 1991, "A Constructivist View of Learning and the Draft Forms 1-5 Science SYLLABUS," *SAME Papers 1991*, pp. 154-180.

Bent, H. A.: 1977, "Uses of History in Teaching Chemistry," *Journal of Chemical Education* 54, 462-466.

Berg, K. C. de: 1990, "The Historical Development of the Pressure-Volume Law for Gases," *The Australian Science Teachers Journal* 36(1), 14-20.

Bergmann, P.: 1949, *Basic Theories of Physics*, Prentice-Hall, New York.

Berkeley, G.: 1710/1962, *The Principles of Human Knowledge*, G. J. Warnock (ed.), Collins, London.

——— : 1721/1901, *De Motu*. In A. Fraser (ed.), *The Works of George Berkeley*, Oxford University Press, Oxford.

Berman, P. (ed.): 1992, *Debating P.C.: The Controversy Over Political Correctness on College Campuses*, Bantam Doubleday, New York.

Bernal, J. D.: 1939, *The Social Function of Science*, Routledge & Kegan Paul, London.

——— : 1946, "Science Teaching in General Education," *School Science Review* 27, 150-158. Reproduced in his *The Freedom of Necessity*, Routledge & Kegan Paul, London.

Bevilacqua, F. & Kennedy, P. J. (eds.): 1983, *Proceedings of the International Conference on Using History of Physics in Innovatory Physics Education*, University of Pavia, Pavia, Italy.

Beyerchen, A. D.: 1977, *Scientists Under Hitler: Politics and the Physics Community in the Third Reich*, Yale University Press, New Haven.

Bhaskar, R.: 1975, *A Realist Theory of Science*, Leeds Books, Leeds, UK.

Bibby, C. (ed.): 1971, *T. H. Huxley on Education*, Cambridge University Press, Cambridge, UK.

Billeh, V. Y. & Hasan, O. E.: 1975, "Factors Affecting Teachers' Gain in Understanding the Nature of Science," *Journal of Research in Science Teaching* 12(3), 209-219.

Biological Science Curriculum Committee(BSCS): 1992, *Mapping and Sequencing the Human Genome. Science, Ethics and Public Policy*, BSCS, Colorado Springs, CO.

Black, M.: 1962, *Models and Metaphors*, Cornell University Press, Ithaca, NY.

Black, P. J. & Lucas, A. M. (eds.): 1993, *Children's Informal Ideas in Science*, Routledge, London.

Blackmore, J. T.: 1972, *Ernst Mach: His Work, Life and Influence*, University of California Press, Berkeley, CA.

———— : 1985, "An Historical Note on Ernst Mach," *British Journal for the Philosophy of Science* 36, 299-329.

———— : 1989, "Ernst Mach Leaves 'The Church of Physics'," *British Journal for Philosophy of Science* 40, 519-540.

Blackwell, R. J. (ed.): 1986, *Christiaan Huygens "The Pendulum Clock or Geometrical Demonstrations Concerning the Motion of Pendula as Applied to Clocks*," Iowa State University Press, Ames, IA.

Blake, D. D.: 1994, "Revolution, Revision or Reversal: Genetics-Ethics Curricula," *Science & Education* 3(4).

Bleier, R.: 1984, *Science and Gender*, Pergamon Press, New York.

Blondel, C.: 1986, "History of Physics and Physics Education in France." In P. V. Thomsen (ed.), *Science Education and the History of Physics*, University of Aarhus, Denmark, pp. 264-271.

———— & Brouzeng, P. (eds.): 1988, *Science Education and the History of Physics*, Université Paris-Sud, Paris.

Blüh, O.: 1970, "Ernst Mach: His Life as a Teacher and Thinker." In R. S. Cohen & R. J. Seeger (eds.), *Ernst Mach: Physicist and Philosopher*, Reidel, Dordrecht, The Netherlands, pp. 1-22.

Blumenberg, H.: 1987, *The Genesis of the Copernican World*, MIT Press, Cambridge, MA.

Boas, M.: 1962, *The Scientific Renaissance 1450-1630*, Harper & Row, New York.

Bodner, G. M.: 1986, "Constructivism: A Theory of Knowledge," *Journal of Chemical Education* 63(10), 873-878.

Bohning, J. J.: 1984, "Integration of Chemical History into the Chemical Literature Course," *Journal of Chemical Information and Computer Science* 24, 101-107.

Bowles, S. & Ginits, H.: 1976, *Schooling in Capitalist America*, Routledge & Kegan Paul, London.

Bown, W.: 1993, "Classroom Science goes into Freefall," *New Scientist* December, 12-13.

Boyd, R. N.: 1984, "The Current Status of Scientific Realism." In J. Leplin (ed.), *Scientific Realism*, University of California Press, Berkeley, CA, pp. 41-82.

Boyer, E. L.: 1983, *High School: A Report on Sencondary Education in America*, Harper & Row, New York.

Brackenridge, J. B.: 1989, "Education in Science, History of Science and the 'Textbook,'" *Interchange* 20(2), 71-80.

Bradley, J.: 1963-68, "A Scheme for the Teaching of Chemistry by the Historical Method," *School*

Science Review 44, 549-553; 45, 364-368; 46, 126-133; 47, 65-71; 702-710; 48, 467-474; 49, 142-150, 454-460.

——— : 1971, *Mach's Philosophy of Science*, London.

Brandon, E. P.: 1989, "Subverting Common Sense: Textbooks and Scientific Theory." In D. E. Herget (ed.), *The History and Philosophy of Science in Science Teaching*, Florida State University, Tallahassee, FL, pp. 30-40.

Brickhouse, N. W.: 1990, "The Teaching of the Philosophy of Science in Secondary Classrooms: Case Studies of Teachers' Personal Theories," *International Journal of Science Education* 11(4), 437-450.

Brink, J. van den: 1991, "Didactic Constructivism." In E. von Glasersfeld (ed.), *Radical Constructivism in Mathematics Education*, Kluwer, Dordrecht, The Netherlands, pp. 195-227.

Brock, W. H.: 1973, H. E. *Armstrong and the Teaching of the Science 1880-1930*, Cambridge University Press, Cambridge, UK.

——— : 1989, "History of Science in British Schools: Past, Present & Future." In M. Shortland & A. Warwick (eds.), *Teaching the History of Science*, Basil Blackwell, Oxford, pp. 30-41.

Brooke, J. H.: 1991, *Science and Religion: Some Historical Perspectives*, Cambridge University Press, Cambridge, UK.

Brouwer, W. & Singh, A.: 1983, "Historical Approaches to Science Teaching," *Science Education* 21(4), 230-235.

Brown, E. K. (ed.): 1947, *Matthews Arnold: Four Essays on Life and Letters*, New York.

Brown, H. I.: 1976, "Galileo, the Elements, and the Tides" *Studies in History and Philosophy of Science* 7(4), 337-351.

——— : 1979, *Perception, Theory and Commitment: The New Philosophy of Science*, University of Chicago Press, Chicago.

Brown, J. R. (ed.): 1984, *Scientific Rationality: The Sociological Turn*, Reidel, Dordrecht.

——— : 1986, "Thought Experiments Since the Scientific Revolution," *International Studies in the Philosophy of Science* 1(1), 1-15.

——— : 1991, *The Laboratory of the Mind: Thought Experiments in the Nature Science*, Routledge, New York.

——— : 1994, *Smoke and Mirrors: How Science Reflects Reality*, Routledge, New York.

Brumby, M.: 1979, "Problems in Learning the Concept of Nature Selection," *Journal of Biological Education* 13, 119-122.

Bruner, J. S., Goodnow, J. J., & Austin, G. A.: 1956, *A Study in Thinking*, John Wiley, New York.

——— : 1960, *The Process of Education*, Random House, New York.

——— : 1961, "The Act of Discovery," *Harvard Educational Review* 31, 21-32. Reprinted in R. C. Anderson & D. P. Ausubel (eds.), *Reading in the Psychology of Cognition*, Holt, Rhinehart & Winston, New York.

——— : 1974, "Some Elements of Discovery." In his *Relevance of Education*, Penguin, Harmondsworth, pp. 84-97. Originally published in L. Shulman & E. Keislar (eds.), *Learning by Discovery*, Rand McNally, Chicago, 1966.

——— : 1983, *In Search of Mind: Essays in Autobiography*, Harper & Row, New York.

Brunkhorst, H. K. & Yager, R. E.: 1986, "A New Rationale for Science Education," *School Science and Mathmatics* 86(5), 364-374.

Brush, S. G.: 1968, "Mach and Atomism," *Synthese* 18, 192-215.

——— : 1969, "The Role of History in the Teaching of Physics," *The Physics Teacher* 7(5), 271-280.

——— : 1974, "Should The History of Science be Rated X?" *Science* 18, 1164-1172.

——— : 1978, "Why Chemistry Needs History and How It Can Get Some," *Journal of College Science Teaching* 7, 288-291.

——— : 1979, "Comments on 'On the Distortion of the History of Science in Science Education'," *Science Education* 63, 277-278.

——— (ed.): 1988a, *History of Physics: Selected Reprints*, American Association of Physics Teachers, College Park, MD.

——— : 1988b, *The History of Modern Science: A Guide to the Second Scientific Revolution, 1800-1950*, Iowa State University Press, Ames, IA.

——— : 1989, "History of Science & Science Education," *Interchange* 20(2), 60-70.

——— & King, A. L. Y. (eds.): 1972, *History in the Teaching of Physics*, University Press of New England, Hanover, NH.

Buchdahl, G.: 1969, *Metaphysics and the Philosophy of Science*, Nasil Blackwell, Oxford.

——— : 1993, "Styles of Scientific Thinking," *Science & Education* 2(2), 149-168.

Buckley, M. J.: 1971, *Motion and Motion's God*, Princeton University Press, Princeton, NJ.

Bunge, M.: 1991, "A Critical Examination of the New Sociology of Science: Part 1," *Philosophy of the social Sciences* 21(4), 524-560.

——— : 1992, "A Critical Examination of the New Sociology of Science: Part 2," *Philosophy of the social Sciences* 22(1), 46-76.

Burbules, N. C.: 1992, "Two Perspectives on Reason as an Educational Aim: The Virtues of reasonableness," *Philosophy of education* 1991, 215-224.

——— & Linn, M. C.: 1991, "Science Education and Philosophy of Science: Congruence or Contradiction?" *International Jourral of Science Education* 13(3), 227-241.

Burtt, E. A.: 1932, *The Metaphysical Foundations of Modern Physical Science* (2md ed.), Routledge & Kegan Paul, London.

Bush, D.: 1967, *Science in English Poetry: A Historical Sketch 1590-1950*, Oxford University Press, London (first published 1950).

Butterfield, H.: 1949, *The Origins of Modern Science*, G. Bell and Sons, London.

Butts, R. E. & Brown, J. (eds.): 1989, *Construction and Science. Essays in Recent German Philosophy*, Kluwer Academic Publishers, Dordrecht, The Netherlands.

Butts, R. F. & Cremin, L.: 1953, *A History of Education in American Culture*, Holt, Rhinehart & Winston, New York.

Bybee, R. W.: 1982, "Historical Research in Science Education, "*Journal of Research in Science Teaching* 19, 1-13.

——— : 1993, *Reforming Science Education: Social Perspectives and Personal Reflections*, Teachers College Press, New York.

——— (ed.): 1985, *Science, Technology, Society, Yearbook of the National Science Teachers Association*, NSTA, Washington, DC.

——— Carlson, J. & McCormack, A. J. (eds.): 1984, *Redesigning Science & Technology Education*, National Science Teachers Association, Washington, DC.

——— et al.: 1990, "Teaching History and Nature of Science in Science Courses: A Rationale," *Science Education* 75(1), 143-156

——— et al. (eds.): 1992, *Teaching About the History and the Nature of Science and Technology: Background Papers*, BSCS/SSEC, Colorado Springs, CO.

——— et al.: 1992, *Teaching About the History and Nature of Science and Technology: A Curriculum Framework*, BSCS/SSES, Colorado Springs, CO.

Callahan, R. E.: 1962, *Education and the Cult of Efficiency*, University of Chicago Press, Chicago.

Campbell, N. R: 1921/1952, *What Is Science*? Dover, New York.

Cantor, G.: 1991, *Michael Faraday: Sandemanian and Scientist*, St. Martin's Press, New York.

Capra, F.: 1975, *The Tao of Physics*, Shambhala Press, Berkeley, CA.

Carey, S.: 1985, *Conceptual Change in Childhood*, MIT Press, Cambridge, MA.

——— : 1986, "Cognitive Psychology and Science Education," *American Psychologist* 41, 1123-1130.

——— : 1987, "Theory Change in Childhood," In B. Ingelder, D. Caprona & A. Cornu-Wells (eds.), *Piaget Today*, Lawrence Erlbaum, London.

——— : 1988, "Reorganization of Knowledge in the Course of Acquisition." In S. Strauss (ed.), *Ontogeny, Philogeny and Historical Development*, Ablex, Norwood.

Carnap, R.: 1936/1937, "Testability and Meaning," *Philosophy of Science* 3, 4. Reprinted in H. Feigl & M. Brodbeck (eds.), *Readings in the Philosophy of Science*, Appleton-Century-Crofts, New York, 1953.

Carr, E. H.: 1964, *What Is History*? Penguin, Harmondsworth, UK.

Cawthorn, E. R. & Rowell, J. A.: 1978, "Epistemology and Science Education," *Studies in Science Education* 5, 31-59.

Chalmers, A. F.: 1976, *What Is This Thing Called Science*? University of Queensland Press, St Lucia, Queensland, Australia.

Champagne, A. B., Klopfer, L. E. & Anderson, J.: 1980. "Factors Influencing Learning of Classical Mechanics," *American Journal of Physics* 48, 1074-1079.

Cheung, K. C. & Taylor, R.: 1991, "Towards a Humanistic Constructivist Model of Science Learning: Changing Perspectives and Research Implications, "*Journal of curriculum Studies* 23(1), 21-40

Churchland, P. M. & Hooker, C. A. (eds.): 1985, *Images of Science*, University of chicago Press, Chicago.

Clagett, M.: 1959, *The Science of Mechanics in the Middle Ages*, University of Wisconsin Press, Madison, WI.

Clement, J.: 1983, "A Conceptual Model Discussed by Galileo and Intuitively Used by Physics Student." In D. Genter & A. L. Stevens, (eds.), *Mental Models*, Erlbaum, Hillsdale, NJ, pp. 325-339.

——— : 1987, "Overcoming Students' Misconceptions in Physics: the Role of Anchoring Intuitions and Analogical Validity." In J. D. Novak (ed.), *Proceedings of the Second International seminar on Misconceptions & Educational Strategies in Science & Mathematics*, Education Department, Cornell University, Ithaca, NY, pp. 84-97.

Cleminson, A.: 1990, "Establishing an Epistemlolgical Base for Science Teaching in the Light of Contemporary Notions of Nature of Science and of how Children Learn Science," *Journal of Research in Science Teaching* 27(5), 429-445.

Cobern, W. W.: 1991, "Introducing Teachers to the Philosophy of Science," *Journal of Science Teacher Education* 2(3), 45-47.

——— : 1993, "Contextural Constructivism: The Impact of Culture on the Learning and Teaching of Science," In K .Tobin (ed.) *Constructivist Perspectives on Science and Mathematics Education*, American Association for the Advancement of Science, Washington DC.

Cochaud, G.: 1989, "The Process Skills of Science," unpublished paper, Australian Science Teachers Association Annual Conference.

Cohen, I. B.: 1950, "A Sense of History in Science," *American Journal of Physics* 18, 343-359. Reprinted in *Science & Education* 2(3), 1993.

——— : 1961, *The Birth of a New Physics*, Heineman, London.

Cohen, R. S.: 1964, "Individuality and Common Purpose: The Philosophy of Science," *The Science Teacher* 31(4). Reprinted in *Science & Education* 3(4), 1994.

——— & Schnelle, T. (ed.): 1986, *Cognition and Fact: Materials on Ludwick Fleck*, Reidel, Dordrecht, The Netherlands.

——— & Seeger, F. J. (eds.): 1970, *Ernst Mach: Physicist and Philosopher*, Reidel, Dordrecht, The Netherlands.

Collingwood, R. G.: 1945, *The Idea of Nature*, Clarendon Press, Oxford.

Collins, A.: 1989, "Assessing Biology teachers: Understanding the Nature of Science and Its Influence on the Practice of Teaching." In D. E. Herget (ed.), *The History and Philosophy of Science in Science Teaching*, Florida State University, Tallahassee, FL, pp. 61-70.

Collins, H. M.: 1981, "Stages in the Empirical Programmes of Relativism," *Social Studies of Science* 11, 3-10

Committee for Economic Development: 1991, *The Unfinished Agenda: A New Vision for child Development and Education*, CED, New York.

Conant, J. B.: 1945, *General Education in a Free Society: Report of the Harvard Committee*, Harvard University Press, Cambridge, MA.

——— : 1947, *On Understanding Science*, Yale University Press, New Haven.

——— : 1951, *Science and Common Sense*, Yale University Press, New Haven, CT.

——— (ed.): 1957, *Harvard Case Histories in Experimental Science*, 2 vols., Harvard University Press, Cambridge, MA.

Confrey, J.: 1990, "What constructivism Implies for Teaching." In R. Davis, C. Maher & N, Noddings (eds.), *Constructivist Views on the Teaching and Learning of Mathematics*, National council of Teachers of Mathematics, Reston, VA, pp. 107-124.

Connelly, F. M.: 1969, "Philosophy of Science and he Science Curriculum," *Journal of Research in Science Teaching* 6, 108-113.

Cooper, L.: 1935, *Arstotle, Galileo, and the Tower of Pisa*, Cornell University Press, Ithaca, NY.

Cordero, A.: 1992, "Science, Objectivity and Moral Values," *Science & Education* 1(1), 49-70.

Crane, L. T.: 1976, *The National Science Foundation & Pre-College Science Education: 1950-1975*, US Government Printing Office, Washington, DC.

Crombie, A. C.: 1952, *Augustine to Galileo*, Heinemann, London.

———— : 1981, "Philosophical Presuppositions and the Shifting Interpretations of Galileo." In J. Hintikka et al. (eds.), *Theory Change, Ancient Axiomatics, and Galileo's Methodology*, Reidel, Boston, pp. 271-286.

Cromer, A.: 1993, *Uncommon Sense: The Heretical Nature of Science*, Oxford University Press, New York.

Cross, R. T. & Price, R. F.: 1992, *Teaching Science for Social Responsibility*, St Louis Press, Sydney, Australia.

Crow, L. W. (ed.): 1989, *Enhancing Critical Thinking in the Sciences*, NSTA, Washington, DC.

Crowe, M. J.: 1990, *Theories of the World from antiquity to the Copernican Revolution*, Dover Publications, New York.

Curtis, S. J. & Boultwood, M. E. A.: 1964, *An introductory History of English Education since 1800*, University Tutorial Press, London, 3rd ed.

Dart, F. E. & Pradham, P. L.: 1976, "Cross Cultural Teaching in Science," *Science* 155, 649-656.

Darusnikova, Z.: 1992, "Is a Postmodern Philosophy of Science Possible?" *Studies in History and Philosophy of Science* 23(1), 21-37.

Davies, P.: 1983, *God and the New Physics*, Simon & Schuster, New York.

Davis, R, B.: 1990, "Discovery Learning and Constructivism." In R, B. Davis, C.A. Maher, & N. Noddings (eds.), *Constructivist Views on the Teaching and Learning of Mathematics*, National Council of Teachers of Mathematics, Reston, VA, pp. 93-106.

Davson-Galle, P.: 1990, "Philosophy of Science Done in the 'Philosophy for Children' Manner in Lower-Secondary Schools." In D. E. Herget (ed.), *More The History and Philosophy of Science in Science Teaching*, Florida State University, Tallahassee, FL, pp. 223-230.

Davydov, V. V.: 1990, *Soviet Studies in Mathematics Education: Volume 2. Types of Generalization in Instruction*, National Council of Teachers of Mathematics, Reston,VA.

Dearden, R. F.: 1967, "Instruction and Learning by Discovery.: In R. S. Peters (ed.), *The Concept of Education*, Routledge & Kegan Paul, London, pp. 135-155.

Deboer, G. E.: 1991, *A History of Ideas in Science Education*, teachers College Press, New York.

Dede, C. & Hardin, J.: 1973, "Reforms, Revisions, Re-examinations: Secondary Science Education since World War Ⅱ," *Science Education* 57(4), 485-491.

Department of Education (NZ): 1989, *Draft Syllabus for School: Forms 1-5 Science*, Curriculum

Development Division, Wellington, New Zealand.

Derkse, W.: 1981, "Popper's Epistemology as a Pedagogic and Didactic Principle," *Journal of Chemical Education* 58(7), 565-567.

Devitt, M.: 1991, *Realism & Truth*, 2nd ed., Basil Blackwell, Oxford.

Dewey, J.: 1910, "Science as Subjict-Matter and as Method," *Science* 31, 121-127.

Di Sessa, A. A.: 1982, "Unlearning Aristotelian Physics: A Study of Knowledge-Based Learning," *Cognitive Science* 6, 37-75.

Dick, B, G.: 1983, "An Interdisciplinary Science Humanities Course," *American Journal of Physics* 51, 702-708.

Dijksterhuis, E. J.: 1961,"The Origins of Classic al Mechanics from Aristotle to Newton." In M. Calggett (ed.), *Critical Problems in the History of Science*, University of Wisconsin Press, Madison, WI, pp. 163-189.

——— : 1961/1986, *The Mechanization of the World Picture*, Princeton University Press, Princeton, NJ.

Drabkin, I. E.: 1938, "Notes on the Laws of Motion in Aristotle, *American Journal of Philology* 59, 60-84.

Drake, S.: 1957, *Discoveries and Opinions of Galileo*, doubleday, New York.

——— : 1976, "The Evolution of De Motu," *Physis* 14, 321-348.

——— : 1978, *Galileo At Work*, University of Chicago Press, Chicago.

——— : 1990, *Galileo: Pioneer Scientist*, University of Toronto Press, Toronto.

——— & Drabkin, I. E. (eds.): 1969, *Mechanics in Sixteenth-century Italy*, University of Wisconsin Press, Madison, WI.

Driver, R.: 1983, *The Pupil as Scientist*? Open University, Milton Keynes, UK.

——— : 1989, "The construction of Scientific Knowledge in School Classrooms." In R. Millar (ed.), *Doing Science: Images of Science in Science Education*." Falmer press, Lewes, East Sussex, pp. 83-106.

——— & Bell, B.: 1986, "Students' Thinking and the Learning of Science: A Constructivist View," *School Science Review* 67, 443-456

——— & Easley, J.: 1978, "Pupils & Paradigms: A Review of Literature Related to concept Development in Adolescent Science Students," *Studies in Science Education* 5, 61-84

——— , Guesne, E. & Tiverghien, A. (eds.): 1985, *Children's Ideas in Science*, Open University Press, Milton Keynes, UK.

——— & Oldham, V.: 1986, "A Constructivist Approach to Curriculum Development in Science," *Studies in Science Education* 13, 105-122.

Duckworth, E.: 1987, *The Having of Wonderful Ideas*, teachers College Press, New York.

Duhem, P.: 1906/1954, *The Aim and Structure of Physical Theory*, trans. P. P. wiener, Princeton University Press, Princeton, NJ.

——— : 1908/1969, *To Save the Phenomena: An Essay on the Idea of Physical Theory form Plato to Galileo*, University of Chicago Press, Chicago.

——— : 1916/1991, *German Science*, trans. J. Lyon & S. L. Jake, Open Court Publishers, La

Salle, IL.
Duit, R.: 1991, "The Role of Analogy and Metaphor in Learning Science," *Science Education* 75, 649-672.
——— : 1995, "Research on Students' conceptions; developments and Trends," *Science & Education* 4(4).
Durkheim, E.: 1972, *Selected Writings*, A. Giddens ed., Cambridge University Press, Cambridge, UK.
Duschl, R. A.: 1985, "Science Education and Philosophy of Science: Twenty-Five Years of Mutually Exclusive Development," *School Science and Mathematics* 87(7), 541-555
——— : 1990, *Scientific Theories, Theory Development, and Science Education*, Teachers College press, New York.
——— & Hamilton, R. J. (eds.): 1992, *Philosophy of Science, Cognitive Psychology, and Educational Theory and Practice*, State university of New York Press, Albany, NY.
——— , Hamilton, R. J. & Grandy, R. E.: 1992, "Psychology and Epistemology: Match or Mismatch When applied to Science Education?." In R. A. Duschl & R. J. Hamilton (eds.), *Cognitive Psychology, and Educational Theory and Practice*, State University of New York Press, Albany, NY.
Easley, J.: 1959, "The Physical Science Study Committee and Educational Theory," *Harvard Educational Review* 29, 4-11.
Eddingtion, A.: 1928, *The Nature of the Physical World*, University of Michigan Press, Ann Arbor, MI.
Education Policies Commission: 1996, *Education and the Spirit of Science*, National Education Association, Washington, DC.
Egan, K.: 1986, *Teaching As Story Telling*, University of Chicago Press, Chicago.
Eger, M.: 1972, "Physics and Philosophy: A Problem for Education Today," *American Journal of Physics* 40, 404-415.
——— : 1987, "Philosophy of Science in Teacher Education," In J.D. Novak (ed.), *Misconceptions and Educational Strategies*, Cornell University, Ithaca, NY, vol I, pp. 163-176.
——— : 1988, "A Tale of Two Controversies: Dissonance in the Theory and Practice of Rationality," Zygon 23(3), 291-326. Reprinted in M. R. Matthews (ed.), *History, Philosophy, and Science Teaching: Select Readings*, OISE Press, Toronto, 1991.
——— : 1989a, "The 'Interests' of Science and the Problems of Education," *Synthese* 80(1), 81-106.
——— : 1989b, 'Rationality and Objectivity in a Historical Approach: A Response to Harvey Siegel." In D. E. Herget (ed.), *The History and Philosophy of Science in Science Teaching*, Florida State University, Tallahassee, FL, pp. 143-153.
——— : 1992, "Hermeneutics and Science Education: An Introduction," *Science & Education* 1(4), 337-348.
——— : 1993a, "Hermeneutics as an Approach to Science: Part I," *Science & Education* 2(1), 1-30.

———— : 1993b, "Hermeneutics as an Approach to Science: Part II," *Science & Education* 2(4), 303-328.

Eijkelhof, H. M. C. & Swager, J.: 1983, *Physics in Society: New Trends in Physis Teaching IV*, UNESCO, Paris.

———— & Kortland, K.: 1988, "Broadening the Aims of Physics Education." In P. Fensham (ed.) *Development and Dilemmas in Science Education*, Falmer Press, London, pp. 282-305.

Einstein, A.: 1944, "Remarks on Bertrand Russell's Theory of Knowledge." In P. A. Schilpp (ed.), *The Philosophy of Bertrand Russell*, Northwestern University Press, Evanston IL.

———— & Infeld, L.: 1938, *The Evolution of Physics*, Simon & Schuster, New York.

Eisner, E.: 1979, *The Educational Imagination: On the Design and Evaluation of the School Program*, Macmillan, New York.

Ekistig, B.: 1990, "Teaching Guided by the History of Science: the Discovery of Atmospheric Pressure." In M. R. Matthews (ed.), *History, Philosophy, and Science Teaching: Selected Readings*, OISE Press, Toronto, pp. 213-217.

Elbers, G. W. & Duncan, P. (eds.): 1959, *The Scientific Revolution: Challenge and Promise*, Public Affairs Press, Washington, DC.

Elkana, Y.: 1970, "Science, Philosophy of Science, and Science Teaching," *Educational Philosophy & Theory* 2, 15-35. (Reprinted in *Science & Education* (4))

Engelhardt, H. T. & Caplan, A. L. (eds.): 1987, *Scientific Controversies: Case Studies in the Resolution and Closure of Disputes in Science and Technology*, Cambridge University Press, Cambridge, UK.

Ennis, R. H.: 1979, "Research in Philosophy of Science Bearing on Science Education." In P. D. Asquith & H. E. Kyburg (eds.), *Current Research in Philosophy of Science*, Philosophy of Science Association, East Lansing, MI, pp. 138-170.

Epstein, L. C.: 1979, *Thinking Physics*, Insight Press, San Francisco, 2nd ed.

Fauvel, J. et al. (eds.): 1988, *Let Newton Be*! Oxford University Press, Oxford.

Fensham, P. (ed.): 1988, *Development and Dilemmas in Science Education*, Falmer Press, London.

Fensham, P. J.: 1922, "Science and Technology." In P. W. Jachson (ed.), *Handbook of Research on Curriculum*, Macmillan, New York. pp. 789-829.

Fermi, L. & Bernardini, G.: 1961, *Galileo and the Scientific Revolution*, New York.

Feyerabend, P. K.: 1962, "Explanation, Reduction and Empiricism," *Minnesota Studies in the Philosophy of Science* 3, 28-97.

———— : 1975, *Against Method*, New Left Books, London.

———— : 1980, "Zahar on Mach, Einstein and Modern Science," *British Journal for the Philosophy of Science* 31, 272-282.

———— : 1981, "Mach, Einstein and the Popperians." *In his Problems of Empiricism: Philosophical Papers Volume Two*, Cambridge University Press, Cambridge, UK, pp. 89-98.

———— : 1987, "Mach's Theory of Research and its Relation to Einstein." In his *Farewell to Reson*, Verso, London, pp. 192-218.

Fine, A.: 1984, "The Natural Ontological Attitude." In J. Leplin (ed.), *Scientific Realism*, University of California Press, Berkeley, CA, pp. 83-107.

Finegold, M. & Gorsky, P.: 1988, "Learning About Force. Simulating the Outcomes of Pupils' Misconceptions," *Instructional Science* 17, 251-261.

Finlay, G. C.: 1962, "The Physical Science Study Committee," *The School Review* Spring, 63-81.

Finocchiaro, M. A.: 1980, *Galileo and the Art of Reasoning*, Reidel, Dordrecht, The Netherlands.

——— : 1989, *The Galileo Affair*, University of California Press, Berkeley, CA.

Fisher, A.: 1992a, "Science + Math = F," *Popular Science* 241(2), 58-63.

——— : 1992b, "Why Johnny Can't Do Science and Math," *Popular Science* 241(3), 50-55.

Fitzpatrick, F. (ed.): 1960, *Policies for Science Education*, Teachers College, Columbia University, New York.

Fleck, L.: 1935/1979, *Genesis and Development of a Scientific Fact*, T. J. Tremm & R. K. Merton (eds.), University of Chicago Press, Chicago.

Floden, R. E., Buchmann, M. & Schwille, J. R.: 1987, "Breaking with Everyday Experience," *Teachers College Record* 88(4), 485-506.

Flude, M. & Hammer, M.: 1990, *The Education Reform Act 1988*, Falmer Press, Basingstoke, Hants, UK.

Ford, G. W. & Pugno, L. (eds.): 1964, *The Structure of Knowledge and the Curriculum*, Rand Mc-Nally, Chicago.

Forge, J. C.: 1979, "A Role for the Philosophy of Science in the Teaching of Science," *Journal of Philosophy of Education* 13, 109-118.

Fraassen, B. C. van: 1980, *The Scientific Image*, Clarendon Press, Oxford.

Franco, C. & Colinvaux-de-Dominguez, D.: 1992, "Genetic Epistemology, History of Science, and Science Education," *Science & Education* 1(3), 255-272.

Fraser, J. W.: 1992, "Preparing Teachers for Democratic Schools: The Holmes and Carnegie Reports Five Years Later-A Critical Reflection," *Teachers College Record* 94(1), 7-40.

Fredette, R.: 1972, "Galileo's *De Motu Antiquiora*," *Physis* 14, 321-348.

Freire, P.: 1972, *Pedagogy of the Oppressed*, Penguin, Harmondsworth.

Funkenstein, A.: 1986, *Theology and the Scientific Imagination: From the Middle Ages to the Seventeenth Century*, Princeton University Press, Princeton, NJ.

Galdabini, S.: 1986, "Information About the Italian Group." In P. V. Thomsen (ed.) *Science Education and the History of Physics*, University of Aarhus, Denmark, pp. 272-277.

Galileo, G.: 1590/1960, De Motu. In I. E. Drabkin & S. Drake (eds.), *Galileo Galilei On Motion and On Mechanics*, University of Wisconsin Press, Madison, WI.

——— : 1633/1953, *Dialogue Concerning the Two Chief World Systems*, S. Drake (trans.), University of California Press, Berkeley, CA.

——— : 1638/1954, *Dialogues Concerning the New Science*, H. Crew & A. de Salvio (trans.), Dover Publications, New York (orig. 1914).

Gallagher, J.: 1991, "Prospective and Practicing Secondary School Science Teachers' Knowledge and Beliefs About the Philosophy of Science," *Science Education* 75(1), 121-134.

Garnett, J. P. & Tobin, K. G.: 1984, "Reasoning Patterns of Preservice Elementary and Middle

School Science Teachers," *Science Education* 68, 621-631.

Garrison, J. W.: 1986, "Some Principles of Postpositivist Philosophy of Science," *Educational Researcher* 15(9), 12-18.

——— & Bentley, M.: 1990, "Science Education, Conceptual Change, and Breaking with Everyday Experience," *Studies in Philosophy and Education* 10(1), 19-36.

Gauld, C. F.: 1988, "The 'Pupil-as-Scientist' Metaphor in science Education," *Research in Science Education* 18, 35-41.

——— : 1989, "A Study of Pupils' Responses to Empirical Evidence," In R. Millar (ed.), *Doing Science: Images of Science in Science Education*, Falmer, London, pp. 62-82.

——— : 1991, "History of Science, Individual Development and Science Teaching," *Research in Science Education* 21, 133-140.

——— : 1992, "Wilberforce, Huxley and the Use of History in Teaching About Evolution," *The American Biology theacher* 54(7), 406-410.

Giere, R. N.: 1984, *Understand Scientific Reasoning*, Holt, Rinehart & Winston, New York.

——— : 1987, "The Cognitive Study of Science." In N. J. Nersessian (ed.), *The Process of Science*, Martinus Nijhoff, Dordrecht, the Netherlands, pp. 139-160.

Gilbert, J.: 1993, "Constructivism and Critical Theory." In B. Bell (ed.), *I Know About LISP But How do I Put It into Practice?: Final Report of the Learning in Science Project (Teacher Development)*, Centre for Science and Mathematics Education Research, University of Waikato, Hamiliton, New Zealand.

Gilbert, J. K. & Watts, D. M.: 1983, "Concepts, Misconceptions and Alternative Conceptions: Changing Perspectives in Science Education," *Studies in Science Education* 10, 61-98.

Ginev, D.: 1990, "Toward a New Image of Science," *Studies in Philosophy and Education* 10(1), 63-72.

Gjertsen, D.: 1989, *Science and Philosophy*, Penguin, Harmondswrth, UK.

Glasersfeld, E. von: 1987, *Construction of Knowledge*, Intersystems Publications, Salinas, CA.

——— : 1989, "Cognition, Construction of Knowledge, and Teaching." *Synthese* 80(1), 121-140.

——— : 1990, "Environment and Communication." In L. P. Steffee & T. Wood (ed.), *Transforming Children's Mathematics Education: International Perspectives*, Lawrence Erlbaum, Hillsdale, NJ, pp. 30-38.

——— : 1992, "Questions and Answers About Radical Constructivism." In M. K. Pearsall (ed.), *Scope, Sequence, and Coordination of Secondary School Science, Vol. 11, Relevant Research*, NSTA, Washington, DC, pp. 169-182.

Glass, B.: 1958, "Liberal Education in a Scientific Age." In P. C. Obler & H. A. Estrin (ed.), *The New Scientist: Essays on the Methods and Values of Modern Science*, Doubleday & Co., New York, pp. 215-236.

——— : 1970, *The Timely and the Timeless: The Interrelations of Science Education and Society*, London.

Glymour, C.: 1985, "Explanation and Realism." In P. M. Churchland & C. A. Hooker (eds.), *Images of Science*, University of Chicago Press, Chicago, pp. 99-117.

Good, R. G. & Wandersee, J. H.: 1992, "A Voyage of Discovery: Designing a Graduate Course on HPST." In S. Hills (ed.), *History and Philosophy of Science in Science Education*, Vol.1, Queen's University, Kingston, Ontario, pp. 423-434.

Good, R., Wandersee, J. & St. Julien, J.: 1993, "Cautionary Notes on the Appeal of Constructivism in Science Education." In K. Tobin (ed.), *Constructivism in Science and Mathematics Education*, AAAS, Washington, DC, pp. 71-90.

Goodman, D. & Russel, C. A.: 1991, *The Rise of Scientific Europe*, Hodder & Stoughton, London.

Gosling, D. & Musschenga, B. (eds.): 1985, *Science Education and Ethical Values*, Georgetown University Press, Washington, DC.

Gotschl, J.: 1990, "Philosophical and Scientific Conceptions of Nature and the Place of Responsibility," *International Journal of Science Education* 12(3), 288-296.

Graham, D.: 1993, *A Lesson for Us All*, Routledge, London.

Graham, L. R.: 1972, *Science and Philosophy in the Soviet Union*, Alfred A. Knopf, New York.

Green, T. F.: 1971, *The Activities of Teaching*, McGraw-hill, New York.

Gruber, H.: 1974, "Courage and Cognitive Growth in Children and Scientists." In M. Schwelbel & J. Ralph (eds.), *Piaget in the Classrooom*, Routledge and Kegan Paul, London, pp. 73-105.

Gutting, G. (ed.): 1980, *Paradigms and Revolutions*, University of Notre Dame Press, Notre Dame, IN.

——— : 1989, *Michel Foucault's Archaeology of Scientific Reason*, Cambridge University Press, Cambridge, UK.

Hacking, I.: 1983, *Representing and Intervening*, Cambridge University Press, Cambridge, UK.

——— : 1984, "Experimentation and Scientific Realism." In J. Leplin (ed.), *Scientific Realism*, University of California Press, Berkeley, CA, pp. 154-172.

——— : 1992, "'Style' for Historians and Philosophers," *Studies in History and Philosophy of Science* 23(1), 1-20.

Hall, A. R.: 1962, *The Scientific Revolution*: 1500-1800, 2nd ed., Beacon Press, Boston. (Third updated edition 1983.)

Halstead, R. F.: 1975, "Teaching for Understanding," *Philosophy of Education*, 52-62.

Hamburg, D. A.: 1992, *Today's Children: Creating a Future for a Generation in Crisis*, Random House, New York.

Hanson, N. R.: 1958, *Patterns of Discovery*, Cambridge University Press, Cambridge, UK.

——— : 1959, "Broad and the Laws of Dynamics." In P. A. Schilpp (ed.), *The Philosophy of C. D. Broad*, Tudor Publishing Company, New York, pp. 281-312.

——— : 1965, "Aristotle (and others) on Motion Through Air," *Review of Metaphysics* 19, 133-147.

Harding S.G. (ed.): 1976, *Can Theories Be Refuted? Essays on the Duhem-Quine Thesis*, Reidel, Dordrecht, The Netherlands.

——— : 1986, *The Science Question in Feminism*, Cornell University Press, Ithaca, NY.

Harman, P. M.: 1982, *Energy, Force and Matter: The Conceptual Development of Nineteenth-Century Physics*, Cambridge University Press, Cambridge, UK.

Harms, N. C & Yager, R. E. (eds.): 1981, *What Research Says to the Science Teacher*, vol. 3, NSTA, Washington, DC.

Harré, R.: 1970, *The Principles of Scientific Thinking*, University of Chicago Press, Chicago.

——— : 1983, "History and Philosophy of Science in the Pedagogical Process," In R. W. Home (ed.), *Science Under Scrutiny*, Reidel, Dordrecht, The Netherlands, pp. 139-157.

Harris, D. & Taylor, M.: 1983, "Discovery Learning in School Science: The Myth & the Reality," *Journal of Curriculum Studies* 15, 277-289.

Hawking, S. W.: 1988, *A Brief History of Time*, Bantam Books, London.

Heath-Stubbs, J. & Salman, P.: 1984, *Poems of Science*, Penguin, Harmondsworth, UK.

Heilbron, J. L.: 1983, "The Virtual Oscillator as a Guide to Physics Students Lost in Plato's Cave." In F. Bevilacqua & P. J. Kennedy (eds.), *Using History of Physics in Innovatory Physics Education*, Pavia, Italy, pp. 162-182, Republished in *Science & Education* 3(2), 1994.

——— : 1986, *The Dilemmas of an Upright Man: Max Planck as Spokesman for German Science*, University of California Press, Berkeley, CA.

——— : 1987, "Applied History of Science," *Isis* 78, 552-563.

Helgeson, S. L., Blosser, P. E. & Howe, R. W.: 1977, *The Status of Pre-College Science, Mathematics, and Social Science Education: 1955-1975*, US Government Printing Office, Washington, DC.

Helm, H. & Gilbert, J.: 1985, "Thought Experiments and Physics Education-Part I," *Physics Education* 20, 124-131.

———, Gilbert, J. & Wats, D. M.: 1985, "Thought Experiments and Physics Education-Part II," *Physics Education* 20, 211-217.

——— & Novak, J. D. (eds.): 1983, *Proceedings of the International Seminar on Misconceptions in Science & Mathematics*, Education Department, Cornell University, Ithaca, NY.

Hempel, C. G.: 1958/1965, "The Theoretician's Dilemma," *Minnesota Studies in the Philosophy of Science* 2, 37-98. Reprinted in his *Aspects of Scientific Explanation*, Macmillan, New York, 1965, pp. 173-226.

Herget, D. E. (ed.): 1989, *The History and Philosophy of Science in Science Teaching*, Florida State University, Tallahassee, FL.

——— (ed.): 1990, *More History and Philosophy of Science in Science Teaching*, Florida State University, Tallahassee, FL.

Herron, M. D.: 1971, "The Nature of Scientific Inquiry," *School Review* 79, 170-212.

Hesse, M. B.: 1963, *Models and Analogies in Science*, London.

——— : 1980, *Revolution and Reconstructions in the Philosophy of Science*, Harvester Press, Brighton, UK.

Hessen, B. M.: 1931, "The Social and Economic Roots of Newton's *Principia*." In Science *at the Crossroads*, Kniga, London.

Hewson, P. W.: 1981, "A Conceptual Change Approach to Learning Science," *European Journal of Science Education* 3(4), 383-396.

——— : 1985, "Epistemological Commitment in the Learning Science: Examples form Dynamics," *European Journal of Science Education* 7(2), 163-172.

Hiebert, E. N.: 1976, "Introduction," In E. Mach *Knowledge and Error*, Reidel, Dordrecht, The Netherlands, (orig. 1905).

Hills, S. (ed.): 1992, *The History and Philosophy of Science in Science Education*, two volumes, Queen's University, Kingston, Ontario.

Hintikka, J. (ed.): 1968, "A Symposium on Ernst Mach," *Synthese* 18, 132-301.

Hodson, D.: 1982, "Science-the Pursuit of Truth? Parts I, II," *School Science Review* 63(225), 643-652; 63(226), 23-30.

———— : 1987, "Social Control as a Factor in Science Curriculum change," *International Journal of Science Education* 9, 529-540.

———— : 1988a, "Experiments in Science and Science Teaching," *Educational Philosophy and Theory* 20(2), 53-66.

———— : 1988b, "Toward a Philosophically More Valid science Curriculum," *Science Education* 72, 19-40.

Hodson, F.: 1910, *Broad Lines in Science Teaching*, Macmillan, London.

Höfler, A.: 1916, "Ernst Mach: Obituary," *Zeitschrift für den Physikalischen und Chemischen Unterricht* 29(2).

Hogg, J. C.: 1938, *Introduction to Chemistry*, Oxford University Press, New York.

Holton, G.: 1952, *Introduction to Concepts and Theories in Physical Science*, Addison-Wesley, New York.

———— : 1970, "Mach, Einstein, and the Search for Reality." In R. S. Cohen & R. J. Seeger (eds.), *Ernst Mach Physicist and Philosopher*, Reidel, Dordrecht, The Netherlands, pp. 165-199.

———— : 1973, "Physics and Culture: Criteria for Curriculum Design" and "Modern Science and the Intellectual Tradition." In his *Thematic Origins of Scientific Thought*, Harvard University Press, Cambridge.

———— : 1975, "Science, Science Teaching, and Rationality," In S, Hook et al. (eds.), *The Philosophy of the Curriculum*, Promethus Books, Buffalo, NY.

———— : 1978a, "On the Educational Philosophy of the Project Physics Course." In his *The Scientific Imagination: case Studies*, Cambridge University Press, Cambridge, UK, pp. 284-298.

———— : 1978b, "Subelectrons, Presuppositions, and the Millikan-Ehrenhaft Dispute." In his *The Scientific Imagination: Case Studies*, Cambridge University Press, Cambridge, UK.

———— : 1993a, "Ernst Mach and the Fortunes of Positivism." In his *Science and Anti-Science*, Harvard University Press, Cambridge, MA, pp. 1-55.

———— : 1993b, "More on Mach and Einstein." In his *Science and Anti-science*, Harvard University Press, Cambridge, MA, pp. 56-73.

———— : 1993c, "The Anti-Science Phenomenon." In his *Science and Anti-Science*, Harvard University Press, Cambridge, MA, pp. 145-190.

Hooker, C. A.: 1985, "Surface Dazzle, Ghostly Depths: An Exposition and Critical Evaluation of van Fraassen's Vindication of Empiricism against Realism." In P. M. Churchland & C. A.

Hooker (eds.), *Images of Science*, University of Chicago Press, Chicago, pp. 153-196.
Hooykaas, R.: 1972, *Religion and the Rise of Modern Science*, Scottish Academic Press, Edinburgh, UK.
Horowitz, T. & Massey, G. J. (eds.): 1991, *Thought Experiments in Science and Philosophy*, Rowman & Littlefield, Savage, MD.
Horton, R.: 1971, "African Traditional Thought and Western Science." In M. F. D. Young (ed.), *Knowledge and Control*, Collier-Macmillan, London, pp. 208-266.
Hume, D.: 1777/1902, *Enquiries Concerning the Human Understanding and Concerning the Principles of Morals*, Clarendon Press, Oxford.
Hurd, P. D.: 1958, "Science Literacy: Its Meaning for American Schools," *Educational Leadership* 16, 13-16.
——— : 1961, *Biological Education in American Secondary Schools 1890-1960*, American Institute of Biological Science, Washington, DC.
——— : 1985, "Rationale for a Science, Technology, and Society Theme in Science Education." In Bybee, R. W. (ed.), *Science, Technology, Society*, Yearbook of the National Science Teachers Association, NSTA, Washington, DC, 94-101.
——— : 1987, "A Nation Reflects: The Modernisation of Science Education," *Bulletin of Science, Technology, & Society* 7, 9-13.
Husserl, E.: 1954/1970, *The Crisis of European Sciences and Transcendental Phenomenology*, Northwestern University Press, Evanston, IL.
Huxley, A. : 1947, *Science, Liberty and Peace*, Chatto & Windus, London.
Huxley, T. H.: 1868, "A Liberal Education; and where to Find It." In C. Bibby (ed.), *T. H. Huxley on Education*, Cambridge University Press, Cambridge, UK, pp. 74-98.
——— : 1885/1964, *Science and Education*, Citadel Press, New York.
Ihde, A. J.: 1971, "Let's Teach History of Chemistry to Chemists," *Journal of Chemical Education* 48, 686-687.
Jackson, P. W.: 1983, "The Reform of Science Education: A Cautionary Tale," *Daedalus* 112(2), 143-166.
Jacoby, B. A. & Spargo, P. E.: 1989, "Ptolemy Revived?" *Interchange* 20(2), 33-53.
Jaffe, B.: 1938, "The History of Chemistry and Its Place in the Teaching of Chemistry" *Journal of Chemical Education* 15, 383-389.
——— : 1942, *New World of Chemistry*, Silver Burdett, New York. Revised editions 1947, 1952, 1955, 1959 and 1964.
Jeans, J.: 1943/1981, *Physis and Philosophy*, Dover Publications, New York.
Jegede, O.: 1989, "Toward a Philosophical Basis for Science Education of the 1990s: An African View-Point." In D. E. Jerget (ed.), *The History and Philosophy of Science in Science Teaching*, Florida State University, Tallahassee, FL, pp. 185-198.
Jencks, C.: 1972, *Inequality*, Penguin, Harmondsworth.
Jenkins, E. W.: 1979, *From Armstrong to Nuffield*, John Murray, London.
——— : 1990, "History of Science in School: Retrospect and Prospect in the U.K.," *Internation-*

al Journal of Science Education 12(3), 274-281. Reprinted in M. R. Matthews (ed.), *History, Philosophy and Science Teaching: Selected Reading*, OISE Press, Toronto, 1991, pp. 33-42.

Johnson, S. & Stewart, J.: 1991, "Using Philosophy of Science in Curriculum Development: An Example from High School Genetics." In M. R. Matthews (ed.), *History, Philosophy, and Science Teaching: Selected Readings*, OISE Press, Toronto, pp. 201-212.

Jones, G. S.: 1972, "History: The Poverty of Historicism." In R. Blackburn (ed.), *Ideology in Social Science*, Collins, London.

Joravsky, D.: 1970, *The Lysenko Affair*, University of Chicago Press, Chicago.

Jung, W.: 1983, "Toward Preparing Students for Change: A Critical Discussion of the Contribution of the History of Physics to Physics Teaching." In F. Bevilacqua & P. J. Kennedy (eds.), *Using History of Physics in Innovatory Physics Education*, Pavia University, Italy, pp. 6-57. Reprinted in *Science & Education* 3(2), 1994.

———— : 1989, "Philosophy of Science and Education," unpublished manuscript.

———— : 1993, "Uses of Cognitive Science to Science Education," *Science & Education* 2(1), 31-56.

Jungwirth, E.: 1987, "Avoidance of Logical Fallacies: A Neglected Aspect of Science Education and Science Education and Science-teacher Education," *Research in Science and Technological Education* 5(1), 43-58.

Kant, I.: 1783/1970, *Metaphysical Foundations of Natural Science*, J. Ellingtor trans., Bobbs-Merrill, Indianapolis, IN.

Kauffman, G. B.: 1989, "History in the Chemistry Curriculum," *Interchange* 20(2) 81-94. Reprinted in M. R. Matthews (ed.), *History, Philosophy and Science Teaching: Selected Readings*, OISE Press, Toronto, 1991, pp. 185-200.

Keller, E. F.: 1985, *Reflections on Gender and Science*, Yale University Press, New Haven.

Kelly, A.: 1985, "The Construction of Masculine Science," *British Journal of Sociology of Education* 6, 133-154.

Kenealy, P.: 1989, "Telling a Coherent 'Story': A Role for *the History and Philosophy of Science in a Physical Science in Science Teaching*, Florida State University, Tallahassee, FL, pp. 209-220.

Kilpatrick, J.: 1987, "What Constructivism Might Be in Mathematics Education." In J. C. Bergeron, N. Herscovics, & C. Keiran (eds.), *Psychology of Mathematics Education*, Proceeding of the Eleventh International Conference, Montreal, pp. 3-27.

Kipnis, N.: 1992, *Rediscovering Optics*, BENA Press, Minneapolis, MN.

Kitchener, R. F.: 1985, "A Bibliography of Philosophical Work on Piaget," *Synthese* 65(1), 139-151.

———— : 1986, *Piaget's Theory of Knowledge: Genetic Epistemology and Scientific Reason*, Yale University Press, New Haven.

———— : 1992, "Piaget's Genetic Epistemology: Epistemological Implications for Science Teaching." In R. A. Duschl & R. J. Hamilton (eds.), *Philosophy of Science, cognitive Psychology, and Educational Theory and Practice*, State University of New York Press, Albany, NY, pp. 116-146.

———— : 1993, "Piaget's Epistemic Subject and Science Education: Epistemological Versus Psychological Issues," *Science & Education* 2(2), 137-148.

Kitcher, P.: 1988, "The Child as Parent of the Scientist," *Mind and Language* 3(3), 217-228.

———— & Salmon, W. C. (eds.): 1989, *Scientific Explanation*, University of Minnesota Press, Minneapolis, MN.

Klein, M. J.: 1972, "Use and Abuse of Historical Teaching in Physics," In S. G. Brush & A. L. King (eds.), *History in the Teaching of Physics*, University Press of New England, Hanover, NH.

Kline, M.: 1959, *Mathematics and the Physical World*, Dover Publication, New York.

Kloper, L. E.: 1969a, *Case Histories and Science Education*, Wadsworth Publishing Company, San Francisco.

———— : 1969b. "The Teaching of Science and the History of Science," *Journal of Research in Science Teaching* 6, 87-95.

———— : 1990, "Scientific Literacy," In *The International Encyclopedia of Curriculum*, Pergamon Press, Oxford.

———— : 1992, "An Historical Perspective on the History and Nature of Science in School Science Programs." In R. W. Bybee et al. (eds.), *Teaching About the History and Nature of Science and Technology: Background Papers*, BSCS/SSEC, Colorado Springs, CO.

———— & Champagne, A. B.: 1990, "Ghosts of Crisis Past," *Science Education* 74(2), 133-154.

———— & Cooley, W. W.: 1961, *The Use of Case Histories in the Development of Student Understanding of Science and Scientists*, Graduate School of Education, Harvard University, Cambridge, MA.

———— & Cooley, W. W.: 1963, "*The History of Science Cases for High Schools* in the Development of Student of Understanding of Science and Scientists: A Report on the HOSE Instruction Project," *Journal of Research in Science Teaching* 1, 33-47.

———— & Watson, F, G.: 1957, Historical Materials and High School Science Teaching, *The Science Teacher* 24, 264-265, 292-293.

Koertge, N.: 1970, "Towards an Integration of Content and Method in the Science Curriculum," *Curriculum Theory Network* 4, 26-43.

———— : 1977, "Galileo and the Problem of Accidents," *Journal of the History of Ideas* 38, 389-408.

———— : 1981, "Methodology, Ideology and Feminist Critiques of Science." In P. D. Asquith & R. N. Giere (eds.), *Proceedings of the Philosophy of Science Association 1980*, Edwards Bros, Ann Arbor, pp. 346-359.

Koestler, A.: 1964, *The Sleepwalkers*, Penguin Books, Harmondsworth, UK.

Kornblith, H. (ed.): 1985, *Naturalizing Epistemology*, MIT Press, Cambridge, MA.

Koulaidis, V. & Ogborn, J.: 1989, "Philosophy of Science: An Empirical Study of Teachers' Views," *International Journal of Science Education* 11(2), 173-184.

Koyré, A.: 1939/1978, *Galileo Studies*, J. Mepham trans., Harvester Press, Hassocks, Sussex, UK.

——— : 1957, *From the Closed World to the Infinite Universe*, The Johns Hopkins University Press, Baltimore, MD.

——— : 1960, "Galileo's Treatise 'De Motu Gravium': The Use and Abuse of Imaginary Experiments," *Revue d'Histoire des Science* 13. Reprinted in his *Metaphysics and Measurement*, Harvard University Press, Cambridge, MA, 1969, pp. 44-88.

——— : 1968, *Metaphysics and Measurement*, Harvard University Press, Cambridge, MA.

Kozol, J.: 1991, *Savage Inequalities*, Harper, New York.

Kragh, H.: 1986, "Physics and History: Noble Lies or Immoral Truths?" In P. V. Thomsen (ed.), *Science Education and the History of Physics*, University of Aarhus, Denmark, pp. 70-76.

——— : 1987, *An Introduction to the Historiography of Science*, Cambridge University Press, Cambridge, UK.

——— : 1992, "A Sense of History: History of Science and the Teaching of Introductory Quantum Theory," *Science & Education* 1(4), 349-364.

Krajewski, W. (ed.): 1982, *Polish Essays in the Philosophy of the Natural Sciences*, Reidel, Dordrecht.

Krugly-Smolska, E.: 1992, "A Cross-Cultural Comparison of Conceptions of Science." In S. Hills (ed.), *History and Philosophy of Science in Science Education* vol.1, Queen's University, Kingston, Ontario, pp. 583-593.

Kuhn, D., Amsel., E. & O'Loughlin, M.: 1988, *The Development of Scientific Reasoning Skills*, Academic Press, New York.

Kuhn, T. S.: 1957, *The Copernican Revolution*, Random House, New York.

——— : 1959, "The Essential Tension: Tradition and Innovation in Scientific Research," *The Third University of Utah Research Conference on the Identification of Scientific Talent*, University of Utah Press, Salt Lake City. Reprinted in his *The Essential Tension*, University of Chicago Press, Chicago, 1977, pp. 225-239.

——— : 1962, *The Structure of Scientific Revolutions*, University of Chicago Press, Chicago.

——— : 1964, "A function for Thought Experiments." In his *The Essential Tension*, University of Chicago Press, Chicago, 1977, pp. 240-265.

——— : 1970, *The Structure of Scientific Revolutions*, (2nd ed.), University of Chicago Press, Chicago.

——— : 1977, "Concepts of Cause in the Development of Physics," In his *The Essential Tension*, University of Chicago Press, Chicago, 1977, pp. 21-30.

Kumar, D. D. & Berlin, D. F.: 1933, "Science-Technology-Society Policy Implementation in the USA: A Literature Review," *The Review of Education* 15, 73-83.

Lakatos, I.: 1970, "Falsification and the Methodology of Scientific Research Programmes." In I. Lakatos & A. Musgrave (eds.), *Criticism and the Growth of Knowledge*, Cambridge University Press, Cambridge, UK, pp. 91-196.

——— : 1971, "History of Science and Its Rational Reconstructions." In R. C. Buck & R. S. Cohen (eds.), *Boston Studies in the Philosophy of Science* 8, pp. 91-135. Reproduced in J. Worrall and G. Currie (eds.), *The Methodology of Scientific Research Programmes*, Cambridge

University Press, Cambridge, UK, 1978, pp. 102-138.

——— & Musgrave, A. (eds.): 1970, *Criticism and the Growth of Knowledge*, Cambridge University Press, Cambridge, UK.

Langford, J. J.: 1966, *Galileo, Science and the Church*, University of Michigan Press, Ann Arbor, MI.

Latour, B. & Woolgar, S.: 1986, *Laboratory Life: The Social Construction of Scientific Facts*, Sage Publications, London, revised ed. (1st ed. 1979)

Laudan, L.: 1977, *Progress and Its Problems*, University of California Press, Berkeley, CA.

——— : 1981, "The Clock Metaphor and Hypotheses: the Impact of Descartes on English Methodological Thought." In his *Science and Hypothesis*, Reidel, Dordrecht, The Netherlands, pp. 27-58.

——— : 1984, "A Confutation of Convergent Realism." In J. Leplin (ed.), *Scientific Realism*, University of California Press, Berkeley, CA, pp. 218-249.

——— : 1990, *Science and Relativism*, University of Chicago Press, Chicago.

Lave, J.: 1988, *Cognition in Practice: Mind, Mathematics and Culture in Everyday Life*, Cambridge University Press, New York.

Lawson, A. (ed.): 1993, "The Role of Analogy in Science and Science Teaching." A special issue of *Journal of Research in Science Teaching* 30(10).

Laymon, R.: 1985, "Idealizations and the Testing of Theories by Experimentation." In P. Achinstein & O. Hannaway (eds.) *Observation, Experiment, and Hypotesis in Modern Physical Science*, MIT Press, Cambridge, MA, pp. 147-173.

Layton, A. D. & Powers, S. R.: 1949, *New Directions in Science Teaching*, McGraw- Hill, New York.

Layton, D.: 1973, *Science for the People*, George Allen & Unwin, London.

Leacock, R. A. & Sharlin, H. I.: 1977, "The Nature of Physis and History: a Cross Disciplinary Inquiry," *American Journal of Physics* 45(2), 146-153.

Leatherdale, W. H.: 1974, *The Role of Analogy, Model and Metaphor in Science*, Oxford University Press, Oxford.

Lecourt, D.: 1977, *Proletarian Science? The Case of Lysenko*, Manchester University Press, Manchester, UK.

Lederman, N. G. & Zeidler, D. L.: 1987,"Science Teachers Conceptions of the Nature of Science: Do They Really Influence Teaching Behaviour?" *Science Education* 71(5), 721-734.

Leibniz, G. W.: 1686/1969, "A Brief Demonstration of a Notable Error of Descartes and Others Concerning a Natural Law." In L. E. Loemker (ed.), *Gottfried Wilhelm Leibniz: Philosophical Papers and Letters*, Reidel, Dordrecht, the Netherlands, pp. 296-302.

Lennox, J. G.: 1986, "Aristotle, Galileo, and the 'Mixed Sciences'." In W. A. Wallace (ed.), *Reinterpreting Galileo*, Catholic University of America Press, Washington, DC, pp. 29-51.

Leplin J. (ed.): 1984, *Scientific Realism*, University of California Press, Berkeley, CA.

Lerman, S.: 1989, "Constructivism, Mathematics, and Mathematics Education," *Educational Studies in Mathematics* 20, 211-223.

Lerner, L. S. & Gosselin, E. A.: 1975, "Physics and History as a Bridge Across the 'Two Cultures' Gap," *American Journal of Physics* 43, 13-19.

Livine, D. I. & Linn, M. C.: 1977, "Scientific Reasoning Ability in Adolescence: Theoretical Viewpoints and Educational Implications," *Journal of Research in Science Teaching* 14, 371-384.

Lewin, K.: 1931, "The Conflict Between Aristotelian and Galilean Modes of Thought in Contemporary Psychology," *Journal of General Psychology* 5, 141-177. Reprinted in his *A Dynamic Theory of Personality*, McGraw Hill, New York, 1935.

Lewontin, R. & Levins, R.: 1976, "The Problem of Lysenkoism." In H. Rose & S. Rose (ed.), *The Radicalisation of Science*, Macmillan, London, pp. 32-64.

Linn, M. C.: 1983, "Content, Context and Process in Adolescent Reasoning," *Journal of Early Adolescence* 3(1), 63-82.

Lipman, M. & Sharp, A. M. (eds.): 1978, *Growing Up with Philosophy*, Temple University Press, Philadephia, PA.

Litt, Th.: 1959, *Naturwissenschaft und Menschenbidung*, Quelle & Meyer, Heidelberg.

Lochhead, J. & Dufresne, R.: 1989, "Helping Students Understand Difficult Science Concepts Through the Use of Dialogues with History," In D.E. Herget (ed.), *The History and Philosophy of Science in Science Teaching*, Florida State University, Tallahassee, pp. 221-229.

Longino, H. E.: 1989, "Can There Be a Feminist Science?" In N. Tuana (ed.), *Feminism & Science*, Indiana University Press, Bloomington, IN, pp. 45-57.

Loving, C. C.: 1991, "The Scientific Theory Profile: A Philosophy of Science Model for Science Teachers," *Journal of Research in Science Teaching*, 28(9), 823-838.

Lucas, A. M.: 1971, "Creativity, Discovery, and Inquiry in Science Education," *Australian Journal of Education* 15(2), 185-196.

———— : 1975, "Hidden Assumptions in Measures of Knowledge About Science and Scientists," *Science Education* 59, 481-485.

Lynch, M., Livingstone, E. & Garkinkel, H.: 1983, "Temporal Order in Laboratory Work." In K. D. Knorr-Cetina & M. Mulkay (eds.), *Science Observed*, Sage Publications, London.

MacCorquodale, K. & Meehl, P.: 1948, "On a Distinction Between Hypothetical Constructs and Intervening Variables," *Psychological Review* 55, 95-107.

Mach, E.: 1872/1991, *The History and Root of the Principle of the Conservation of Energy*, trans. P. E. B. Jourdain, Open Court Publishing Company, La Salle, IL.

———— : 1883/1960, *The Science of Mechanics*, Open Court Publishing Company, La Salle, IL.

———— : 1886/1986, "On Instruction in the Classics and the Sciences." In his *Popular Scientific Lectures*, Open Court Publishing Company, La Salle, IL.

———— : 1895/1986, *Popular Scientific Lectures*, Open Court Publishing Company, La Salle, IL.

———— : 1896/1976, "On thought Experiments." In his *Knowledge and Error*, Reidel, Dordrecht, The Netherlands, pp. 134-147.

———— : 1910/1970, "The guiding Principles of My Scientific Theory of Knowledge and Its Reception by My Contemporaries." In S. Toulmin (ed.), *Physical Reality: Philosophical Essays on Twentieth-Century Physics*, Harper & Row, New York, pp. 28-43.

Machamer, P.: 1992, "Philosophy of Science: An Overview for Educators." In R. W. Bybee et al. (eds.), *Teaching About the History and Nature of Science and Technology: Background Papers*, BSCS/SSEC, Colorado Springs, CO, pp. 9-18.

Mackay, L. D.: 1971, "Development of Understanding About the Nature of Science," *Journal of Research in Science Teaching* 8, 57-66.

MacLachlan, J.: 1976, "Galileo's Experiments with Pendulums: Real and Imaginary," *Annals of Science* 33, 173-185.

Mann, C. R.: 1912, *The Teaching of Physics for Purposes of General Education*, Macmillan, New York.

Mannheim, K.: 1936/1960, *Ideology and Utopia*, Routledge & Kegan Paul, London.

Mansell, A. E.: 1976, "Science for All," *School Science Review* 57, 579-585.

Manuel, D. E.: 1981 "Reflections on the Role of History and Philosophy of Science in School Science Education," *School Science Review* 62(221), 769-771.

Martel, E.: 1991, "How Valid are the Portland Baseline Essays?" *Educational Leadership* Dec./Jan., 20-23.

Martin, B., Kass, H. & Brouwer, W.: 1990 "Authentic Science: A Diversity of Meanings," *Science Education* 74(5), 541-554.

Martin, J. R.: 1970, *Explaining, Understanding & Teaching*, McGraw-Hill, New York.

——— : 1989, "Ideological Critiques and the *Philosophy of Science* 56, 1-22.

Martin, M.: 1971, "The Use of Pseudo-Science in Science Education," *Science Education* 55, 53-56.

——— : 1972, *Concepts of Science Education*, Scott, Foresman & Co., New York. (Reprinted, University Press of America, 1985.)

——— : 1974, "The Relevance of Philosophy of Science for Science Education," *Boston Studies in Philosophy of Science* 32, 293-300.

——— : 1979, "Conception Between, Philosophy of Science & Science Education," *Studies in Philosophy and Education* 9.

——— : 1986, "Science Education and Moral Education" *Journal of Moral Education* 15(2), 99-108. Reprinted in M. R. Matthews (ed.), *History, Philosophy, and Science Teaching: Selected Readings*, OISE Press, Toronto, 1991, pp. 102-114.

——— : 1994, Pseudoscience, the Paranormal, and Science Education," *Science & Education* 3(4).

Mas, C. J., Perez, J. H. & Harris, H. H.: 1987, "Parallels between Adolescents' Conception of Gases and the History of Chemistry," *Journal of Chemical Education* 64(7), 616-618.

Mascall, E. L.: 1956, *Christian Theology and Nature Science*, Longmans, Green & Co., London.

Matthews, M. R.: 1980, *A Marxist Theory of Schooling: A Study in Epistemology and Education*, Harvester Press, Brighton, UK.

——— (ed.): 1989, *The Scientific Background to Modern Philosophy*, Hackett Publishing Company, Indianapolis, IN.

——— : 1990a, "Ernst Mach and Contemporary Science Education Reforms," *International*

Journal of Science Education 12(3), 317-325.

———— : 1990b, "History, Philosophy and Science Teaching: What Can Be Done in an Undergraduate Course?" *Studies in Philosophy and Education* 10(1), 93-98.

———— (ed): 1991, *History, Philosophy and Science Teaching*: *Selected Readings*, OISE Press, Toronto and Teachers College Press, New York.

———— & Winchester, I. (eds.): 1989, "History, Philosophy and Science Teaching: A Special Issue," *Interchange* 20(2).

Mayer, J.: 1987, "Consequences of a Weak Science Education," *Boston Globe*, September.

Mayer, E.: 1982, *The Growth of Biological Thought*, Harvard University Press, Cambridge, MA.

McCloskey, M.: 1983a, "Intuitive Physics," *Scientific American* 248, 114-122.

———— : 1983b, "Naive Theories of Motion." In D. Gentner & A. L. Stevens (eds.), *Mental Models*, Lawrence Erlbaum, Hillsdale, NJ, pp. 299-324.

McDermott, L. C.: 1984, "Research on Conceptual Understanding in Mechanics," *Physics Today* 37, 24-32.

McFadden, C. P.: 1989, "Redefining the School Curriculum." In D. E. Herget (ed.), *The History and Philosophy of Science in Science Teaching*, Florida State University, Tallahassee, FL, pp. 259-270.

McGrath, E. (ed.): 1948, *Science in General Education*, W. C. Brown & Co., Dubuque, IA.

McMullin, E. (ed.): 1963, *The Concept of Matter in Modern Philosophy*, University of Notre Dame Press, Notre Dame, IN.

———— (ed.): 1967, *Galileo Man of Science*, Basic Books, New York.

———— : 1970, "The History and Philosophy of Science: A Taxonomy," *Minnesota Studies in the Philosophy of Science* 5, 12-67.

———— : 1975, "History and Philosophy of Science: a Marriage of Convenience?" *Boston Studies in the Philosophy of Science* 32, 515-531.

———— : 1978, *Newton on Matter and Active*, University of Notre Dame Press, Notre Dame, IN.

———— : 1984, "A Case for Scientific Realism." In J. Leplin (ed.), *Scientific Realism*, University of California Press, Berkeley, CA, pp. 8-40.

———— : 1985, "Galilean Idealization," *Studies in History and Philosophy of Science* 16, 347-373.

McPeck, J.: 1981, *Critical Thinking and Education*, St. Martin's, New York.

———— : 1990, *Teaching Critical Thinking, Dialogue and Dialectic*, Routledge, New York.

McWilliams, J. A.: 1943, "Aristotelian and Cartesian Motion," *New Scholasticism* 17, 307-321.

Melsen, A. G. van: 1952, *From Atomos to Atom*, Duquesne University Press, Pittsburgh, PA.

———— : 1959, *The Philosophy of Nature*, Duquesne University Press, Pittsburgh, PA.

———— : 1961, *Science and Technology*, Duquesne University Press, Pittsburgh, PA.

Merton, R. K.: 1957, "The Sociology of Knowledge." In his *Social Theory and Social Structure*, Free Press, New York.

Mestre, J. P.: 1991, "Learning and Instruction in Pre-College Physical Science," *Physics Today*, September, 56-62.

Middleton, W. E. K.: 1964, *A History of the Barometer*, Baltimore, MD.

Miller, J. D.: 1983, "Scientific Literacy: A Conceptual and Empirical Review," *Daedalus* 112(2), 29-47.

———— : 1987, "Scientific Literacy in the United States." In E. David & M. O'Connor (eds.), *Communicating Science to the Public*, John Wiley, London.

———— : 1992, *The Public Understanding of Science and Technology in the United States, 1990*, National Science Foundation, Washington, DC.

Millikan, R. A.: 1950, *Autobiography*, Prentice-Hall, New York.

Mittelstrass, J.: 1972, "The Galilean Revolution: The Historical Fate of a Methodological Insight," *Studies in the History and Philosophy of Science* 2, 297-328.

Montaigne, M. de: 1580/1943, *Selected Essays*, Van Nostrand Co., New York.

Moody, E. A.: 1951, "Galileo and Avempace: The Dynamics of the Learning Tower Experiment," *Journal of the History of Ideas* 12, 163-193, 375-422.

Moore, J. R.: 1979, *The Post-Darwinian Controversies*, Cambridge University Press, Cambridge, UK.

Moreno, A. G. (ed.): 1992, *History of the Philosophy-Mathematical Sciences and the Teaching of Science*, European Physical Society, Madrid.

Mulkay, M.: 1982, "Sociology of Science in the West," *Current Sociology* 28(3), 1-116.

Musschenga, B. & Gosling, D. (eds.): 1985, *Science Education and Ethical Values: Introducing Ethics and Religion into the Science Classroom and Laboratory*, Georgetown University Press, Washington, DC.

Nagel, E.: 1969, "Philosophy of Science and Educational Theory," *Studies in Philosophy and Education* 7(1), 16-27. Reprinted in J. Park (ed.), *Selected Readings in Philosophy of Education*, Macmillan, New York, 1974.

National Commission on Excellence in Education: 1983, *A Nation At Risk: The Imperative for Education Reform*, US Department of Education, Washington, DC.

National Curriculum Council (NCC): 1988, *Science in the National Curriculum*, NCC, York, UK.

———— : 1989, *Science: Non-Statutory Guidance*, NCC, York, UK.

———— : 1991, *Science for Ages 5 to 16*, DES, London.

National Science Board: 1991, *Science & Engineering Indicators-1991*, US Government Office, Washington, DC.

National Science Foundation (NSF): 1980, *What are the Needs in Precollege Science, Mathematics, and Socail Science Education? Views from the Field*, NSF, Washington, DC.

National Science Teachers Association (NSTA): 1971, *School Science Education for the 1970's*, NSTA, Washington, DC.

———— : 1982, *Science-Technology-Society: Science Education for the 1980's*, NSTA, Washington, DC.

———— : 1992, *Scope, Sequence and Coordination*, NSTA, Washington, DC.

National Society for the Study of Education (NSSE): 1960, *Rethinking Science Education. 59th Yearbook*, University of Chicago Press, Chicago.

Naylor, R. H.: 1974, "Galileo's Simple Pendulum," *Physis* 16, 23-46.

———— : 1980, "The Role of Experiment in Galileo's Early Work on the Law of Fall," *Annals of Science* 37, 363-378.

———— : 1989, "Galileo's Experimental Discourse." In D. Gooding et al. (eds.), *The Uses of Experiment*, Cambridge University Press, Cambridge, UK.

Nersessian, N. J.: 1989, "Conceptual Change in Science and in Science Education," Synthese 80(1), 163-184. Reprinted in M. R. Matthews (ed.), *History, Philosophy, and Science Teaching: Selected Readings*, OISE Press, Toronto, 1989, pp. 133-148.

Neugebauer, O.: 1969, *The Exact Sciences in Antiquity*, 2nd ed., Dover, New York.

Newman, D., Griffin, P., & Cole, M.: 1989, *The Construction Zone: Working for Cognitive Change in School*, Cambridge University Press, New York.

Newton, I.: 1729/1934, *Mathematical Principles of Mathematical Philosophy*, (trans. A. Motte, Revised F. Cajori), University of California Press, Berkeley, CA.

Niedderer, H.: 1992, "Science Philosophy, Science History, and the Teaching of Physics." In S. Hills (ed.), *History and Philosophy of Science in Science Education* Vol. Ⅱ, Queen's University, Kingston, Ontario, 201-214.

Nielsen, H. & Nielsen, K.: 1988, "History of Technology in Education- Why and How." In C. Blondel & P. Brouzeng (eds.), *Science Education and the History of Physics*, pp. 51-68.

Nielsen, K., Nielsen, H. & Jensen, H. S.: 1990, *Skruen uden Ende*, Teknisk Forlag, Köbenhavn, Denmark.

Nielsen H. & Thomsen, P.: 1990, "History and Philosophy of Science in the Danish Curriculum," *International Journal of Science Education* 12(4), 308-316.

Noddings, N.: 1990, "Constructivism in Mathematics Education." In R. Davis, C. Maher & N. Noddings (eds.), *Constructivist Views on the Teaching and Learning of Mathematics*, National Council of Teachers of Mathematics, Reston, VA, pp. 7-18.

Nola, R.: 1991, "Ordinary Human Inference as Refutation of the Strong Programme," *Social Studies of Science* 21, 107-129.

Norris, S. P.: 1984, "Cynicism, Dogmatism, Relativism, and Scepticism: Can All These Be Avoided?" *School Science and Mathematics* 84(6), 484-495.

Novak, J. D.: 1977, *A Theory of Education*, Cornell University Press, Ithaca.

———— : 1983, "Overview." In H. Helm & J. D. Novak (eds.), *Proceedings of the International Seminar on Misconceptions in Science and Mathematics*, Cornell University, Ithaca, NY, pp. 1-4.

———— (ed.): 1987, *Misconceptions and Educational Strategies in Science and Mathematics*, 3 vols., Cornell University, Ithaca, NY.

———— & Gowin, D. R.: 1984, *Learning How to Learn*, Cambridge University Press, New York.

Nowak, L.: 1980, *The Structure of Idealization*, Reidel, Dordrecht.

Nunn, T. P.: 1907, *The Aims and Achievements of the Scientific Method*, Macmillan, London.

———— : 1919, "Science." In J. Adams (ed.), *The New Teaching*, Hodder and Stoughton, London.

Nussbaum, J.: 1983, "Classroom Conceptual Change: The Lesson to be Learned from the History of Science." In H. Helm & J. D. Novak (eds.), *Misconceptions in Science & Mathematics*, Department of Education, Cornell University, pp. 272-281.

Nye, M. J.: 1975, "The Moral Freedom of Man and the Determinism of Nature: The Catholic Synthesis of Science and History in the *Revue des Questions Scientifiques*," *British Journal for the History of Science* 8, 274-292.

Obler, P. C., Estrin, H. A. (eds.): 1962, *The New Scientist: Essays on the Methods and Values of Modern Science*, Doubleday, New York.

Oddie, G.: 1986, *Likeness to Truth*, Reidel, Dordrecht, The Netherlands.

Ogawa, M.: 1989, "Beyond the Tacit Framework of 'Science' and 'Science Education' among Science Educators," *International Journal of Science Education* 11(3), 247-250.

Ogunniyi, M. B.: 1988, "Adapting Western Science to Traditional African Culture," *International "Journal of Science Education* 10(1), 1-9.

Oliver, J. S. & Nichols, B. K.: 1993, "An Intellectual Tradition of Science as a Way of Knowing in the Stated Goals of Science Education: 1900-1950." Paper presented at the annual meeting of the National Association for Research in Science Teaching, Atlanta, GA.

O'Neil, J.: 1991, "On the Portland Plan: A Conversation with Matthew Prophet," *Educational Leadership* Dec./Jan., 24-27.

O'Neil, W. M.: 1986, *Early Astronomy from Babylonia to Copernicus*, University of Sydney Press, Australia.

Oppe, G: 1936, "The Use of Chemical History in the High School," *Journal of Chemical Education* 13, 412-414.

Osborne, R. J.: 1983, "Towards Modifying Children's Ideas about Electric Current," *Research in Science and Technological Education* 1, 73-82.

——— & Freyberg, P.: 1985, *Learning in Science: The Implications of Children's Science*, Heinemann, London.

Pais, A.: 1982, *Subtle is the Lord: The Science and Life of Albert Einstein*, Oxford University Press, New York.

Passmore, J.: 1978, *Science and Its Critics*, Rutgers University Press, Rutgers, NJ.

Patterson, E. C.: 1980, "History as an Introduction to Science," *Journal of College Science Teaching* 10(1), 15-18.

Paul, D. B.: 1979, "Marxism, Darwinism and the Theory of Two Sciences," *Marxist Perspectives* 5, 116-143.

Paul, H.: 1979, *The Edge of Contingency: French Catholic Reaction to Scientific Changes from Darwin to Duhem*, University of Florida Press, Gainesville, FL.

——— : 1985, *From Knowledge to Power: The Rise of the Science Empire in France 1860-1939*, Cambridge University Press, Cambridge, UK.

Pearce, G. & Maunard, P. (eds.): 1973, *Conceptual Change*, Reidel, Dordrecht, The Netherlands.

Penick, J. E.: 1993, *Scientific Literacy: An Annotated Bibliography*, UNESCO, Paris.

Peters, R. S.: 1966, *Ethics and Education*, George Allen and Unwin, London.

Pfundt, H. & Duit, R.: 1985, Bibliography of Students' *Alternative Frameworks and Science Edu-*

cation, University of Kiel, Germany.
——— : 1991, *Bibliography of Students' Alternative Frameworks and Science Education*, 3rd ed., Institute for Science Education, University of Kiel, Germany.
Physical Science Study Committee(PSSC): 1960, *Physics*, Heath & Co., Boston.
Piaget, J.: 1950, *Introduction a l'Epistemologie Genetique*, 3 vols., Presses Universitaires de France, Paris.
——— : 1970, *Genetic Epistemology*, Columbia University Press, New York.
——— : 1972, *Psychology and Epistemology: Towards a Theory of Knowledge*, Penguin, Harmondsworth, UK.
——— & Garcia, R.: 1989, *Psychogenesis and the History of Science*, Columbia University Press, New York.
Piel, E. J.: 1981, "Interaction of Science, Technology, and Society in Secondary Schools." In N. C. Harms & R. E. Yager (eds.), *What Research Says to the Science Teacher*, vol.3, NSTA, Washington, DC, pp. 94-112.
Pitt, J. C. (ed.): 1985, *Change and Progress in Modern Science*, Reidel, Dordrecht, The Netherlands.
——— : 1992, *Gakukeim Human Knowledge, and the Book of Nature: Method Replaces Metaphysics, Kluwer Academic Publishers*, Dordrecht, The Netherlands.
Polanyi, M.: 1958, *Personal Knowledge*, Routledge and Kegan Paul, London.
Pomeroy, D.: 1992, "Science Across Cultures: Building Bridges Between Traditional Western and Alaskan Native Cultures." In S. Hills (ed.), *History and Philosophy of Science in Science Education* vol.2, Queen's University, Kingston Ontario, pp. 257-268.
Popper, K. R.: 1934/1959, *The Logic of Scientific Discovery*, Hutchinson, London.
——— : 1963, *Conjectures and Refutations*, Routledge Kegan Paul, London.
——: 1972, *Objective Knowledge*, Clarendon Press, Oxford.
Posner, G. et al.: 1982, "Accommodation of a Scientific Conception: Toward a Theory of Conceptual Change," Science Education 66(2), 211-227.
Postman, N.: 1985, *Amusing Ourselves to Death*, Methuen, New York.
Poupard, P. (ed.): 1987, *Galileo Galilei: Toward a Resolution of 350 Years of Debate-1633-1983*, Duquesne University Press, Pittsburgh, PA.
Praagh, G. van (ed.): 1973, *H. E. Armstrong and Science Education: Selections from "The Teaching of Scientific Method" and Other Papers on Education*, John Murray, London.
Proper, H., Wideen, M. F. & Ivany, G.: 1988, "World View Projected by Science Teachers," *Science Education* 72(5), 542-560.
Pumfrey, S.: 1991, "History of Science in the British National Science Curriculum: A Critical Review of Resources and Their Aims," *British Journal for the History of Science* 24, 61-78.
Pyenson, L.: 1983, *Neohumanism and the Persistence of Pure Mathematics in Wilhelmian Germany*, American Philosophical Society, Philadelphia, PA.
——— : 1985, *Cultural Imperialism and the Exact Sciences: German Expansion Overseas, 1900-1930*, Verlag Peter Lang, New York and Berne.

———— : 1989, *Empire of Reason*: *Exact Sciences in Indonesia, 1840-1940*, E. J. Brill, Leiden.

———— : 1992, "The Ideology of Western Rationality: History of Science and the European Civilizing Mission." In A. G. Moreno (ed.), *History of the Physical-Mathematical Sciences and the Teaching of Sciences*, European Physical Society, Madrid, pp. 86-102. Reprinted in Science & Education 2(4) 329-344.

Quine, W. V. O.: 1953, *From a Logical Point of View*, Harper & Row, New York.

———— : 1960, *Word and Object*, MIT Press, Cambridge, MA.

———— : 1969, "Epistemology Naturalised." In his *Ontological Relativity and Other Essays*, Columbia University Press, New York.

Raizen, S. A.: 1991, "The Reform of Science Education in the U.S.A. Déjà Vu of De Nova," *Studies in Science Education* 19, 1-41.

Ramage, H. P.: 1983, "The Treatment of the Philosophy of Science in the *Science in Society* Project," *School Science Review* 64(229), 786-787.

Ray, C.: 1991, "Science Education, Philosophy of Science, and Scientific Prejudice," *Science Education* 75(1), 87-94.

Redondi, P.: 1988, *Galileo Heretic*, Allen Lane, London.

Reichenbach, H.: 1938, *Experience and Prediction*, University of Chicago Press, Chicago.

Resnick, L. B.: 1987, *Education and Learning to Think*, National Academy Press, Washington, DC.

Richmond, P. E. & Quraishi, A. R.: 1964, "Armstrong's Heuristic Method in 1964," *School Science Review* 45, 511-520.

Roberts, D. A.: 1982, "Developing the Concept of 'Curriculum Emphases' in Science Education," *Science Education* 66, 243-260.

Robin, N. & Ohlsson, S.: 1989, "Impetus Then and Now: A Detailed Comparison between Jean Buridan and a Single Contemporary Subject." In D. E. Herget (ed.), *The History and Philosophy of Science in Science Teaching*, Florida State University, Tallahassee, FL, pp. 292-305.

Robinson, J. T.: 1968, *The Nature of Science and Science Teaching*, Wadsworth, Belmont CA.

———— : 1969, "Philosophy of Science: Implications for Teacher Education," *Journal of Research in Science Teaching* 6, 99-104.

Rogers, P. J.: 1982, "Epistemology and History in the Teaching of School Science," *European Journal of Science Education* 4(1), 1-10.

Romey, W. D. (ed.): 1968, *Inquiry Techniques for Teaching Science*, Prentice Hall, Englewood Cliffs, NJ.

Rosenthal, D. B.: 1984, "Social Issues in High School Biology Textbooks: 1963-1983," *Journal of Research in Science Teaching* 21(8), 819-831.

———— : 1985, "Biology Education in a Social and Moral Context." In R. W. Bybee (ed.), *Science, Technology, Society*, Yearbook of the National Science Teachers Association, NSTA, Washington, DC, pp. 102-116.

Rowell, J. A. & Cawthron, E. R.: 1982, "Images of Science: An Empirical Study," *European Journal of Science Education* 4(1), 79-94.

Rubba, P. et al.: 1991, "The Effects of Infusing STS Vignettes into the Genetics Unit of Biology on Learner Outcomes in STS and Genetics: A Report of Two Investigations," *Journal of Science Education* 28(6), 537-552.

Ruse, M.: 1990, "Making Use of Creationism: A Case-study for the Philosophy of Science Classroom," *Studies in Philosophy and Education* 10(1). 81-92.

Russell, T. L.: 1981, "What History of Science, How Much and Why?" *Science Education* 65, 51-64.

Rutherford, F. J.: 1964, "The Role of Inquiry in Science Teaching," *Journal of Research in Science Teaching* 2, 80-84. Reprinted in W. D. Romey (ed.), *Inquiry Techniques for Teaching Science*, Prentice Hall, Englewood Cliffs, NJ. 1968, pp. 264-270.

——— & Ahlgren, A.: 1990, *Science for All Americans*, Oxford University Press, New York.

Sammis, J. H.: 1932, "A Plan for Introducing Biographical Material into Science Courses," *Journal of Chemical Education* 9, 900-902.

Schecker, H.: 1992, "The Paradigmatic Change in Mechanics: Implications of Historical Processes on Physics Education," *Science & Education* 1(4), 71-76.

Scheffler, I.: 1970, "Philosophy and the Curriculum." In his Reason and Teaching, London, Routledge, 1973, pp. 31-44. Reprinted in *Science & Education* 1(4), 285-294.

——— : 1982, *Science and Subjectivity*, 2nd ed., Hackett, Indianapolis, IN. (1st ed. 1966)

Schilpp, P. A. (ed.): 1951, *Alvert Einstein*, 2nd ed., Tudor, New York.

Schlagel, R.: 1986, *Contextual Realism: A Meta-physical Framework for Modern Science*, Paragon House, New York.

Schmitt, C. B.: 1967, "Experimental Evidence For and Against a Void: The Sixteenth-Century Arguments," *Isis* 58, 352-366.

Schneps, M. H.: 1987, *A Private Universe* [film], Harvard University, Cambridge, MA.

Schrödinger, E.: 1956, *What is Life? and Other Scientific Essay*, Cambridge University Press, Cambridge, UK.

Schwab, J. J.: 1945, "The Nature of Scientific Knowledge as Related to Liberal Education," *Journal of General Education* 3, 245-266. Reproduced in I. Westbury & N. J. Wilkof (eds.), *Joseph H. Schwab: Science, Curriculum, and Liberal Education*, University of Chicago Press, Chicago, 1978.

——— : 1950, "The Natural Sciences: The Three Year Programme." In University of Chicago Faculty, *The Idea and Practice of General Education*, University of Chicago Press, Chicago.

——— : 1962, "The Concept of the Structure of a Discipline," *Educational Record* 43, 197-205.

——— : 1963, *Biology Teacher's Handbook*, Wiley, New York.

Science Council of Canada (SCC): 1984, *Science for Every Student: Educating Canadians for Tomorrow's World*, Report 36, SCC, Ottawa.

Segre, M.: 1991, *In the Wake of Galileo*, Rutgers University Press, New Brunswick, NJ.

Selin, H.: 1992, "Science Across Cultures: Introducing the Science, Technology and Medicine of Non-Western Cultures into the Classroom." In S. Hills (ed.), *The History and Philosophy of Science Education*, vol.2, Queen's University, Kingston, Ontario, pp. 407-417.

———— : 1993, *Science Across Cultures: A Bibliography of Books on Non-Western Science and Medicine*, Garland Press, New York.

Settle, T.: 1990, "How to Avoid Implying that Physicalism is True: A Problem for Teachers of Science," *International Journal of Science Education* 12(3), 258-264. Reproduced in M. R. Matthews (ed.), *History, Philosophy, and Science Teaching*: *Selected Readings*, OISE Press, 1991, pp. 225-234.

Shapere, D.: 1984a, "The Structure of Scientific Revolution," In his *Reason and the Search for Knowledge*, Reidel, Dordrecht, The Netherlands, pp. 37-48.

———— : 1984b, "What can the Theory of Knowledge Learn from the History of Knowledge?" In his *Reason and the Search for Knowledge*, Reidel, Dordrecht, The Netherlands, 182-202.

Shapin, S.: 1982, "History of Science and Its Sociological Reconstructions," *History of Science* 22, 157-211.

———— & Schaffer, S.: 1985, *Leviathan and the Air-Pump*: *Hobbes*, *Boyle*, *and the Experimental Life*, Princeton University Press, Princeton, NJ.

Shea, W. R.: 1972, *Galileo's Intellectual Revolution*, Macmillan, London.

Sheehan, H.: 1985, *Marxism and the Philosophy of Science*, Humanities Press, Atlantic Highlands, NJ.

Sherratt, W. J.: 1982, "History of Science in the Science Curriculum: An Historical Perspective Part I" *School Science Review* 64, 418-424.

———— : 1983, "History of Science in the Science Curriculum: An Historical Perspective Part Ⅱ," *School Science Review* 64, 418-424.

Shimony, A.: 1976, "Comments on Two Epistemological Theses of Thomas Kuhn." In R. S. Cohen et al. (eds.), *Essays in Memory of Imre Lakatos*, Reidel, Dordrecht, The Netherlands, pp. 569-588.

Shortland, M. & Warwick, A. (eds.): 1989, *Teaching the History of Science*, Basil Blackwell, Oxford.

Shulman, L. S.: 1986, "Those Who Understand: Knowledge Growth in Teaching," *Educational Researcher* 15(2), 4-14.

———— & Keislar, E. R. (eds.): 1966, Learning by Discovery: A Critical Appraisal, Rand Mc-Nally, Chicago, IL.

Shymansky, J. A. et al.: 1983, "The Effects of New Science Curricula on Student Performance," *Journal of Research in Science Teaching* 20, 387-404.

———— et al.: 1990, "A Reassessment of the Effects of Inquiry-Based Science Curricula of the 1960s on Student Performance," *Journal of Research in Science Teaching* 27, 127-144.

———— & Kyle, W. C. (eds.): 1992, "Special Issue: Science Curriculum Reform," *Journal of Re-searching Science Teaching* 29(8).

Sibum, H. O.: 1988, "The Beginning of Electricity: Social and Scientific Origins and Experimental Setups." In C. Blondel & P, Brouzeng (eds.), *Science Education and the History of Physics*, Université Paris-Sud, Paris, pp. 139-146.

Siegel, H.: 1979a, "Can Psychology be Relevant to Epistemology?" *Philosophy of Education*,

55-64.
———— : 1979b, "On the Distortion of the History of Science in Science Education," *Science Education* 63, 111-118.
———— : 1987, *Relativism Refuted*, Reidel, Dordrecht, The Netherlands.
———— : 1988, *Educating Reason: Rationality, Critical Thinking, and Education*, Routledge, London.
———— : 1989a, "Epistemology, Critical Thinking, and Critical Thinking Pedagogy," *Argumentation* 3, 32-42.
———— : 1989b, "The Rationality of Science, Critical Thinking, and Science Education," *Synthese* 80(1), 9-42. Reprinted in M. R. Matthews (ed.), *History, Philosophy, and Science Teaching: Selected Reading*, OISE Press, Toronto and Teachers College Press, New York 1991, pp. 45-62.
———— : 1992, "Two Perspectives on Reason as an Educational Aim: The Rationality of Reasonableness," *Philosophy of Education* 1991, 225-233.
———— : 1993, "Naturalized Philosophy of Science and Natural Science Education," *Science & Education* 2(1), 57-68.
Silverman, M. P.: 1992, "Raising Questions: Philosophical Significance of Controversy in Science," *Science & Education* 1(2), 163-180.
Simon, B.: 1971. *Intelligence, Psychology and Education: A Marxist Critique*, Lawrence & Wishart, London.
Slezak, P.: 1994, "Sociology of Scientific Knowledge and Science Education," *Science & Education* 3(3)
Smith, C., Carey, S. & Wiser, M.: 1985, "On Differentiation: A case Study of the Development of Concepts of Size, Weight and Density," *Cognition* 21, 177-237.
Smith, G. H.: 1992. "Kura Kaupapa Maori Schooling: Implications for the Teaching of Science in New Zealand," Unpublished paper, Education Department, University of Auckland.
Sneed, J. D.: 1979, *The Logical Structure of Mathematical Physics*, 2nd ed., Reidel, Dordrecht, The Netherlands.
Snow, C. P.: 1963, *The Two Cultures: A second Look*, Cambridge University Press, Cambridge, UK. (Originally 1957.)
Solomon, J. (ed): 1983, *Science in a Social Context*, Basil Blackwell, Oxford.
———— : 1985, "Science in a Social Context: Details of a British High School Course." In R. W. Bybee (ed.), *Science, Technology, Society*, Yearbook of the National Science Teachers Association, NSTA, Washington, DC, pp. 144-157.
———— : 1989a, *The Big Squeeze*, Association for Science Education, Hatfield Herts., UK.
———— : 1989b, "Teaching the History of Science: Is Nothing Sacred?." In M. Shortland & A. Warwick (eds.), *Teaching the History of Science*, Basil Blackwell, Oxford, pp. 42-53.
———— : 1991, "Teaching About the Nature of Science in the British National Curriculum," *Science Education* 75(1), 95-104.
Solomon, J.: 1993, *Teaching Science, Technology and Society*, Open University Press, Bucking-

ham, UK.

Sorensen, R. A.: 1992, *Thought Experiments*, Oxford University Press, Oxford.

Souque, J-P.: 1988, "The Historical Epistemology of Gaston Bachelard and its Relevance to Science Education," *Thinking* 6(4), 8-13.

Stake, R. E. & Easley, J. A.: 1978, *Case Studies in Science Education* (vols. 1, 2), US Government Printing Office, Washington, DC.

Stebbing, L. S.: 1937/1958, *Philosophy and the Physicists*, Dover Publications, New York.

Steen, W. J. van der: 1993, *A Practical Philosophy for the Life Science*, State University of New York Press, Albany, NY.

Stein, F.: 1989, "Project 2061: Education for a Changing Future." In D. E. Herget (ed.), *The History and Philosophy of Science in Science Teaching*, Florida State University, Tallahassee, FL, pp. 339-343.

Stein, H.: 1990, "On Locke, 'the Great Huygenius, and the Incomparable Mr. Newton'." In P. Bricker & R. I. G. Hughes (eds.), *Philosophical Perspectives on Newtonian Science*, MIT Press, Cambridge, MA, pp. 17-47.

Steinberg, M. S., Brown, D. E. & Clement, J.: 1990, "Genius is not Immune to Persistent Misconceptions: Conceptual Difficulties Impeding Isaac Newton and Contemporary Physics Students," *International Journal of Science Education* 12(3), 265-273.

Stenhouse, D.: 1985, *Active Philosophy in Education and Science*, Allen & Unwin, London.

——— : 1986, "Conceptual Change in Science Education: Paradigms and Language Games," *Science Education* 70(4), 413-425.

Stevens, P.: 1978, "On the Nuffield Philosophy of Science," *Journal of Philosophy of Education* 12, 99-111.

Stevenson, H. W., Lee, S. & Stigler, J. W.: 1986, "Mathematics Achievement of Chinese, Japanese and American Children," *Science* 231, 693-699.

——— : 1992, "Learning from Asian Schools," *Scientific American* December, 32-38.

Stinner, A.: 1990, "Philosophy, Thought Experiments and Large Context Problems in the Secondary School Physics Course," *International Journal of Science* 12(3), 244-257.

——— & Williams, H.: 1993, "Conceptual Change, History, and Science Stories," *Interchange* 24(1-2), 87-104.

Strauss, S. (ed.): 1988, *Ontogeny, Phylogeny and Historical Development*, Ablex, Norwood.

Strike, K. A.: 1975, "The Logic of Learning by Discovery," *Review of Educational Research* 45, 461-483.

——— & Posner, G. J.: 1992, "A Revisionist Theory of Conceptual Change." In R. Duschl & R. Hamilton (eds.) *Philosophy of Science, Cognitive Psychology, and Educational Theory and Practice*, State University of New York Press, Albany, NY, pp. 147-176.

Suchting, W. A.: 1986, "Marx and the Problem of Knowledge." In his *Mark and Philosophy*, Macmillan, London, pp. 1-56.

——— : 1992, "Constructivism Deconstructed," *Science & Education* 1(3), 223-254.

——— : 1994, "Notes on the Cultural Significance of the Science," *Science & Education* 3(1)

1-56.

Summers, M. K.: 1982, "Philosophy of Science in the Science Teacher Education Curriculum," *European Journal of Science Education* 4, 19-28.

Sund, R. B. & Trowbridge, L. W.: 1967, *Teaching Science by Inquiry*, Charles Merrill, Columbus, OH.

Suppe, F. (ed.): 1977, *The Structure of Scientific Theories*, University of Illinois Press, Urbana, IL.

Sutton, C.: 1992, *Words, Science and Learning*, Open University Press, Buckingham, UK.

Swift, J. N.: 1988, "The Tyranny of Terminology: Biology," *The Science Teachers Bulletin* 60(2), 24-26.

Taub, L. C.: 1993, *Ptolemy's Universe: The Natural Philosophical and Ethical Foundations of ptolemy's Astronomy*, Open Court, Chicago.

Taylor, L. W.: 1941, *Physics, the Pioneer Science*, Houghton and Mifflin, Boston(Reprinted Dover, New York, 1959.)

Teichmann, J.: 1986a, "History of Physics and Physics Education in West Germany." In P. V. Thomsen (ed.), *Science Education and the History of Physics*, University of Aarhus, Denmark, pp. 252-255.

———— : 1986b, "The Historical Experiment in Physics Education: Theoretical Observations and Practical Examples." In P. V. Thomsen (ed.), *Science Education and the History of Physics*, University of Aarhus, Denmark, pp. 189-221.

Terhart, E.: 1988, "Philosophy of Science and School Science Teaching," *International Journal of Science Education* 10, 11-16.

Thayer, H. S. (ed.): 1953, *Newton's Philosophy of Nature*, Macmillan, New York.

Thompson, J. J. (ed.): 1918, *Natural Science In Education*, HMSO, London. (Known as the Thompson Report.)

Thomsen, P. V. (ed.): 1986, *Science Education and the History of Physics*, University of Aarhus, Denmark.

Tobin. K. (ed.): 1993, *The Practice of Constructivism in Science and Mathematics Education*, AAAS Press, Washington, DC.

———— : 1991, "Constructivist Perspectives on Research In Science Education," paper presented at the annual meeting of the National Association for Research in Science Teaching, Lake Geneva, WI.

Toulmin, S. E.: 1953, *The Philosophy of Science*: An Introduction, Hutchinson, London.

———— (ed.): 1970, *Physical Reality: Philosophical Essays on Twentieth-Century Physics*, Harper & Row, New York.

Tozer, S., Anderson, T. H., & Armbruster, B. B. (eds.): 1990, *Foundational Studies in Teacher Education: A Reexamination*, Teachers College Press, New York.

Urevbu, A. O.: 1987, "School Science in South Africa: An Assessment of the Pedagogic Impact of Third World Investment," *International Journal of Science Education* 9(1), 3-12.

Veblen, T.: 1969, *The Higher Learning in America*, Hill & Wang, New York.

Vedin, L-G.: 1986, "National Summary and Recommendations (Sweden)." In P. V. Thomsen (ed.),

Science Education and the History of Physics, University of Aarhus, Denmark.
Vygotsky, L. S.: 1962, *Thought and Language*, Mit Press, Cambridge, MA.
——— : 1978, *Mind in Society: The development of Higher Psychological Processes*, Harvard University Press, Cambridge, MA.
Wagenchein, M.: 1962, *Die Padagogische Dimension der Physik*, Westermann, Braunschweig.
Waks, L. J.: 1968, "Knowledge and Understanding as Educational Aims," *The Monist* 52, 104-119.
Wandersee, J. H.: 1985, "Can the History of Science Help Science Educators Anticipate Students' Misconceptions?" *Journal of Research in Science Teaching* 23(7),581-597.
——— : 1990, "On the Value and Use of the History of Science in Teaching Today's Science: Constructing Historical Vignettes." In D. E. Herget (ed.), *more History and Philosophy of Science in Science Teaching*, Florida State University, Tallahassee, FL, pp. 278-283.
Waring, M.: 1979, *Social Pressures and Curriculum Innovation: A Study of the Nuffield Foundation Science Teaching Project*, Methuen, London.
Wartofsky, M. W.: 1968, "Metaphysics as a Heuristic for Science." In R. S. Cohen & M. W. Wartofsky (eds.), *Boston Studies in the Philosophy of Science* 3, 123-172. Republished in his *Models*, Reidel, Dordrecht, The Netherlands, 1979, pp. 40-89.
——— : 1976, "The Relation Between Philosophy of Science and History of Science." In R. S. Cohen, P. K. Feyerabend & M. W. Wartofsky (eds.), *Essays in Memory of Imre Lakatos*, Reidel, Dordrecht, The Netherlands. Republished in his Models, Reidel, Dordrecht, The Netherlands, 1979, pp. 119-139.
——— : 1979, "The Model Muddle: Proposals for an Immodest Realism." In his *Models: Representation and Scientific Understanding*, Reidel, Dordrecht, The Netherlands, pp. 1-11.
Weiher, C. F.: 1967, "To Define Motion," *New Scholasticism* 41, 58-78.
Weiss, I. R.: 1978, *Report of the 1977 National Survey of Science Mathematics and Social Studies Education*, US Government Printing Office, Washington, DC.
Welch, W. W.: 1973, "Review of the Research and Evaluation Program of Harvard Project Physics," *Journal of Research in Science Teaching* 10, 368-378.
——— : 1979, "Twenty Years of Science Education Development: A Look Back," *Review of Research in Education* 7, 282-306.
——— : 1981 "Inquiry in School Science." In N. C. Harms & R. E. Yager (eds.), *What Research Says to the Science Teacher*, vol. 3, NSTA, Washington, DC, pp. 53-72.
——— & Walberg, H. W. A.: 1972, "A National Experiment in Curriculum Evaluation," *American Educational Research Journal* 9, 373-383.
Wellington, J. J.: 1981, "What's Supposed to Happen, Sir? - Some Problems with Discovery Learning," *School Science Review* 63(222), 167-173.
Wenham, E. J., et al.: 1972, *Physics Concepts and Models*, Addison- Wesley, London.
Wenham, M.: 1987, "Singular Problem in Science and Science Education," *Journal of Philosophy of Education* 21(1), 47-58.
Westaway, F. W.: 1929, *Science Teaching*, Blackie and Son, London.
Westbury, I. & Wilkof, N. J. (eds.): 1978, *Joseph J. Schwab: Science, Curriculum, and Liberal*

Education, University of Chicago Press, Chicago.

Westfall, R. S.: 1980, *Never at Reft*: *A Biography of Isaac Newton*, Cambridge University Press, Cambridge, UK.

Wheatley, G. H.: 1991, "Constructivist Perspectives on Science and Mathematics Learning," *Science Education* 75(1), 9-22.

Whewell, W.: 1840/1947, *Philosophy of the Inductive Sciences* London.

——— : 1855, "On the Influence of the History of Science upon Intellectual Education." In *Lectures on Education Delivered at the Royal Institution of Great Britain, 1854*, J. W. Parker & Son, London.

Whitaker, M. A. B.: 1979, "History & Quasi-history in Physics Education Parts I, II," *Physics Education* 14, 108-112, 239-242.

Whitaker, R. J.: 1983, "Aristotle is Not Dead: Student Understanding of Trajectory Motion," *American Journal Physics* 51(4), 352-357.

White, L.: 1962, *Medieval Technology and Social Change*, Oxford University Press, Oxford.

——— : 1966, "Pumps and Pendula: Galileo and Technology," In C. L. Golino (ed.), *Galileo Reappraised*, University of California Press, Berkeley, CA, pp. 96-110.

White, R. T. & Gunstone, R. F.: 1989, "Metalearning and Conceptual Change," *International Journal of Science Education* 11, 577-586.

Whitehead, A. N.: 1947, "Technical Education and Its Relation to Science and Literature." In his *The Aims of Education and Other Essays*, Williams & Norgate, London.

Wicken, J. S.: 1976, "The Value of Historical Concepts in Science Education," *Journal of Chemical Education* 53, 96-97.

Wilson, E. O.: 1978, *On Human Nature*, Bantam Books, New York.

Winchester, I.: 1990, "Thought Experiments and Conceptual Revision in Science,"Studies in Philosophy and Education 10(1), 73-80. Reprinted in M. R. Matthews (ed.), *History, Philosophy, and Science Teaching*: *Selected Readings*, OISE Press, Toronto and Teachers College Press, New York 1991.

Wiser, M. & Carey, S.: 1983, "When Heat and Temperature were One." In D. Gentner and A. L. Stevens (eds.), *Mental Models*, Lawrence Erlbaum, Hillsdale, NJ, pp. 271-297.

Wolf, F. A.: 1981, *Taking the Quantum Leap*, Harper & Row, New York.

Wolpert, L.: 1992, *The Unnatural Nature of Science*, Faber & Faber, London.

Woolhouse, H. & Ndognko, T. M.: 1993, "Women and Science Education, and Development in Cameroon: Some Critical Reflections", *Interchange* 24(1-2), 131-158.

Woodhull, J. F.: 1910, "The Teaching of Physical Science," *Teachers College Record* 11(1), 1-82.

Woolgar, S.: 1986, "On the Alleged Distinction Between Discourse and *Praxis*," *Social Studies of Science* 16, 309-317.

Woolnough, B. E. (ed.): 1987, "Special Issue: Physics and Faith," *Physics Education* 22.

Yager, R. E.: 1984, "The Major Crisis in Science Education," *School Science and Mathematics* 84(3), 189-198.

——— (ed.): 1993, *The Science, Technology, Society Movement*, National Science Teachers Association, Washington, DC.

——— & Bonstetter, R. J.: 1984, "Student Perceptions of Science Teachers, Classes, and Course Content," *School Science and Mathematics* 84(5), 406-414.

——— & Penick, J. E.: 1985, "Taking New Goals for School Science Seriously," *Educational Leadership* 42(8), 86-87.

——— & Penick, J. E.: 1987, "Resolving the Crisis in Science Education: Understanding Before Resolution," *Science Education* 71(1), 49-55.

——— & Penick, J. E.: 1990, "Science Teacher Education." In W. R. Houston (ed.), *Handbook of Research on Teacher Education*, Macmillan, New York, pp. 657-673.

Yeany, R. H.: 1991, "A Unifying Theme in Science Education?" *NARST News* 33(2), 1-3.

Young, M. F. D.: 1976, "The Schooling of Science," In G. Whitty & M. F. D. Young (eds.), *Explorations in the Politics of School Knowledge*, Nafferton Books, Driffield, UK, pp. 47-61.

——— (ed.): 1971, *Knowledge and Control*, Collier Macmillan, London.

Ziman, J.: 1978, *Reliable Knowledge: An Exploration of the Grounds for Belief in Science*, Cambridge University Press, Cambridge.

——— : 1980, *Teaching and Learning about Science and Society*, Cambridge University Press, Cambridge, UK.

Zukav, G.: 1979, *The Dancing Wu Li Masters*, Fontana, London.

찾아보기

과학교육

과학사와 과학철학의 역할

지은이 | Michael R. Matthews
옮긴이 | 권성기 · 송진웅 · 박종원
펴낸이 | 조승식
펴낸곳 | (주)도서출판 북스힐

등록 | 제22-457호
주소 | 142-877 서울 강북구 한천로 153길 17
홈페이지 | www.bookshill.com
전자우편 | bookswin@unitel.co.kr
전화 | 02-994-0071
팩스 | 02-994-0073

2014년 2월 1일 1판 1쇄 인쇄
2014년 2월 5일 1판 1쇄 발행

값 18,000원
ISBN 978-89-5526-686-3